Die Beschlagnahme
von Verteidigungsunterlagen

Europäische Hochschulschriften

Publications Universitaires Européennes
European University Studies

Reihe II
Rechtswissenschaft

Série II Series II
Droit
Law

Bd./Vol. 2914

PETER LANG
Frankfurt am Main · Berlin · Bern · Bruxelles · New York · Oxford · Wien

Sabine Konrad

Die Beschlagnahme von Verteidigungsunterlagen

Das deutsche Recht auf dem Prüfstand der Menschenrechte

Zugleich ein Beitrag zum Rang der Europäischen Menschenrechtskonvention im innerstaatlichen Recht

PETER LANG
Europäischer Verlag der Wissenschaften

Die Deutsche Bibliothek - CIP-Einheitsaufnahme

Konrad, Sabine:

Die Beschlagnahme von Verteidigungsunterlagen : das deutsche Recht auf dem Prüfstand der Menschenrechte ; zugleich ein Beitrag zum Rang der Europäischen Menschenrechtskonvention im innerstaatlichen Recht / Sabine Konrad. - Frankfurt am Main ; Berlin ; Bern ; Bruxelles ; New York ; Oxford ; Wien : Lang, 2000
(Europäische Hochschulschriften : Reihe 2, Rechtswissenschaft ; Bd. 2914)
Zugl: Passau, Univ., Diss., 2000
ISBN 3-631-36545-4

D 739
ISSN 0531-7312
ISBN 3-631-36545-4

Meinem Großvater Heinz Lippold
(1908-1989)

Vorwort

Die vorliegende Arbeit wurde im Wintersemester 1999/2000 an der Universität Passau als Dissertation zur Erlangung der Doktorwürde eingereicht.

Ich danke allen, die zu ihrem Gelingen beigetragen haben, insbesondere meinen Eltern sowie meiner Tante Renate und meinem Onkel Dr. med. Jörg Lippold.

Prof. Dr. iur. Martin Fincke danke ich für seine unentbehrliche Hilfe bei der Literaturrecherche.

Zu Dank verpflichtet fühle ich mich auch meinem Doktorvater Prof. Dr. iur. Bernhard Haffke für seine engagierte Betreuung und Prof. Dr. iur. Werner Beulke für die rasche Anfertigung des Zweitgutachtens.

Literatur und Rechtsprechung konnten bis einschließlich November 1999 berücksichtigt werden.

Brüssel, 15. März 2000

Verzeichnis der wichtigsten Abkürzungen

A .... Austria, Österreich.
A .... Auflage.
AG .... Amtsgericht.
AK .... Alternativkommentar, *siehe* Literaturverzeichnis.
AnwBl. .... Anwaltsblatt, Zeitschrift.
AöR .... Archiv des öffentlichen Rechts, Zeitschrift.
AWACS .... Airborne Warning and Control System.
B .... Belgien.
BayBG .... Bayerisches Beamtengesetz.
BayObLG .... Bayerisches Oberstes Landesgericht.
BayObLGSt .... Sammlung von Entscheidungen des Bayerischen Obersten Landesgerichts in Strafsachen.
BB .... Der Betriebs-Berater, Zeitschrift.
BGB .... Bürgerliches Gesetzbuch.
BGBl. .... Bundesgesetzblatt.
BGH .... Bundesgerichtshof.
BGHR .... BGH-Rechtsprechung – Strafsachen, hrsg. von Richtern des Bundesgerichtshofes (seit 1987).
BGHSt .... Entscheidungen des Bundesgerichtshofs in Strafsachen.
BGHZ .... Entscheidungen des Bundesgerichtshofs in Zivilsachen.
BK .... Bonner Kommentar zum Grundgesetz, *siehe* Literaturverzeichnis.
BRAO .... Bundesrechtsanwaltsordnung.
BS Saar .... Sammlung des bereinigten saarländischen Landesrechts.
BT DS .... Drucksache des Deutschen Bundestags.
BVerfG .... Bundesverfassungsgericht.
BVerfGE .... Entscheidungen des Bundesverfassungsgerichts.
BVerfGG .... Gesetz über das Bundesverfassungsgericht.
BVerwGE .... Entscheidungen des Bundesverwaltungsgerichts.

CCC .... Constitutio Criminalis Carolina von 1532.

CCPR .... International Covenant on Civil and Political Rights der Vereinten Nationen vom 19. Dezember 1966, *siehe* IPBPR.

CD .... Collection of Decisions, amtliche Sammlung der Europäischen Kommission für Menschenrechte von 1960 bis 1974.

CEDH .... Convention [européenne] de sauvegarde des Droits de l'homme et des libertés fondamentales, Europäische Menschenrechtskonvention.

CH .... Confoederatio Helvetica, Schweiz.

Cod. .... Codex, *siehe* Literaturverzeichnis unter Corpus Iuris Civilis.

CR .... Computer und Recht, Zeitschrift.

D. .... Deutschland.

D. .... Digesta, *siehe* Literaturverzeichnis unter Corpus Iuris Civilis.

DNotZ .... Deutsche Notar-Zeitschrift.

DÖV .... Die Öffentliche Verwaltung, Zeitschrift.

DR .... Decisions and Reports, amtliche Sammlung der Europäischen Kommission für Menschenrechte von 1975 bis zur Abschaffung der Kommission in ihrer bisherigen Form.

DRiZ .... Deutsche Richterzeitung.

DStR .... Deutsches Steuerrecht, Zeitschrift.

DVBl. .... Deutsches Verwaltungsblatt, Zeitschrift.

EG .... EG-Vertrag, Zitierweise für die nach Inkrafttreten des Vertrages von Amsterdam geltende Fassung.

EGGVG .... Einführungsgesetz zum Gerichtsverfassungsgesetz.

EGMR .... Europäischer Gerichtshof für Menschenrechte.

EGStGB .... Einführungsgesetz zum Strafgesetzbuch.

EGV .... EG-Vertrag, Zitierweise für die vor Inkrafttreten des Vertrages von Amsterdam geltende Fassung.

EJIL .... European Journal of International Law.

EKMR .... Europäische Kommission für Menschenrechte.

EMRK .... Europäische Menschenrechtskonvention.

EU .... Europäische Union, EU-Vertrag (Zitierweise für die nach Inkrafttreten des Vertrages von Amsterdam geltende Fassung).

EuGH .... Gerichtshof der Europäischen Gemeinschaften.

EuGRZ .... Europäische Grundrechte-Zeitschrift.

EUV .... EU-Vertrag (Zitierweise für die vor Inkrafttreten des Vertrages von Amsterdam geltende Fassung).

F .... Frankreich.

FS .... Festschrift.

GA .... Goltdammer's Archiv für Strafrecht, Zeitschrift.

GBl. .... Gesetzblatt.

GbR .... Gesellschaft bürgerlichen Rechts.

GG .... Grundgesetz für die Bundesrepublik Deutschland.

GmbH .... Gesellschaft mit beschränkter Haftung.

GmbHG .... Gesetz betreffend die Gesellschaften mit beschränkter Haftung.

GS .... Gedächtnisschrift.

GVBl. .... Gesetz- und Verordnungsblatt.

GVG .... Gerichtsverfassungsgesetz.

HansOLG .... Hanseatisches Oberlandesgericht.

HbStR .... Handbuch des Staatsrechts der Bundesrepublik Deutschland, *siehe* Literaturverzeichnis.

HK .... Heidelberger Kommentar zur Strafprozeßordnung, *siehe* Literaturverzeichnis.

HRG .... Hochschulrahmengesetz.

HRJ .... Human Rights' Journal.

HRLJ .... Human Rights Law Journal.

I .... Italien.

ICTY .... International Tribunal for the Prosecution of Persons Responsible for Serious Violations of International Humanitarian Law Committed in the Territory of the

Former Yugoslavia since 1991, Jugoslawienstrafgerichtshof.

IntKommMRK .... Internationaler Kommentar zur Europäischen Menschenrechtskonvention, *siehe* Literaturverzeichnis.

IPBPR .... Internationaler Pakt über Bürgerliche und Politische Rechte, International Covenant on Civil and Political Rights der Vereinten Nationen vom 19. Dezember 1966, siehe CCPR.

JA .... Juristische Arbeitsblätter, Zeitschrift.

JIR .... Jahrbuch für Internationales Recht.

JR .... Juristische Rundschau, Zeitschrift.

Jura .... Juristische Ausbildung, Zeitschrift.

JuS .... Juristische Schulung, Zeitschrift.

JW .... Juristische Wochenschrift.

JZ .... Juristenzeitung.

KG .... Kammergericht.

KK .... Karlsruher Kommentar zur Strafprozeßordnung, *siehe* Literaturverzeichnis.

KMR .... Kommentar zur Strafprozeßordnung, *siehe* Literaturverzeichnis.

KSZE .... Konferenz für Sicherheit und Zusammenarbeit in Europa.

LG .... Landgericht.

LM .... Entscheidungen des Bundesgerichtshofs im Nachschlagewerk des Bundesgerichtshofs von Lindenmaier-Möhring.

LR .... Löwe / Rosenberg, Großkommentar, *siehe* Literaturverzeichnis.

LS .... Leitsatz.

MDR .... Monatsschrift für Deutsches Recht.

MRK .... Europäische Menschenrechtskonvention.

NAC .... North Atlantic Council.

NATO .... North Atlantic Treaty Organisation.

NGO .... Non Governmental Organisation.
NJ .... Neue Justiz, Zeitschrift.
NJW .... Neue Juristische Wochenschrift.
NL .... Niederlande.
NStZ .... Neue Zeitschrift für Strafrecht.
NStZ-RR .... NStZ-Rechtsprechungsreport, Zeitschrift.
NVwZ .... Neue Zeitschrift für Verwaltungsrecht.
NZV .... Neue Zeitschrift für Verkehrsrecht.
ÖJZ .... Österreichische Juristen-Zeitung.
OLG .... Oberlandesgericht.
OVG .... Oberverwaltungsgericht.
OVGE .... Entscheidungen der Oberverwaltungsgerichte.
PAG .... Gesetz über die Aufgaben und Befugnisse der Bayerischen Staatlichen Polizei, Polizeiaufgabengesetz.
PCIJ .... Permanent Court of International Justice / Cour permanente de justice internationale.
PGO .... Peinliche Gerichtsordnung, *siehe* CCC.
PostG .... Postgesetz.
RBerG .... Rechtsberatungsgesetz.
Reports .... Reports of Judgements and Decisions / Recueil des Arrêts et Décisions, Entscheidungssammlung des Europäischen Gerichtshof für Menschenrechte (ab 1996).
RG .... Reichsgericht.
RGBl. .... Reichsgesetzblatt.
RGSt .... Entscheidungen des Reichsgerichts in Strafsachen.
RGZ .... Entscheidungen des Reichsgerichts in Zivilsachen.
RStPO .... Reichsstrafprozeßordnung.
SACEUR .... Supreme Allied Commander Europe.
SACLANT .... Supreme Allied Commander Atlantic.

Selected Decisions, Bd..... International Covenant on Civil and Political Rights, Human Rights Committee, Selected Decisions under the Optional Protocol, Second to sixteenth sessions, New York 1985, Seventeenth to thirty-second sessions, New York 1990.

Série A .... Publications de la cour européenne des droits de l'homme, Série A (Arrêts et décisions) / Publications of the European Court of Human Rights, Series A (Judgements and Decisions) (bis 1995).

Série B............................. Publications de la cour européenne des droits de l'homme, Série B (Mémoires, plaidoiries et documents) / Publications of the European Court of Human Rights, Series B (Pleadings, Oral Arguments and Documents) (bis 1995).

Publications de la cour permanente de justice internationale, Série B (Recueil des avis consultatifs) / Publications of the Permanent Court of International Justice, Series B (Collections of Advisory Opinions).

SK-StPO.............................. Systematischer Kommentar zur Strafprozeßordnung und zum Gerichtsverfassungsgesetz, *siehe* Literaturverzeichnis.

Slg. .... Sammlung der Rechtsprechung des Gerichtshof und des Gerichts erster Instanz der Europäischen Gemeinschaften.

StGB................................. Strafgesetzbuch.

StPÄG .... Gesetz zur Änderung der Strafprozeßordnung und des Gerichtsverfassungsgesetzes.

StPO .... Strafprozeßordnung.

StraFo .... Strafverteidiger-Forum, Zeitschrift.

StrEG .... Gesetz über die Entschädigung für Strafverfolgungsmaßnahmen.

StRG................................. Gesetz zur Reform des Strafrechts.

StV .... Strafverteidiger, Zeitschrift.

StVollzG .... Strafvollzugsgesetz.

SZStR............................... Schweizerische Zeitschrift für Strafrecht, Revue Pénale Suisse.

UK .... United Kingdom.

UN, U.N. .... United Nations.

UNHCHR .... United Nations High Commissioner for Human Rights.

US .... United States (of America).

USA .... United States of America.

VN .... Vereinte Nationen, Zeitschrift für die Vereinten Nationen und ihre Sonderorganisationen.

VOBl. .... Verordnungsblatt.

VRS .... Verkehrsrechtssammlung, Entscheidungen aus allen Gebieten des Verkehrsrechts.

VVDStRL .... Veröffentlichungen der Vereinigung der Deutschen Staatsrechtslehrer.

VwGO .... Verwaltungsgerichtsordnung.

wistra .... Zeitschrift für Wirtschaft, Steuer, Strafrecht.

YB .... Yearbook of the European Convention on Human Rights / Annuaire de la convention Européenne des droits de l'homme.

ZaöRV .... Zeitschrift für ausländisches öffentliches Recht und Völkerrecht.

ZfStrVo .... Zeitschrift für Strafvollzug und Straffälligenhilfe.

ZP .... Zusatzprotokoll.

ZPO .... Zivilprozeßordnung.

ZRP .... Zeitschrift für Rechtspolitik.

ZSR .... Zeitschrift für schweizerisches Recht.

ZStW .... Zeitschrift für die gesamte Strafrechtswissenschaft.

Inhaltsübersicht

Inhaltsverzeichnis

1. Teil: Der Schutz der Verteidigung im historischen und internationalen Kontext

§ 1 Problemstellung und Vorgehensweise

„Wir leben ... von dem Gedankengut einer Welt, die nicht mehr die unsere ist und, wie wir immer deutlicher sehen, in den tiefen Wandlungen des ausgehenden 20. Jahrhunderts ihren Untergang gefunden hat. Über ihre Grundlagen, bisher als gesichert geltende Bestandteile der Staats- und Verfassungslehre, ist die Geschichte hinweggegangen.“[1]

„Der Gedanke, dass Menschenrechtsverfahren eine unzumutbare Einmischung in die inneren Angelegenheiten eines Staates seien, sollte - jedenfalls im Rahmen des Europarats – als überwunden angesehen werden.”[2]

Am 1. Januar 2001 beginnt das dritte Millennium nach christlicher Zeitrechnung. Es soll, glaubt man den Stellungnahmen führender Staatsmänner im Jahre 1999, im Zeichen der Menschenrechte stehen.[3]

Auch aus diesem Grunde erscheint eine Auseinandersetzung mit der Situation der Menschenrechte in Europa angebracht. Am Beispiel der Rechte des Beschuldigten und insbesondere am Schutz der Verteidigungsunterlagen vor Beschlagnahme soll untersucht werden, ob das nationale Recht menschenrechtlichen Anforderungen genügt und, falls diese Frage negativ beantwortet werden muß, wie Abhilfe geschaffen werden kann. Die deutsche Rechtsordnung wurde hier nicht nur deshalb als Prüfungsobjekt ausgewählt, weil sie die dem Leser vertrauteste ist. Die Bundesrepublik Deutschland rühmt sich - nicht zu Unrecht -, mit ihrer Verfassung eines der umfangsreichsten und wirksamsten Grundrechtsinstrumente zu besitzen. Anlaß zur Selbstzufriedenheit besteht jedoch nicht: Wie sich zeigen wird, sind die internationalen Menschenrechtskodifikationen, namentlich die Europäische Menschenrechtskonvention, selbst im Geltungsbereich des Bonner Grundgesetzes nicht überflüssig. Auch hier gibt es Mißstände.

Zwar wurde das deutsche Recht als Beispiel gewählt, die im ersten Teil gewonnenen Erkenntnisse und Maßstäbe lassen sich jedoch auf die Rechtsordnungen der übrigen Mitgliedsstaaten der Menschenrechtskonvention übertragen. Dies liegt

---

[1] *Konrad Hesse*, Die Welt des Verfassungsstaates, Einleitende Bemerkungen zu dem Baden-Badener Kolloquium am 13./14. Mai 1999.

[2] *Bülow*, HRJ 1975, 361, 369 (Orthographie wurde nicht verändert, die *Verfasserin*).

[3] An Stelle vieler: *Annan*, Generalsekretär der Vereinten Nationen, Jahresbericht vor der 54. Vollversammlung vom 20. September 1999, SG/SM/7136, GA/9596; *Fischer*, Außenminister der Bundesrepublik Deutschland, Rede vor der 54. UN-Vollversammlung vom 22. September 1999.

nicht nur daran, daß in all diesen Staaten letztlich der gleiche Straßburger Gerichtshof über die Einhaltung der Konvention wacht. Die Menschenrechte sind ein gemeinsames kulturelles Erbe des (west-)europäischen Kulturkreises. Die Untersuchung beginnt daher mit einer kursorischen Betrachtung der Entwicklung der Strafverteidigung.

§ 2 Begriffsbestimmung

Bemerkenswert ist die sprachliche Entwicklung des Wortes „Verteidigung". Es leitet sich etymologisch vom althochdeutschen „tagadinc" für Gerichtsversammlung ab, bei der die Parteien von „Teidigungsleuten" vertreten wurden, um eine gütliche Einigung auf den Weg zu bringen.[4] Später wurde „verteidingen" im Sinn der materiellen Prozeßverteidigung gebraucht, die auch von einem „Teidinger" - Verteidiger - geführt werden konnte. Erst später tauchen die Begriffe im außer-prozessualen Kontext auf.[5]

Heute kann der Begriff „Verteidigung" ganz generell für die Abwehr von Angriffen verwandt werden. Dieses Verständnis hat auch Eingang in die Rechtssprache gefunden. Das Grundgesetz spricht von Verteidigung, wenn es Landesverteidigung meint (insbesondere Art. 87 a GG). Das StGB definiert die Notwehr als diejenige „Verteidigung, die erforderlich ist, einen gegenwärtigen rechtswidrigen Angriff von sich oder einem anderen abzuwehren." (§ 32 Abs. 2 StGB). Relevant für die vorliegende Arbeit ist aber nur ein kleiner Ausschnitt aus diesem Begriffsspektrum: Die Verteidigung gegen einen strafrechtlichen Vorwurf in einem gerichtlichen Verfahren, sei es durch das Gericht oder die Staatsanwaltschaft, durch den Beschuldigten selbst oder durch einen Beschuldigtenbeistand, den Verteidiger. Letzteres, die Durchführung der Verteidigung gerade durch einen Strafverteidiger, ist gemeint, wenn im Folgenden von formeller Verteidigung die Rede sein wird. Unter materieller Verteidigung wird hingegen die Gesamtheit aller (strafprozessualen) Handlungen zur Abwehr des Strafübels verstanden.[6]

---

[4] Vgl. § 3 D. I. S. 17.

[5] *Armbrüster*, Entwicklung der Verteidigung, S. 19 f. m. zahlr. N.

[6] Umfassend zu dieser Terminologie *Schroeder*, NJW 1987, 301 ff.

§ 3 Historischer Überblick über die Entwicklung der Verteidigung

Die folgende Darstellung beginnt mit den Berichten Homers und Aischylos' über die Ablösung des Faustrechts durch ein justizförmiges Verfahren.

Dieser Überblick nimmt nicht für sich in Anspruch, die bereits in der „Antigone" des *Sophokles* gestellte Frage nach der Herkunft übergesetzlichen Rechts zu beantworten:

> „οὐ γάρ τι νῦν γε κἀχθές, ἀλλ' ἀεί ποτε
> ζῇ ταῦτα, κοὐδεὶς οἶδεν, ἐξ ὅτου 'φάνη."[7]
>
> Denn nicht seit heute oder gestern, sondern immer schon existiert es (das ungeschriebene, vorrangige göttliche Recht, „ἄγραπτα κἀσφαλῆ θεῶν νόμιμα"[8]), und niemand weiß, wann es erschien.

Jedoch vermag er vielleicht zum Verständnis beitragen, daß die Menschenrechte nicht erst seit der Aufklärung zum gemeinsamen intellektuellen Erbe Europas gehören.

Ist das Strafverfahrensrecht als Ganzes „Seismograph der Staatsverfassung"[9], so gilt dies im Besonderen für die Stellung der Verteidigung. Eine „Geschichte der Strafverteidigung" zu schreiben, sprengte den Rahmen und verfehlte die Zielsetzung dieser Arbeit.[10] Dennoch ist es essentiell für das Verständnis der Advokatur und der Gefahren, der sie sich seit jeher gegenüber sieht, sich ihre Ursprünge vor Augen zu führen und einzelne, jedoch – wie zu hoffen ist – beispielhafte Epochen zu behandeln.

---

[7] *Sophokles*, Antigone, V. 456 f.

[8] *Sophokles*, Antigone, V. 454 f.; ἀσφαλής, wörtlich: nicht wankend, unwandelbar.

[9] *Roxin*, Strafverfahrensrecht, § 2 Rn. 1.

[10] Zu diesem Thema liegen zahlreiche, ausgezeichnete Werke vor, siehe z.B. *Weißler*, Geschichte der Rechtsanwaltschaft und die bei der Schilderung der einzelnen Epochen zitierten Werke.

A. Mythos und Drama

I. Die Gerichtsszene auf dem Schild des Achilleus

Ein „κτῆμα ἐς αἰεί", ein Besitz für die Ewigkeit - mehr noch als die Geschichte des Peloponnesichen Krieges des *Thukydides*, der seinem Werk diesen Ehrentitel verlieh[11] - ist die Ilias des Homer. Weniger Gemeingut als das Werk selbst ist die Tatsache, daß das etwa im 8. Jh. v. Chr. entstandene Epos eine der ältesten Schilderungen eines Strafprozesses bzw. nach moderner Terminologie wohl eher einer Vollstreckungssache enthält.[12]

Auf dem von Hephaistos für Achilleus angefertigten Schild[13] findet sich neben anderen Bildwerken auch folgende Darstellung:[14]

Ein Mann ist erschlagen worden. Auf dem Marktplatz der Stadt wird nun darüber gestritten, ob der Täter die zwischen ihm und den Angehörigen des Opfers vereinbarte ποινή, das Wer- oder Sühnegeld, bereits gezahlt habe.[15] Nachdem beide Parteien unter reger Beteiligung der Zuschauer, die von den Herolden zurückgehalten werden, ihren Standpunkt dargelegt haben, fällen die γέροντες, die Ältesten, ihren Spruch. Die obsiegende Partei erhält die von beiden Beteiligten als eine Art von „Einsatz" entrichteten zwei Talente Gold.[16]

Homers Schilderung spiegelt die Rechtsordnung seiner Zeit, also des 8. Jh. v. Chr., nicht jene der Heroenzeit wider, in der seine sonstigen Figuren agieren. Auf dem Schild des Achilleus wird eine wohlgeordnete, in Frieden lebende Stadt, in

---

[11] *Thukydides*, Geschichte des Peloponnesischen Krieges, A, 22, 4.

[12] Eine dogmatische Einordnung des Prozesses fällt schwer, da von einer Trennung zwischen Zivil- und Strafrecht noch nicht ausgegangen werden kann.

[13] Die ursprünglichen Waffen des Achilleus waren nach dem Tod des Patroklos, der die Rüstung entliehen hatte, in die Gewalt der Troer geraten (*Homer*, Ilias, 17. Gesang). Achilleus beschließt nunmehr, sich doch wieder an den Kämpfen zu beteiligen. Seine Mutter Thetis läßt daraufhin beim Schmiedegott Hephaistos neue Waffen für ihren Sohn anfertigen.

[14] *Homer*, Ilias, 18. Gesang V. 497 – 508.

[15] Eine zweite, sprachlich mögliche Übersetzung deutet auf einen Streit darüber hin, ob der Täter sich durch Zahlung eines Wergeldes entsühnen kann, obwohl die Angehörigen des Opfers dies ablehnen. Dies würde auf einen höheren rechtlichen Entwicklungsstand hindeuten, bei dem die Verfolgung eines Kapitaldelikts nicht mehr nur Sache der Verwandten des Getöteten war. Dies ist für die Zeit Homers, also das 8. Jh. v. Chr., noch nicht anzunehmen. *Bonner/Smith* (Administration of Justice, Bd. 1, S. 32 ff.) haben dies überzeugend nachgewiesen. Siehe auch *Hommel*, in: Politeia und Res Publica, 11, 15 ff. mit Nachweisen für die Gegenansicht.

[16] Im einzelnen ist vieles hinsichtlich des Prozeßganges strittig. Insbesondere die zwei homerischen Talente Gold (ca. 17 g) wurden schon als die streitbefangene Geldsumme, als Anwalts- oder Gerichtsgebühr und sogar als Preis für den besten Richter gedeutet. Für die letzte Möglichkeit spricht sich mit einer wenig überzeugenden Erklärung *Hommel* aus (*Hommel*, in: Politeia und Res Publica, 11, 21 ff.; dagegen *Bonner/Smith*, Administration of Justice, Bd. 1, S. 37 ff.).

der der Prozeß stattfindet, einer anderen von Feinden bedrohten gegenübergestellt. Das Recht und insbesondere das Gerichtswesen gehörten also bereits für Homer zu den Merkmalen einer prosperierenden Polis. Der Ange- bzw. Beklagte erhält die Möglichkeit, sich gegen die erhobenen Vorwürfe (hier die angeblich nicht erfolgte Zahlung des Sühnegeldes) zu verteidigen. Anwälte treten hier noch nicht auf,[17] jedoch nimmt die Gemeinde am Prozeß teil und zeigt offen ihre Unterstützung für die Parteien.

II. Die Eumeniden des Aischylos

Eine weiter fortgeschrittene Rechtsentwicklung zeigen die „Eumeniden" des Aischylos, ein Drama, das nicht zu Unrecht als eines der „Gründungsdokumente der europäischen Rechtskultur"[18] bezeichnet wird.

Historisch ist nicht nur die Tragödie selbst, sondern auch ihre Entstehung interessant: Sie feiert die Einsetzung des Areopag als Geburt der staatlichen Gerichtsbarkeit, und gleichzeitig ist sie ihrerseits eine Verteidigungsschrift. Aischylos schrieb dieses Stück gerade zu einer Zeit, als Ephialtes und Perikles - letztlich erfolgreich - die Entmachtung des ehrwürdigen Gerichts und Rats der Ältesten betrieben.[19] Gewissermaßen stehen die Eumeniden am Anfang und am - vorläufigen - Ende der Geschichte des Areopag.[20]

---

[17] Gegenteiliges behauptet nur *Treston*, der annimmt, daß ein Teil der Ältesten die Funktion von Anwälten wahrnahm (*Treston*, Poine, S. 89). Im Text findet sich dafür aber keine Stütze.

[18] *Canaris*, JuS 1996, 537, 575.

[19] Die Uraufführung der Orestie fand 458 v.Chr. statt. Die mit Attacken gegen einzelne Areopagiten vorbereiteten Reformen des Ephialtes werden auf 462 – 461 v. Chr. datiert. Ephialtes beließ dem Areopag wenig mehr als seine Gerichtsbarkeit in Tötungssachen. Nach dem gescheiterten Versuch von Kimon, die Position des Gremiums wiederherzustellen (457 v. Chr.), griff Perikles zwischen 451 und 450 v. Chr. auch in diese Zuständigkeit ein (*Bonner/Smith*, Administration of Justice, Bd. 1, S. 252 ff., 270 ff.; siehe dazu § 3 B. S. 11). Entgegen der Ansicht von *K. O. Müller* (*K. O. Müller*, Erläuternde Abhandlungen, S. 115 ff.) macht es also durchaus Sinn, die Eumeniden gerade im Zeitraum zwischen dem ersten und zweiten Angriff auf den Areopag anzusiedeln. Die Worte Athenes in den Versen 484 („θεσμὸν τὸν εἰς ἅπαντ' ἐγὼ θήσω χρόνον." - Ich werde diese Satzung **für alle Zeit** setzen.), 571 f. („...ἀρήγει ... μαθεῖν θεσμοὺς ἐμοὺς / πόλιν τε πᾶσαν ἐς τὸν αἰανῆ χρόνον" - Es frommt, daß die ganze Stadt meine Satzungen lerne für ewige Zeit.) und 684 f. („ἔσται δὲ καὶ τὸ λοιπὸν Αἰγέως στρατῷ / ἀεὶ δικαστῶν τοῦτο βουλευτήριον." - Dieser Gerichtshof soll für des Aigeus Volk **für die Zukunft, für immer** bestehen.) lesen sich dann als – vergebliche - Mahnung an weitere Reformer, die Blutgerichtsbarkeit nicht anzutasten.

[20] Der Areopag erhielt unter den Dreißig Tyrannen seine Kompetenzen zurück und behielt diese auch nach der Restauration der Demokratie. Mit einigen Modifikationen überdauerte er die Zeitenwende und wird bis ins 5. Jh. n. Chr. erwähnt (*Bonner/Smith*, Administration of Justice, Bd. 1, S. 277 f., 362 ff.; vgl. Apostelgeschichte 17, 19 ff.).

Die Eumeniden bilden den Schlußstein der Orestie. Im ersten Teil erschlägt Klytaimnestra zusammen mit ihrem Geliebten ihren Gatten, den Titelhelden Agamemnon, der vor seiner Abfahrt nach Troja die gemeinsame Tochter Iphigeneia als Opfer für günstige Winde dargebracht hatte. In den sich als zweiten Teil anschließenden Choephoroi erschlägt Orestes auf Befehl Apollons, der ihm Straffreiheit verspricht und ihm bei Weigerung schwerste Konsequenzen androht, die Mutter und ihren Geliebten. Soweit die Vorgeschichte.

Die Erinnyen, chtonische Rachegöttinnen, verfolgen nun den Muttermörder, der sich im Tempel des Apollon in Delphi von seiner Blutschuld entsühnen läßt. Dies wird von den Erinnyen jedoch nicht anerkannt. Auf Geheiß Apollons wendet sich Orestes nach Athen und sucht Schutz im Tempel der Stadtgöttin.[21] Die Rachegöttinnen verlangen daraufhin seine Herausgabe.

Athene verweigert dies, da Orestes Anspruch darauf habe, sich zu verteidigen und insbesondere Milderungsgründe anzuführen: Δυοῖν παρόντοιν, ἥμισυς λόγου πάρα - audiatur et altera pars.[22]

Die Göttin setzt einen menschlichen Gerichtshof ein, in dem sie bei dieser Verhandlung den Vorsitz führt. Sie fordert die Parteien auf, Zeugen und Beweise beizubringen. Die Erinnyen vertreten die Anklage als τιμή, als Ehrenamt.[23] Noch bevor Orestes selbst vor Gericht Stellung zum Vorwurf nimmt, zeigt Apollon an, er werde als Verteidiger fungieren.[24] Auf beiden Seiten stehen also Götter, Anklage und Verteidigung sind einander ebenbürtig. Fast möchte man sagen: Es herrscht Waffengleichheit.

---

[21] Dem landflüchtigen Totschläger begegnete die griechische Welt einerseits mit der religiösen Furcht, sich am μίασμα, der Befleckung, anzustecken, andererseits aber auch mit einer Art Ehrfurcht. Der Flüchtling erscheint als ἱκέτης, als Schutzflehender, der ein Recht auf Erbarmen und Hilfe hat. Für beide Regungen, Abscheu und Ehrfurcht, steht im Griechischen der praktisch unübersetzbare Begriff der αἰδώς. Die beschriebenen Elemente - Flucht, μίασμα und ἱκεσία - spiegeln sich auch im Kainsmal des Alten Testaments wieder, Genesis 4, 11, 14, 15.

[22] *Aischylos*, Eumeniden, V. 428. Die Übersetzung lautet: Es sind zwei (Parteien) da, das ist nur die Hälfte der Sachlage/Rede (wie der Begriff der αἰδώς ist auch λόγος schwer faßbar, dazu sehr anschaulich *Goethe*, Faust I, V. 1224 ff.); vgl. auch *Canaris*, JuS 1996, 573, 575.

[23] U.a. *Aischylos*, Eumeniden, V. 209, auch 227 f. und V. 419. An Stelle der normalerweise zur Verfolgung aufgerufenen Verwandten (vgl. § 3 B. S. 11) treten bei Aischylos im Gegensatz zu anderen Überlieferungssträngen die Rachegöttinnen persönlich auf (vgl. *K. O. Müller*, Erläuternde Abhandlungen, S. 133 m. zahlr. Belegen).

[24] *Aischylos*, Eumeniden, V. 579 („... ξυνδικήσων αὐτός" - Ich selbst werde als Anwalt sein. Aischylos benutzt hier eine Partizipialkonstruktion. Das dazugehörige Substantiv heißt ξύνδικος bzw. σύνδικος – Syndikos.); vgl. auch die Aussage der Erinnyen in V. 652 („πῶς γὰρ τὸ φεύγειν τοῦδ' ὑπερδικεῖς ὅρα" - Bevor du diesen als Verteidiger retten willst, bedenke:).

Die Rolle des Apollon im Prozeß ist jedoch eine dreifache. Apollon tritt auch als Exeget, Bewahrer und Ausdeuter des ungeschriebenen Rechts, auf[25] und als Zeuge hinsichtlich der Entsühnung des Orestes in seinem Tempel.[26] Diese Personalunion ist auch im klassischen griechischen Prozeß üblich. Verteidiger rechtfertigten die Übernahme eines Falles z.T. gerade damit, daß sie mit den Fakten des Falles aus eigener Anschauung vertraut waren.[27] Und da der Satz „iura novit curia“ nicht galt, mußten die Parteinen auch über den Inhalt von Gesetzen Beweis führen.[28]

Aus heutiger Sicht verwunderlicher ist ein anderer Aspekt: Apollon erklärt dem Gericht, er werde Orestes auch deshalb verteidigen, weil er mitverantwortlich für den Muttermord sei.[29] Daß ein Tatbeteiligter die Verteidigung übernimmt, muß wohl aus der besonderen Situation erklärt werden.

Die Abstimmung der Areopagiten ergibt einen Stimmengleichstand. Athene legt daraufhin ihren Stimmstein zu den lossprechenden und verkündet den Freispruch des Angeklagten.[30] Die Erinnyen werden dann von Athene versöhnt und sollen fürderhin als εὔφρονες und σεμναί in Athen verehrt werden.[31]

Canaris[32] lehnt mit Recht die Ansicht[33] ab, es handle sich hier um einen Anwendungsfall des in-dubio-pro-reo-Grundsatzes. Es geht hier in der Tat um eine Rechts- und nicht um eine Tatsachenfrage. In einem Punkt irrt er jedoch. Zur Begründung seiner Ansicht bezieht er sich auf den Vers 406[34] und behauptet, die

---

[25] *Aischylos*, Eumeniden, V. 609; zur Funktion der Exegeten siehe *K. O. Müller*, Erläuternde Abhandlungen, S. 160, 162 ff.; vgl. auch *Bonner*, Evidence in Athenian Courts, S. 59; *ders.*, Lawyers and Litigants, S. 218.

[26] *Aischylos*, Eumeniden, V. 576 ff.

[27] *Bonner*, Lawyers and Litigants, S. 207f.

[28] *Lipsius*, Attisches Recht, Bd. 3, S. 868; *Bonner*, Evidence in Athenian Courts, S. 58 ff.; *ders.*, Lawyers and Litigants, S. 177. Auf das Zitieren nichtexistenter Gesetze stand die Todesstrafe, *Lipsius* und *Bonner*, ibd.

[29] *Aischylos*, Eumeniden, V. 579 f. („αἰτίαν δ' ἔχω / τῆς τοῦδε μητρὸς τοῦ φόνου.“).

[30] Gelegentlich wird auch behauptet, erst Athenes Stimme habe das Patt herbeigeführt. Der ψῆφος 'Αθηνᾶς / calculus Minervae, war jedoch eine gebräuchliche Vorstellung in der Antike. Bei Stimmengleichheit wurde ein freisprechender Stimmstein hinzugedacht (*K. O. Müller*, Erläuternde Abhandlungen, S. 161). *Canaris*, JuS 1996, 573, 576, läßt die Frage offen.

[31] *Aischylos*, Eumeniden, V. 992, 1041 (Wohlgesinnte und Ehrwürdige). Der mit εὔφρονες gleichbedeutende Ehrentitel Εὐμενίδες (Eumeniden) wird in den erhaltenen Textteilen nicht verwandt. Mit gutem Grund wird daher angenommen, daß der Titel des Dramas späteren Ursprungs ist (*K.O. Müller*, Erläuternde Abhandlungen, S. 176 f. Fn. 17).

[32] *Canaris*, JuS 1996, 573, 576.

[33] *Chr. Meier*, Die politische Kunst der griechischen Tragödie, S. 129.

[34] *Aischylos*, Eumeniden, V. 429 („ἀλλ' ὅρκον οὐ δέξαιτ' ἄν, οὐ δοῦναι θέλοι.“ - Aber er wird keinen Eid schwören, noch will er einen [unsererseits] zulassen.).

Erinnyen würden auf die Verfolgung des Orestes verzichten, wenn dieser unter Eid seine Tat abstritte.[35] In Wahrheit gingen die Rachegöttinnen mit einer Proklesis hier keinerlei Risiko ein. Orestes hat keine Wahl, er navigiert buchstäblich zwischen Skylla und Charybdis. Schwört er, ließen zwar die chtonischen Göttinnen von ihm ab, aber er beginge damit einen Meineid und zöge eine Verfolgung durch die ϑεοὶ ὅρκιοι auf sich. Zu diesen Eidgöttern gehörte neben Göttervater Zeus und Demeter im Prozeßort Athen Apollon, der Verteidiger Orestes'.[36] Bei der Aufforderung zum Eid handelt es sich lediglich um einen meisterlichen prozeßtaktischen Schachzug.

Eine letzte Anmerkung zu den Eumeniden sei gestattet, auch um damit zum nächsten Abschnitt überzuleiten. *Canaris* zeigt an den Eumeniden die „Entstehung der Gerichtsbarkeit aus dem Geist des Diskurses“[37]: Wer zur Durchsetzung der eigenen Rechtsposition nicht auf das „Recht“ des Stärkeren vertraut, sondern ein Gericht zur Streitentscheidung anruft, nimmt damit die Möglichkeit des Prozeßverlustes in Kauf. Darin liegt das Zugeständnis, daß der eigene Standpunkt unzutreffend und der des Gegners zutreffend sein könnte.[38]

Sehen wir in diesem Verzicht auf Verabsolutierung der eigenen Vorstellung die Voraussetzung für die Entstehung von Gerichtsbarkeit und Recht an sich, so sollten wir auch nicht verschweigen, wem wir diese Erkenntnis verdanken.

„οἷα μὲν ἕκαστα ἐμοὶ „φαίνεται“, τοιαῦτα μὲν „ἔστιν“ ἐμοί, οἷα δὲ σοί, τοιαῦτα δὲ αὖ σοί· ἄνϑρωπος δὲ σύ τε κἀγώ.“[39]

„Wie ein jedes mir ‚erscheint‘, so ist es für mich, wie es dir [erscheint], so ist es wiederum für dich. Du bist ein Mensch und auch ich.“

Das Zitat stammt von *Platon*. Es handelt sich bei dieser Stelle um eine Erläuterung des oft mißdeuteten homo-mensura-Satzes des Protagoras. Jeder Mensch ist „sein“ Maßstab, jede Rechtsmeinung damit prinzipiell gleichrangig. Rechtsfrieden, wenn er nicht Produkt einer gewaltsamen Durchsetzung des

---

[35] *Canaris*, JuS 1996, 573, 576. Es geht hier um eine Proklesis, die Aufforderung an den Gegner, z.B. eidlich eine Tatsache zu bestreiten. Weigert sich dieser, so kommt es zu einer Umkehr der Beweislast (vgl. *Bonner*, Evidence in Athenian Courts, S. 68.). Zur Proklesis auch unter § 11 A. S. 147.

[36] *Berneker*, in: Der Kleine Pauly, Bd. 2, Sp. 210 (Eid), 320 (Ἐπιορκία). Ursprünglich gehörten auch die Erinnyen selbst zu den Eideswahrern (vgl. *K.O. Müller*, Erläuternde Abhandlungen, S. 167 mit Beispielen aus der Ilias und Odyssee).

[37] *Canaris*, JuS 1996, 573, 576.

[38] *Canaris*, JuS 1996, 573, 575 f.

[39] *Platon*, Theaitetos, 152 a.

Standpunktes des Stärkeren sein soll, kann daher nur durch Einsetzung eines neutralen Schiedsrichters geschaffen werden.[40]

Gewissermaßen verdanken wir das Prinzip der Rechtsfindung im Verfahren den vielgehaßten und vielverleumdeten Sophisten. Wie zu zeigen ist, gilt dies noch in viel stärkerem Maße für den Rechtsanwalts- und Verteidigerberuf.

B. Die Verteidigung vor den Volksgerichten Athens

Die Zuständigkeit in Strafsachen hatte im Athen des fünften Jahrhunderts eine ausdifferenzierte und komplizierte Regelung gefunden. Allein mit den Tötungsdelikten befaßten sich vier Gerichte: Der Areopag - zuständig für vorsätzliche, versuchte oder vollendete Tötung, Giftmord und Brandstiftung - sowie die ursprünglich mit Areopagiten besetzten Ephetengerichte beim Palladion, beim Heiligtum des delphinischen Apollon und im Küstenort Phreattys. Im Prytaneion, das oft als fünfte Gerichtsstätte genannt wird, aber eher zeremonielle Funktion hatte, wurde gegen unbekannte Täter, Tiere oder Gegenstände verhandelt, die den Tod eines Menschen verursacht hatten.[41]

Die Hauptlast der Verfahren trugen nach den Reformen des Kleisthenes am Beginn des 5. Jh. v. Chr. die Dikasterien. Diese 500 bzw. 501 Mitglieder zählenden[42] Abteilungen der Heliaia, der aus 6000 über 30jährigen Vollbürgern Athens gebildeten judikativen Versammlung, richteten nicht im Namen des Volkes und nicht als seine Diener. Als MiniaturHeliaia repräsentierten sie nicht nur das Volk, sie waren es.[43]

Seit Solon war „τῷ βουλομένῳ"[44] - jedem Bürger, dem es beliebte - gestattet, Anklage zu erheben, sofern es sich nicht um ein Tötungsdelikt handelte, bei dem dies aus historisch-religiösen Gründen den Verwandten vorbehalten war.[45]

---

[40] Vgl. *Canaris*, JuS 1996, 573, 576.

[41] Ausführlich zu den einzelnen Gerichten und ihren Zuständigkeiten *K. O. Müller*, Erläuternde Abhandlungen, S. 151 ff., und *Bonner/Smith*, Administration of Justice, Bd. 1, S. 97 ff.

[42] Vgl. Fn. 30. Erst im 4. Jh. v. Chr. teilte man den Kammern eine ungerade Anzahl von Richtern zu (*Bonner/Smith*, Administration of Justice, Bd. 1, S. 243).

[43] So sehr plastisch *Bonner/Smith*, Administration of Justice, Bd. 1, S. 226. Als ein Beispiel unter vielen sei hier *Platons* Apologie genannt. Sokrates spricht seine Richter als „ὦ ἄνδρες Ἀθηναῖοι", ihr Bürger von Athen, an (*Platon*, Apologie, 17 a et passim). Einen besonderen Affront stellt es dar, wenn er den Begriff „ὦ ἄνδρες δικασταί", ihr Richter, nur für diejenigen verwendet, die zuvor für Freispruch gestimmt hatten (*Platon*, Apologie, 40 a).

[44] *Aristoteles*, Athenaion Politeia, 9, 1.

[45] Die Drakonischen Gesetze aus dem Jahr 621 v. Chr. enthalten zudem Beschränkungen hinsichtlich des Verwandtschaftsgrades (*Lipsius*, Attisches Recht, Bd. 2, Halbbd. 2, S. 557, Fn. 44; rekonstruierter Text einer Steleninschrift mit dem Gesetzestext bei *Bonner*, Administration of Justice, Bd. 1, S. 112 ff.).

In einem solchen Rechtssystem, in dem das Volk gewissermaßen über sich selbst zu Gericht sitzt, ist die Selbstvertretung durch den Angeklagten die natürlichste Form der Verteidigung. Sind Richter, Ankläger und Angeklagter (juristische) Laien, so ist auch das Kräftegleichgewicht gewahrt.

Dies änderte sich mit der Verbreitung der Redekunst und mit dem Aufkommen des Sykophantenunwesens.

Die Rhetorik als τέχνη, als Kunst- und Wissenschaftsform, nahm ihren Ausgang Mitte des 5. Jh. v. Chr. in Sizilien.[46] Die „πειθοῦς δημιουργός“[47], diese Meisterin der Überredung, stellte eine wirksame Waffe vor den großen Volksgerichten des 5. und 4. Jh. dar. Erschwerend kam hinzu, daß sich nicht mehr nur die Verletzten bzw. engagierte Bürger der Anklägerrolle annahmen, sondern professionelle, sogenannte Sykophanten. Um u.a. die Verfolgung von Verstößen gegen Handelsbestimmungen, die Wiederbeschaffung von Staatseigentum sowie das Aufdecken illegaler Inanspruchnahme athenischer Bürgerrechte zu erleichtern, hatte man Prämien ausgesetzt. [48] Daraus entwickelte sich eine Klasse von berufsmäßigen Anzeigern und Anklägern, die aus finanziellen Gründen unbescholtene Bürger mit Prozessen überzogen und dabei auch nicht vor Erpressung haltmachten.[49]

Wer sich einer solchen Erpressung nicht beugen wollte, mußte sich zwangsläufig professioneller Unterstützung gegen diese versierten Redner versichern. Eine Möglichkeit war, den Sykophanten seinerseits mit einem Prozeß zu überziehen.[50]

Daneben blieb die Verteidigung im engeren Sinn. Der Satz des *Protagoras*, Rhetorik sei die Kunst, „τὸν ἥττω δὲ λόγον κρείττω ποιεῖν“[51], die schwächere Sache zur stärkeren zu machen, wird in der Regel als Motto des ungezügelten Ge- und Mißbrauchs der Redekunst im Prozeß begriffen. Dies ist keinesfalls zwingend: Die „schwächere Sache“ kann durchaus die desjenigen sein, der ohne eigenes

---

[46] *Hommel/Ziegler*, in: Der Kleine Pauly, Bd. 4, Sp. 1397 (Rhetorik) m. w. N.

[47] *Gorgias* zitiert nach *Platon*, Gorgias, 453 a.

[48] Vgl. u.a. *Bonner/Smith*, Administration of Justice, Bd. 2, S. 40. Z. T. wird der Begriff συκοφάντης auf die Anzeige (φάσις) eines Verstoßes gegen ein Ausfuhrverbot von Feigen (τὰ σῦκα) zurückgeführt (*Gemoll*, Handwörterbuch, S. 699). Die Etymologie ist aber sehr unsicher.

[49] Vgl. nur *Xenophon*, Memorabilia, II, 9, 1. Im Regelfall, der bloßen Drohung mit einem Prozeß, war diese Drohung nicht einmal strafbar. Wegen Täuschung des Volkes, ἀπάτη τοῦ δήμου, konnte gegen Ankläger aber bei vorsätzlicher Herbeiführung eines Fehlurteils vorgegangen werden (*Bonner*, Administration of Justice, Bd. 2, 58).

[50] Zu Beispielen für diese Taktik siehe *Bonner/Smith*, Administration of Justice, Bd. 2, S. 55. Laut *Xenophon*, (Memorabilia, II, 9) soll sogar Sokrates seinem Freund Kriton geraten haben, sich eines tüchtigen, aber armen Mannes als ständigen, juristischen „Wachhund“ (κύων) zu versichern.

[51] Zitiert von *Aristoteles*, Rhetorik B, 24 [1402 a 24]; siehe auch *Isokrates*, XV, 15; *Platon*, Apologie, 18 b.

Verschulden von Sykophanten mit Prozessen überzogen wird. Einem solchen Klienten zu helfen, kann wohl nicht als verwerflich angesehen werden.

Die Dienste eines geschickten Redners konnten auf verschiedene Arten in Anspruch genommen werden. Seit Alters her konnte der Angeklagte nicht nur Frau und Kinder vor Gericht um Mitleid werben lassen,[52] sondern konnte sich auch eines σύνδικος bedienen. Er bedurfte dazu zwar der Erlaubnis der Richter, doch scheint diese nie verweigert worden zu sein.[53] Formelle Verteidigung gab es in zwei Formen: Ein συναπολογούμενος trat nach einer mehr oder minder kurzen Ansprache des Angeklagten auf, während der ὑπεραπολογούμενος ihn bei seiner Rede vollständig „vertrat."[54] Letzteres war extrem selten und nur dann gestattet, wenn der Angeklagte - etwa auf Grund von Krankheit oder mangelnder Sprachkenntnisse - daran gehindert war, selbst zu seiner Verteidigung beizutragen.[55]

Die generelle Furcht der Athener vor berufsmäßiger Ausübung von Staatsämtern und die Angst, reiche und demgemäß einflußreiche Bürger könnten sich Vorteile verschaffen, wirkten sich auch bei der Verteidigung aus. In einem von *Demosthenes* zitierten Gesetz aus dem Jahr 351 / 350 v. Chr. wird die Entgegennahme eines Honorars als Verteidiger mit Richterbestechung und Bildung einer umstürzlerischen Vereinigung gleichgesetzt und unter Strafe gestellt.[56] Durchgesetzt wurde dieses Gesetz - jedenfalls hinsichtlich der Anwaltshonorare - kaum.[57] Jedoch stand ein Verteidiger, der mit dem Angeklagten nicht verwandt oder befreundet war, unter Rechtfertigungsdruck. Eine schwache Begründung war der Hinweis auf τὸ τῷ κοινῷ συμφέρον, das dem Gemeinwesen Zuträgliche. Glaubwürdiger war dagegen der Hinweis auf eine persönliche Feindschaft mit dem Ankläger.[58] Darin zeigt sich ein wichtiger Unterschied zu modernen Rechtsordnungen und insbesondere zur deutschen. Weder für Verteidiger noch für den Ankläger war es ehrenrührig, die Übernahme der Funktion mit persönlichen Freundschafts- oder Rachegefühlen zu begründen. Dementsprechend niedrig waren die ethischen Standards.[59]

Als dritte Art von „Anwälten" lassen sich die λογογράφοι beschreiben. Diese schrieben für ihre Klienten Gerichtsreden, die diese memorierten und als eigene

[52] *Platon*, Apologie, 34 c.

[53] *Demosthenes*, XXXIV, 52; vgl. *Bonner/Smith*, Administration of Justice, Bd. 2, S. 9 f.

[54] Die Terminologie richtet sich nach *Lykurg*, in Leocratem, 138.

[55] Z. B. *Demosthenes* XXXVI, 1 (ungenügende Griechischkenntnisse eines ehemaligen Sklaven).

[56] *Demosthenes*, XLVI, 26.

[57] *Bonner/Smith*, Administration of Justice, Bd. 2, S. 11; vgl. *Lykurg*, in Leocratem, 138.

[58] *Anaximenes*, τέχνη ῥητορική, 36, abgedruckt in *Spengel*, Rhetores Graeci, Bd. 1, S. 228, 230.

[59] Fälle von Parteiverrat, Zeugenbestechung etc. sind in den Quellen reichlich zu finden (Einzelheiten bei *Bonner/Smith*, Administration of Justice, Bd. 2, S. 19 ff.).

vortrugen. Jedoch beschränkte sich ihre Tätigkeit nicht auf die Abfassung geschliffener und trotzdem Temperament und Charakter des Auftraggebers angemessener[60] Reden. Gute Logographen erfüllten wohl auch Aufgaben des solicitors im englischen Recht, indem sie ihre Partei rechtlich berieten.[61] Wegen des Gebrauchs von Enchiridien, von Handbüchern, die Musterreden und Vorlagen insbesondere für Prooemia enthielten, stehen die Logographen in schlechterem Licht, als sie es verdienen. Die Anzahl der möglichen Prozeßsituationen ist begrenzt, die dazugehörigen Reden sind letztlich Variationen über jeweils ein und dasselbe Thema.[62]

Auch die besten Redner und Schriftsteller scheuten sich nicht, auf Vorgefertigtes zurückzugreifen. Nicht aus griechischer, sondern aus römischer Zeit seien hier zwei Beispiele genannt: Marcus Tullius Cicero und Caius Iulius Caesar. Der eine besaß eine Sammlung vorbereiteter Vorworte, und um ein Haar wäre ihm der peinliche Fehler unterlaufen, zwei seiner Werke mit demselben zu veröffentlichen.[63] Caesar wiederum, den Cicero als einen der ersten Redner seiner Zeit rühmt, soll als junger Mann in einer divinatio ausgiebig aus der Rede seines Großonkels Caesar Strabo zitiert haben.[64]

C. Rom

Ihre große Blüte erlebte die römische Advokatur im 1. Jh. v. Chr. mit Vertretern wie Quintus Hortensius Hortalus und dem acht Jahre jüngeren Cicero.

Die Verteidiger teilten sich zur Zeit Ciceros in zwei Berufsstände: den der oratores und den der iuris prudentes.[65] Während letztere Rechtsrat erteilten, vertraten die oratores als patroni causae ihren Mandanten vor Gericht.[66] Die Verwendung des Titels patronus zeigt die Ursprünge der Verteidigung im römischen Patronats- und Klientelwesen.

---

[60] Zur Kunst der Ethopoiie vgl. *Bonner*, Lawyers and Litigants, S. 223 ff.

[61] *Bonner*, Administration of Justice, Bd. 2, S. 16 f.

[62] Vgl. *Bonner*, Lawyers and Litigants, S. 153 f. mit Beispielen.

[63] *Cicero*, ad Atticum, XVI. 6. 4.

[64] *Suetonius*, Divius Iulius, 55, 1, 2.

[65] *Crook*, Legal Advocacy in the Roman World, S. 40; *Weißler*, Geschichte der Rechtsanwaltschaft, S. 94. Die gelegentlich als dritte Gruppe genannten laudatores, Leumundszeugen, gehören nicht zur Verteidigung im formellen, sondern nur im materiellen Sinn (vgl. dazu *Mommsen*, Römisches Strafrecht, S. 441 f.).

[66] Ein Zitat des iuris prudens Aquilius Gallus aus *Cicero*, Topica, 51, belegt dies eindrucksvoll: „Nihil hoc ad ius: ad Ciceronem." (Dies ist keine Rechtsfrage: es gehört zu Ciceros Arbeitsbereich [erg.: nicht zu meinem]).

Strafprozesse fanden damals in der Regel vor den seit dem 2. Jh. v. Chr. für einzelne Vergehen eingerichteten quaestiones perpetuae statt.[67] Die Besetzung dieser Tribunale hat sich im Laufe der Zeit analog zur gesamtpolitischen Lage mehrfach geändert:[68] Seit der lex Aurelia (70 v. Chr.) waren die quaestiones zu gleichen Teilen mit Senatoren, equites und tribuni aerarii besetzt, wobei letztere 46 v. Chr. von Caesar ausgeschlossen und von Augustus wieder zugelassen wurden.[69]

Auch wenn sich Ansätze für ein Offizialverfahren nachweisen lassen, so läßt sich doch generell sagen, daß die Anklageerhebung Privatpersonen oblag.[70] Sie war – wie in Athen[71] – ein Karrieresprungbrett für junge Männer aus dem Ritter- oder Senatorenstand, aber auch Tätigkeitsfeld für quadruplatores, das römische Äquivalent zu den Sykophanten.[72] Die Verteidigung genoß dagegen höchstes Ansehen.[73] Bei *Cicero* findet sich sogar der Gedanke, niemand solle ohne Verteidiger sein.[74] Nach einer Ansicht zeigt sich dies auch darin, daß die Redezeit der Verteidigung anderthalbmal so lang war wie die, die mittels der Klepshydra, einer Wasseruhr[75], der Anklage zugemessen wurde.[76] Dieses Argument ist jedoch ein zweischneidiges Schwert: Die Begrenzung der Redezeiten an sich ist als Repressionsinstrument gegen ausufernde Verteidigung zu verstehen.[77] Beschränkungen

---

67 *Medicus*, in: Der Kleine Pauly, Bd. 4, Sp. 1287 f. (Quaestio).

68 Die – umstrittenen – Einzelheiten der wechselvollen Geschichte der Gerichtsbesetzung behandelt eingehend *Strachan-Davidson* (*Strachan-Davidson*, Problems of the Roman Criminal Law, Bd. 2, S. 74 ff.).

69 *Suetonius*, Divus Iulius, 41, 2; *Strachan-Davidson*, Problems of the Roman Criminal Law, Bd. 2, S. 96.

70 *Mommsen*, Römisches Strafrecht, S. 244 ff.; *Medicus*, in: Der Kleine Pauly, Bd. 4, Sp. 1288 (Quaestio); *Zachariae*, Handbuch des deutschen Strafprocesses, Bd. 1, S. 93 ff.

71 *Bonner*, Administration of Justice, Bd. 2, S. 43.

72 Einzelheiten u. a. bei *Chr. Meier*, Caesar, S. 138 ff.

73 *Cicero*, de officiis, 2, 14, 49; *Crook*, Legal Advocacy in the Roman World, S. 138 (insb. Fn. 130 m. w. N.).

74 *Cicero*, pro Murena 10: „nemini umquam infimo maiores nostri patronum deesse voluerant.".

75 Einzelheiten bei *Vargha*, Die Vertheidigung in Strafsachen, S. 25 f. m. w. N.

76 *Geib* (Geschichte des römischen Kriminalprozesses, S. 325) nennt 3 im Verhältnis zu 2 Stunden. So auch *Gerd Pfeiffer*, DRiZ 1984, 341, unter Berufung auf *Vargha*, Die Vertheidigung in Strafsachen, S. 52. *Pfeiffer* irrt jedoch an gleicher Stelle, wenn er den berühmten Gerichtsredner Marcus Antonius mit dem Triumvir (82 - 30 v.Chr.) identifiziert. Bei dem auch von Cicero geschätzten Orator handelt es sich um dessen Großvater (143 – 87 v. Chr.), vgl. *Gundel*, in: Der Kleine Pauly, Bd. 1, Sp. 410 Nr. 7, 9 (Antonius).

77 *Mommsen*, Römisches Strafrecht, S. 377; *Geib*, Geschichte des römischen Kriminalprozesses, S. 325 f.

der zulässigen Verteidigerzahl enthielten die Pompeianischen Ausnahmegesetze und die lex Iulia de iudicorum aus dem Jahr 17 v. Chr.[78]

Auch in Rom war die Verteidigung zuweilen Gefährdungen ausgesetzt: So war eine Verteidigungsrede, die sich nicht einmal mit der Schuldfrage, sondern nur mit dem Strafmaß befaßte, der Anlaß dafür, daß Caesar sich zum ersten Mal im Senat mit Dolchen konfrontiert sah.[79]

Im Gegensatz zu Athen wurde das Hintergehen des eigenen Klienten strafrechtlich unter der lex Cornelia de falsis verfolgt.[80] Im gleichen Gesetz wurde die Bestechung von Zeugen und Richtern verboten. Richter selbst konnten jedoch nur zur Verantwortung gezogen werden, wenn sie zugleich Senatoren waren.[81] Für die Zeit des Erlasses der lex Cornelia unter Lucius Cornelius Sulla brachte dies keine Schwierigkeiten, da die quaestiones nur mit Senatoren besetzt waren.[82] Nach der lex Aurelia[83] saßen jedoch auch equites und tribuni aerarii auf der Richterbank. Der Versuch des Cato Uticensis im Jahre 60 v. Chr., die Strafbarkeit auszudehnen und zu harmonisieren, stieß auf heftigsten Widerstand.[84]

Unklar ist, ob den Redner eine Wahrheitspflicht traf, oder ob er - wie sein Mandant - für Falschaussagen nicht zur Rechenschaft gezogen werden konnte.[85] *Quintillian* rät, es mit der Wahrheit nicht allzu genau zu nehmen.[86] An der gleichen Stelle berichtet er, Cicero habe sich gerühmt, das Gericht einmal in die Irre geleitet zu haben.[87] Dennoch ist in den Quellen kein einziger Fall einer bewußten Lüge Ciceros bekannt.[88]

Nicht strafrechtlich verfolgbar, aber unzulässig, war zunächst die Annahme eines Honorars.[89] Neben zulässigen Geschenken – etwa anläßlich der Saturnalien – war es aber dennoch üblich, für anwaltliche Dienstleistungen zu zahlen.[90]

---

[78] *Asconius*, Miloniana, 42, 54 f.; *Tacitus*, dialogus, 38; *Mommsen*, Römisches Strafrecht, S. 377.

[79] *Suetonius*, Divus Iulius, 14, 2.

[80] *Mommsen*, Römisches Strafrecht, S. 669, 674 ff. Das Gesetz dürfte auf das Jahr 81 v. Chr. zurückgehen, *Fröhlich*, in: Paulys Real-Encyclopädie, Bd. 4, Sp. 1562 (Cornelius).

[81] *Zumpt*, Das Criminalrecht der römischen Republik, Bd. 1, Abt. 2, S. 409.

[82] *Strachan-Davidson*, Problems of the Roman Criminal Law, Bd. 2, S. 75 ff.

[83] Vgl. Fn. 68, 69.

[84] *Strachan-Davidson*, Problems of the Roman Criminal Law, Bd. 2, S. 88.

[85] *Mommsen*, Römisches Strafrecht, S. 676.

[86] *Quintilian*, Institutio oratoria, II, 17, 26 f., 36 („non semper autem ei, etiamsi frequentissime, tuenda veritas erit, sed aliquando exigit communis utilitas, ut etiam falsa defendat.").

[87] *Quintilian*, Institutio oratoria, II, 17, 21.

[88] *Crook*, Legal Advocacy in the Roman World, S. 140.

[89] Nach der lex Cincia (erstmals 204 v. Chr., 17, 49, 54 und 58 n. Chr. erneuert) konnte die Vergütung nicht kondiktionsfest erworben werden, *Mommsen*, Römisches Strafrecht, S. 705 f., 721;

Mit dem Niedergang der Republik änderte sich auch der Charakter der Gerichte und mit ihm der der Verteidigung. Verteidigung und Redekunst nahmen getrennte Wege: Während die Rhetorik zur von professionellen Konzertrednern betriebenen Unterhaltungskunst degenerierte,[91] „verrechtlichte" die Verteidigung und verlor ihr hohes Ansehen.[92] Unter Claudius wird die Verteidigervergütung erstmals zugelassen,[93] später ergeht unter Diocletian sogar eine Gebührenordnung.[94] Die Reputation stieg wieder, als sich ein klar umgrenzter Berufsstand fest bei Gericht angestellter, besoldeter und der Disziplinargewalt unterliegender Advokaten bildete.[95]

Polemisch läßt sich formulieren: Von der gens togata blieb nur mehr das corpus togatorum[96], vom civis Romanus die Anwaltsrobe.

D. Die Entwicklung des Verteidigerberufes in Deutschland[97]

I. Vorsprech

Das (straf-)gerichtliche Verfahren der germanischen Zeit besaß große Ähnlichkeit mit dem frühgriechischen des 8. Jh. v. Chr.[98] Wie rund eintausend Jahre zuvor bestand Parteiherrschaft, oblag die Strafverfolgung dem Verletzten bzw. seiner Sippe und konnte durch Zahlung eines Wer- oder Blutgeldes für die Tötung einer Person gesühnt werden.[99] Einen Fortschritt wies das germanische gegenüber dem frühgriechischen System auf: Das Gericht konnte nicht erst bei Problemen mit der Vollstreckung des Sühnevertrages zu Hilfe gerufen werden. Ziel des Verfahrens konnte sein, eine ohne Vermittlung nicht mögliche Verständigung herbeizufüh-

---

vgl. *Geib*, Geschichte des römischen Kriminalprozesses, S. 605; *Vargha*, Die Vertheidigung in Strafsachen, S. 34 f.

[90] *Crook*, Legal Advocacy in the Roman World, S. 129 ff.

[91] *Hommel/Ziegler*, in: Der Kleine Pauly, Bd. 4, Sp. 1405 (Rhetorik).

[92] *Geib*, Geschichte des römischen Kriminalprozesses, S. 602 ff., 606.

[93] *Geib*, Geschichte des römischen Kriminalprozesses, S. 605; *Crook*, Legal Advocacy in the Roman World, S. 129 f.

[94] *Beulke*, Der Verteidiger im Strafverfahren, S. 25.

[95] *Geib*, Geschichte des römischen Kriminalprozesses, S. 603 f.; *Beulke*, Der Verteidiger im Strafverfahren, S. 25 m. w. N.

[96] Dazu *Beulke*, Der Verteidiger im Strafverfahren, S. 25; *Crook*, Legal Advocacy in the Roman World, S. 42 f.

[97] Angesichts umfangreicher und instruktiver Einzeldarstellungen zu diesem Entwicklungsabschnitt wird hier nur ein kurzer Überblick gegeben.

[98] Vgl. § 3 A. I. S. 6 f.

[99] *Armbrüster*, Entwicklung der Verteidigung, S. 21.

ren.[100] Während jedoch in der Schildbeschreibung der Ilias noch die Ältesten zu Gericht sitzen und erst später Volksgerichte auftauchen,[101] urteilt bereits im frühen germanischen Prozeß die Thinggemeinde, d.h. das Volk selbst, und später von ihm gewählte Schöffen.[102] Wir finden also eine ähnliche Ausgangslage wie in der griechischen Antike. Dort jedoch fand ein Übergang von der Clanordnung zur Polis, von der Sippe zum Staat, statt, und auch die Rechtspflege nahm - im ursprünglichen Wortsinn - „politische" Züge an. Nördlich der Alpen änderte sich das Rechtsverfahren nicht in seinem Wesen, sondern verfeinerte und formalisierte sich systemkonform. Ab dem 8. Jh. n. Chr. ist das Amt des Vorsprechers in der Position eines Sachwalters der Partei urkundlich nachgewiesen.[103] Dieser wurde vom Gericht im öffentlichen Interesse, aber in der Regel auf Antrag der Partei bestellt und sollte die prozeßunerfahrene Partei vor Formfehlern u.ä. schützen, da es in dieser Epoche nicht so sehr um die Erforschung der materiellen Wahrheit als vielmehr um einen formalisierten und verbalisierten Zweikampf ging. Der Vorsprech, der später auch advocatus genannt wurde, handelte nicht primär im Parteiinteresse.[104] Er sprach an Stelle der Partei die feststehenden Wendungen, die diese dann autorisierte oder revocierte („erholte") und abänderte („wandelte"). Durch diesen Kunstgriff wurde der Rechtssatz „Ein Mann, ein Wort." umgangen, der den Widerruf und eine Verbesserung einer eigenen Äußerung verbot.[105]

Im Gegensatz zum im öffentlichen Interesse wirkenden Vorsprech, bildete sich bald eine zweite Gruppe von anwaltähnlichen curatores und adiutores (Warnern, Raunern, Anweisern).[106] Diese Rechtskundigen überwachten und berieten nicht

---

[100] *Eb. Schmidt*, Einführung in die Geschichte der deutschen Strafrechtspflege, S. 38; *Manfred Hahn*, Die notwendige Verteidigung im Strafprozeß, S. 45. Eine abweichende Meinung zum frühgriechischen System glaubt aber auch dort an die Möglichkeit einer gerichtlichen Herbeiführung des Sühnevertrages (vgl. Fn. 15), insoweit ergäbe sich dann kein Unterschied zum germanischen Recht.

[101] Vgl. § 3 A. I. S. 6, § 3 B. S. 11.

[102] *Armbrüster*, Entwicklung der Verteidigung, S. 22.

[103] Furisprecho wird in einer Glosse aus dieser Zeit mit orator übersetzt: *Weißler*, Geschichte der Rechtsanwaltschaft, S. 25 unter Verweis auf *Graff*, Althochdeutscher Sprachschatz, Bd. 6, S. 390.

[104] *Manfred Hahn*, Die notwendige Verteidigung im Strafprozeß, S. 47; auch *Armbrüster*, Entwicklung der Verteidigung, S. 25 ff., 32 f. Letzterer irrt allerdings, wenn er advocatus für eine Latinisierung des Begriffs „Vogt" hält (*Armbrüster*, Entwicklung der Verteidigung, S. 26, 49). Der Begriff „advocatus" ist bereits bei *Tacitus* (dialogus, 1) und *Plinius minor* (epistulae, 1, 22, 6) nachgewiesen, weit vor karolingischer Zeit.

[105] *Vargha*, Die Vertheidigung in Strafsachen, S. 145 ff.

[106] Einzelheiten dazu u.a. bei *Weißler*, Geschichte der Rechtsanwaltschaft, S. 50 ff.

nur den Vorsprech, sie erteilten auch außergerichtliche Rechtsberatung.[107] Sie standen klar auf Seiten der Partei, als Beistand des Angeklagten.

II. Die Verteidigung im Inquisitionsprozeß

Mit der Übernahme des römisch-kanonischen Rechts[108] fanden immer mehr inquisitorische Elemente Eingang in das deutsche Recht. Verfahrensziel war nunmehr die Erforschung der materiellen Wahrheit.[109]

Neu war auch die vorherrschende Schriftlichkeit des Verfahrens. Sie trug dazu bei, daß die vorgefundene Trennung von Vorsprechern und Adiutoren zwar zunächst weiterlebte, aber später verwischte und schließlich verschwand.[110] In einem schriftlichen Verfahren, in dem der „endliche Gerichtstag" zur Farce geworden war, bei dem lediglich das bereits verfaßte Urteil verlesen wurde, war ein gesonderter Berufsstand von Vorsprechern oder „Prozeßanwälten" überflüssig geworden.

1. Die Constitutio Criminalis Carolina

Die Constitutio Criminalis Carolina von 1532 (CCC oder PGO – Peinliche Gerichtsordnung), die auf der Constitutio Criminalis Bambergiensis von 1507 beruht, stellt einen Meilenstein in der deutschen Rechtsgeschichte dar. Wiewohl mit einer salvatorischen Klausel ausgestattet, erlangte sie doch Bedeutung für alle deutschen Territorialstaaten.[111] Neben dem – für den Prozeßgang weniger bedeutungsvollen – Fürsprech (Art. 88 CCC) kannte die Carolina den „beysteender" oder „beystender", der mit dem Fürsprech personenidentisch sein konnte, aber nicht mußte. Diesem oblag die Verteidigung im Vorverfahren. Er besaß ein Zugangsrecht zum Beschuldigten (Art. 14 CCC)[112], Akteneinsichtsrecht und konnte schriftlich Fragen für die Zeugenvernehmung einreichen (Art. 73 CCC). Dies war allerdings nicht für Zeugenaussagen gestattet, die zur Begründung eines hinreichenden Verdachts gegen den Beschuldigten bestimmt waren, um dessen Folter zu ermöglichen. Somit stand dieses Material für die Verteidigung zur Abwendung der Spezialinquisition (Art. 47 CCC) nicht zur Verfügung.[113]

---

[107] *Weißler*, Geschichte der Rechtsanwaltschaft, S. 52 f.; vgl. auch *Armbrüster*, Entwicklung der Verteidigung, S. 31 m. w. N.

[108] Dazu *Zachariae*, Handbuch des deutschen Strafprocesses, Bd. 1, S. 106 ff.

[109] *Armbrüster*, Entwicklung der Verteidigung, S. 46.

[110] *Armbrüster*, Entwicklung der Verteidigung, S. 50 ff., 60.

[111] *Geib*, Lehrbuch des Deutsches Strafrechts, Bd. 1, S. 276 ff.; *Maaß*, Halsgericht, S. 174.

[112] Die maßgeblichen Textstellen der Art. 14, 47 und 73 CCC finden sich u.a. bei *Armbrüster*, Entwicklung der Verteidigung, S. 58 f.

[113] *Krattinger*, Die Strafverteidigung im Vorverfahren, S. 22 f.

Festzuhalten ist, daß die Carolina dem Beistand erstmals eigene, wenn auch sehr eingeschränkte, prozessuale Rechte zugestand. Auch taucht hier zum ersten Mal ausdrücklich das Gebot an den Richter auf, ex officio materiellen Verteidigungsgründen nachzugehen.[114]

2. Die Entwicklung bis zum 18. Jahrhundert

Die Maxime des Inquisitionsprozesses, Ziel des Verfahrens sei die Erforschung der materiellen Wahrheit, hatte zur Folge, daß der Beschuldigte vom Verfahrenssubjekt zum Objekt der Untersuchung, zum Inquisiten wurde. Zentralfigur des Prozesses war der Richter. Als „dreifache Person"[115] war er nicht nur für die Urteilsfällung an sich zuständig, sondern repräsentierte zugleich Strafverfolgung und -verteidigung. Die formelle Verteidigung war ein Fremdkörper, rechtsdogmatisch unvereinbar mit den Grundsätzen des Verfahrens.[116] Trotzdem zogen nur Bayern und Österreich den folgerichtigen Schluß aus dieser Inkonsequenz: Der von Kreittmayr geschaffene Codex Iuris Bavarici Criminalis vom 7. Oktober 1751 (Zweyter Teil, 5. Cap. § 19) und die österreichische Criminalgerichtsordnung Josefs II. vom 1. Juni 1788 (§ 83) schafften die formelle Verteidigung ab. Die übrigen Gerichtsordnungen in den deutschen Territorialstaaten ließen sie, wohl aus berechtigtem Mißtrauen gegenüber der Wahrnehmung von Verteidigeraufgaben durch den Richter, grundsätzlich zu.[117] Die untergeordnete Stellung der defensores, deren Rechte z.T. noch hinter den in der Carolina gewährten zurückblieben,[118] führte aber bald zu einem Niedergang des Berufsstandes. Oftmals nach Bogenanzahl bezahlt, wuchsen die Defensionsschriften auch in Bagatellfällen zu nichtssagenden, aber umfänglichen Konvoluten an. Bemühungen, die Qualität zu verbessern, blieben vielleicht auch gerade wegen der relativen Bedeutungslosigkeit der Schriftsätze für den Prozeßausgang erfolglos.[119]

---

[114] *Armbrüster*, Entwicklung der Verteidigung, S. 55 m. w. N.

[115] *Feuerbach*, Lehrbuch des gemeinen in Deutschland gültigen Peinlichen Rechts, § 623.

[116] So auch *Armbrüster*, Entwicklung der Verteidigung, S. 63 f.

[117] So vermutet auch *Armbrüster*, Entwicklung der Verteidigung, S. 65; Der berühmte sächsische Jurist *Carpzov* ging so weit, einige Inquirenten als „Carnifices, non judices" (sic! carnifex – Henker, Schinderknecht, wörtlich: der in Stücke hackt) zu beschimpfen (*Carpzov*, Practica Nova Imperialis Saxonica Rerum Criminalium, pars III quaestio 116 n. 11).

[118] Einzelheiten u.a. bei *Armbrüster*, Entwicklung der Verteidigung, S. 74.

[119] *Armbrüster*, Entwicklung der Verteidigung, S. 76. Ihren Tiefststand erreichte die materielle wie die formelle Verteidigung in den Hexenprozessen: Schon der Versuch, eine der Hexerei beschuldigte Person ernsthaft zu verteidigen, konnte den Defensor in Lebensgefahr bringen (Zahlreiche Beispiele hierfür finden sich bei *Merzbacher*, Die Hexenprozesse in Franken; vgl. auch *Armbrüster*, Entwicklung der Verteidigung, S. 82 f. m. w. N.). Dem Grauen der Hexenverfolgung sind zahlreiche, ausführliche Spezialuntersuchungen (wie z.B. *Byloff*, crimen magiae; *Hansen*, Quellen und Untersuchungen zur Geschichte des Hexenwahns; *Soldan/Heppe*, Geschichte der Hexenprozesse; vgl. auch *Vargha*, Vertheidigung in Strafsachen, S. 182 ff.;

3. Die Preußischen Reformbestrebungen im 18. Jahrhundert

In die Regierungszeiten Friedrich Wilhelms I. (1713 – 1740) und seines Sohnes, Friedrich II. (1740 – 1786), fallen verschiedene Regelungen auf dem Gebiet der Strafrechtspflege. Als verdienstvoll wird man ohne Zweifel das Mandat Friedrich Wilhelms I. vom 13. Dezember 1714 ansehen dürfen: Der Soldatenkönig ordnete darin u.a. an, daß Entscheidungen über die Anwendung der Folter oder die Verhängung der Todesstrafe ihm persönlich zur Bestätigung vorgelegt werden mußten. De facto bewirkte dies das Ende der Hexenverfolgung in Preußen. Die letzten Prozesse fanden 1721 und 1728 in Nauen und Berlin statt. Der erste endete mit Freispruch für die Angeklagte und einem Verweis für den Magistrat wegen der Einleitung des Verfahrens, der letzte mit Einweisung der psychisch kranken und in hohem Grade suizidgefährdeten Beschuldigten ins Spinnhaus in Spandau, wo sie behandelt werden sollte.[120]

Mit Sicherheit auch unter dem Eindruck des Verfalls der Advokatur während der Hexenverfolgung steht eine Reihe von Regelungen, die schließlich zur Abschaffung der Anwaltschaft in ihrer hergebrachten Form führte. Bereits im Jahre 1713, dem Jahr der Thronbesteigung Friedrich Wilhelms I., fand die sog. „fürchterliche Musterung" statt. Zwei Drittel der Anwaltschaft wurden ihres Amtes enthoben, die Honorare auf ein Viertel gekürzt. *Weißler* vermutet, daß in manchem Fall der Verbleib im Amt weniger auf Geeignetheit und Würdigkeit als vielmehr auf „ein tüchtiges Geldgeschenk an die Rekrutenkasse,"[121] aus der die als „lange Kerls" bekannten Potsdamer Grenadiere finanziert wurden,[122] zurückzuführen war.

In derselben Verfügung findet sich der „Mantelerlaß." Er schreibt den Advokaten vor, die schwarze Robe auch im Privatleben zu tragen, damit man „die Spitzbuben schon von weitem erkennen und sich vor ihnen hüten"[123] könne. Freikauf von diesem „privilegium odiosum" war gegen die nach damaliger Kaufkraft ungeheure Summe von 2000 Talern möglich, zahlbar auch sie an die Rekrutenkasse.[124] Aber auch diese Befreiungsmöglichkeit wurde später abgeschafft – sehr zum Mißfallen der Anwaltschaft.[125]

Armbrüster, Entwicklung der Verteidigung, S. 78 ff.) gewidmet worden, so daß auf diese Ära nicht näher eingegangen werden soll.

[120] *Soldan/Heppe*, Geschichte der Hexenprozesse, S. 245 ff.

[121] *Weißler*, Geschichte der Rechtsanwaltschaft, S. 305.

[122] Vgl. *Weißler*, Geschichte der Rechtsanwaltschaft, S. 307.

[123] Dies wird als Äußerung des Königs, allerdings ohne Quellenangabe von *Liermann*, Richter, Schreiber, Advokaten, S. 47, kolportiert; vgl. *Weißler*, Geschichte der Rechtsanwaltschaft, S. 310.

[124] *Armbrüster*, Entwicklung der Verteidigung, S. 89. Vgl. *Kaspers*, Vom Sachsenspiegel zum Code Napoléon, S. 254.

[125] Mit farbigen Beispielen *Weißler*, Geschichte der Rechtsanwaltschaft, S. 312 f.

Ein weiteres Edikt von 1739 ordnet als Strafe für mißbräuchliche Verteidigung das Aufhängen mit einem Hund an der Seite an.[126]

Am Ende der Entwicklung stand das Corpus Iuris Fridericianum Friedrichs II. vom 24. April 1781. „Assistenzräte", beamtete Gehilfen des Richters bei der Ermittlung der materiellen Wahrheit, ersetzten den freiberuflich tätigen Anwalt. Diese Reform atmet den gleichen Geist wie die sieben Jahre später erlassene österreichische Criminalgerichtsordnung[127], bedient sich jedoch anderer Mittel. Zudem fehlt es ihr an „josephinischer" Grundsatztreue. Die außergerichtliche Beratung sowie u.a. die Strafverteidigung wurden von „Justizkommissaren" durchgeführt. Diese unterstanden zwar einer strengen Dienstaufsicht, waren aber nicht beamtet und besaßen bei der Bevölkerung - gegenläufig zur gesetzgeberischen Intention - das größere Vertrauen.[128] Die Einführung der Assistenzräte, die *Weißler* als lobenswerten Versuch einstuft, das Amt des Vorsprechers wiederzubeleben,[129] war ein Fehlschlag. Schon 1793 in der als „Allgemeine Gerichtsordnung" verkündeten Neubearbeitung des Corpus Iuris Fridericianum war von ihnen keine Rede mehr.[130]

III. Die Reform des Strafprozesses

Der Siegeszug der Aufklärung erfaßte – verspätet – auch die Strafrechtspflege. Im 19. Jh. fanden französische (Code d'instruction criminelle, 1808, der im Rheinland und in Rheinhessen galt) und englische Elemente zunächst in die Rechtswissenschaft und später auch in die Gesetzgebung Eingang. Der Beschuldigte sollte nicht mehr nur Objekt der Untersuchung, sondern Subjekt des Verfahrens sein. Aus dieser Grundforderung ergeben sich letztlich die Prinzipien der Mündlichkeit, Unmittelbarkeit, Öffentlichkeit, Waffengleichheit und der in-dubio-pro-reo-Grundsatz.[131] Folge dieser Einsicht war die Trennung und Aufteilung der Prozeßfunktionen des Anklagens, Verteidigens und Richtens auf drei Personen.[132] Eine weitere Systematisierung erfolgte für den Bereich der Verteidigung: Rechtsdogmatisch wurde zwischen der Verteidigung im materiellen Sinn, als Abwehr des Schuldvorwurfs, und der Prozeßverteidigung durch einen

---

[126] *Armbrüster*, Entwicklung der Verteidigung, S. 88.

[127] Siehe § 3 D. II. 2. S. 20.

[128] Zu Einzelheiten siehe *Weißler*, Geschichte der Rechtsanwaltschaft, S. 353 ff.; vgl. *Armbrüster*, Entwicklung der Verteidigung, S. 92 f.

[129] *Weißler*, Geschichte der Rechtsanwaltschaft, S. 360; zum Vorsprech siehe § 3 D. I. S. 17 f.

[130] *Weißler*, Geschichte der Rechtsanwaltschaft, S. 358; *Beulke*, Der Verteidiger im Strafverfahren, S. 31. Die bei *Armbrüster*, Entwicklung der Verteidigung, S. 93, gegebene Datierung auf 1783 beruht offensichtlich auf einem Druckfehler.

[131] *Armbrüster*, Entwicklung der Verteidigung, S. 99 f.

[132] *Armbrüster*, Entwicklung der Verteidigung, S. 100.

Strafverteidiger, als formeller Verteidigung, unterschieden.[133] Zu Beginn des 19. Jh. blieben die Partikulargesetzgebungen gegenüber den Forderungen der Rechtslehre nach der Verbriefung von Verteidigerrechten, wie etwa dem Recht auf Akteneinsicht und Unterredung mit dem verhafteten Beschuldigten, zunächst zurückhaltend. Preußen[134] und Bayern[135] machten jedoch 1805 und 1813 den Anfang. Die bayerischen Regelungen sahen sogar das Recht auf unüberwachte mündliche Verteidigerkommunikation und neben der Akteneinsicht auf unentgeltliche Aushändigung von Abschriften aus den Ermittlungsakten vor.[136] Die bis zur Mitte des Jahrhunderts entstandenen Gesetzgebungen anderer deutscher Staaten blieben hinter diesen weitreichenden Rechten meist zurück.[137]

Den Abschluß dieser Entwicklung bildete die nach Gründung des deutschen Reiches entstandene StPO, die am 1. Februar 1877 verkündet wurde und am 1. Oktober 1879 in Kraft trat.[138] Erste Anstöße zur Vereinheitlichung hatte es bereits während der Zeit des Norddeutschen Bundes gegeben, aber erst nach der Reichsgründung konnte die Rechtsvereinheitlichung für das gesamte Reichsgebiet in Angriff genommen werden.[139]

---

[133] *Armbrüster*, Entwicklung der Verteidigung, S. 104.

[134] Preußische Criminalordnung vom 11. Dezember 1805; *Abegg*, Lehrbuch des gemeinen Criminal-Prozesses, S. 44 m. w. N.; vgl. *Stobbe*, Geschichte der deutschen Rechtsquellen, Bd. 2, S. 474.

[135] Das unter dem Einfluß von Feuerbach stehende Strafgesetzbuch für Bayern vom 3. August 1813 regelte die formelle Verteidigung im zweiten Teil, in den Art. 141 - 149. Diese wurden in das Bayer. Schwurgerichtsgesetz von 1848 unverändert übernommen (Vgl. *Armbrüster*, Entwicklung der Verteidigung, S. 109 f.; *Zachariae*, Handbuch des deutschen Strafprocesses, Bd. 2, S. 296 Fn. 5).

[136] *Zachariae*, Handbuch des deutschen Strafprocesses, Bd. 2, S. 296 Fn. 5, S. 295 f. Fn. 4.

[137] Zusammenstellungen u.a. bei *Zachariae*, Handbuch des deutschen Strafprocesses, Bd. 2, S. 294 ff. und *Armbrüster*, Entwicklung der Verteidigung, S. 110 ff.

[138] RGBl. 1877, 253 ff.

[139] Mit Art. 4 Nr. 13 enthielt die Verfassung des Norddeutschen Bundes eine Kompetenzzuweisung für das gerichtliche Verfahrensrecht. Ein Reichstagsbeschluß vom 18. April 1868 forderte den Bundeskanzler auf, einen Gesetzesentwurf u. a. für eine Strafprozeßordnung zu erstellen (Stenogr. Ber. 1868, S. 12 ff. zitiert nach *Binding*, Grundriss des Deutschen Strafprocessrechts, S. 24 f.).

§ 4 Internationalrechtliche Instrumente zum Schutz der Verteidigung

Angesichts der bereits beschriebenen Gefährdungslagen ist es nicht verwunderlich, daß nicht nur nationales Strafprozeßrecht und Verfassungsrecht, sondern das internationale Recht sich mit dem Schutz einer Strafverteidigung beschäftigen.

Nicht allein aus Achtung vor dem Gesetzgeber, sondern auch aus rechtssystematischen Gründen ist bei der Rechtsanwendung in der Praxis mit der einfachrechtlichen nationalen Regelung, hier der deutschen Strafprozeßordnung, zu beginnen. Um aber dieses Recht richtig anwenden zu können, muß man sich stets die verfassungsrechtlichen Grundlagen und die international-rechtlichen Bezüge vergegenwärtigen. Erst vor diesem Hintergrund kann die volle Tragweite der strafprozessualen Beschlagnahmeregeln ermessen, können eventuelle Schwachstellen aufgedeckt und Lücken aufgefüllt werden. Insofern geht die Kritik einiger Stimmen der Literatur fehl, die vor einem Verlust an Rechtssicherheit und -klarheit warnen, wenn das Verfahrensrecht mit Hilfe von Generalklauseln beiseite geschoben werde:[140] Die StPO ist Ausgangspunkt der Überlegungen, aber sie steht nicht allein, sondern ist in ein umfassendes Normengeflecht eingesponnen. Sie kann daher nicht „legibus ac constitutione absoluta“, sondern nur im Kontext mit den übrigen Regelungen ausgelegt und angewandt werden.[141]

Es genügt dabei nicht, nur die Verfassung zu betrachten mit dem Hinweis, die Grundrechte des Grundgesetzes seien ohnehin den internationalen Schutzinstrumenten überlegen.[142] Gerade im Bereich des Strafverfahrens enthalten diese detaillierte Regelungen (etwa Art. 6 MRK, Art. 14 IPBPR), während im deutschen Verfassungsrecht viele Verfahrensgarantien nur durch Interpretation allgemeiner Prinzipien gewonnen werden können. Zudem kann der internationalrechtliche Schutz durchaus über den verfassungsrechtlichen hinausreichen, insbesondere im Bereich der Schranken des Grund- bzw. Menschenrechts können sich Unterschiede ergeben.[143]

Die Rangfrage ist hier von außerordentlicher Bedeutung. Ergibt die Untersuchung der internationalen Garantien einen Vorrang gegenüber dem deutschen Recht, so hat dies nicht nur für die Auslegung der Beschlagnahmeregeln Bedeutung, sondern kann zu weit einschneidenderen Konsequenzen für das gesamte strafprozessuale Normgefüge führen.

---

[140] *Heubel*, Der „fair trial“ - Ein Grundrecht des Strafverfahrens?, S. 131; *Frisch*, FS-Bruns, S. 385, 391; *Meyer*, JR 1984, 173 f.; *Rieß*, NStZ 1981, 74, 75; *Müller*, GS-Meyer, S. 285, 288 f.

[141] Vgl. *Peters*, Strafprozeß, S. 20 ff., 29; *Steiner*, Das Fairneßprinzip im Strafprozeß, S. 149 f. m.w.N.; Dreier/*Schulze-Fielitz*, Art. 20 GG (Rechtsstaat), Rn. 74 ff.

[142] Vgl. *Simon*, Die Beschuldigtenrechte nach Art. 6 Abs. 3 EMRK, S.2 m. w. N.

[143] Vgl. *Huber*, GS-Peters, S. 375, 382 f.

§ 5 Die Europäische Menschenrechtskonvention

A. Entstehungsgeschichte[144]

Am 4. November 1950 wurde in Rom die Convention for the Protection of Human Rights and Fundamental Freedoms / Convention de sauvegarde des Droits de l'homme et des libertés fondamentales durch die Vertreter von dreizehn Staaten unterzeichnet.[145] Mittlerweile sind alle 41 Mitglieder des Europarates der Europäischen Menschenrechtskonvention (MRK) beigetreten.[146]

Zuletzt geändert wurde die MRK durch das am 11. Mai 1994 unterzeichnete Reform-Protokoll (Nr. 11).[147] Die am 1. November 1998 in Kraft getretenen Neuerungen betreffen in erster Linie das Rechtsschutzsystem. Bislang war die Jurisdiktion der Organe der MRK zwischen Kommission, dem nicht als ständige Einrichtung bestehenden und mit nur im Nebenamt tätigen Richtern besetzten Gerichtshof[148] und Ministerkomitee verteilt.[149] Das System erwies sich mit steigenden Verfahrenszahlen als zu schwerfällig[150] und wies im Individualrechtsschutz Defizite auf. Der von einer mutmaßlichen Menschenrechtsverletzung Betroffene konnte nur dann ein Beschwerdeverfahren einleiten, sofern der beklagte Staat sich der Individualbeschwerde unterworfen hatte (Art. 25 MRK a.F.).[151] Zudem war er, wenn der beklagte Staat nicht auch das 9. Protokoll zur MRK vom 6. November 1990 (in Kraft seit dem 1. Oktober 1994) ratifiziert hatte,[152] darauf

---

[144] Tiefer gehend dazu *Partsch*, ZaöRV 15 (1953/54), 631 ff.; *ders.*, ZaöRV 17 (1956), 93 ff., 99 ff., 105 f.; siehe auch Frowein/Peukert/*Frowein*, EMRK, Einf. Rn. 1 f.

[145] *Partsch*, ZaöRV 15 (1953/54), 631, 655.

[146] Zuletzt Georgien (27. April 1999), davor Rußland und Kroatien (1996),siehe BGBl. Fundstellennachweis B (bei der MRK). Der neueste Stand ist jeweils abzurufen über die Homepage des Europarats (http://www.coe.int). Als bisher letzter Mitgliedsstaat hat Rußland die MRK ratifiziert (5.5.1998; vgl. *Siess-Scherz*, in: Kontinuität und Wandel der EMRK, S. 1). Zu weiteren Aspiranten siehe *Meyer-Ladewig/Petzold*, NJW 1999, 1165, 1166 und das NATO-Handbook, S. 343.

[147] BGBl. II 1995, 578 ff. Deutscher Text in nicht-amtlicher Übersetzung abgedruckt in EuGRZ 1994, 323 ff.

[148] *Hobe*, JA 1998, 909, 910; *Meyer-Ladewig*, EuGRZ 1996, 374 m. zahlr. N.

[149] Zum früheren Verfahren eingehend LR/*Gollwitzer*, MRK-Verfahren Rn. 1 ff.

[150] Vgl. Explanatory Report / Amtlicher Erläuternder Bericht zu Protokoll Nr. 11 zur MRK, Ziff. 19 ff. (veröffentlicht in HRLJ 1994, 91 ff.; in deutscher Übersetzung des Bundesjustizministeriums abgedruckt in EuGRZ 1994, 328, 330 f.); vgl. *Eiffler*, NJW 1999, 762, 763.

[151] Eine Auflistung dieser Staaten findet sich in EuGRZ 1996, 378 (Stand 31. Juli 1996).

[152] Explanatory Report / Amtlicher Erläuternder Bericht zu Protokoll Nr. 11 zur MRK, Ziff. 9 Fn. 3, EuGRZ 1994, 328, 329 (siehe Fn. 150); Frowein/Peukert/*Peukert*, EMRK, Art. 25 Rn. 6 (deutsche Textfassung S. 877f.). Art. 48 Abs. 1 lit. e) MRK i. d. F. des Art. 5 des 9. ZP-MRK gab dem Individualbeschwerdeführer ein eigenes Anrufungsrecht.

angewiesen, daß die Kommission, der beklagte Staat oder der Signatarstaat, dessen Staatsangehöriger der Verletzte war, den Gerichtshof nach der Zulässigkeitsentscheidung durch die Kommission anrief.

Die Neuregelung konzentriert das Verfahren beim neu errichteten Europäischen Gerichtshof für Menschenrechte als ständiger Einrichtung (Art. 19 S. 2 MRK n. F.),[153] der mit dem früheren lediglich den Namen gemeinsam hat.[154] Die Individualbeschwerde ist für alle Signatarstaaten zwingend und kann vom Betroffenen direkt an den Gerichtshof gerichtet werden (Art. 34 S. 2 MRK n. F.),[155] wo nun in Ausnahmefällen sogar eine „Berufungsmöglichkeit" zur neugebildeten Großen Kammer besteht (Art. 43 MRK).[156]

Das Ministerkomitee wacht nur noch über die Implementierung der Entscheidung des Gerichtshofes durch den verurteilten Staat (Art. 46 Abs. 2 MRK n. F.).[157] Die Kommission hört in ihrer bisherigen Form auf zu existieren (Art. 5 der Protokolls Nr. 11). Das 1997 geschaffene Amt des Europäischen Menschenrechtskommissars steht nicht im Zusammenhang mit dem Rechtsschutzsystem nach der MRK: Der Kommissar hat die Aufgabe, die Position der Menschenrechte in den Mitgliedsstaaten als Beauftragter des Europarats zu stärken und ihre Einhaltung zu fördern.[158] Auf diese Weise kann er mittelbar zur Arbeitsentlastung des Gerichts-

---

[153] Deutsche Übersetzung des Bundesjustizministeriums abgedruckt in EuGRZ 1996, 339 ff.

[154] Vgl. Explanatory Report / Amtlicher Erläuternder Bericht zu Protokoll Nr. 11 zur MRK, Ziff. 28, 58, EuGRZ 1994, 328, 331, 333 (siehe Fn. 150). Aus dieser Namensgleichheit werden in Zukunft Schwierigkeiten beim Zitieren der Entscheidungen resultieren. Im Folgenden werden die „klassischen" Zitierweisen (EGMR/EKMR) für Entscheidungen nach dem alten Rechtsschutzsystem beibehalten. Bei Entscheidungen, die unter dem neuen System ergangen sind, wird hierauf hingewiesen. Zitiert wird auch die Beschwerdenummer, unter der die Entscheidung über die Homepage des EGMR (http://www.echr.coe.int) am bequemsten abgerufen werden kann. Bei älteren Entscheidungen kann es allerdings nötig sein, nach dem Datum oder nach dem Titel der Entscheidung zu suchen.

[155] Vgl. Explanatory Report / Amtlicher Erläuternder Bericht zu Protokoll Nr. 11 zur MRK, Ziff. 38, EuGRZ 1994, 328, 331 (siehe Fn. 150).

[156] Explanatory Report / Amtlicher Erläuternder Bericht zu Protokoll Nr. 11 zur MRK, Ziff. 99 ff., EuGRZ 1994, 328, 336 (siehe Fn. 150); Einzelheiten bei *Siess-Scherz*, in: Kontinuität und Wandel der EMRK, S. 1, 5 ff.

[157] Zu weiteren Einzelheiten des Verfahrens siehe *Drzemczewski/Meyer-Ladewig*, EuGRZ 1994, 317 (mit tabellarischer Aufstellung des Verfahrensablaufes, S. 318); *Meyer-Ladewig*, EuGRZ 1996, 374 ff.; vgl. auch Frowein/Peukert/*Peukert*, EMRK, Art. 19 Rn. 2 ff.; *Meyer-Ladewig*, NJW 1998, 512 f.; *Meyer-Ladewig/Petzold*, NJW 1999, 1165 f.

[158] Council of Europe, Parliamentary Assembly, Presseerklärung vom 29. Januar 1999, CP/99/62a (99) (vgl. NJW 1999, H. 8, S. XLVII), siehe auch Council of Europe, Committee of Ministers, Statutory Report, Januar bis April 1999, Addendum, CM/Inf (99) 20 Addendum, Appendix II, II.

hofes beitragen, nämlich dann, wenn der betreffende Staat seine zu beanstandende Praxis ändert, bevor es zu einer Verurteilung kommt.[159]

B. Rechtsnatur und Rang der MRK

I. Die MRK als völkerrechtlicher Vertrag

1. Ratifikation der MRK

Wie die Präambel erkennen läßt, wurde die MRK von der Universal Declaration of Human Rights / Déclaration Universelle des Droits de l'homme, der Allgemeinen Erklärung der Menschenrechte, durch die Vollversammlung der Vereinten Nationen vom 10. Dezember 1948[160] inspiriert.

Im Unterschied zu der Allgemeinen Erklärung ist die MRK keine politische Programmerklärung.[161] Sie ist ein multilateraler völkerrechtlicher Vertrag,[162] den die Bundesrepublik Deutschland am 4. November 1950 unterzeichnet hat. Ratifiziert wurde die MRK - nach Verkündung des Zustimmungsgesetzes vom 7. August 1952[163] - am 5. Dezember 1952.[164] Nach Hinterlegung der zehnten Ratifikationsurkunde durch Luxemburg[165] trat die MRK am 3. September 1953 gem. Art. 66 Abs. 2 MRK a.F. (entspricht Art. 59 Abs. 2 MRK n. F.) völkerrechtlich in Kraft.

2. Transformation und Rangstellung der MRK im innerstaatlichen Recht der Bundesrepublik[166]

Von der völkerrechtlichen Verbindlichkeit ist die innerstaatliche Geltung der MRK zu unterscheiden. Um Völkerrecht innerstaatlich anwendbar zu machen, wurden

---

[159] *Ambos/Ruegenberg* (NStZ-RR 1999, 193, 194) sprechen hier von einer Präventivfunktion.

[160] Text und Materialien können u.a. über die Homepage der UNHCHR (http://www.unhchr.ch) in verschiedenen Sprachen abgerufen werden.

[161] Nachweise zur Rechtsnatur der Allgemeinen Erklärung siehe Fn. 625, 627.

[162] Für alle siehe LR/*Gollwitzer*, Einl. MRK/IPBPR Rn. 2.

[163] BGBl. II 1952, 685, berichtigt 953; Einzelheiten zum Ablauf und zu den Problemen des Gesetzgebungsverfahrens bei *Ernst*, Die Haltung Deutschlands und Frankreichs zur EMRK, S. 75 ff., 145 f. und *Ulsamer*, FS-Zeidler, Bd. 2, 1799, 1811 f.

[164] Vgl. Bulletin des Presse und Informationsamtes der Bundesregierung, Nr. 200 vom 16. Dezember 1952, S. 1745; *Ernst*, Die Haltung Deutschlands und Frankreichs zur EMRK, S. 78.

[165] Siehe Tabelle in EuGRZ 1996, 378 f. Die notwendige Anzahl von zehn Urkunden kam schon zu diesem Zeitpunkt zustande, da das Saarland als assoziiertes Mitglied des Europarates eine von der der Bundesrepublik gesonderte Ratifikationsurkunde hinterlegen mußte (vgl. *Frowein/Peukert*, EMRK, Art. 66 Rn.1).

[166] Einzelheiten zur Geltung der MRK in Berlin vor dem Ende der deutschen Teilung siehe LR/*Gollwitzer*, MRK/IPBPR Einl. Rn. 13.

verschiedene Techniken entwickelt.[167] Die Methode für die Invollzugsetzung von Völkerrecht wird i.d.R. durch die Staatsverfassung bestimmt, wobei für Völkervertragsrecht und –gewohnheitsrecht durchaus verschiedene Wege gewählt werden können.[168] Das Grundgesetz hat sich im Unterschied etwa zur Verfassung der Vereinigten Staaten von Amerika vom 17. September 1787 (Art. VI Clause 2) oder zum Bunreacht Na hÉireann, der irischen Verfassung von 1937 (Art. 29 Sec. 6), nicht explizit für einen der Mechanismen entschieden.[169]

Hätte die Art und Weise des innerstaatlichen Vollzuges des Völkerrechts keinerlei Einfluß auf Geltungsdauer und Rang der Vorschriften gegenüber dem nationalen Recht, so erübrigte sich hier jede Diskussion. Dem ist aber nicht so. Da insbesondere die Rangfrage für die Wirkung der MRK von elementarer Bedeutung ist, muß hier kurz darauf eingegangen werden.

a) Geltungsgrund und Rangstellung nach der Adoptionstheorie

Die Adoptionstheorie verleibt das Völkerrecht dergestalt der nationalen Rechtsordnung ein, daß sein völkerrechtlicher Charakter erhalten bleibt. Diese Theorie wird auf *Blackstone* zurückgeführt, der 1769 formulierte: „ … the law of nations … is held to be a part of the law of the land“.[170] Sie setzt voraus, daß internationales und nationales Recht nicht als getrennte Systeme, sondern als Einheit begriffen werden.[171]

Wirksamwerden, Auslegung und Geltungsdauer richten sich nach Völkerrecht. Hinsichtlich der MRK läßt sich also nach dieser Theorie unproblematisch erklären, warum die MRK erst am 3. September 1953 in Kraft trat, obgleich das deutsche Vertragsgesetz bereits am 7. August 1952 verkündet wurde.[172] Nimmt man aber nicht mit der Theorie des radikalen Monismus, die heute nicht mehr vertreten wird,[173] einen generellen Vorrang des Völkerrechts an, so daß es entgegenstehendes Nationalrecht vernichtet, läßt sich die Rangfrage nicht leicht beantworten. Man wird wohl darauf abstellen müssen, welchen Rang die Adoptionsnorm

---

[167] Ausführlich *Schweitzer*, Staatsrecht III, Rn. 418 ff.

[168] *Schweitzer*, Staatsrecht III, Rn. 419.

[169] *Ernst*, Die Haltung Deutschlands und Frankreichs zur EMRK, S. 145; *Schweitzer*, Staatsrecht III, Rn. 441.

[170] *Blackstone*, Commentaries of the Laws of England, Book IV, S. 67; ähnlich auch die kroatische Verfassung von 1991 in Art. 134; vgl. Dreier/*Pernice*, GG, Art. 25 Rn. 13; *Schweitzer*, Staatsrecht III, Rn. 420.

[171] Einzelheiten bei *Seidl-Hohenfeldern*, Völkerrecht, Rn. 541 ff.; s. a. *Schweitzer*, Staatsrecht III, Rn. 26 ff.

[172] Siehe § 5 B. I. 1. S. 29.

[173] *Schweitzer*, Staatsrecht III, Rn. 35. Ein berühmter Vertreter dieser Theorie war *Scelle*, Précis des droit de gens, insb. Bd. 1, S. 32 ff.

anordnet.[174] Als Adoptionsnormen kommen - sollte man sie im Sinne der genannten Theorie verstehen - im deutschen Verfassungsrecht Art. 25 und Art. 59 Abs. 2 S. 1 GG in Betracht. Art. 59 Abs. 2 S. 1 GG beschreibt zwar den Ablauf der Invollzugsetzung, schweigt jedoch über den Rang. Art. 25 GG hingegen betrifft völkerrechtliche Verträge und Konventionen wie die MRK nicht: Diese können zwar allgemeine Regeln des Völkerrechts enthalten, was für die MRK noch zu diskutieren sein wird, sind selbst aber keine.[175]

Die Adoptionstheorie hilft bei der Entscheidung, welchen Rang die MRK in Deutschland genießt, nicht weiter.

b) Geltungsgrund und Rang nach der Vollzugstheorie

Auch nach der Vollzugstheorie behielte die MRK ihren völkerrechtlichen Charakter. Das - nach Art. 59 Abs. 2 S. 1 GG notwendige - Vertragsgesetz wäre lediglich als ein innerstaatlicher Vollzugsbefehl zu qualifizieren. Wie nach der Adoptionstheorie richteten sich Inkrafttreten, Wirksamwerden, Interpretation und Geltungsdauer nach Völkerrecht. In der Tat sind sich beide Theorien so ähnlich, daß zum Teil angenommen wurde, eine identische Theorie firmiere lediglich unter zwei Namen.[176] Ein wichtiger Unterschied besteht jedoch: Während sich nach der Adoptionstheorie der Rang nach der Anordnung durch die Adoptionsnorm richtet, bestimmt er sich nach der Vollzugslehre nach dem Inhalt der völkerrechtlichen Norm.[177] Letztlich führte dies nach dem Grundsatz „pacta sunt servanda" immer dann, wenn eine verbindliche, völkervertragliche Regelung für anwendbar erklärt wird, zum absoluten Vorrang, auch gegenüber kollidierendem Verfassungsrecht.[178] Eine derogierende nationale lex posterior wäre nicht einmal in der Form der Aufhebung des Vertragsgesetzes, d.h. also des Vollzugsbefehls, möglich.

---

[174] *Schweitzer*, Staatsrecht III, Rn. 422 (mit Beispielen); unentschieden *Seidl-Hohenfeldern*, Völkerrecht, Rn. 572.

[175] Dreier/*Pernice*, GG, Art. 25 Rn. 17; vgl. auch AK-GG/*Zuleeg*, Art. 24 Abs. 3 / 25 Rn. 25; *Seidl-Hohenfeldern*, Völkerrecht, Rn. 502.

[176] *Schweitzer*, Staatsrecht III, Rn. 423; vgl. dazu *Seidl-Hohenfeldern*, Völkerrecht, Rn. 556 ff., der die Vollzugstheorie nicht einmal erwähnt.

[177] Vgl. *Partsch*, Die Anwendung des Völkerrechts im innerstaatlichen Recht, S. 19 ff.; ähnlich, jedoch auf dem Boden der Transformationstheorie, *Bleckmann*, EuGRZ 1994, 149, 153.

[178] *Schweitzer*, Staatsrecht II, Rn. 449. A.A. wohl *Bleckmann*, EuGRZ 1994, 149, 153, der eine Vorrangwirkung nur annimmt, wenn es die Auslegung des völkerrechtlichen Vertrags gebietet. Es müßte also neben verbindlichen Verträgen solche geben, die nur „ein bißchen" verbindlich sind, aber trotzdem über bloße - allenfalls moralisch verpflichtende - Programmerklärungen usw. („soft law") hinausgehen. Den Beweis für die Existenz solcher Konstrukte bleibt er schuldig.

Das BVerfG hat dieser Ansicht schon früh eine Absage erteilt.[179] Entgegen der vom Ständigen Internationalen Gerichtshof 1930 aufgestellten Behauptung kann auch ein derartiger, absoluter Vorrang gegenüber innerstaatlichem Recht nicht als „generally accepted principle of international law" angesehen werden.[180] Völkergewohnheitsrechtlich hat sich die gegenteilige Auffassung durchgesetzt, daß ein Staat völkerrechtswidrige Regelungen erlassen **könne**, aber nicht **dürfe**. Völkerrechtswidriges nationales Recht ist danach gültig, der Staat hat sich jedoch international zu verantworten.[181]

Wenn also das Völker(gewohnheits)recht darauf verzichtet, sich zur innerstaatlichen Normenhierarchie zu äußern, kann mit Hilfe der Vollzugstheorie keine Aussage zur Rangordnung getroffen werden. Eine Bestimmung könnte nur durch den Vollzugsbefehl erfolgen, was aber eine Abkehr von der Vollzugslehre hin zur Adoptionstheorie bedeutete. Wie bereits dargestellt, hilft diese in der Rangfrage auch nicht weiter.

c) Geltungsgrund und Rang nach der Transformationstheorie

Anders als die beiden vorigen Theorien beruht die Transformationslehre, die wohl als herrschend bezeichnet werden kann,[182] auf der Prämisse, daß Völkerrecht und staatliches Recht verschiedene, grundsätzlich unabhängige Rechtskreise bilden (Dualismus).[183] Die Anwendbarkeit von Völkerrecht im innerstaatlichen Bereich wird dadurch erreicht, daß die Regelungen in nationales Recht „umgewandelt" werden.

Die Transformationstheorie schafft genuines innerstaatliches Recht. Das Vertragsgesetz nach Art. 59 Abs. 2 S. 1 GG hat nach dieser Theorie zumeist eine Doppelwirkung: Einerseits erteilt es die Zustimmung zur Ratifikation und andererseits inkorporiert es die völkervertraglichen Vereinbarungen in das deutsche Recht.[184] Die Transformation bewirkt jedoch nicht etwa, daß das Völkerrecht aufhörte als solches zu existieren und nur noch als nationales Recht fortbestünde. Es kommt zu einer „Verdoppelung" der Regelung. Neben das völkerrechtlich verbindliche internationale Recht tritt zwar gleichlautendes, aber eigenständiges nationales

---

[179] BVerfGE 6, 309, 362 f.

[180] PCIJ, Gutachten vom 31. Juli 1930, Série B, Nr. 17, S. 32.

[181] *Seidl-Hohenfeldern*, Völkerrecht, Rn. 552 ff.

[182] *Schweitzer*, Staatsrecht III, Rn. 441.

[183] Überblick bei *Geiger*, Grundgesetz und Völkerrecht, S. 15 ff.; *Schweitzer*, Staatsrecht III, Rn. 24 ff. Zur Ideengeschichte Dreier/*Pernice*, GG, Art. 25 Rn. 1.

[184] BVerfGE 1, 396, 410 f.; *Ernst*, Die Haltung Deutschlands und Frankreichs zur EMRK, S. 146. *Schweitzer*, Staatsrecht III, Rn. 431, weist zurecht darauf hin, daß die Transformation auch außerhalb des Vertragsgesetzes erfolgen kann.

Recht.[185] Dadurch besteht die Gefahr einer Entkoppelung von nationalem und internationalem Recht. Ein Beispiel dafür ist die Entstehungsgeschichte der MRK. Das Vertragsgesetz, das zugleich die MRK in deutsches Recht transformierte, wurde am 7. August 1952 verkündet.[186] Art. IV des 1. Gesetzes über die Konvention zum Schutze der Menschenrechte und Grundfreiheiten ordnet das Inkrafttreten des Gesetzes für den auf seine Verkündung folgenden Tag an. Bezöge man dies nicht nur auf die Zustimmung zum Vertragsschluß (Art. I des Gesetzes), sondern auch auf die Transformation der MRK (Art. II Abs. 1), so hätte die MRK in Deutschland bereits etwas mehr als ein Jahr als innerstaatliches Recht gegolten, bevor sie durch Erreichung der Mindestzahl von Ratifikationen auch völkerrechtlich in Kraft trat.[187]

Ein solches Auseinanderfallen kann jedoch vermieden werden,[188] indem man das Transformationsgesetz als aufschiebend und auflösend bedingt auf die völkerrechtliche Geltung ansieht,[189] bzw. indem man die Vertragsbestimmungen, die das In- und Außerkrafttreten betreffen, als Teil des transformierten Inhalts versteht.[190] Der Wortlaut des Vertragsgesetzes zur MRK (Art. II Abs. 4) spricht für letztere Variante.[191] Letztlich kommt es jedoch auf eine Entscheidung des Streites nicht an.

Die MRK trat damit erst mit ihrem völkerrechtlichen Wirksamwerden auch in der Bundesrepublik am 3. September 1953 in Kraft.[192]

Noch nicht beantwortet ist damit die Frage, welchen Rang die MRK im deutschen Rechtssystem einnimmt. Die h. M. geht davon aus, daß die transformierte Regelung den Rang der Transformationsnorm teilt.[193] Als „pseudo-logisch" wird diese

---

[185] *Schweitzer*, Staatsrecht III, Rn. 424 ff. (dazu, wie die bei strenger Anwendung der Transformationslehre drohende Entkoppelung von Völkerrecht und transformiertem Recht überwunden werden kann, siehe insb. Rn. 432 ff.).

[186] BGBl. II 1952, 685, berichtigt 953.

[187] Siehe § 5 B. I. 1. S. 29.

[188] Sog. gemäßigte Transformationstheorie, nach *Rudolf*, Völkerrecht und deutsches Recht, S. 164 ff.

[189] RGZ 109, 383, 384 f.; RGZ 111, 40, 42; BVerfGE 1, 396, 411; weitere Nachweise bei *Bleckmann*, Grundgesetz und Völkerrecht, S. 286, 289.

[190] So z.B. OVG Münster, OVGE 17, 67, 69 f. zum Vertrag von Versailles.

[191] Dazu die Bekanntmachung vom 15. Dezember 1953, BGBl. II 1954, 14.

[192] Einzelheiten bei *Hodler*, Die Europäische Menschenrechtskonvention und das Bonner Grundgesetz, S. 23 ff.

[193] Von Münch/*Rojahn*, GG, Art. 59 Rn. 43 m. w. N.; *Schweitzer*, Staatsrecht III, Rn. 426; *Ulsamer*, FS-Zeidler, Bd. 2, S, 1799, 1800; vgl. *ders.*, in: Europäische Menschenrechtskonvention und nationaler Rechtsschutz, S. 35 f. m. w. N.

These von *Klug* verworfen.[194] *Klug* verweist zur Begründung seiner These auf § 136 a StPO. Obgleich dieser eine Vorschrift des einfachen Rechts sei, käme ihm „mindestens Verfassungsrang" zu.[195] Dabei übersieht er eines: Die Verbote des § 136 a StPO haben nicht etwa deshalb Verfassungs- oder vielleicht sogar Überverfassungsrang, weil der Norm des § 136 a StPO dieser Rang zukäme, sondern weil sie inhaltlich in Art. 1 Abs. 1 GG (bzw. z. T. auch in internationalen Pakten) garantiert sind.[196] Sie teilen den Rang ihrer Rechtsquelle: Der Schutz der Menschenwürde im Strafverfahren erhält seine besondere Stellung im deutschen Verfassungsrecht nicht durch § 136 a StPO, sondern durch Art. 1 Abs. 1 i. V. m. Art. 79 Abs. 3 GG.

Klugs Argumentation selbst ist aber ein gutes Beispiel dafür, was passiert, wenn Logik und Gesetzessystematik mit einem Hinweis auf ein nur postuliertes „normenlogische(s) Verhältnis ... unter Berücksichtigung der teleologischen Axiome der MRK"[197] überspielt werden. Es kann wünschenswert sein, der MRK Überverfassungsrang einzuräumen. Jedoch darf das Wünschenswerte nicht mit dem juristisch Machbaren verwechselt werden. Der Satz „non ultra vires" ist weniger „pseudo-logisch" als vielmehr Ausdruck der Selbstverständlichkeit, daß niemand mehr bewirken kann, als in seiner Macht steht. Auf Gesetze übertragen bedeutet dies, daß ein einfaches Gesetz der transformierten Regelung grundsätzlich nicht mehr als den Rang einfachen Rechts verleihen kann.[198] Eines ist allerdings zuzugeben: Art. 24 Abs. 1 GG gestattet die Übertragung von Hoheitsgewalt auf eine zwischenstaatliche Institution mittels eines einfachen Bundesgesetzes, wodurch es zu einer materiellen Verfassungsänderung kommen kann (vgl. Art. 23 Abs. 1 S. 3 GG).[199] Art. 24 Abs. 1 GG regelt jedoch einen Sonderfall. Die quasiverfassungsändernde Wirkung des „einfachen" Gesetzes ergibt sich letztlich aus der Verfassung.[200] Dies kann für sonstige Vertragsgesetze, bei denen es an einer solchen speziellen Legitimation fehlt, nicht angenommen werden.

Einen etwas anderen Weg als *Klug* verfolgt *Bleckmann*, wenn er darüber nachdenkt, ob nicht anstatt auf den formellen Rang des Transformationsgesetzes auf den Willen der demokratisch legitimierten Regierung bei Vertragsabschluß

---

[194] *Klug*, GS-Peters, S. 434, 440.

[195] *Klug*, GS-Peters, S. 434, 440.

[196] Vgl. *Kleeberger*, Die Stellung der Rechte der Europäischen Menschenrechtskonvention, S. 74 m. w. N.

[197] *Klug*, GS-Peters, S. 434, 442.

[198] So auch *Rudolf*, Völkerrecht und deutsches Recht, S. 176.

[199] Dreier/*Pernice*, GG, Art. 24 Rn. 21, 32 f.

[200] Vgl. die Situation unter der französischen und der US-Verfassung, Dreier/*Pernice*, GG, Art. 59 Rn. 13; vgl. auch *Huber*, GS-Peters, S. 375, 390.

abgestellt werden muß.[201] Dem ist entgegenzuhalten, daß der - demokratisch gebildete - Wille des Volkssouveräns sich nach der Rechtsordnung des Grundgesetzes nur im Rahmen der von der Verfassung vorgesehenen Mittel durchsetzen kann (Art. 20 Abs. 2 S. 1 und 2 GG). Ein Verweis auf eine darüber hinausgehende Volkssouveränität führt nicht weiter: Der Souverän ist als „pouvoir constitué" insoweit „gezähmt".

Sieht man das Gesetz vom 7. August 1952 und insbesondere das Gesetz zum 11. Protokoll[202] als Vertragsgesetze im Sinne von Art. 59 Abs. 2 S. 1 und als Transformationsgesetze an, folgt daraus ihr einfach-gesetzlicher Rang.

d) Stellungnahme

Die Darstellung hat gezeigt, daß von den vertretenen Theorien als einzige die gemäßigte Transformationslehre zu einer logisch stimmigen und praktikablen Lösung der Frage führt, wie Völkerrecht in nationales Recht zu integrieren sei. Nach ihrer Transformation hat die MRK den Rang einfachen, formellen Gesetzesrechts.

3. Mittelbarer Verfassungsrang der MRK?

Es hat sich zudem erwiesen, daß der MRK dann, wenn sie als „gewöhnlicher" völkerrechtlicher Vertrag anzusehen wäre - wovon für den Augenblick ausgegangen werden soll -, nur der Rang einfachen Bundesrechts zukäme.

Das BVerfG teilt diese Auffassung. Zunächst erweckte es allerdings einen gegenteiligen Eindruck. 1957 prüfte es in einer Entscheidung zu §§ 175 f. StGB a. F. eine Beeinträchtigung der MRK ausführlich.[203] Im selbem Jahr wies es eine Verfassungsbeschwerde wegen Verletzung der Eigentumsgarantie in Art. 1 des Zusatzprotokolls vom 20. März 1952[204] mit der Begründung zurück, das Protokoll besäße keine Rückwirkung.[205] 1959 wendete sich jedoch das Blatt. Ein Beschwerdeführer, der Art. 5 und 6 MRK als verletzt gerügt hatte, scheiterte: Das BVerfG stellte lapidar fest, auf einen Verstoß gegen die MRK könne keine Verfassungsbeschwerde gestützt werden.[206]

---

[201] *Bleckmann*, EuGRZ 1994, 149, 153; vgl. *ders.*, FS-Doehring, S. 63, 73 f.

[202] BGBl. II 1952, 685, berichtigt 953; BGBl. II 1995, 578 ff.

[203] BVerfGE 6, 389, 440 f.

[204] Zustimmungsgesetz vom 20. Dezember 1956, BGBl. II 1956, 1879 ff.

[205] BVerfGE 6, 290, 296.

[206] BVerfGE 10, 271, 274.

Seither wird diese Formel in ständiger Rechtsprechung wiederholt.[207] Der MRK komme im deutschen Recht nur der Rang eines einfachen Bundesgesetzes zu.[208]

Dieser erste Eindruck relativiert sich jedoch bei näherer Betrachtung.

a) Heranziehung der MRK zur Konkretisierung des Rechtsstaatsprinzips

Obgleich das BVerfG der Konvention den Verfassungsrang abspricht, zieht es bei der Bestimmung des Inhalts der im Rechtsstaatsprinzip angelegten Unschuldsvermutung den Wortlaut der MRK heran.[209] Hierzu heißt es in einem Beschluß des Zweiten Senats vom 26. März 1987:

> „Wenn das Bundesverfassungsgericht sich zur Definition der Unschuldsvermutung auf den Wortlaut des Art. 6 Abs. 2 EMRK bezogen hat (BVerfGE 35, 311, 320), der in der Bundesrepublik **den Rang von Verfassungsrecht nicht genießt**, so beruht dies auf der **rechtlichen Wirkung, die das Inkrafttreten der Konvention auf das Verhältnis zwischen den Grundrechten des Grundgesetzes und ihnen verwandten Menschenrechten der Konvention hat.** Bei der **Auslegung des Grundgesetzes sind auch Inhalt und Entwicklungsstand der Europäischen Menschenrechtskonvention in Betracht zu ziehen,** sofern dies nicht zu einer Einschränkung oder Minderung des Grundrechtsschutzes führt, eine Wirkung, die die Konvention indes insoweit selbst ausgeschlossen wissen will (Art. 60 EMRK[210]).“[211]

Es sieht zunächst so aus, als werde einfaches (Bundes)Recht zur Auslegung der Verfassung herangezogen, was die Gesetzeshierarchie mißachtete und unzulässig wäre.[212] Bei genauerer Betrachtung erschließt sich, daß die MRK hier nicht als „gewöhnliches“ Gesetzesrecht in die Auslegung einbezogen wird. Das BVerfG will den „Inhalt und Entwicklungsstand“[213] heranziehen, nicht die MRK selbst. Dieser feine Unterschied ist entscheidend. Es geht hier nicht um die Auslegung

---

[207] BVerfGE 34, 384, 395; BVerfGE 41, 88, 105 f.; BVerfGE 41, 126, 149; BVerfGE 64, 135, 157.

[208] BVerfGE 19, 342, 347.

[209] BVerfGE 35, 311, 320.

[210] Art. 60 MRK a. F. entspricht Art. 53 MRK n. F.

[211] BVerfGE 74, 358, 370 (Hervorhebungen durch die *Verfasserin*).

[212] Vgl. *Spaniol*, Das Recht auf Verteidigerbeistand, S. 192.

[213] BVerfGE 74, 358, 370.

von Verfassungsrecht mit Hilfe einfachen Gesetzesrechts, sondern darum, eine verwandte Kodifikation als Erkenntnisquelle zu nutzen.[214] Die MRK enthält einen Minimalbestand von Grundrechten, der seinen Grund in der gemeinsamen (west)-europäischen Verfassungstradition hat.[215] [216] Insofern bedient sich das BVerfG zur Konkretisierung des Rechtsstaatsprinzips rechtsvergleichender Überlegungen.[217] Die Bezugnahme auf die MRK bei der Auslegung des Grundgesetzes wird inzwischen in einer Entscheidung des BVerfG bereits als klassisch bezeichnet.[218]

Mit diesen Kunstgriffen hat das BVerfG, wie *Ress* meint, „auf elegante Weise eine Einbindung der EMRK in den Maßstab des Grundgesetzes erreicht, ohne ihr selbst Verfassungsrang zuzusprechen".[219]

Zusammenfassend bedeutet dies: Nicht die MRK selbst, sondern nur ihr Inhalt und Entwicklungsstand werden zur Konkretisierung des Rechtsstaat herangezogen, wobei die Entscheidungsgewalt, welche inhaltlichen Bestandteile integriert werden, beim deutschen Rechtsanwender, namentlich beim BVerfG, liegt. Das Grundgesetz bleibt der Maßstab, an dem ein Gesetz oder eine Einzelentscheidung zu messen ist. Es findet keine „Quasi-Transformation" von MRK-Bestandteilen in deutsches Verfassungsrecht statt, sondern nur eine inhaltliche Annäherung. GG und MRK bleiben selbständige Kodifikationen. Direkt gilt die MRK nach dieser Auffassung nur im Rang von einfachem Gesetzesrecht.

---

[214] Vgl. BVerfGE 74, 358, 370: „Deshalb dient insoweit auch die Rechtsprechung des Europäischen Gerichtshofs für Menschenrechte als Auslegungshilfe für die Bestimmung von Inhalt und Reichweite von Grundrechten und rechtsstaatlichen Grundsätzen des Grundgesetzes." Bestätigt in BVerfGE 83, 119, 128.

[215] Siehe Präambel der MRK („as the Governments of European countries which are like-minded and have a common heritage of political traditions, ideals, freedom and the rule of law / en tant que gouvernements d'Etats européens animés d'un même esprit et possédant un patrimoine commun d'idéal et de traditions politiques, de respect de la liberté et de prééminence du droit" – als Regierungen europäischer Staaten, die vom gleichen Geist beseelt sind und ein gemeinsames Erbe an politischen Überlieferungen, Idealen, Achtung der Freiheit und Rechtsstaatlichkeit besitzen, Übersetzung des Bundesjustizministeriums); vgl. *Bleckmann*, DÖV 1979, 309, 310.

[216] Zur Frage, ob die MRK allgemeine Regeln des Völkerrechts wiedergibt, die über Art. 25 GG in die deutsche Rechtsordnung hineinwirken, siehe § 8 S. 127 ff.

[217] So auch *Spaniol*, Das Recht auf Verteidigerbeistand, S. 192, 194; vgl. *Göldner*, Verfassungsprinzip und Privatrechtsnorm in der verfassungskonformen Auslegung und Rechtsfortbildung. Verfassungskonkretisierung als Methoden- und Kompetenzproblem, S. 120 ff.; *Mössner*, AöR 99 (1974), 193, 223 ff.

[218] BVerfGE 82, 106, 125 (Minderheitsvotum *Mahrenholz*, der in diesem Punkt wohl aber auch die Ansicht der Mehrheit wiedergibt; vgl. ebd., S. 115); vgl. BVerfGE 92, 277, 323.

[219] *Ress*, FS-Zeidler, Bd. 2, S. 1775, 1796.

b) Grundsatz der völkerrechtsfreundlichen Auslegung

Vielleicht noch wichtiger als die zum Erkenntnisgewinn beitragende rechtsvergleichende Auslegung ist ein anderer Aspekt der Entscheidung: Die Stellungnahme des BVerfG zur Völkerrechtsfreundlichkeit und Integrationsbereitschaft der vom Grundgesetz konstituierten „offenen Staatlichkeit“[220].[221] Dieser Grundsatz ist eines der Verfassungsprinzipien des Grundgesetzes,[222] der sich neben der Präambel vor allem in den Art. 23 – 26 und 59 GG manifestiert.[223] Als Grundmotiv der Verfassung spielt die Völkerrechtsfreundlichkeit nicht nur im Rahmen der genannten Vorschriften eine Rolle, sondern „durchdringt“ die gesamte Rechtsordnung. Es kann primär nicht davon ausgegangen werden, daß der Gesetzgeber seine völkerrechtlichen Verpflichtungen verletzen will. Innerstaatliches Recht muß also nach dem Leitbild der prinzipiellen Völkerrechtsfreundlichkeit[224] und – sofern internationales Recht transformiert wurde – nach dem Grundsatz der Einheit der Rechtsordnung bzw. der praktischen Konkordanz so ausgelegt werden, daß es mit den völkerrechtlichen Bindungen im Einklang steht. Dies gilt auch für leges posteriores, sofern der Gesetzgeber nicht eindeutig seine Verpflichtungen brechen oder einen solchen Bruch ermöglichen will.[225]

Wäre aber eine MRK-konforme Auslegung eines später erlassenen Gesetzes auf Grund des klar erklärten Willens des Gesetzgebers nicht möglich, müßte die MRK als lex prior nach dem Grundsatz „lex posterior derogat legi priori“ zurücktreten.[226]

Letztlich hilft der Grundsatz der völkerrechts- bzw. MRK-freundlichen Auslegung zwar in der Praxis in den meisten Fällen weiter, da er die Zahl der möglichen Kollisionsfälle reduziert.[227] Er bietet aber keinen wirklichen Schutz gegen den Gesetzgeber. „Gesetzesfest“ wird die MRK auf diese Art nicht.

---

[220] Dreier/*Pernice*, GG, Art. 24 Rn. 1, 14 m. w. N.; Art. 25 Rn. 15; *Vogel*, Die Verfassungsentscheidung des Grundgesetzes für eine internationale Zusammenarbeit, S. 42; *Mosler*, HbStR VII, § 175 Rn. 8; vgl. BVerfGE 58, 1, 41 = EuGRZ 1982, 172, 178.

[221] BVerfGE 74, 358 ff.

[222] Siehe *Bleckmann*, DÖV 1979, 309 ff.

[223] *Tomuschat*, HbStR VII, § 172 Rn. 2 ff.; *ders.*, VVDStRL 36 (1978), 7, 16 ff., *Pernice* (Dreier/*Pernice*, GG, Art. 24 Rn. 1) zitiert außerdem Art. 9 Abs. 2 GG. Ergänzend kann auf Art. 1 Abs. 2 GG verwiesen werden, vgl. *Spaniol*, Das Recht auf Verteidigerbeistand, S. 191.

[224] *Bleckmann*, DÖV 1979, 309; *Spaniol*, Das Recht auf Verteidigerbeistand, S. 191.

[225] BVerfGE 74, 358, 370; auch *Seibert*, FS-Hirsch, S. 519, 525.

[226] Vgl. *Ernst*, Die Haltung Deutschlands und Frankreichs zur EMRK, S. 148.

[227] So auch *Ernst*, Die Haltung Deutschlands und Frankreichs zur EMRK, S. 150.

c) Weitere Möglichkeiten der Einbindung[228]

Insbesondere *Frowein*[229] hat vorgeschlagen, die MRK als Teil der verfassungsmäßigen Ordnung i. S. v. Art. 2 Abs. 1 GG mittelbar verfassungsbeschwerdefähig zu machen. Gegen die MRK verstoßende Einzelentscheidungen könnten dann nach den Grundsätzen der Elfes-Entscheidung[230] vor dem BVerfG angegriffen werden. Eine Einzelentscheidung, die sich nicht im Rahmen der – auch – von der MRK gesteckten Eingriffsgrenzen hält, verletzt Art. 2 Abs. 1 GG. Die Kontrolldichte durch das BVerfG würde damit zunehmen. Zwar betont das BVerfG stets, es sei keine Superrevisionsinstanz, es prüfe nur die Verletzung von spezifischem Verfassungsrecht.[231] Im Hinblick auf eine mögliche völkerrechtliche Verantwortlichkeit der Bundesrepublik führt das BVerfG jedoch eine besondere Prüfung durch, die „über den gewöhnlichen Umfang verfassungsgerichtlicher Kontrolle von Gerichtsentscheidungen im Verfahren der Verfassungsbeschwerde hinausgeht“.[232] Wie *Ress*[233] jedoch zu bedenken gibt, wird aus der Entscheidung nicht klar, ob das BVerfG nur die Verletzung von allgemeinen Regeln des Völkerrechts i. S. v. Art. 25 GG wie spezifisches Verfassungsrecht behandelt oder ob es auch die Verletzungen von Völkerrecht en détail prüft, das in einfaches Bundesrecht transformiert worden ist.[234]

Im Rahmen der Zulässigkeitsprüfung bezieht sich das BVerfG[235] auf Art. 25 GG.[236] *Frowein* ist allerdings zuzugeben, daß das Gericht bei der Begründetheit der Beschwerde eine Verletzung der MRK prüft, ohne darauf einzugehen,

---

[228] Hier können nur die wichtigsten Vorschläge dargestellt werden. Darüber hinaus wurde u. a. vertreten, die Bindung aller Gewalten an die Grundrechte durch Art. 1 Abs. 3 GG auf die in Art. 1 Abs. 2 GG genannten Menschenrechte zu erweitern (z. B. *Echterhölter*, JZ 1955, 689, 691 f.). Dies scheitert jedoch am klaren Wortlaut des Abs. 3. Die Verpflichtung bezieht sich nur auf die „nachfolgenden Grundrechte“ (vgl. dazu *Partsch*, in: Die Grundrechte, Bd. 1, Halbbd. 1, S. 235, 282; *Spaniol*, Das Recht auf Verteidigerbeistand, S. 182).

[229] *Frowein*, FS-Zeidler, Bd. 2, 1763, 1770 f.; *ders.*, ZaöRV 46 (1986), 286, 288; siehe auch *ders.*, EuGRZ 1982, 179, 180.

[230] BVerfGE 6, 32 ff.

[231] St. Rspr. Nachweise und Einzelheiten bei *Lincke*, EuGRZ 1986, 60 ff.; *Lippart*, EuGRZ 1986, 149 161. Zum vergleichbaren Standpunkt der Konventionsorgane hinsichtlich des Umfangs der eigenen Jurisdiktion siehe Fn. 429.

[232] BVerfG, EuGRZ 1985, 654 = ZaöRV 46 (1986), 289, 290 (Pakelli); vgl. auch BVerfGE 58, 1, 34 = EuGRZ 1982, 172, 176; BVerfGE 59, 63, 89.

[233] *Ress*, FS-Zeidler, Bd. 2, S. 1775, 1794.

[234] So aber neben *Frowein* (*Frowein*, FS-Zeidler, Bd. 2, 1763, 1770 f.; *ders.*, EuGRZ 1982, 179, 180; *ders.*, ZaöRV 46 (1986), 286, 288) auch *Spaniol*, Das Recht auf Verteidigerbeistand, S. 188.

[235] BVerfG, EuGRZ 1985, 654 = ZaöRV 46 (1986), 289 f.

[236] Einzelheiten zu Art. 25 GG siehe in § 8 S. 127 ff.

ob die MRK allgemeine Regeln des Völkerrechts enthält oder nicht. Letztlich wird man abwarten müssen, wie das BVerfG in weiteren Fällen entscheiden wird.

Eine weiterer Hebel, um die MRK in einer Verfassungsbeschwerde überprüfbar zu machen, ist das an Art. 3 Abs. 1 GG festgemachte Willkürverbot. Zwar hat das BVerfG bisher im Einzelfall stets eine gleichheitswidrige, willkürliche Behandlung verneint, es hat aber klargestellt, daß die Nichtbeachtung der MRK durchaus zu einer solchen führen könne.[237] [238]

d) Stellungnahme

Die dargestellten Konstruktionen beziehen die MRK in unterschiedlichem Maße in das deutsche Verfassungsrecht ein.

Während der Weg über die Elfes-Konstruktion bzw. das allgemeine Willkürverbot die MRK nicht im Rang stärken, sondern nur die Justiziabilität verbessern, erlangt die MRK über den Grundsatz der völkerrechtsfreundlichen, MRK-konformen Auslegung zwar nicht Übergesetzesrang, erhält aber eine Sonderstellung gegenüber sonstigem einfachen Recht.

Wird die MRK jedoch zur Ausfüllung des Rechtsstaatsprinzips herangezogen, so erleichtert dies nicht nur dem deutschen Rechtsanwender die Argumentation, wenn es darum geht, das hoch abstrakte deutsche Rechtsstaatsprinzip „alltagstauglich“ zu machen. Rein dogmatisch betrachtet, führt die MRK hier zwar nicht zu einem „Mehr“ an Schutz: Der Inhalt der MRK und die Rechtsprechung der Organe der MRK, d.h. also in Zukunft nur noch des Gerichtshofes, werden ja nur als Erkenntnisquellen zur Auslegung begriffen. In der Praxis besteht aber durchaus ein Unterschied, ob nur der Forschungsstand der nationalen oder internationalen Wissenschaft herangezogen oder ob auf Entscheidungen des EGMR zurückgegriffen wird. Es steht zu hoffen, daß sich nicht nur ein Kooperationsverhältnis zwischen BVerfG und EGMR, sondern auch mit den übrigen Verfassungsgerichten der Mitgliedstaaten der MRK entwickeln wird, in dem die Gerichte – selbstverständlich innerhalb ihrer jeweiligen Jurisdiktion – an der Verwirklichung und Fortentwicklung der Menschenrechte in Europa zusammenwirken.[239]

---

[237] BVerfGE 64, 135, 157; 74, 102, 128; vgl. *Frowein*, FS-Zeidler, 1765, 1767 mit Verweis auf den Kammerbeschluß, 2 BvR 1156/86, S. 2.

[238] *Frowein* hat als Vertreter der Landesregierung von Nordrhein-Westfalen versucht, gegen eine Verletzung von Menschenrechten durch Landesrecht über Art. 31 GG die Verletzung der MRK als vorgehendes Bundesrecht zu rügen, ist aber damit gescheitert. Ohne auf diese Argumentation einzugehen, hat das BVerfG die Prüfung der MRK abgelehnt (BVerfGE 41, 88, 105 f.; *Frowein*, FS-Zeidler, Bd. 2, S. 1763, 1764).

[239] So auch *Giegerich*, Allgemeinheit der Grundrechte, S. 102, 115.

II. Die MRK als Gründungsdokument einer zwischenstaatlichen Einrichtung im Sinne von Art. 24 Abs. 1 GG

Bisher ist nur der Frage nachgegangen worden, wie die MRK in das deutsche Rechtssystem integriert werden kann, wenn man davon ausgeht, sie besäße nur den Rang einfachen Bundesrechts. In der Literatur ist jedoch schon früh versucht worden, der MRK Übergesetzes-, Verfassungs- oder sogar Überverfassungsrang einzuräumen. Eine Strategie geht dabei über Art. 24 Abs. 1 GG vor. Als Primärrecht einer supranationalen Einrichtung ginge die MRK dann in weitem Umfang sogar Verfassungsrecht vor.[240]

1. Schaffung einer zwischenstaatlichen Einrichtung durch die Konvention

Ob die MRK eine gegenüber dem Europarat selbständige Organisation schafft, war zunächst recht strittig.[241] Schon zum alten Rechtsschutzsystems der MRK fanden sich Stimmen, die sich für eine selbständige europäische Menschenrechtsorganisation aussprachen.[242] Nach Änderung der MRK durch das 11. Protokoll dürfte kein Zweifel mehr daran bestehen, daß die Organe der MRK gegenüber denen des Europarates verselbständigt sind. Das Ministerkomitee wird nur noch bei der Durchsetzung der Urteile des EGMR tätig. Dies ist im Sinn einer Kooperation zwischen Europarat und den Organen der MRK als Art von „Vollstreckungshilfe" zu werten.[243]

Diese Einschätzung stützt eine weitere Änderung der MRK durch das 11. Protokoll. Die Zusammensetzung des Gerichtshofs wird von der des Europarates gelöst. Abgestellt wird bei der Zahl der Richter nicht mehr auf die Mitglieder des Europarats, sondern auf die Vertragsparteien der MRK (Art. 20 MRK n. F.).[244]

---

[240] Zur Rangstellung von Primärrecht zwischenstaatlicher Einrichtungen siehe BK/*Tomuschat*, GG, Art. 24 Rn. 77, 79.

[241] Gegen Selbständigkeit *Robertson*, in: Encyclopedia of Public International Law, Bd. 1, S. 845; schon 1956 für Selbständigkeit dagegen *Carstens*, Das Recht des Europarats, S. 196 f.; auch *Golsong*, Das Rechtsschutzsystem der Europäischen Menschenrechtskonvention, S. 30.

[242] Vgl. *Bleckmann*, EuGRZ 1994, 149, 153; *Ress*, FS-Zeidler, Bd. 2, S. 1775, 1791 ff.; *ders.*, EuGRZ 1996, 350, 353; *Wittinger*, Jura 1999, 405, 406 f.

[243] Vgl. *Carstens*, Das Recht des Europarats, 1956, S. 197; *Ress*, FS-Zeidler, Bd. 2., S. 1775, 1791.

[244] *Peukert* (Frowein/Peukert/*Peukert*, EMRK, Art. 19 Rn. 5) meint, Art. 20 MRK sei auch geändert worden, um anderen Rechtssubjekten als Nationalstaaten die Teilnahme zu ermöglichen. Die – wahrscheinlichsten –Aspiranten für eine Mitgliedsschaft, die Europäischen Gemeinschaften, könnten allerdings erst nach einer Änderung ihrer eigenen vertraglichen Grundlagen beitreten (vgl. EuGH, Gutachten vom 28. März 1996, 2/94, Ziff. 23 ff., 37, EuGRZ 1996, 197, 207). Auf Ebene der EU wird inzwischen an einer eigenen Grundrechts-Charta gearbeitet, Europäischer Rat, Köln, 3. und 4. Juni 1999, Schlußfolgerungen des Vorsitzes, Ziff. 44 f. und Anhang IV (letzterer nicht abgedruckt in wistra 1999, V ff.); Europäischer Rat, Tampere, 15. und 16. Oktober 1999, Schlußfolgerungen des Vorsitzes, Anlage - Zusammensetzung und

2. Übertragung von Hoheitsrechten

Schwieriger zu beantworten ist die zweite Frage, ob dieser „europäischen Menschenrechtsorganisation“[245] auch Hoheitsrechte übertragen worden sind. Erst dann könnte der MRK als deren Gründungsdokument Überverfassungsrang eingeräumt werden.

a) Zum Begriff der „Übertragung“

Der Wortlaut von Art. 24 Abs. 1 GG spricht von einer Übertragung einzelner Hoheitsrechte. Trotzdem entspricht es der fast allgemeinen Ansicht im Schrifttum, daß damit weder eine echte Übertragung von Hoheitsgewalt im Sinne einer Translation noch eine Delegation der Ausübungsbefugnis gemeint ist.[246] In Wahrheit wird bei der zwischenstaatlichen Einrichtung originäre öffentliche Gewalt geschaffen.[247]

b) Anforderungen an eine Übertragung

aa) Ansicht der Literatur

In der Literatur wird, sofern Supranationalität in Frage steht, auf die Durchgriffskompetenz der zwischenstaatlichen Einrichtung gegenüber dem Mitgliedsstaat bzw. gegenüber dem Einzelnen abgestellt.[248] Die supranationale Struktur muß in der Lage sein, dem Bürger gegenüber hoheitlich zu handeln oder staatlichen Behörden unmittelbar wirksame Rechtsbefehle zu erteilen.[249]

Arbeitsverfahren des Gremiums zur Ausarbeitung des Entwurfs einer EU-Charta der Grundrechte sowie einschlägige praktische Vorkehrungen entsprechend den Schlußfolgerungen von Köln. Die Dokumente können über http://www.europa.eu.int abgerufen werden.

[245] *Ress*, FS-Zeidler, Bd. 2, S. 1775, 1791.

[246] Stellvertretend Dreier/*Pernice*, GG, Art. 24 Rn. 19 m. w. N.; a. A. BVerfGE 89, 155, 190 (bzgl. der Übertragung).

[247] BK/*Tomuschat*, GG, Art. 24 Rn. 15 ff. m. w. N.; *Stern*, Staatsrecht, Bd. 1, S. 523. Wie *E. Kaufmann* prägnant formuliert, sollte zur Beschreibung des Übertragungsaktes nicht das Verb „transferre“, sondern „conferre“ (conférer, confer) verwendet werden (*E. Kaufmann*, in: Der Kampf um den Wehrbeitrag, Halbbd. 2, S. 42, 54). Das gleichfalls von *E. Kaufmann* (ibd., S. 55) vorgeschlagene „confier“ weist in eine falsche Richtung, da es nicht auf einen Übertragungsakt, sondern auf eine Überlassung von Hoheitsrechten zur stellvertretenden Ausübung schließen läßt (vgl. S. 44).

[248] BK/*Tomuschat*, GG, Art. 24 Rn. 115 i. V. m. 8 ff.; vgl. auch Dreier/*Pernice*, GG, Art. 24 Rn. 25.

[249] BK/*Tomuschat*, GG, Art. 24 Rn. 8.

bb) Ansicht des BVerfG

Das BVerfG erschien zunächst großzügiger in der Definition der Übertragung von Hoheitsrechten. Im Urteil vom 18. Dezember 1984[250] ist es im Fall der NATO von einer supranationalen Organisation ausgegangen. Die Übertragung von Hoheitsrechten müsse nicht unwiderruflich erfolgen, und es schade nicht, daß das einzige Organ des Nordatlantikvertrages, das North Atlantic Council (NAC), gem. Art. 9 North Atlantic Treaty lediglich beratende Funktion habe.[251] Eine Übertragung von Hoheitsrechten sei nicht erst dann anzunehmen, wenn der zwischenstaatlichen Einrichtung der Durchgriff gegenüber Einzelnen gestattet wird.[252] Es genüge, wenn „der deutsche Übertragungsakt eine unerläßliche Rechtsgrundlage für den Fall der aktuellen Inanspruchnahme dieser Hoheitsrechte" darstelle.[253] In der Sache ging es hier darum, daß der Befehl zum Einsatz von in Deutschland stationierten Mittelstreckenraketen vom amerikanischen Präsidenten hätte ausgehen müssen.

Diese Entscheidung ist bei einer Vielzahl von Stimmen der Literatur auf Widerstand gestoßen, die die Durchgriffskompetenz für konstituierend halten.[254] Die Rechtsprechung des BVerfG zu Art. 24 Abs. 1 GG erschien auch inkonsistent, während es die MRK weiterhin - wenigstens dem Grundsatz nach - für einen gewöhnlichen völkerrechtlichen Vertrag hält, hat sie ihre Rechtsprechung zur NATO danach noch einmal bestätigt.[255]

Mit der AWACS-Entscheidung vom 12. Juli 1994[256] hat es jedoch, ohne dabei von seiner früheren Rechtsprechung explizit abzurücken, seinen Standpunkt hinsichtlich der NATO revidiert: Die Übertragung von operational command and

---

[250] BVerfGE 68, 1 ff.

[251] BVerfGE 68, 1, 93; Einzelheiten zu den im Urteil nur skizzierten Strukturen der NATO sind (graphisch aufbereitet) dem NATO-Handbook zu entnehmen. Das North Atlantic Council wird, wenn es nicht auf Ministerebene tagt, von weisungsgebundenen Vertretern der Mitgliedsstaaten gebildet, die nur einstimmig beschließen können (siehe dazu NATO-Handbook, S. 35 ff., 37).

[252] BVerfGE 68, 1, 94.

[253] BVerfGE 68, 1, 94.

[254] Sachs/*Streinz*, GG, Art. 24 Rn. 35 f.; weitere Nachweise bei BK/*Tomuschat*, GG, Art. 24 Rn. 113; Dreier/*Pernice*, GG, Art. 24 Rn. 27. Bemerkenswert ist auch, daß die Organisation selbst nicht von einer Übertragung von Hoheitsgewalt ausgeht. „Each nation represented at the Council table (i.e. des North Atlantic Council's; die *Verfasserin*) or on any of its subordinate committees **retains complete sovereignty and responsibility** for its own decisions." (NATO-Handbook, S. 37; Hervorhebung durch die *Verfasserin*). Die Selbsteinschätzung der NATO und die Ansicht der Bundesregierung (Beklagtenvortrag in BVerfGE 68, 1, 19; vgl. auch ebd., S. 95) haben allerdings nur indizielle Bedeutung für die Entscheidung, ob objektiv Hoheitsgewalt übertragen wurde.

[255] BVerfGE 77, 170, 232.

[256] BVerfGE 90, 286 ff.

control, die mit der Unterstellung einzelner nationaler Verbände unter NATO-Kommando einhergeht, führe zwar zu einer „Beschränkung" der Hoheitsrechte der Bundesrepublik im Rahmen eines Systems gegenseitiger kollektiver Sicherheit nach Art. 24 Abs. 2 GG, aber nicht zu einer Übertragung im Sinne von Art. 24 Abs. 1 GG.[257]

Auf den ersten Blick scheint es, als sei das BVerfG bei der Definition der Supranationalität auf die Linie der Literatur eingeschwenkt. Bei näherer Betrachtung erweist sich dies jedoch als Trugschluß. Nicht die generellen Anforderungen an eine Übertragung haben sich geändert, sondern nur ein „Subsumtionsfehler" wurde korrigiert.[258]

Um diese Differenzierung zu verstehen, muß man sich einen groben Überblick über den Sachverhalt der AWACS-Entscheidung und damit über die Kommandostruktur des westlichen Verteidigungsbündnisses verschaffen.

Der NATO-Vertrag verleiht den Strukturen des Bündnisses keinerlei Kommandogewalt über militärische Verbände der Alliierten. Dazu ist eine Zuweisung von Truppenteilen durch die Mitglieder der Allianz erforderlich. Diese kann auf Dauer für einen bestimmten Zweck erfolgen, was z. B. für die an die Hauptquartiere „ausgeliehenen" Stäbe sowie für Teile der Luftverteidigung gilt. In der Regel ist die Abordnung auf einen konkreten Einsatz, wie zum Beispiel die Teilnahme an einer bestimmten peace-keeping-mission, beschränkt.[259]

Auf die militärischen Oberbefehlshaber der NATO, SACEUR und SACLANT,[260] wird allerdings nie die volle Kommandogewalt („full command") übertragen, sondern nur die auf eine bestimmte Aufgabe oder Mission beschränkte („operational command" und „operational control").[261] Rechtlich läßt sich diese Übertragung von operational command and control als - zeitweise - Überlassung der Ausübungsbefugnis beschreiben. Die volle Kommandogewalt erwächst aus der staatlichen Souveränität, worauf schon der klassische Begriff „imperium", der für die zivile wie militärische Hoheitsgewalt, aber auch für den Staat selbst stand, hindeutet. Die militärische Befehlsgewalt als Teil der Staatsgewalt verbleibt beim

---

[257] BVerfGE 90, 286, 346 f.

[258] Darauf weist das Gericht zwar nirgends offen hin, es ergibt sich aber aus einer Zusammenschau der S. 346 f. und S. 350 des Urteils.

[259] Einzelheiten siehe NATO-Handbook, dort insb. S. 247 ff.

[260] Supreme Allied Commander Europe und Supreme Allied Commander Atlantic. Auch auf letzteren kann operational command über deutsche Verbände, insb. der Bundesmarine, übertragen werden. BVerfGE 68, 1 ff. brauchte sich aufgrund des Sachverhalts hiermit jedoch nicht zu beschäftigen.

[261] Vgl. Zentrale Dienstvorschrift 1/50 der Bundeswehr (abgedruckt in BVerfGE 90, 286, 308) und NATO-Handbook, S. 248 f.

Heimatstaat, nur ihre Ausübung wird partiell den militärischen Strukturen der NATO übertragen.

Damit erschließt sich auch die Bedeutung der Ausführungen des BVerfG. Art. 24 Abs. 1 GG erfordert - wie oben ausgeführt - die „Übertragung“ von Hoheitsrechten. Die supranationale Struktur erhält zwar keine Kompetenz-Kompetenz zur Begründung neuer Aktionsfelder, besitzt aber nach dem Collations-Akt in dem ihr zugewiesenen Rahmen eigene Hoheitsrechte. Bei den integrierten Verbänden der NATO ist dies nicht der Fall. Operational command and control gestatten den NATO-Befehlshabern nur, fremde Hoheitsgewalt - gleichsam im Namen des Heimatsouveräns - auszuüben.

Betrachtet man nun beide Urteile des BVerfG, so wird klar, daß das Gericht nicht seinen Standpunkt zur Frage der Supranationalität generell, sondern nur seine Bewertung einer bestimmten Organisation revidiert hat: Der Nordatlantikvertrag überträgt weder Hoheitsgewalt, noch enthält er eine Grundlage für eine Übertragung.

cc) Ergebnis

Literatur und Rechtsprechung weichen also in ihren Maßstäben nur insofern von einander ab, als das BVerfG es für ausreichend hält, wenn die Übertragung nicht durch das Gründungsdokument erfolgt, sondern dieses nur Grundlage einer späteren Collation ist. Darin, daß die Überlassung der stellvertretenden Ausübung von Staatsgewalt nicht genügt, ist man sich einig.

c) Übertragung von Hoheitsgewalt auf die Organe der MRK

Wendet man den Blick nun der durch die MRK konstituierten Menschenrechtsorganisation zu, ergibt sich folgendes Bild: Es wurden weder Verwaltungs- noch Rechtssetzungskompetenzen zugewiesen. Eine Übertragung von Hoheitsgewalt kann daher nur im Bereich der Rechtsprechung erfolgt sein.

aa) Der Pakelli-Beschluß des BVerfG

Im Pakelli-Beschluß ist das BVerfG erkennbar davon ausgegangen, daß Urteile des EGMR, nach damaliger Rechtslage, keine unmittelbare Durchgriffswirkung auf Rechtsprechungsorgane der Bundesrepublik oder Individuen haben.[262] In der MRK sei dies nicht angelegt. Die nationale Rechtsprechung habe lediglich die formelle und materielle Rechtskraft der Entscheidung des Gerichtshofs zu respektieren. Eine Wiederaufnahme des rechtskräftig abgeschlossenen Strafverfahrens sei nicht nötig. Dies ergebe sich aus Art. 50 MRK a. F. (Art. 41 MRK n. F.), der gerade „mit Rücksicht auf das Institut der Rechtskraft und den hohen Rang, der

---

[262] BVerfG, NJW 1986, 1425, 1426 = EuGRZ 1985, 654 = ZaöRV 46 (1986), 289, 290.

ihm in den innerstaatlichen Rechtsordnungen beigemessen“[263] werde, in die MRK aufgenommen worden sei.

Das BVerfG hat offengelassen, ob eine EGMR-Entscheidung die Rechtskraft eines nationalen Strafurteils dann beseitigt, wenn eine (weitere) Vollstreckung in Frage kommt.[264] Die Problematik der (weiteren) Vollstreckung läßt sich auch ohne Anerkennung einer Durchgriffswirkung und damit einer Souveränitätsübertragung nach Art. 24 Abs. 1 GG lösen. Aus Art. 46 Abs. 1 MRK n. F. (Art. 53 MRK a. F.) läßt sich die völkerrechtliche Pflicht der Vertragsstaaten ableiten, eine festgestellte Menschenrechtsverletzung nicht fortzusetzen bzw. noch zu verschlimmern.

Sprengstoff birgt dagegen eine andere Feststellung des Beschlusses, die merkwürdigerweise von der Wissenschaft bisher übersehen worden ist. Das BVerfG mißt den Entscheidungen des EGMR nicht nur völkerrechtliche Verbindlichkeit für die Bundesrepublik als Gesamtstaat zu, wie etwa im Falle völkerrechtlicher Schiedsgerichtsbarkeit.[265] Es gesteht den Urteilen des EGMR materielle Rechtskraftwirkung zu. Wörtlich heißt es:

> „Zufolge des Rechtsanwendungsbefehls, den das Zustimmungsgesetz vom 7. August 1952 der Konvention erteilt hat, sind **alle deutschen Gerichte** in der Bundesrepublik Deutschland gehalten, gemäß Art. 52 (E)MRK[266] die **materielle Rechtskraft** der Entscheidungen des Europäischen Gerichtshofes für Menschenrechte **zu beachten**.“ [267]

Nach den heute herrschenden prozessualen Theorien wird das Wesen der materiellen Rechtskraft gerade darin gesehen, daß jeder künftige Richter in derselben Sache an die getroffene Entscheidung gebunden ist.[268] Was anderes ist dies als eine Durchgriffswirkung, die dadurch definiert ist, daß „staatlichen Behörden gleich welcher Art unmittelbar wirksame Rechtsbefehle“[269] erteilt werden? Man muß sich also nicht den - heute selten vertretenen - materiellen Rechtskraft-

---

[263] BVerfG, NJW 1986, 1425, 1426 = EuGRZ 1985, 654, 655 = ZaöRV 46 (1986), 289, 292.

[264] So *Stöcker*, NJW 1982, 1905, 1908; vgl. *Dörr*, JuS 1999, 1011, 1013.

[265] Dazu *Seidl-Hohenfeldern*, Völkerrecht, Rn. 1720 ff., 1751.

[266] Die Abdrucke in EuGRZ und NJW weichen hier von dem in ZaöRV ab.

[267] BVerfG, NJW 1986, 1425, 1427 = EuGRZ 1985, 654, 656 = ZaöRV 46 (1986), 289, 294. Verfehlt daher *Kadelbach*, in: Reform oder Roll-Back?, S. 247, 257, der an der Rechtskraft vom EGMR-Urteilen zweifelt.

[268] *Ranft*, Strafprozeßrecht, S. 420 f.; *Roxin*, Strafverfahrensrecht, § 50 Rn. 6 ff.

[269] Für viele BK/*Tomuschat*, GG, Art. 24 Rn. 8.

theorien[270] anschließen, die von einer Gestaltungswirkung des Urteils ausgehen, um hier eine Durchgriffswirkung zu erkennen.

Anders als bei der Zuweisung der Ausübung von Kommandogewalt im Fall der NATO geht es hier um eine echte Übertragung von Hoheitsgewalt, nicht um eine „stellvertretende Ausübung" deutscher Gerichtsbarkeit durch ein fremdes Tribunal.

Die **autonome** Befugnis zu rechtskräftiger Streitentscheidung gehört aber gerade zur Definition judikativer Gewalt.[271] Sie kann bei anderen als nationalen Gerichten nur durch die Übertragung von Hoheitsgewalt begründet werden. Spätestens seit der Reform des Rechtsschutzsystems der MRK, die die Individualbeschwerde für alle 41 Mitgliedsstaaten verbindlich gemacht hat, kann sich kein Mitgliedsstaat mehr der Gerichtsbarkeit des EGMR entziehen. Auch eine Kündigung nach Art. 58 MRK ändert an der Zuständigkeit des Gerichtshofes für vor dem Ausscheiden begangene Konventionsverletzungen nichts. Vorbehaltlich einer gütlichen Einigung bestimmen allein Beschwerdeführer und EGMR, ob es zu einem Urteil kommt (vgl. Art. 28, 34 ff. MRK).[272]

Auch ausgehend von den Grundsätzen der Pakelli-Entscheidung, muß daher eine Übertragung von hoheitlichen Rechtsprechungsbefugnissen angenommen werden. Das BVerfG scheut sich jedoch, diese Konsequenz aus der eigenen Argumentation zu ziehen.[273]

Die Durchgriffswirkung ergibt sich direkt aus der MRK, so daß sowohl nach den Maßstäben der Literatur wie auch nach denen der Rechtsprechung Supranationalität gegeben ist.[274]

---

[270] *Birkmeyer*, Deutsches Strafprozeßrecht, S. 680; für den Zivilprozeß vgl. *Kohler*, Der Prozeß als Rechtsverhältnis, S. 111 f.; weitere Nachweise bei *Goldschmidt*, Der Prozeß als Rechtslage S. 164 ff.; *Sauer*, Allgemeine Prozeßrechtslehre, S. 234 ff.; Stein/Jonas/*Leipold*, ZPO, § 322 Rn. 23 ff.

[271] Vgl. *Peters*, Der Strafprozeß, S. 21, 100.

[272] *Kleebergers* Zweifel an der Übertragung und daran, ob überhaupt eine „internationale Rechtsschutzinstanz" gegeben sei, da das Individuum nicht parteifähig sei, sind damit hinfällig (*Kleeberger*, Die Stellung der Rechte der Europäischen Menschenrechtskonvention, S. 101 f.).

[273] Ein Wandel könnte sich aber in BVerfG, NJW 1995, 1733, abzeichnen. Das BVerfG zieht in Erwägung, daß die nach Art. 53 MRK (Art. 46 Abs. 1 n. F.) zu beachtende Rechtskraft eines EGMR-Urteils das Rechtsschutzbedürfnis für eine Verfassungsbeschwerde entfallen lassen kann. Es gibt sogar Hinweise auf eine mögliche erga-omnes-Wirkung der Konventionswidrigkeitserklärung von Gesetzen. Möglich ist dies jedoch nur bei Anerkennung der Supranationalität. Vgl. *Bleckmann*, EuGRZ 1995, 387, 388 f.

[274] Siehe oben § 5 B. II. 2. b) S. 42 ff.

bb) Vergleich mit dem Vorlageverfahren nach Art. 234 Abs. 1 lit. a) EG

Dies bestätigt der Vergleich mit dem Vorlageverfahren nach Art. 234 Abs. 1 lit. a) EG (Art. 177 Abs. 1 lit. a) EGV) zum EuGH, das als Ausfluß übertragener Hoheitsgewalt angesehen wird. Auch die Urteile des EuGH besitzen gegenüber nationalen Rechtsakten keine kassatorische Wirkung.[275] Die Entscheidungen im Vorlageverfahren beantworten eine vom vorlegenden Gericht abstrakt formulierte Frage hinsichtlich der Auslegung von Gemeinschaftsrecht. Die Entscheidung bindet das vorlegende Gericht bei seiner Entscheidung (inter-partes-Wirkung) und hat darüber hinaus nur Orientierungswirkung.[276] Das gleiche gilt für die Urteile des EGMR.[277] Der einzige Unterschied zwischen beiden Verfahren besteht darin, daß der EuGH während eines laufenden innerstaatlichen Verfahrens entscheidet, der EGMR hingegen grundsätzlich erst nach Abschluß des nationalen Verfahrens tätig wird (Art. 35 Abs. 1 MRK n. F.; Art. 26 MRK a. F.). Die Notwendigkeit, den Rechtsweg zunächst auszuschöpfen, schmälert aber nicht die Stellung des Gerichts (vgl. nur Art. 94 Abs. 2 S. 2 GG, § 90 Abs. 2 S. 1 BVerfGG).

cc) Übertragung von Hoheitsgewalt als zweiseitiger Vorgang

Supranationalität bedeutet jedoch mehr als bloße Selbstverpflichtung. In einem zweistufigen Prozeß wird zunächst eine völkerrechtliche Verpflichtung zur Übertragung begründet und dann in einem – logisch – zweiten Akt die Übertragung der Hoheitsrechte durchgeführt.[278] Kurz gesagt: Es ist nicht möglich, durch einseitigen Akt Souveränität bei einer Organisation „abzuladen“, ohne daß diese die Hoheitsrechte zumindest konkludent annimmt.[279] Der EGMR nimmt nicht für sich in Anspruch, nationale Rechtsakte aufheben zu können.[280] Bedeutet das etwa, daß er seine Entscheidungen nicht als verbindlich ansieht? Selbst wenn der EGMR die restriktive Auslegung von Art. 50 MRK a. F. (heute Art. 41 MRK) durch das BVerfG in der Pakelli-Entscheidung billigen sollte,[281] änderte dies nichts. Das BVerfG hat lediglich abgelehnt, aus der Rechtskraft der Entscheidung

---

[275] Dies übersieht *Kleeberger*, Die Stellung der Rechte der Europäischen Menschenrechtskonvention, S. 101 ff.

[276] EuGH, verb. RS 28-30/62, Da Costa & Schaake u. a., Slg. 1963, 63, 80 ff.; EuGH, RS 69/85, Wünsche, Slg. 1986, 947, 952; *Beutler/Bieber/Pipkorn/Streil*, Die Europäische Union, S. 259 f.

[277] A. A. bei Konventionswidrigkeit von Gesetzen *Bleckmann*, EuGRZ 1995, 387 ff.

[278] BK/*Tomuschat*, GG, Art. 24 Rn. 26 m. zahlr. N.

[279] Dazu führte aber die von *Kleeberger* vertretene Theorie des einseitigen Souveränitätsverzichts (*Kleeberger*, Die Stellung der Rechte der Europäischen Menschenrechtskonvention, S. 107 ff.).

[280] Nachweise bei Frowein/Peukert/*Peukert*, EMRK, Art. 19 Rn. 36.

[281] *Ress* (FS-Zeidler, Bd. 2, S. 1775, 1792 f.) hält diese restriktive Auslegung ohnedies zu Recht für zweifelhaft.

eine Pflicht zur Wiederaufnahme abzuleiten, die grundsätzliche Anerkennung der Rechtskraft aber betont.

Es gibt keine Anhaltspunkte dafür, daß der EGMR dies anders sieht.[282]

d) Integrationsfester Kernbereich

Man ist sich einig, daß durch die Übertragung von Hoheitsrechten an zwischenstaatliche Einrichtungen die Identität der Bundesrepublik und letztlich ihre Staatsqualität nicht untergraben werden darf:[283] Aus Art. 24 Abs. 1 GG erwächst keine Kompetenz zur Selbstauflösung. Jedoch bereits unterhalb dieser Schwelle ergeben sich Probleme. Bisher sind solche allerdings weder im Zusammenhang mit dem Nordatlantikpakt noch mit der Menschenrechtskonvention, der die h. M. ohnehin die Supranationalität abspricht, aufgetreten, sondern mit den EG-Verträgen. Für die Europäische Union ist die Frage nach den Integrationsschranken mit der Einfügung des neuen Art. 23 in das Grundgesetz[284] beantwortet worden,[285] während Art. 24 Abs. 1 GG unverändert geblieben ist. Hieraus ergibt sich Grund für weitere Diskussionen: So wird u. a. erwogen, Art. 23 Abs. 1 S. 3 GG, der seinerseits auf Art. 79 Abs. 3 GG verweist, analog auf die Integration nach Art. 24 Abs. 1 GG anzuwenden,[286] andere ziehen direkt Art. 79 Abs. 3 GG, das absolute „nec plus ultra" der deutschen Verfassung,[287] heran, und wieder andere lassen nicht einmal die „Ewigkeitsgarantie" als Grenze gelten.[288] Als gemeinsamer Nenner läßt sich herauskristallisieren, daß eine supranationale Regelung, die die Grenzen von Art. 79 Abs. 3 GG einhält, den integrationsfesten, materiellen Kern gleichfalls nicht verletzt.

Es erscheint schwer denkbar, daß eine Menschenrechtskonvention, ein Instrument also, das - wie das Grundgesetz - den Schutz der Individualrechte fördern will, in

---

[282] Vgl. Interview mit dem Präsidenten des EGMR, *Wildhaber*, in: DER SPIEGEL 26/1999 vom 28. Juni 1999, S. 139. Die Frage des Reporters, ob Urteile des Gerichtshofes in die Souveränität der Unterzeichner eingriffen, bejaht hierin *Wildhaber* und betont zugleich, daß dies nicht erst durch das jeweilige Urteil selbst geschehe, sondern bereits durch die Ratifizierung der MRK; vgl. *ders.*, ZSR 98/II (1979), 229, 354 ff.

[283] St. Rspr. des BVerfG, vgl. u. a. BVerfGE 37, 271, 279; BVerfGE 89, 155, 181 ff. (zu Art. 23 GG), weitere Nachweise bei Maunz/Dürig/*Randelzhofer*, GG, Art. 24 Abs. 1 Rn. 69 ff.

[284] Gesetz vom 21. Dezember 1992, BGBl. I 1992, 2086.

[285] Einzelheiten zu Art. 23 GG sind den einzelnen Kommentierungen zu dieser Vorschrift zu entnehmen, z. B. Dreier/*Pernice*, GG, Art. 23 Rn. 1 ff., vgl. auch Art. 24 Rn. 32 f.

[286] Dreier/*Pernice*, GG, Art. 24 Rn. 33 m. w. N.

[287] So u. a. *Stern*, Staatsrecht, Bd. 1, S. 535 ff.; BK/*Tomuschat*, GG, Art. 24 Rn. 50 f. jeweils m. w. N.

[288] Vgl. *Ipsen*, Europäisches Gemeinschaftsrecht, § 2 Rn. 37; *Isensee*, FS-Stern, S. 1239, 1248; *ders.*, HbStR V, § 115 Rn. 69 jeweils m. w. N.

Konflikt mit den Integrationsgrenzen des GG geraten könnte. Nach Auffassung des BVerfG gehört ja gerade der Schutz der Grundrechte zum unveräußerlichen Kernbestand.[289] Trotzdem ist dies prinzipiell möglich. In der sog. Sozialarbeiterentscheidung hat das BVerfG klargestellt, daß es dem Gesetzgeber nicht freigestellt sei, „den Kreis der aus Berufsgründen zeugnisverweigerungsberechtigten Personen nach Belieben zu erweitern"[290]. Vielmehr müsse er respektieren, daß der im Rechtsstaatsprinzip enthaltene Gedanke der materiellen Gerechtigkeit sowie das Interesse an einer effektiven Strafverfolgung, die diese Gerechtigkeit durchsetzt, ihm hier Grenzen setzen.[291] Erweiterte nun diese internationale Vereinbarung den Schutz der Einzelperson und insbesondere des Beschuldigten im Strafverfahren in solchem Ausmaß, daß der Rechtsstaat an sich gefährdet wäre, stellte sich in der Tat die Frage nach der Integrationsfähigkeit dieser Konvention. In der politischen Praxis dürfte ein Fall wie der eben beschriebene aber kaum vorkommen: Eine in staatsfeindlichem Maße menschenrechtsfreundliche Konvention würde wohl nie zur Ratifikation aufgelegt werden. Zudem ginge es, anders als in der Sozialarbeiterentscheidung, nicht darum, daß ein einfaches Gesetz mit dem Rechtsstaatsprinzip in Konflikt gerät. Jede Übertragung von Hoheitsakten ist materiell als Verfassungsänderung einzuordnen.[292] Damit ist unser Bezugspunkt nicht diese Entscheidung aus dem 33. Band, sondern die sog. G-10-Entscheidung.[293] Ist es möglich, das über Art. 79 Abs. 3 GG besonders geschützte Rechtsstaatsprinzip zu Lasten des Schutzes der Grundrechtsträger durch Verfassungsänderung zu modifizieren,[294] muß es genauso möglich sein, dies pro libertate zu tun. Ein Menschenrechtsinstrument, das den integrationsfesten Kern angreift und damit nicht integrationsfähig ist, wäre also nur dann denkbar, wenn seine Realisierung zum Zusammenbruch des Rechtsstaates führte.

Die MRK, die konsensfähige Minimalstandards setzen wollte (vgl. Art. 53 n. F., Art. 60 a. F. MRK), kann gar nicht so extensiv ausgelegt werden, daß sie das Funktionieren der Strafverfolgung oder des Staates gefährden könnte. Selbst wenn es sich also ergeben sollte, daß deutsche Vorschriften menschenrechtswidrig und damit nicht anwendbar sind, so kann dem nicht entgegengehalten werden, die MRK gefährde den Rechtsstaat und könne deshalb die StPO nicht außer Kraft setzen.

---

289 BVerfGE 89, 155, 174 f. (zu Art. 23 GG), vgl. auch BVerfGE 37, 271, 280 ff.; BVerfGE 58, 1, 40 = EuGRZ 1982, 172, 178; BVerfGE 73, 339, 376 ff.

290 BVerfGE 33, 367, 383 = JZ 1973, 780, 783 (m. hier nicht interessierender Anm. von *Würtenberger*).

291 BVerfGE 33, 367, 383 = JZ 1973, 780, 783.

292 BVerfGE 58, 1, 36 = EuGRZ 1982, 172, 176.

293 BVerfGE 30, 1 ff.

294 BVerfGE 30, 1, 24 ff.

3. Weitere Öffnung der Rechtsordnung durch § 359 Nr. 6 StPO

Inzwischen hat sich das deutsche Rechtssystem der Rechtsprechung des EGMR weiter geöffnet. Der eigentliche Anlaß für die Pakelli-Entscheidung, das Fehlen einer Wiederaufnahmemöglichkeit bei Verurteilung der Bundesrepublik durch den EGMR, ist nun weggefallen. Deshalb seien ein paar Worte zu dem durch Gesetz vom 9. Juli 1998[295] eingeführten § 359 Nr. 6 StPO gestattet. Seine Bedeutung geht über die der anderen Wiederaufnahmegründe hinaus, was sich allerdings erst auf den zweiten Blick erschließt. Er führt zu einer Ausdehnung der inter-partes-Bindungswirkung von EGMR-Urteilen über die traditionellen, auf den Streitgegenstand bezogenen Grenzen der Rechtskraft.[296] Wie ist dies nun zu verstehen?

a) Problemstellung

Verdeutlichen wir es uns an Hand eines - zugegeben sehr theoretischen - Beispiels:

> Der EGMR hat entschieden, daß ein bestimmtes Urteil eine Menschenrechtsverletzung enthält. Der Verurteilte strengt nun ein Wiederaufnahmeverfahren auf Grund von § 359 Nr. 6 StPO an. Der Wiederaufnahmeantrag hat Erfolg, eine erneute Hauptverhandlung wird angeordnet (§ 370 Abs. 2 StPO). Bis hierhin ergeben sich keine Probleme. Probleme ergeben sich auch dann nicht, wenn die Menschenrechtsverletzung in der erneuten Hauptverhandlung nicht wiederholt wird, etwa weil sich die nationale Gesetzeslage geändert oder weil es sich um einen „vermeidbaren" Verfahrensfehler gehandelt hat.
>
> Was aber, wenn in diesem Fall die Menschenrechtsverletzung auf einer Vorschrift beruht, die zwingend im neuen Verfahren wieder zur Anwendung kommen wird? Man wird zwei Fälle unterscheiden können. In der ersten Variante soll die Menschenrechtswidrigkeit in einer Vorschrift des materiellen Strafrechts liegen, in der zweiten soll der Fehler auf einer zwingenden Verfahrensvorschrift beruhen.
>
> Handelt es sich um eine materielle Strafvorschrift, so dürfte man wohl, wenn man mit dem herkömmlichen Streitgegenstandsbegriff großzügig verfährt, zu einer Bindungswirkung des EGMR-Urteils kommen.
>
> Im zweiten Fall liegt die Sache anders: Die erneute Anwendung der Verfahrensvorschrift in einem neuen Verfahren gehört eindeutig

[295] BGBl. I 1998, 1802.

[296] Zur inter-partes-Wirkung von EGMR-Urteilen zuletzt LG Mainz, NJW 1999, 1271 f.

> nicht mehr zum selben Streitgegenstand. Die Rechtskraft der EGMR-Entscheidung kann die erneute, nach unserer Prämisse zwingend vorgeschriebene Befolgung der Vorschrift und damit die erneute Menschenrechtsverletzung nicht verhindern. Das neue Strafurteil wird somit wieder auf der Verletzung beruhen. Der Betroffene wird abermals alles versuchen, um dieses neue Urteil aus der Welt zu schaffen. Er wird Revision einlegen und, da diese erfolglos bleiben muß, auch Verfassungsbeschwerde. Wenn sich nun das BVerfG nicht entschließen sollte, die Auffassung des EGMR im konkreten Fall zur Auslegung des GG zu verwenden, was es im Beispielsfall nicht soll, wird unser Betroffener über kurz oder lang erneut ein EGMR-Urteil in Händen halten, das die Anwendung der menschenrechtswidrigen Verfahrensregel brandmarkt.
>
> Das Spiel könnte nun von vorne beginnen.

Wäre dies so, hätte sich der alte Menschheitstraum vom perpetuum mobile schließlich doch noch in der deutschen StPO verwirklicht. Diese reductio ad absurdum hat gezeigt, daß § 359 Nr. 6 StPO so wohl nicht auszulegen ist.

b) Lösungsmöglichkeiten

Es ergeben sich nun zwei Möglichkeiten: Zum einen könnte man Fälle wie den eben geschilderten von der Wiederaufnahme ausnehmen, indem man § 359 Nr. 6 StPO restriktiv auslegt. Ein Wiederaufnahmeantrag wäre dann nur erfolgreich, wenn die Chance bestünde, daß das zu erwartende Urteil die Menschenrechtsverletzung nicht wiederholt, weil der Fehler vermieden werden kann oder weil sich die Gesetzeslage inzwischen verändert hat. § 359 Nr. 6 StPO erlaubt im Gegensatz zur Nr. 5 aber gerade keine Entscheidungsprognose hinsichtlich des neuen Verfahrens. Der Reformvorschlag, im Wiederaufnahme generell von einer solchen Prognose abhängig zu machen, ist nicht durchgedrungen.[297] So ist dem Problem also nicht beizukommen.

Die andere Lösungsmöglichkeit stützt sich auf den besonderen Charakter des § 359 Nr. 6 StPO. Von allen anderen in § 359 StPO enthaltenen Wiederaufnahmegründen unterscheidet er sich dadurch, daß er als einziger eine Rechtskraftdurchbrechung auf Grund eines Rechtsfehlers ermöglicht. Im gleichen Gesetzesentwurf,

---

[297] Nach dem Entwurf der Abgeordneten *Meyer, Däubler-Gmelin* u.a. sollte ein neuer § 370 eingeführt werden. Nach dessen Abs. 1 S. 1 wäre ein Antrag auf Wiederaufnahme zugunsten des Verurteilten nur dann begründet gewesen, „wenn es aus Sicht des Wiederaufnahmegerichts wahrscheinlich ist, daß das weitere Verfahren zur Freisprechung des Angeklagten, zur Verfahrenseinstellung, zu einer wesentlich milderen Bestrafung oder zu einer wesentlich anderen Entscheidung über eine Maßregel der Sicherung und Besserung führen wird." (BT DS 13/3594, S. 3).

der zur Einführung der Nr. 6 führte, war ein allgemeiner Wiederaufnahmegrund bei offensichtlichen Rechtsfehlern vorgesehen. Dieser Vorschlag hat sich aber nicht durchgesetzt, genauso wenig wie die Ansicht der Fraktion Bündnis 90 / Die Grünen, die Wiederaufnahme wegen einer festgestellten Menschenrechtsverletzung dem Wiederaufnahmegrund nach § 79 Abs. 1 BVerfGG anzugleichen.[298] An § 79 Abs. 1 BVerfGG orientierte man sich deswegen nicht, weil anders als Entscheidungen des BVerfG Urteile des EGMR nur inter partes und nicht erga omnes Wirkung entfalten.[299] [300]

Die eben geschilderte Möglichkeit eines zwischen Wiederaufnahme und Wiederholung der Menschenrechtsverletzung gefangenen Urteils hat der Gesetzgeber schlicht übersehen. Es läßt sich aber ein Ausweg finden, der die bloße inter-partes-Geltung des Straßburger Urteils respektiert. Der Charakter des § 359 Nr. 6 StPO als Wiederaufnahmegrund wegen eines Rechtsfehlers lenkt den Blick ins Revisionsrecht, genauer gesagt auf § 358 Abs. 1 StPO. Wird er analog angewandt, läßt sich der circulus vitiosus durchbrechen. Die menschenrechtswidrige Vorschrift darf dann in der erneuten Verhandlung nicht angewandt werden.

4. Stellungnahme zur Vorrangstellung der MRK

Es hat sich gezeigt, daß die MRK sehr wohl eine zwischenstaatliche Einrichtung konstituiert, der die Bundesrepublik Hoheitsrechte im Bereich der Rechtspflege übertragen hat. Dies war bereits vor Einführung des § 359 Nr. 6 StPO der Fall. Der neue Wiederaufnahmegrund hat die Bedeutung von EGMR-Urteilen aber noch weiter verstärkt. Zwar wird auch wieder in der Beschlußempfehlung des Rechtsausschusses angemerkt, der MRK komme nur der Rang einfachen Gesetzesrechts zu.[301] Solche Beurteilungen haben jedoch bei Art. 24 Abs. 1 GG - wie das BVerfG festgestellt hat[302] - keinerlei Bindungswirkung.

Die MRK selbst steht als Gründungsdokument der von ihr errichteten supranationalen Einrichtung über dem deutschen Recht, auch über dem deutschen

[298] BT DS 13/3594, S. 5, 7 ff.; BT DS 13/10333, S. 3 f.

[299] BT DS 13/10333, S. 4.

[300] In den Gesetzesmaterialien zur Novelle des Wiederaufnahmerechts wird auf eine neue Entwicklung auf der Ebene des Europarats hingewiesen. Auf Initiative des Sekretariats soll im Ausschuß zur Verbesserung von Verfahrensfragen demnächst die Einführung von Wiederaufnahmemöglichkeiten nach EGMR-Urteilen in das innerstaatliche Recht auch der übrigen Mitglieder der MRK behandelt werden (BT DS 13/10333, S. 4). Dies sei am Rande vermerkt.

[301] BT DS 13/10333, S. 4.

[302] BVerfGE 68, 1, 95.

Verfassungsrecht.[303] Dies ist aber wegen der Eigenart der MRK nicht mit untragbaren Risiken für Grundrechtsschutz und Rechtsstaatlichkeit verbunden.[304]

5. Auswirkungen in der Praxis

Aus der Supranationalität der von der Konvention konstituierten Organisation ergibt sich ein Geltungs- und Anwendungsvorrang[305] für die MRK als deren Primärrecht. Das bedeutet, daß deutsche Gerichte selbständig nationales Recht unter Berufung auf die MRK zwar nicht für nichtig, aber für nicht anwendbar erklären können. Das Verwerfungsmonopol des BVerfG für formelles nachkonstitutionelles Recht wird damit zumindest faktisch eingeschränkt. Eine ähnliche Situation ist uns aus dem EG-Recht vertraut. Allerdings ist dort die Angst vor „selbstherrlichen" Fachgerichten weniger akut. Die Vorlagemöglichkeit bzw. –pflicht nach Art. 234 EG (Art. 177 EGV a. F.) führt zu einer im Vorlageverfahren bindenden Auslegung, die für spätere Verfahren wegweisend ist.[306] Im Bereich der Menschenrechtskonvention ist die Situation schwieriger: Ein Vorabverfahren existiert hier nicht.

Beantwortet die Fachgerichtsbarkeit die Frage nach der Menschenrechtswidrigkeit deutschen Rechts negativ, kann der Betroffene Verfassungsbeschwerde erheben. Dabei prüft das BVerfG die Entscheidung und das Gesetz, auf dem sie beruht, nur am Grundgesetz, nicht an der MRK:[307] Diese hat zwar nach der hier vertretenen Ansicht sogar Überverfassungsrang, besitzt aber nicht die Qualität von Verfassungsrecht im formellen Sinn, so daß insoweit keine Zuständigkeit für das BVerfG begründet ist. Hält das BVerfG die Entscheidung und ihre gesetzliche Grundlage für vereinbar mit dem Grundgesetz, kann der Beschwerte nun Individualbeschwerde zum EGMR erheben.

Im umgekehrten Fall, wenn die Fachgerichtsbarkeit letztinstanzlich Menschenrechtswidrigkeit annimmt und das nationale Recht nicht anwendet, ist eine weitere Überprüfung durch BVerfG und EGMR nicht möglich. Die Staatsanwaltschaft kann weder Verfassungsbeschwerde noch Beschwerde beim EGMR einlegen. Auch die Bundesrepublik als Gesamtstaat könnte keine Entscheidung des EGMR erreichen. Die Staatenbeschwerde kann zum einen nur von einem anderen

---

[303] Dafür wohl auch *Bleckmann*, EuGRZ 1994, 149, 153; vgl. *ders.*, EuGRZ 1995, 387, 389; *Ress*, EuGRZ 1996, 350, 353.

[304] Siehe oben § 5 B. II. 2. d) S. 49.

[305] Zum Geltungs- und Anwendungsvorrang von supranationalem Recht vgl. BK/*Tomuschat*, GG, Art. 24 Rn. 81; *Beutler/Bieber/Pipkorn/Streil*, Die Europäische Union, S. 96 f.

[306] *Beutler/Bieber/Pipkorn/Streil*, Die Europäische Union, S. 259 f.; siehe auch Nachweise in Fn. 276.

[307] Vgl. *Uerpmann*, Die Europäische Menschenrechtskonvention und die deutsche Rechtsprechung, S. 96 ff.; siehe auch *Bleckmann*, EuGRZ 1994, S. 149, 155 und oben § 5 B. I. 3. S. 35 ff.

Vertragsstaat eingereicht werden, zum anderen kann nicht gegen eine „zu menschenrechtsfreundliche" Auslegung vorgegangen werden (Art. 33 MRK n. F.; Art. 24 MRK a. F.). Auch das Gutachtenverfahren (Art. 47 ff. MRK n. F., vormals Art. 1 ff. des 2. ZP zur MRK[308]) hilft nicht weiter, da es zur Auslegung der Menschenrechte nicht angestrengt werden darf (Art. 47 Abs. 2 MRK n. F., Art. 1 Abs. 2 des 2. ZP zur MRK).[309] Theoretisch besteht also die Gefahr, daß die Rechtsprechung in einzelnen Vertragsstaaten „vorprescht" und die MRK großzügiger auslegt, als der EGMR dies seinerseits getan hätte. Dies muß man aber nicht unbedingt als negativ für die Fortentwicklung des Menschenrechtsschutzes ansehen: Die MRK ist als evolutives System konzipiert.[310] Die Justiz eines Landes mag den Anfang machen, andere ziehen nach und schlußendlich kann der EGMR, der schon jetzt die gemeinsamen Verfassungstraditionen zur Auslegung heranzieht,[311] sich dann auf eine gefestigte nationale Rechtsprechung berufen, wenn er sich dieser Rechtsmeinung in einem Verfahren gegen einen Staat anschließt, dessen Justiz bisher den übrigen nicht gefolgt ist.

Die Wahrscheinlichkeit einer solchen Entwicklung ist jedoch – vielleicht sogar leider – gering. Die nationalen Gerichte, besonders die unterer Instanzen, tun sich bisher sogar mit dem Vorlageverfahren nach Art. 234 EG (Art. 177 EGV a. F.) schwer, ganz zu schweigen davon, daß ein Instanzgericht deutsches Recht mit der Begründung nicht anwenden würde, es verstoße offenkundig gegen EG-Recht.

Die Befürchtung, der BGH würde nun daran gehen, das BVerfG zu entmachten, indem er ganze Teile des StGB oder der StPO für menschenrechtswidrig erklärt

---

[308] Protokoll Nr. 2 vom 6. Mai 1963, abgedruckt bei Frowein/Peukert, EMRK, S. 868 ff.

[309] Vgl. LR/*Gollwitzer*, MRK-Verfahren Rn. 49.

[310] Der EGMR hat im Tyrer-Fall betont: „the Convention is a living instrument which must be interpreted in the light of present-day conditions." (EGMR, Urteil vom 25. April 1978, Nr. 5856/72, Tyrer / UK, Série A, Bd. 26, S. 15, Ziff. 31 = EuGRZ 1979, 162, 164). Im Fall Klass u. a. / D (EGMR, Urteil vom 6. September 1978, Nr. 5029/71, Klass u. a. / D, Série A, Bd. 28, S. 18, Ziff. 34) spricht der Gerichtshof vom „effet utile" der Konvention. Richter *Pettiti* bezieht sich in seinem Sondervotum in Imbrioscia / CH (EGMR, Urteil vom 24. November 1993, Nr. 13972/88, Imbrioscia / CH, Série A, Bd. 275, S. 17) ausdrücklich auf positive nationale Entwicklungen im Bereich des Beschuldigtenschutzes, um seine Auffassung zu untermauern.

[311] Für viele vgl. LR/*Gollwitzer*, MRK/IPBPR Einl. Rn. 34. Bei der Prüfung der Beschwerdebefugnis beruft sich der EGMR im Fall Klass u.a. / D sogar ausdrücklich auf die Entscheidung des BVerfG in der gleichen Sache: „En débit des différences qui peuvent exister entre les recours à la Cour constitutionnelle fédérale en vertu du droit allemand et le mécanisme de sauvegarde crée par la Convention, **ce raisonnement vaut** *mutatis mutandis*, pour les requêtes introduites au titre de l'article 25." (Diese Argumentation [i.e. die des BVerfG] gilt mutatis mutandis auch für die Beschwerde nach Art. 25 MRK a. F. [entspricht Art. 34 MRK n. F.]; EGMR, Urteil vom 6. September 1978, Nr. 5029/71, Klass u. a. / D, Série A, Bd. 28, S. 19, Ziff. 36, Übersetzung, Erläuterung und vorletzte Hervorhebung durch die *Verfasserin*).

und einfach nicht mehr anwendet, darf man getrost als unbegründet ansehen. Bevor der BGH oder sogar ein unterinstanzliches Gericht zu einem derart drastischen Schritt entschiede, riefe er mit Sicherheit zunächst das BVerfG nach Art. 100 Abs. 1 GG an. Die Chance, daß in einem Fall, in dem der BGH bereit ist, ein Gesetz als MRK-widrig zu verwerfen, das BVerfG dieses Gesetz für verfassungsmäßig hält, dürfte marginal sein.[312]

Revolutionäre Veränderungen sind bei der Klassifizierung der MRK als supranational weder zu erwarten noch zu befürchten. Begrüßenswert wäre aber die Einrichtung eines am Verfahren gemäß Art. 100 Abs. 1 GG und Art. 234 EG orientierten Vorlageverfahrens auf Konventionsebene.

III. Zusammenfassung

Die MRK wirkt – wie gezeigt – auf drei Ebenen in das deutsche Recht hinein: Zum einen gilt sie nach ihrer Transformation als einfaches Gesetzesrecht,[313] dem jedoch nach dem Grundsatz der völkerrechtsfreundlichen Auslegung bei der Interpretation anderer – grundsätzlich gleichrangiger – Gesetze eine besondere Bedeutung zukommt.[314] Zum anderen wird sie zur inhaltlichen Konkretisierung des Rechtsstaatsprinzips des Grundgesetzes herangezogen, wodurch sie selbst allerdings nicht den Rang von Verfassungsrecht erhält.[315] Zum dritten geht sie nach der hier vertretenen Ansicht als Gründungsdokument einer supranationalen Einrichtung jeglichem deutschen Recht vor.[316]

---

[312] Zur Berücksichtigung der MRK bei der Auslegung des GG vgl. oben § 5 B. I. 3. a) S. 36.

[313] Siehe § 5 B. I. 2. d) S. 35.

[314] Siehe § 5 B. I. 3. b) S. 38.

[315] Siehe § 5 B. I. 3. a) S. 36 ff.; vgl. auch § 8 S. 127.

[316] Siehe § 5 B. II. S. 41 ff.

§ 6 Inhaltliche Garantien zum Schutz des Beschuldigten in der MRK

Das gesamte deutsche Recht ist an der MRK zu messen. Es spielt keine Rolle, ob die Norm, deren Konventionswidrigkeit in Frage steht, den Rang einfachen Rechts oder sogar den von Verfassungsrecht besitzt, sofern es nicht Teil des integrationsfesten Kerns des Grundgesetzes ist. Bevor man sich also den einzelnen StPO-Normen und ihrer eventuell notwendigen verfassungskonformen Auslegung zuwendet, ist es unabdingbar, sich einen Überblick über die Garantien der MRK zu verschaffen, um daraus Leitlinien für die weitere Untersuchung zu gewinnen.

Obgleich die MRK, deren normativer Teil nach allgemeiner Ansicht „self-executing" ist,[317] gegenüber dem GG detailreichere Regelungen über die Anforderungen an ein rechtsstaatliches Verfahren enthält, finden sich keine Normen, die sich explizit mit dem Schutz der Verteidigung vor Beschlagnahme bzw. dem Recht auf vertrauliche Verteidigerkommunikation beschäftigen. Dies überrascht indes keineswegs: Die Natur der Konvention als Menschenrechtsinstrument bedingt notwendig eine höhere Abstraktionsstufe, als sie von einer nationalen Strafprozeßordnung zu erwarten wäre. Aus den Verteidigergarantien lassen sich jedoch durch Auslegung konkrete Anforderungen an das Verhalten der Strafverfolgungsbehörden auch für den Bereich der Beschlagnahme gewinnen.

Der Anwendungs- und Geltungsvorrang der MRK führt dazu, daß die StPO-Regeln zur Beschlagnahme i. V. m. etwaigen verfassungsrechtlich gebotenen Beschlagnahme- und Beweisverwertungsverboten nur noch nach Maßgabe der MRK angewandt werden dürfen. Scheitert also eine MRK-konforme Auslegung einer Beschlagnahmeregel an den Grenzen ihres Wortlauts, ist die betreffende Vorschrift zwar nicht nichtig, aber muß bei der Behandlung des Falles außer Betracht bleiben. Eine Befugnis zur Beschlagnahme besteht dann nicht.

---

[317] *Rogall*, Der Beschuldigte als Beweismittel gegen sich selbst, S. 120; *Goose*, NJW 1974, 1305, 1306. Zum Begriff siehe *Seidl-Hohenfeldern*, Völkerrecht, Rn. 556 ff.

A. Schutz der Eigenverteidigung

I. Art. 6 Abs. 3 lit. b), c) MRK

In den authentischen Fassungen, der englischen und der französischen, lauten Art. 6 Abs. 3 lit. b) und c) MRK:

> „Everyone charged with a criminal offence has the following minimum rights: ...
>
> b) to have adequate time and facilities for the preparation of his defence;
>
> c) to defend himself in person or through legal assistance of his own choosing or, if he has not sufficient means to pay for legal assistance, to be given it free when the interests of justice so require.“

> „Tout accusé a droit notamment à: ...
>
> b) disposer du temps et des facilités nécessaires à la préparation de sa défense;
>
> c) se défendre lui-même ou avoir l'assistance d'un défenseur de son choix et, s'il n'a pas les moyennes de rémunérer un défenseur, pouvoir être assisté gratuitement par un avocat d'office, lorsque les intérêts de la justice l'exigent;“

Obwohl die MRK, anders als das GG oder etwa Art. 6 der Allgemeinen Erklärung der Menschenrechte, keinen direkten Bezug auf die Menschenwürde enthält,[318] wird das Recht auf Eigenverteidigung in Art. 6 Abs. 3 lit. c) MRK übereinstimmend als Ausdruck der Achtung vor der Personalität des Menschen verstanden.[319]

Die Garantie erschöpft sich jedoch nicht darin, daß überhaupt materielle oder formelle Verteidigung gewährt wird. Der Gerichtshof hat bekräftigt, die Rechte der Konvention dürften nicht als „theoretisch und illusorisch“, sondern müßten als Rechte verstanden werden, „die praktisch ausübbar und wirksam sind“[320].

---

[318] In der Präambel wird aber auf die Allgemeine Erklärung der Menschenrechte Bezug genommen.

[319] LR/*Gollwitzer*, Art. 6 MRK Rn. 192; SK-StPO/*Rogall*, vor § 133 Rn. 96; vgl. auch IntKomm-MRK/*Vogler*, Art. 6 Rn. 507; *Simon*, Die Beschuldigtenrechte nach Art. 6 Abs. 3 EMRK, S. 46.

[320] EGMR, Urteil vom 9. Oktober 1979, Nr. 6289/73, Airey / Irland, Série A, Bd. 32, S. 12, Ziff. 24 = EuGRZ 1979, 626, 627 f. m. w. N.; EGMR, Urteil vom 6. September 1978,

Für eine défense efficace gem. Art. 6 Abs. 3 lit. b) MRK genügt es daher nicht, wenn dem Beschuldigten in der Verhandlung Beteiligungsrechte eingeräumt werden, obgleich dies natürlich von essentieller Bedeutung für die Subjektstellung des Beschuldigten und die nach Art. 6 Abs. 3 lit. c) MRK zu fordernde Waffengleichheit (equality of arms) ist.[321] Anträge dürfen, wenn sie erfolgreich auf den Prozeßablauf einwirken sollen, nicht „ins Blaue" hinein gestellt werden, Einlassungen des Beschuldigten müssen, wenn sie nicht seiner Position mehr schaden als nützen sollen, vorher durchdacht werden. Art. 6 Abs. 3 lit. b) MRK fordert demgemäß, dem Beschuldigten die nötigen Möglichkeiten zur Vorbereitung zur Verfügung zu stellen. Dies wäre illusorisch, wenn der Beschuldigte befürchten müßte, daß die Strafverfolgungsbehörden sich jederzeit in Besitz der Unterlagen setzen und so die Verteidigungsstrategie ausforschen könnten. Die Notwendigkeit, sich ohne Furcht vor Beschlagnahme schriftlich auf den Prozeß vorbereiten zu können, sieht auch der BGH.[322]

Für die formelle Verteidigung betonen dies auch die Standard Minimum Rules for the Treatment of Prisoners in der Resolution (73) 5 des Ministerrats des Europarats. Unter Ziffer 93 wird neben der Möglichkeit zu vertraulichem Kontakt mit dem Verteidiger auch gefordert, dem Untersuchungshäftling „all necessary facilities" bereitzustellen, damit dieser Aufzeichnungen für seinen Verteidiger anfertigen kann, um diesen zu informieren und zu instruieren. Noch deutlicher sprechen dies die Standard Minimum Rules for the Treatment of Prisoners der Vereinten Nationen aus.[323] In den Empfehlungen wird ebenfalls unter Ziffer 93 angemahnt, daß dem Untersuchungshäftling Schreibmaterial zu diesem Zweck ausgehändigt wird. Die Interessenlage ist bei der Eigenverteidigung natürlich keine andere als bei der formellen.

Nr. 5029/71, Klass u.a. / D, Série A, Bd. 28, S. 18, Ziff. 34 („effet utile"); vgl. *Jung*, StV 1990, 509, 514; *Spaniol*, Das Recht auf Verteidigerbeistand, S. 48, 57 m. w. N.

[321] U.a. EKMR, Bericht vom 14. Juli 1982, Nr. 8966/80, Goddi / I, Série A, Bd. 76, S. 16, Ziff. 55; EKMR, Bericht vom 8. März 1979, Nr. 6694/74, Artico / I, Série B, Bd. 34, S. 10, 27 f., Ziff. 85 ff. = EuGRZ 1979, 495 f.; vgl. IntKommMRK/*Vogler*, Art. 6 Rn. 353 ff.; LR/*Gollwitzer*, Art. 6 MRK Rn. 192; *Spaniol*, Das Recht auf Verteidigerbeistand, S. 57.

[322] St. Rspr., zuletzt BGH, NJW 1998, 1963, 1964 = NStZ 1998, 309, 310 = JA 1998, 632, 634 (aufbereitet von *Satzger*) = JuS 1998, 850, 851 (aufbereitet von *Martin*); vgl. BGH, NJW 1973, 2035, 2036 f. = JZ 1974, 421, 423 m. Anm. *Welp* (weitere Fundstellen in Fn. 1110); BGHR, StPO § 97 Verteidigungsunterlagen 1, 2; KK/*Nack*, § 97 Rn. 24; SK-StPO/*Rudolphi*, § 97 Rn. 50; *Rolf Schmidt*, StV 1989, 421, 422.

[323] Standard Minimum Rules for the Treatment of Prisoners des Ersten UN-Kongresses über Kriminalitätsvorbeugung und die Behandlung von Straftätern 1955 in Genf, gebilligt durch Economic and Social Council Resolution 663 C (XXIV) vom 31. Juli 1957 und 2076 (LXII) vom 13. Mai 1977, siehe unter § 8 B. S. 137.

Daneben kann sich auch für den nicht formell verteidigten Beschuldigten die Notwendigkeit ergeben, Dritte zum Zweck seiner Verteidigung zu kontaktieren, indem er etwa einen Sachverständigen beauftragt, mögliche Entlastungszeugen ausfindig macht (vgl. Art. 6 Abs. 3 lit. d) MRK) usw. All dies kann zur ordnungsgemäßen Vorbereitung der Verteidigung gehören und wird daher prinzipiell geschützt. Allerdings hängt die Frage, ob dieser Schutz sich im Verbot, derlei Verteidigungsaktivitäten grundlos oder unverhältnismäßig zu unterbinden, erschöpft oder ob er im konkreten Fall zu einem Beschlagnahmeverbot führt, von weiteren Faktoren ab, auf die später noch einzugehen sein wird.

Die von Art. 6 Abs. 3 lit. b) MRK bedungene Gelegenheit zur ausreichenden Vorbereitung kann - wie dargelegt - nur in einer vor dem Zugriff der Strafverfolgungsbehörden abgeschirmten Geheimnissphäre stattfinden. Aus Art. 6 Abs. 3 lit. b) MRK folgt daher grundsätzlich ein Beschlagnahmeprivileg für Dokumente, die der Beschuldigte zur Vorbereitung seiner Verteidigung anfertigt.[324] [325]

II. „nemo tenetur se ipsum prodere" als Grundlage?

Anders als Art. 14 Abs. 3 lit. g) IPBPR enthält Art. 6 MRK keine ausdrückliche Normierung des nemo-tenetur-Grundsatzes. Nach anfänglicher Unsicherheit[326] ist man inzwischen übereingekommen, ihn entweder als Teil der Unschuldsvermutung (Art. 6 Abs. 2 MRK)[327] bzw. als zwingendes Element eines fairen Verfahrens (Art. 6 Abs. 1 MRK)[328] anzusehen. Unabhängig von der Herleitung

---

[324] Vgl. dazu die in der Zulässigkeitsentscheidung der EKMR vom 13. Mai 1986, Nr. 11058/84, François / UK, DR 47 (1986), 230, 232 (S. 237 f. der französischen Übersetzung), zitierte Entscheidung des Court of Appeal (P 12 C-E, bestätigt durch das Appeal Committee des House of Lords), die ein endgültiges Verfahrenshindernis („stay of proceedings") ablehnt, da sie die Rechte des Beschuldigten durch eine Nichtverwertung der Informationen für gewahrt erachtet. Die Kommission ist dieser Einschätzung gefolgt, loc. cit. S. 235 f. (S. 241 f. der Übersetzung). Ob es sich um Eigenverteidigungsunterlagen nur i. e. S. oder auch i. w S. handelte, geht aus dem mitgeteilten Sachverhalt unglücklicherweise nicht hervor.

[325] Ob im Einzelfall aus diesem Privileg ein Beschlagnahmeverbot wird, ist eine Frage der Schranken. Siehe dazu unter § 6 D. S. 68 ff.

[326] *Rogall*, Der Beschuldigte als Beweismittel gegen sich selbst, S. 112 ff., 116.

[327] *Dingeldey*, JA 1984, 407, 409; *Eser*, ZStW 79 (1967), 565, 567 ff.; *Guradze*, FS-Loewenstein, 1971, 151, 163; IntKommMRK/*Vogler*, Art. 6 Rn. 466; *Rüping*, JR 1974, 135, 137 f.; Minderheitsvoten der Richter *Pettiti*, *Valticos* und *Walsh*, *Makarczyk*, *Lohmus* im Urteil des EGMR vom 8. Februar 1996, Nr. 18731/91, Murray / UK, Reports 1996-I, S. 62 ff., 64 f. (nicht abgedruckt in EuGRZ 1996, 587 ff.); Minderheitsvoten der Kommissionsmitglieder *Busuttil* und *Loucaides* im Bericht der EKMR vom 27. Juni 1994, Nr. 18731/91, Murray / UK, Reports 1996-I, S. 78, 84, sowie des letzteren im Bericht der EKMR vom 10. Mai 1994, Nr. 19187/91, Saunders / UK, Reports 1996-VI, S. 2101 f.

[328] LR/*Gollwitzer*, Art. 6 MRK Rn. 248; SK-StPO/*Rogall*, vor § 133, Rn. 131 m. zahlr. Nachweisen; siehe auch EKMR, Bericht vom 27. Juni 1994, Nr. 18731/91, Murray / UK,

kommt es hier darauf an, ob dieses Prinzip im Bereich der Beschlagnahme überhaupt zum Tragen kommt.

Zunächst im Zusammenhang mit Aussagen des Verteidigers, die dessen Schweigepflicht verletzen, hat *Welp* 1973 unter Berufung auf *Niese*[329] auf das nemo-tenetur-Prinzip zurückgegriffen, um die Unverwertbarkeit zu begründen.[330] Für die Beschlagnahme von Verteidigerunterlagen hat er dies zunächst nur angedeutet, aber wenig später auch explizit festgestellt.[331] Es bestehe für den Beschuldigten ein indirekter prozessualer Zwang, sich gegenüber dem Verteidiger zu öffnen, um eine wirksame Verteidigung zu ermöglichen. Die Beschlagnahme und Verwertung von solchen „Einlassungen" widerspräche dem in der Subjektqualität des Beschuldigten wurzelnden Aussagefreiheit.[332] *Dahs* hat sich dieser Auffassung angeschlossen und darüber hinaus auch für den **unverteidigten** Beschuldigten ein Beschlagnahmeverbot von Verteidigungsunterlagen aus Art. 20 Abs. 3, 2, 3 GG i. V. m. Art. 6 Abs. 3 MRK und dem nemo-tenetur-Grundsatz gefordert.[333]

Auch der BGH hat später die Beschlagnahmefreiheit von Eigenverteidigungsunterlagen u.a. mit dem Selbstbezichtigungsverbot begründet.[334]

Es ist freilich unschädlich, wenn das Beschlagnahmeverbot auch auf das in Art. 6 Abs. 1 oder Abs. 2 MRK angesiedelte Verbot der zwangsweisen Selbstbezichtigung gestützt wird. Letztlich sind die in Abs. 2 und 3 aufgezählten Einzelrechte alle Ausprägungen des fair-trial-Grundsatzes in Art. 6 Abs. 1 MRK.[335] Trotzdem bleibt die Frage, ob dieser „begründungstechnische Rundumschlag" hinsichtlich des Beschlagnahmeverbots dogmatisch korrekt ist. Das Wesen des Selbstbelastungsverbots liegt darin, nicht zu einer aktiven Teilnahme an der

---

Reports 1996-I, S. 68 f., Ziff. 52 ff., unter Verweis auf EGMR, Urteil vom 25. Februar 1993, Nr. 10828/84, Funke / F, Série A, Bd. 256-A, S. 22, Ziff. 44, und EKMR, Bericht vom 10. Mai 1994, Nr. 19187/91, Saunders / UK, Reports 1996-VI, S 2099, Ziff. 72 (in letzterem wird aber auch die Nähe zu Art. 6 Abs. 2 MRK betont).

329 *Niese*, Doppelfunktionelle Prozeßhandlungen, S. 142.

330 *Welp*, FS-Gallas, S. 391, 404 f.

331 *Welp*, FS-Gallas, S. 391, 409 ff.; explizit in JZ 1974, 423, 424.

332 *Welp*, FS-Gallas, S. 391, 404.

333 *Dahs*, GS-Meyer, S. 61, 66 ff., 70.

334 BGH, NJW 1998, 1963, 1964 = NStZ 1998 309, 310 = StV 1998, 246, 247 = JA 1998, 632, 634 (Aufbereitung durch *Satzger*) = JuS 1998, 850, 851 (aufbereitet von *Martin*); vgl. dazu *H. Schneider*, Jura 1999, 411 ff.

335 Art. 6 Abs. 3: „minimum rights / notamment". Der Wortlaut von Abs. 2 ist weniger ergiebig, die Einordnung aber trotzdem unstrittig (vgl. EGMR, Urteil vom 6. Dezember 1988, Nr. 10588/83 – 10590/83, Barberà, Messegué, Jabardo / Spanien, Série A, Bd. 146, S. 31, Ziff. 67; EKMR, Bericht vom 14. Mai 1992, Nr. 13972/88, Imbrioscia / CH, Série A, Bd. 275, S. 23, Ziff. 59; Frowein/Peukert/*Peukert*, EMRK, Art. 6 Rn. 2; LR/*Gollwitzer*, Art. 6 MRK Rn. 103).

Ermittlungsarbeit gegen sich selbst gezwungen zu werden.[336] Wie *Eb. Schmidt* zutreffend formuliert hat:

> „Mag ihn (den Beschuldigten – die *Verfasserin*) wie jeden eine Pflicht, Beschlagnahmen zu dulden (pati) treffen; eine Pflicht, zur eigenen Überführung tätig zu werden (facere), wäre eine Unmöglichkeit."[337]

Die Beschlagnahme verlangt nur ein Dulden des Beschuldigten, aber keine Mitwirkung. Die Befürworter eines Beschlagnahmeverbots auf Grundlage des Schweigerechts müssen daher die Konstruktion eines mittelbaren prozessualen Zwanges für Beschuldigten wählen, sich dem Verteidiger gegenüber oder im Rahmen einer „Selbstexploration", in der er sich über seine Tat bzw. seine Verteidigungsstrategie klar zu werden versucht, schriftlich zu äußern. Worin besteht nun dieser Zwang? Er besteht darin, daß eine wirksame Rechtsausübung des Rechts auf Verteidigung nur möglich ist, wenn der Beschuldigte seine Kenntnisse dem Verteidiger gegenüber offenlegt oder zur Eigenverteidigung niederschreibt.[338]

Das Beschlagnahmeverbot ist kein selbständiges Recht des Beschuldigten wie etwa das Schweigerecht, sondern hängt, da es die effektive Verteidigung schützen soll, vom Recht auf Verteidigung ab. Es geht nicht um das „absolute" Recht zur Passivität (nemo tenetur), sondern um eine Sphäre geschützter Aktivität. Das Selbstbelastungsverbot ist daher nicht Rechtsgrundlage für die Beschlag-

[336] SK-StPO/*Rogall*, vor § 133, Rn. 141; *ders.*, Der Beschuldigte als Beweismittel gegen sich selbst, S. 158. Vgl. EGMR, Urteil vom 25. Februar 1993, Nr. 10828/84, Funke / F, Série A, Bd. 256-A, S. 22, Ziff. 44; EKMR, Bericht vom 10. Mai 1994, Nr. 19187/91, Saunders / UK, Reports 1996-VI, S. 2099, Ziff. 72.

[337] *Eb. Schmidt*, Lehrkommentar, Bd. 2, § 95 Rn. 1 (Die Zeichensetzung wurde nicht verändert, die *Verfasserin*).

[338] Diese Situation ist uns von anderer Stelle her vertraut: Der Beschuldigte kann sich in einer Situation wiederfinden, in der er wählen muß, ob er zur Verfolgung eines zivilrechtlichen Anspruches oder für seine Anerkennung als Asylbewerber Angaben machen und dabei das Risiko der Strafverfolgung eingehen oder ob er schweigen und infolgedessen Nachteile im Zivil- bzw. Asylverfahren hinnehmen will. Die h. A. lehnt ein Beweisverwertungsverbot hier ab, da kein Äußerungszwang bestehe [hinsichtlich Zivilverfahren KG, NZV 1994, 403 ff.; a. A. OLG Celle, JR 1982, 475, 476 f. m. abl. Anm. *Rengier*; zum Asylverfahren BGHSt 36, 328, 334 ff.; OLG Hamm, NStZ 1989, 187, 188; OLG Düsseldorf, StV 1992, 503, 504 f. m. Anm. *Kadelbach*; a. A. HansOLG Hamburg, JR 1986, 167, 168 m. abl. Anm. *Meyer*; kritisch *Roxin* Strafverfahrensrecht, § 25 Rn. 12; *Ventzke*, StV 1990, 279, 280 ff.; zum Ganzen SK-StPO/*Rogall*, vor § 133 Rn. 139]. Der Unterschied zum Beschlagnahmeschutz bei der Strafverteidigung liegt in der hohen Bedeutung dieses Rechts, dessen Ausübung besonders geschützt werden muß, und nicht in einem mittelbaren Zwang zur Äußerung. Dieser wäre zumindest für das Asylverfahren nämlich auch anzunehmen.

nahmefreiheit von (Eigen-)Verteidigungsunterlagen. Diese ist in Art. 6 Abs. 3 lit. b), c) MRK zu suchen und zu finden.[339]

B. Formelle Verteidigung

Zunächst war umstritten, ob auch die Wahlverteidigung unter dem Vorbehalt der „interests of justice" bzw. der „intérêts de la justice" (Art. 6 Abs. 3 lit. c) MRK) stehen sollte. Seit der Pakelli-Entscheidung des EGMR[340] ist der Streit zugunsten der beschuldigtenfreundlicheren und auch syntaktisch vorzugswürdigen Auslegung entschieden.[341] Der Beschuldigte hat dabei grundsätzlich die Wahl zwischen Eigenverteidigung und formeller Verteidigung. Wichtig ist dabei folgendes: Mögen im nationalen Strafprozeßrecht Mitwirkungsbefugnisse o.ä. dem Verteidiger als eigene prozessuale Mitwirkungsrechte zustehen, Träger der Menschenrechte in Art. 6 MRK ist er nur - wie sich schon aus dem Wortlaut der Vorschrift ergibt -, wenn sich das Verfahren in irgendeiner Form auch gegen ihn richtet.[342]

I. Schutz der Verteidigerkommunikation

Anders als Art. 14 Abs. 3 lit. b) IPBPR enthält Art. 6 MRK keine ausdrückliche Garantie des freien und unüberwachten Verkehrs des Untersuchungshäftlings mit seinem Verteidiger. Die Kommission hat jedoch in ständiger Rechtsprechung das Kontaktrecht aus Art. 6 Abs. 3 lit. b) i. V. m. lit. c) und inzwischen auch aus lit. c) MRK direkt abgeleitet.[343]

---

[339] So u.a. auch die Argumentation des Beschwerdeführers vor der EKMR in der Sache François / UK (EKMR, Zulässigkeitsentscheidung vom 13. Mai 1986, Nr. 11058/84, François / UK, Submissions of the Parties, B. 2. b, insofern nicht abgedruckt in DR 47 (1986), 230 ff.). Zum deutschen Recht *H. Schneider*, Jura 1999, 411, 414 f.

[340] EGMR, Urteil vom 25. April 1983, Nr. 8398/78, Pakelli / D, Série A, Bd. 64, S. 15, Ziff. 31 = EuGRZ 1983, 344, 346 f.

[341] Stellvertretend LR/*Gollwitzer*, Art. 6 MRK Rn. 196; *Simon*, Die Beschuldigtenrechte nach Art. 6 Abs. 3 EMRK, S. 48 f., beide m. w. N. Diese Entwicklung übersieht *Jahn* („Konfliktverteidigung", S. 194 f.). Er geht ohne Begründung und ohne jeglichen Hinweis auf seine Quellen vom Gegenteil aus.

[342] EKMR, Zulässigkeitsentscheidung vom 12. Oktober 1978, Nr. 7909/74, DR 15(1979), 160, 161 f. (S. 165 der französischen Übersetzung). Entsprechendes gilt auch für die deutschen Prozeßgrundrechte, wie etwa das Recht auf Gehör nach Art. 103 Abs. 1 GG (unklar, aber wohl a. A. *Jahn*, „Konfliktverteidigung", S. 212), siehe § 14 B. II. 2. S. 255.

[343] EKMR, Zulässigkeitsentscheidung vom 12. Juli 1978, Nr. 7854/77, Bonzi / CH, DR 12 (1978), 185, 187 (S. 190 der englischen Übersetzung); EKMR, Zulässigkeitsentscheidung vom 12. Juli 1979, Nr. 8389/78, Schertenleib / CH, DR 17 (1980), 180, 203 f. (engl. 226); EKMR, Zulässigkeitsentscheidung vom 9. Juli 1981, Nr. 8463/78, Kröcher, Möller / CH, DR 26 (1982), 24, 38 f. (engl. 52 ff.); EKMR, Bericht vom 12. Juli 1984, Nr. 9300/81, Can/A, Série A, Bd. 96, S. 16 ff., Ziff. 51 ff. = EuGRZ 1986, 276, 277 f. = NJW 1987, 563; vgl. EKMR, Zulässigkeitsentscheidung vom 14. Dezember 1983, Nr. 9300/81, Can / A, DR 35 (1984), 46 ff.

In ihrem Bericht in der Sache Can / Österreich nimmt die Kommission dabei auch Bezug auf Art. 93 der Mindestvorschriften zur Behandlung von inhaftierten Personen (Resolution [73] 5 des Ministerrats[344]) und Art. 3 Abs. 2 lit. c) des Europäischen Übereinkommens über die an Verfahren vor der Europäischen Kommission und dem Europäischen Gerichtshof für Menschenrechte teilnehmenden Personen.[345] Die vertrauliche Kommunikation mit dem Verteidiger, den der Beschuldigte gem. Art. 6 Abs. 3 lit. c) MRK hinzuziehen darf, sei zur Vorbereitung und Durchführung einer effektiven Verteidigung essentiell und werde daher von Art. 6 Abs. 3 lit. b) MRK geschützt.[346] Der Schutz wird sub specie lit. b), also im Hinblick auf die Hauptverhandlung und das Urteil, gewährt. Schutzzweck ist es, eine **effektive** Verteidigung zu gewährleisten, eine Verteidigung, die einen Effekt erzielen, auf die Urteilsfindung Einfluß haben kann.

Diese „urteilsorientierte" Überlegung hat die Kommission in neuerer Zeit mit einer mehr „verfahrensorientierten" kombiniert. Im selben Bericht stützt sie den Schutz der unüberwachten Kommunikation nicht mehr nur auf lit. b), sondern auch auf lit. c). Nicht nur im Zusammenhang mit der Hauptverhandlung, sondern im Hinblick auf das Verfahren als Ganzes bedarf der Beschuldigte des Beistands eines Verteidigers.[347] Die Aufgabe des Verteidigers erschöpfe sich nicht in der Vorbereitung auf die Hauptverhandlung und der Sammlung von Beweismaterial, sondern beziehe sich genauso auf die Kontrolle der Rechtmäßigkeit von Ermittlungsmaßnahmen und allgemeine Lebenshilfe für den Beschuldigten.[348]

---

[344] Nicht zu verwechseln mit den Standard Minimum Rules der Vereinten Nationen, siehe Fn. 323.

[345] Veröffentlicht u. a. in BGBl. II 1977, 1446, 1447 f.

[346] EKMR, Zulässigkeitsentscheidung vom 12. Juli 1978, Nr. 7854/77, Bonzi / CH, DR 12 (1978), 185, 187 (S. 190 der englischen Übersetzung); EKMR, Zulässigkeitsentscheidung vom 9. Juli 1981, Nr. 8463/78, Kröcher, Möller / CH, DR 26 (1982), 24, 38 (S. 52 f. der englischen Übersetzung) (abgesehen von Druckfehlern wortgleich): „L'article 6, paragraphe 3 b), garantit en effet le droit pour un accusé de disposer du temps et des facilités nécessaires à la préparation de sa défense, tandis que l'alinéa (c) de la même disposition consacre celui d'avoir l'assistance d'un défenseur de son choix: **la possibilité pour l'accusé de s'entretenir avec son défenseur est un élément fondamental de la préparation de sa défense.**" (Hervorhebung durch die *Verfasserin.*); siehe auch EKMR, Bericht vom 12. Juli 1984, Nr. 9300/81, Can / A, Série A, Bd. 96, S. 16 ff., Ziff. 51 ff. = EuGRZ 1986, 276, 278 = NJW 1987, 563.

[347] EKMR, Bericht vom 12. Juli 1984, Nr. 9300/81, Can / A, Série A, Bd. 96, S. 17, Ziff. 54 = EuGRZ 1986, 276, 278 = NJW 1987, 563; vgl. auch EGMR, Urteil vom 28. November 1991, Nr. 12629/87, 13965/88, S. / CH, Série A, Bd. 220, S. 16, Ziff. 52 = EuGRZ 1992, 298, 299 (nicht abgedruckt in NJW 1992, 3090): Hier wurde lit. b) überhaupt nicht geprüft.

[348] EKMR, Bericht vom 12. Juli 1984, Nr. 9300/81, Can / A, Série A, Bd. 96, S. 17 f., Ziff. 55 = EuGRZ 1986, 276, 278 = NJW 1987, 563 f.; vgl. Sondervotum des Kommissionsmitgliedes *Loucaides* im Bericht zu Imbrioscia / CH (EKMR, Bericht vom 14. Mai 1992, Nr. 13972/88, Imbrioscia / CH, Série A, Bd. 275, S. 28 f.) unter Verweis auf Can / A und Rechtsprechung in den USA.

Im Englischen ließe sich prägnant formulieren: „Legal defence has to be efficient as well as effective". Im Deutschen läßt sich dies nur unzureichend damit wiedergeben, daß wirksame Strafverteidigung auch, aber nicht nur im Hinblick auf die Entscheidung ermöglicht werden muß. Der Kontakt zwischen Beschuldigtem und Verteidiger, auch der schriftliche, steht damit unter dem Schutz von Art. 6 Abs. 3 lit. b) und c) MRK.[349] Daraus ergibt sich grundsätzlich ein Beschlagnahmeverbot für den Schriftwechsel, einschließlich der Briefentwürfe und -kopien, sowie für Dokumente, die der Beschuldigte für seinen Verteidiger im Rahmen des Verfahrens anfertigt. Maßgeblich ist der kommunikative Bezug.

Als Rechtsgrundlage für Beschlagnahmeschutz ist auch auf den nemo-tenetur-Grundsatz verwiesen worden.[350] Wie bereits ausgeführt, taugt dieser jedoch nicht zur Begründung eines Beschlagnahmeverbots.[351] Zusätzlich wird häufig auf das in Art. 6 Abs. 1 MRK enthaltene Prinzip der Gleichheit der prozessualen Waffen (equality of arms) abgestellt.[352] Dies ist im Grunde richtig, da die Spezialrechte des Abs. 3 letztlich im fair-trial-Grundsatz wurzeln, dessen Element die Waffengleichheit ist.[353] Systematisch aber geht der Abs. 3 als lex specialis vor.

II. Sonstige Verteidigungsdokumente

Die Kommunikation mit dem Mandanten, der sicherlich – neben den Ermittlungsakten – die wichtigste Informationsquelle für den Verteidiger darstellt,[354] ist ein integraler Bestandteil der Strafverteidigung, aber ihre Arbeit erschöpft sich darin nicht. Anerkannt ist das insbesondere mit dem Gebot der Waffengleichheit begründete Recht des Verteidigers, eigene Sachverhalts-

---

[349] So auch *Bischofsberger*, Die Verfahrensgarantien der Europäischen Konvention zum Schutze der Menschenrechte, S. 139; *Fawcett*, The Application of the European Convention on Human Rights, S. 188; Frowein/Peukert/*Peukert*, EMRK, Art. 6 Rn. 182 ff., 189; *Kohlbacher*, Verteidigung und Verteidigungsrechte, S. 93; *Peukert*, EuGRZ 1980, 247, 264; *Schubarth*, ZSR 94/I (1975), 465, 507; *Simon*, Die Beschuldigtenrechte nach Art. 6 Abs. 3 EMRK, S. 30, 53 ff.; *Spaniol*, Das Recht auf Verteidigerbeistand, S. 111; *Trechsel*, SZStR 96 (1979), 337, 352 f.; *van Dijk / van Hoof*, Theory and Practice of the European Convention on Human Rights, S. 348.

[350] Insbesondere *Welp*, FS-Gallas, S. 391, 404 f., 409 ff.; *ders.*, JZ 1974, 423, 424; *Dahs*, GS-Meyer, S. 61, 66 ff., 70.

[351] Siehe § 6 A. II. S. 60 ff.

[352] Vgl. *Poncet*, in: Recueil des travaux suisses présentés au VIIIe congrès international de droit comparé, S. 421; *Schubarth*, ZSR 94/I (1975), 465, 501 f., 508.

[353] *Sandermann*, „Waffengleichheit", S. 17 ff.; vgl. oben S. 61.

[354] *Henkel*, Strafverfahrensrecht, S. 156, 208 Fn. 4; vgl. *Welp*, FS-Gallas, S. 391, 392 m. w. N.

ermittlungen anzustellen.[355] In Strafverfahren etwa gegen Ärzte wegen eines mutmaßlichen Kunstfehlers stellt das Einholen von „Privatgutachten" sogar „das *zentrale* Thema eigener Verteidigungsaktivität"[356] dar. Der Sachverständige habe sich in solchen Verfahren „weitgehend als eine den Tathergang ermittelnde und die Entscheidung vorprogrammierende Institution etabliert".[357] Daneben kann es nötig werden, Zeugen zu befragen oder einen Privatdetektiv zu engagieren.

All dies gehört zu „normaler" (bzw. de lege artis durchgeführter) Verteidigertätigkeit, dient der Vorbereitung der Verteidigung und fällt damit in den Schutzbereich von Art. 6 Abs. 3 lit. b) MRK.

C. Zeitlicher Rahmen des Schutzes

I. Begriff der „criminal charge" / „accusation"

Es hat sich gezeigt, daß Eigenverteidigung und formelle Verteidigung Schutz vor Beschlagnahme gem. Art. 6 Abs. 3 lit. b) und z.T. lit. c) MRK genießen. Dieser Schutz besteht schon während des Vorverfahrens,[358] ab dem Zeitpunkt, da eine „criminal charge" / „accusation" vorliegt. Da die Konvention autonom vom Schutzzweck her, d.h. also losgelöst von den einzelnen nationalen Rechtsvorstellungen, ausgelegt werden muß,[359] darf darunter nicht der Angeschuldigte oder Angeklagte nach deutschem Recht verstanden werden.[360] Es genügt, daß der Verdächtige durch einen staatlichen Akt Kenntnis davon erhält, daß gegen ihn wegen einer Straftat ermittelt wird.[361] Der „accusé" der MRK entspricht also dem

---

[355] Für das deutsche Recht siehe OLG Frankfurt, StV 1981, 28, 30; *Ernesti*, JR 1982, 221, 227 f; siehe auch *Ulsenheimer*, Arztstrafrecht in der Praxis, Rn. 463, und Brüssow/Krekeler/Mehle/*Gillmeister*, Strafverteidigung in der Praxis, § 4 Rn. 180 ff., beide m. w. N.

[356] *Ulsenheimer*, Arztstrafrecht in der Praxis, Rn. 463.

[357] *Krauß*, ZStW 85 (1973), 320.

[358] Für lit. b) ergibt sich dies aus dem Wortlaut. Zu lit. c) siehe EKMR, Bericht vom 12.2.1990, Nr. 12744/87, Quaranta / CH, Série A, Bd. 205, S. 26, Ziff. 67; EGMR, Urteil vom 28. November 1991, Nr. 12629/87, 13965/88, S. / CH, Série A, Bd. 220, S. 15 f., Ziff. 48 ff. = NJW 1992, 3090 = EuGRZ 1992, 298 ff.; EGMR, Urteil vom 24. November 1993, Nr. 13972/88, Imbrioscia / CH, Série A, Bd. 275, S. 14, Ziff. 38 = ÖJZ 1994, 517, 518; EGMR, Urteil vom 8. Februar 1996, Murray / UK, Reports 1996-I, S. 54, Ziff. 62 = EuGRZ 1996, 587, 592; EKMR, Zulässigkeitsentscheidung vom 10. September 1997, Nr. 29261/95, Kornienko / Polen; vgl. EKMR, Bericht vom 12. Juli 1984, Nr. 9300/81, Can / A, Série A, Bd. 96, S. 15 f., Ziff. 49 f. = EuGRZ 1986, 276, 277 (insoweit in NJW 1987, 563 nicht abgedruckt) und Frowein/Peukert/*Peukert*, EMRK, Art. 6 Rn. 187.

[359] H. M. siehe stellvertretend LR/*Gollwitzer*, Einl. MRK/IPBPR Rn. 28 ff., insb. 31.

[360] So aber noch *Rogall*, Der Beschuldigte als Beweismittel gegen sich selbst, S. 150 (bzgl. Art. 14 Abs. 3 lit. g) IPBPR); *Sandermann*, „Waffengleichheit", S. 38.

[361] IntKommMRK/*Vogler*, Art. 6 Rn. 190 ff., insb. 204; LR/*Gollwitzer*, Art. 6 MRK Rn. 38 ff. beide m. zahlr. Nachweisen und Beispielen.

deutschen Begriff des Beschuldigten nach der Theorie vom Inkulpationsakt.[362] In seinem Urteil im Verfahren Saunders / UK hat der Gerichtshof jedoch angedeutet, daß die willkürliche Vorenthaltung des Beschuldigtenstatus selbst Art. 6 MRK verletzen kann.[363] Daneben bleibt den Beteiligten natürlich der Schutz der lex generalis Art. 8 MRK.[364]

Der Schutz des Art. 6 MRK endet erst mit der Rechtskraft des Urteils als Ganzes, so daß auch ein auf Anfechtung des Strafmaßes gerichtetes Rechtsmittelverfahren einbezogen ist.[365] Nicht erfaßt werden dagegen die Vorbereitung zur Wiederaufnahme sowie das Verfahren über Zulässigkeit und Begründetheit des Wiederaufnahmeantrages.[366] Sobald aber die Rechtskraft aufgehoben ist (vgl. § 370 Abs. 2 StPO), kommt Art. 6 MRK wieder zum Tragen. Er gilt dann für das erneuerte Verfahren bis zum Eintritt der Rechtskraft.

II. Schutz der Verteidigerkommunikation im Anbahnungsverhältnis

Im deutschen Recht wird heftig darüber gestritten, ob der Schutz von § 148 StPO sich auch auf das Anbahnungsverhältnis erstreckt.[367] Der EGMR hat in seiner Entscheidung im Verfahren Schönenberger und Durmaz gegen die Schweiz nicht Art. 6, sondern Art. 8 MRK, der u.a. den freien Briefverkehr schützt, für die relevante Norm gehalten. In diesem Fall war durch die Schweizer Behörden ein

---

[362] Siehe u. a. BGHSt 10, 8, 12; BGHSt 37, 48, 51 f.; Einzelheiten bei *Fincke*, ZStW 95 (1983), 918 ff.; SK-StPO/*Rogall*, vor § 133 Rn. 9 ff.

[363] EGMR, Urteil vom 17. Dezember 1996, Nr. 19187/91, Saunders UK, Reports 1996-VI, S. 2067 f., Ziff. 77 ff.; vgl. EKMR, Zulässigkeitsentscheidung vom 7. Dezember 1993, Nr. 19187/91, Saunders / UK, The Law, Ziff. 1.

[364] Vgl. § 6 C. II. S. 67 f.

[365] IntKommMRK/*Vogler*, Art. 6 Rn. 213; *ders.*, ZStW 89 (1977), 761, 776; LR/*Gollwitzer*, Art. 6 MRK Rn. 41.

[366] EKMR bei *Bleckmann*, EuGRZ 1981, 88, 95, Ziff. 48; EKMR, Zulässigkeitsentscheidung vom 13. Juli 1989, Nr. 14288/88, ÖJZ 1990, 216; IntKommMRK/*Vogler*, Art. 6 Rn. 221; *ders.*, ZStW 89 (1977), 761, 776 f.; LR/*Gollwitzer*, Art. 6 MRK Rn. 41. *M. E.* ist dies für das deutsche Recht nicht unproblematisch: Gem. § 371 Abs. 2 StPO kann auch beim lebenden Beschuldigten im Rahmen des Wiederaufnahmeverfahrens selbst ein Freispruch ergehen, also in der Sache selbst entschieden werden. Dies läßt sich ohne weiteres unter den Wortlaut von Art. 6 MRK subsumieren. Man kann dagegen zwar einwenden, daß ja nur eine dem Antragsteller günstige Entscheidung getroffen werden kann, aber das ist keine zwingende Überlegung. Auch in einem Berufungs- oder Revisionsverfahren, in dem nur der Beschuldigte oder die Staatsanwaltschaft zu seinen Gunsten Rechtsmittel eingelegt hat und in dem deshalb das Verbot der reformatio in peius gilt (vgl. §§ 331 Abs. 1, 358 Abs. 2 S. 1 StPO), ist Art. 6 MRK unstrittig anwendbar.

[367] Vgl. AK-StPO/*Stern*, § 148 Rn. 7 ff.; Kleinknecht/*Meyer-Goßner*, § 148 Rn. 4; LR/*Dahs*, 25. A., § 53 Rn. 28; LR/*Lüderssen*, § 148 Rn. 7 f.; Einzelheiten siehe unter § 14 A. IV. 2. S. 248 ff.

Brief des Rechtsanwaltes Schönenberger, der Vollmachtsformulare und eine korrekte Belehrung des Beschuldigten über seine prozessualen Rechte enthielt und den Schönenberger auf Bitten der Ehefrau des Untersuchungshäftlings an diesen richtete, nicht nur geöffnet und gelesen, sondern Durmaz komplett vorenthalten worden.[368] Der Gerichtshof führte hierzu aus:

> „These various contacts amounted to preliminary steps intended to enable the second applicant (Durmaz – die *Verfasserin*) to have the benefit of the assistance of a defence lawyer of his choice and, thereby, to exercise a right enshrined in another fundamental provision of the Convention, namely Article 6...“[369]

Der EGMR unterstellt die Kommunikation im Rahmen des Anbahnungsverhältnisses nicht Art. 6 direkt, [370] zieht aber im Rahmen der Überprüfung der Eingriffsrechtfertigung nach Art. 8 Abs. 2 MRK Art. 6 zur Bestimmung der Verhältnismäßigkeit („necessary in a democratic society“) heran. Materiell orientiert sich der Schutz also auch hier an Art. 6 Abs. 3 lit. b), c) MRK.

D. Eingriffsrechtfertigung

Die Prüfung, ob eine Einschränkung der Verteidigungsrechte im Einklang mit der Konvention steht, hängt von zwei Gesichtspunkten ab: Zum einen muß der Eingriffszweck mit der Konvention vereinbar, zum anderen der Eingriff selbst verhältnismäßig sein. Die Organe der MRK trennen in ihren Entscheidungen zwischen diesen zwei Schritten oft nicht präzise. Trotzdem soll aus Gründen der Übersichtlichkeit hier nach dem deutschen, dreistufigen System (Schutzbereich, Schranke, Schranken-Schranke) vorgegangen werden.

I. Generelle Möglichkeit der Einschränkung

Art. 6 Abs. 3 MRK enthält anders als andere Menschenrechte keinen eigenen Schrankenvorbehalt.[371] In den meisten Mitgliedsstaaten unterliegt aber die

---

[368] EGMR, Urteil vom 20. Juni 1988, Nr. 11368/85, Schönenberger, Durmaz / CH, Série A, Bd. 137, S. 8 ff., Ziff. 7 ff.

[369] EGMR, Urteil vom 20. Juni 1988, Nr. 11368/85, Schönenberger, Durmaz / CH, Série A, Bd. 137, S. 14, Ziff. 29.

[370] Vgl. die Besuchsregelung für das Anbahnungsgespräch bei Verfahren vor dem Jugoslawientribunal (ICTY) in Regulation 31 Abs. (B) der Regulations to Govern the Supervision of Visits to and Communications with Detainees des Registrar des ICTY, IT/98/REV.3, zuletzt geändert Juli 1999.

[371] Die einzige direkt anwendbare geschriebene Schranke stellt Art. 15 MRK (Möglichkeit der Suspendierung von Menschenrechten im Krisenfall) dar. Die praktische Relevanz dieser Vorschrift für die Bundesrepublik Deutschland ist jedoch so gering, daß von einer Detaildarstellung

Verteidigung Beschränkungen, ohne daß die Straßburger Rechtsprechungsorgane dies bisher für grundsätzlich konventionswidrig erachtet haben. Im Gegenteil: Der EGMR wie auch die EKMR haben wiederholt festgestellt, das Recht des Beschuldigten auf unüberwachten Verteidigerverkehr müsse, da es in der Konvention nicht ausdrücklich niedergelegt sei, nicht unbeschränkt gewährt werden.[372] Für die übrigen Verteidigungsaktivitäten gilt sogar: Art. 6 Abs. 3 lit. b) MRK fordere, daß dem Beschuldigten „adequate ... facilities / des facilités nécessaires", also die **notwendigen** Möglichkeiten,[373] für die Vorbereitung seiner Verteidigung gewährt werden müssen. Erst wenn dies nicht der Fall sei, müsse von einer Verletzung der Vorschrift ausgegangen werden.[374]

II. Schrankenübertragung von Art. 8 Abs. 2 MRK

Hinsichtlich des Kontaktrechts heißt es bei verschiedenen Autoren, Einschränkungen dieses Rechts des Beschuldigten müßten den Anforderungen von Art. 8 Abs. 2 MRK genügen.[375] Wäre dies der Fall, so müßte dies auch für die

---

abgesehen wird. Einzelheiten zu dieser Vorschrift können den einschlägigen Kommentaren entnommen werden (zur entsprechenden Lage bei Art. 4 IPBPR siehe Fn. 572).

[372] EKMR, Zulässigkeitsentscheidung vom12. Juli 1978, Nr. 7854/77, Bonzi / CH, DR 12 (1978), 185, 188 (S. 190 der englischen Übersetzung); EKMR, Zulässigkeitsentscheidung vom 12. Juli 1979, Nr. 8339/78, Schertenleib / CH, DR 17 (1980), 180, 204 (S. 226 der englischen Übersetzung); EKMR, Zulässigkeitsentscheidung vom 9. Juli 1981, Nr. 8463/78, Kröcher, Möller / CH, DR 26 (1982), 24, 39 (S. 53 der englischen Übersetzung); eingehend der vom EGMR bestätigte Bericht der EKMR vom 12. Juli 1984, Nr. 9300/81, Can / A, Série A, Bd. 96, Ziff. 52, 57 ff. = EuGRZ 1986, 276, 278 f. (Ziff. 58 nicht abgedruckt in NJW 1987, 563, 564).

[373] Die EKMR hat im Bericht zur Sache Can / A (EKMR, Bericht vom 12. Juli 1984, Nr. 9300/81, Série A, Bd. 96, Ziff. 53 = EuGRZ 1986, 276, 278 = NJW 1987, 563) den französischen Text für aussagekräftiger erachtet.

[374] EKMR, Bericht vom 12. Juli 1984, Nr. 9300/81, Can / A, Série A, Bd. 96, Ziff. 53 = EuGRZ 1986, 276, 278 = NJW 1987, 563.

[375] *Ernst*, Die Haltung Deutschlands und Frankreichs zur EMRK, S. 214; Frowein/Peukert/*Peukert*, EMRK, Art. 6 Rn. 184; *ders.*, EuGRZ 1980, 247, 264; IntKommMRK/*Vogler*, Art. 6 Rn. 484; LR/*Gollwitzer*, Art. 6 MRK Rn. 178.

Bischofberger, Die Verfahrensgarantien der Europäischen Konvention zum Schutze der Menschenrechte, S. 139, auf den sich *Vogler* (a. a. O.) u. a. stützt, erwähnt Art. 8 Abs. 2 MRK nicht als Schranke von Art. 6 Abs. 3 MRK. Das gleiche gilt für *Fawcett*, The Application of the European Convention on Human Rights, S. 188. Ob der gleichfalls zitierte *Castberg*, European Convention on Human Rights, S. 139, sich auf den Kontakt zum Zweck der Verteidigung oder nur auf den von Verurteilten mit ihren Rechtsanwälten bezieht, geht aus seinen Ausführungen nicht hervor.

Die von Spaniol (Das Recht auf Verteidigerbeistand, S. 167) für die Schrankenübertragung angeführte Stelle bei *Poncet*, La protection de l'accusé par la convention européenne des droits de l'homme, S. 187, bezieht sich auf eine Zulässigkeitsentscheidung der EKMR zur Kommunikation eines bereits Verurteilten mit seinen Rechtsanwälten (EKMR, Zulässigkeits-

Beschlagnahme der übrigen Verteidigungsunterlagen gelten: Art. 8 MRK schützt Privat- und Familienleben, die Wohnung und den Briefverkehr. Selbst wenn man die Zelle eines Untersuchungshäftlings nicht als Wohnung ansieht[376] und auch Geschäftsräume vom Schutz des Art. 8 Abs. 1 MRK ausnehmen will,[377] so ist bei der Beschlagnahme jedenfalls der Bereich des Privatlebens und ggf. der des Briefverkehrs tangiert.

So angenehm es wäre, eine geschriebene Schranke für die Rechte der Verteidigung zu haben: Die Auffassung befremdet. Art. 8 Abs. 2 MRK ist - wie z.B. auch *Spaniol* zu Recht betont - grundsätzlich auf den allgemeinen Briefverkehr usw. zugeschnitten.[378] Auch wenn die Straßburger Konventionsorgane der Kommunikation zwischen Rechtsanwalt und Klient außerhalb einer Verteidigerbeziehung eine Sonderstellung im Rahmen von Art. 8 MRK zugestanden haben,[379] berücksichtigt er anders als Art. 6 Abs. 3 MRK nicht die besondere Schutzbedürftigkeit der Strafverteidigung. Das Befremden wächst, sieht man sich die Quellen derjenigen Autoren an, die eine Schrankenübertragung befürworten.[380]

---

entscheidung vom 1. April 1960, Nr. 424/58, X. / Belgien, CD 2, 1, 9). *Poncet* spricht sich ausdrücklich gegen Einschränkungen des Verteidigerverkehrs aus (*Poncet*, a. a. O., Ziff. 195).

376 Frowein/Peukert/*Frowein*, EMRK, Art. 8 Rn. 33; LR/*Gollwitzer*, Art. 8 MRK Rn. 33.

377 Str., Schutz bejaht für Anwaltskanzlei EGMR, Urteil vom 16. Dezember 1992, Nr. 13710/88, Niemietz / D, Série A, Bd. 251-B, S. 34, Ziff. 30 = EuGRZ 1993, 65, 66; vgl. Frowein/Peukert/ *Frowein*, EMRK, Art. 8 Rn. 28; a. A. für betrieblich genutzte Räume LR/Gollwitzer, Art. 8 MRK Rn. 33.

378 *Spaniol*, Das Recht auf Verteidigerbeistand, S. 167; auch *van Dijk / van Hoof*, Theory and Practice of the European Convention on Human Rights, S. 348 Fn. 769.

379 EGMR, Urteil vom 25. März 1992, Nr. 13590/88, Campbell / UK, Série A, Bd. 233, S. 18 ff., Ziff. 46 ff.; EKMR, Bericht vom 12. Juli 1990, Nr. 13590/88, Campbell / UK, Série A, Bd. 233, S. 38, Ziff. 61 („linked to the principle of effective access to court under Article 6 para. 1"); vgl. Ministerkomitee, Resolution vom 26. Januar 1993, Nr. 13590/88, Campbell / UK, DH (93) 5 über die vom Vereinigten Königreich im Hinblick auf das genannte Urteil des EGMR unternommenen Schritte.

380 *Peukert* (Frowein/Peukert/*Peukert*, EMRK, Art. 6 Rn. 184) zitiert EGMR, Urteil vom 18.6.1971, Nr. 2832/66, 2835/66, 2899/66, de Wilde, Ooms, Versyp / B (Vagabunden-Fall), Série A, Bd. 28, Ziff. 91 – 93; EKMR, Zulässigkeitsentscheidung vom 11. Juli 1967, Nr. 2749/66, K. H. C. / UK, CD 24, 98 ff.; EKMR, Zulässigkeitsentscheidung vom 7. Februar 1967, X. / D, CD 22, 45 ff. *Vogler* (IntKommMRK/*Vogler*, Art. 6 Rn. 484) zitiert zusätzlich EKMR, Zulässigkeitsentscheidung vom 9. Juli 1981, Nr. 8463/78, Kröcher, Möller / CH, DR 26 (1982), 24 ff. *Gollwitzer*, (LR/*Gollwitzer*, Art. 6 MRK Rn. 178) bezieht sich auch auf EKMR, Bericht vom 12. Juli 1984, Nr. 9300/81, Can / A, Série A, Bd. 96, Ziff. 43 ff. = EuGRZ 1986, 276 ff. = NJW 1987, 563 ff.; *Ernst* (Die Haltung Deutschlands und Frankreichs zur EMRK, S. 214) zitiert lediglich EKMR, Zulässigkeitsentscheidung vom 13. Dezember 1965, Nr. 1983/63, X / NL, CD 18, 19 ff. = 8 YB (1965), 228 ff. und EMKR, Zulässigkeitsentscheidung vom 23. Mai 1966, Nr. 2516/65, X. / D, CD 20, 28 ff.

1. De Wilde, Ooms, Versyp / Belgien

Im sog. Vagabunden-Urteil vom 18. Juni 1971 brauchte der Gerichtshof Art. 6 MRK nicht zu prüfen, da er einen Menschenrechtsverstoß sub specie Art. 5 Abs. 4 MRK bereits bejaht hatte.[381] In den insbesondere von *Peukert* zitierten Ziffern des Urteils befaßt sich der EGMR folgerichtig nicht mit Art. 6 MRK. Es geht um die Vereinbarkeit mit Art. 8 MRK.[382] Letzteres allein wäre für die Argumentation der Befürworter einer Art. 8 Abs. 2 MRK-Lösung noch nicht schädlich: Der EGMR hätte ja - was allerdings überraschen würde[383] - Art. 8 MRK als lex specialis zu Art. 6 Abs. 3 lit. b), c) MRK ansehen können. Aber das ist nicht der Fall. Der EGMR hatte sich gar nicht mit der Zensur von Verteidigerpost zu befassen:

> „La cour constate, que le contrôle litigieux ... était au sens du paragraphe 2 « prévu par la loi », à savoir les articles 20 à 23 de l'arrêté royal du 21 mai 1965, combinés avec l'article 95."[384]

Die genannten Vorschriften des belgischen Rechts, die die Kontrolle der Post regelten, verstießen also nicht gegen Art. 8 MRK.

Die Bedeutung dieser Zeilen erschließt sich bei einem Blick in den Sachverhalt: Verteidigerpost war ausdrücklich von der Überwachung ausgenommen.[385] Das Urteil des EGMR hatte also gerade nicht Eingriffe in die Verteidiger-

---

[381] EGMR, Urteil vom 18.6.1971, Nr. 2832/66, 2835/66, 2899/66, de Wilde, Ooms, Versyp / B (Vagabunden-Fall), Série A, Bd. 28, Ziff. 86.

[382] EGMR, Urteil vom 18.6.1971, Nr. 2832/66, 2835/66, 2899/66, de Wilde, Ooms, Versyp / B (Vagabunden-Fall), Série A, Bd. 28, Ziff. 91 – 93.

[383] Vgl. EGMR, Urteil vom 12. Juli 1988, Nr. 10862/84, Schenk / CH, Série A, Bd. 140, S. 31, Ziff. 53 = EuGRZ 1988, 390, 395 f. = NJW 1989, 654, 656: Im zitierten Fall ging es um die Verwertbarkeit von Tonbandaufnahmen, die von einer Privatperson in rechtswidriger Art und Weise angefertigt worden waren. Der EGMR hat Art. 8 MRK nicht geprüft, da er die Frage der Verwertbarkeit bereits sub specie Art. 6 MRK untersucht hatte. Die Veröffentlichungen in EuGRZ und NJW sind in diesem Punkt irreführend, da „subsumed / absorbé" hier fälschlich mit „konsumiert" übersetzt wurde. Es geht hier jedoch eindeutig nicht um eine „rechtliche" Konsumtion, sondern lediglich darum, daß der EGMR seine zu Art. 6 MRK gemachten Ausführungen nicht noch einmal im Hinblick auf Art. 8 MRK wiederholen will. Das Problem, ob die Anfertigung der Aufnahme selbst gegen Art. 8 MRK verstieß, was die Frage nach einer Drittwirkung der Konventionsrechte aufgeworfen hätte, konnte der Gerichtshof nicht beleuchten, da die EKMR die Beschwerde insoweit für unzulässig erklärt hatte.

[384] EGMR, Urteil vom 18.6.1971, Nr. 2832/66, 2835/66, 2899/66, de Wilde, Ooms, Versyp / B (Vagabunden-Fall), Série A, Bd. 28, Ziff. 93.

[385] EGMR, Urteil vom 18.6.1971, Nr. 2832/66, 2835/66, 2899/66, de Wilde, Ooms, Versyp / B (Vagabunden-Fall), Série A, Bd. 28, S. 26, Ziff. 39: „... la correspondance ... peut être soumise à un contrôle à l'exception toutefois de celle qu'ils échangent avec l'avocat de leur choix."

kommunikation zum Thema. Im Gegenteil, eine Verletzung von Art. 8 MRK wird auch gerade deswegen nicht angenommen, weil der Verteidigerverkehr nicht behindert wurde.[386]

Entsprechendes gilt für die von *Ernst* zitierte Zulässigkeitsentscheidung der Kommission in der Sache X / Bundesrepublik Deutschland von 1966. Auch hier war die Verteidigerpost von der Kontrolle ausgenommen.[387]

Zum Beleg einer Schrankenübertragung taugen die Entscheidungen nicht.

2. Weitere von der Literatur zur Begründung herangezogene Entscheidungen

Die von *Vogler* zitierte Zulässigkeitsentscheidung der Kommission im Fall Kröcher, Müller / CH enthält keinen Hinweis auf Art. 8 Abs. 2 MRK, genausowenig wie der von *Gollwitzer* zitierte Bericht der EKMR in der Sache Can / Österreich.[388]

Lediglich die Zulässigkeitsentscheidungen der EKMR in den Fällen X / Bundesrepublik Deutschland von 1967[389], X / Niederlande[390] und K. H. C. / UK[391] erwähnen Art. 8 Abs. 2 MRK. Bei dem X / Niederlande zugrundeliegenden Verfahren handelte es sich schon nicht um eine Strafsache, so daß Art. 6 Abs. 3 MRK thematisch gar nicht angesprochen war. Im letztgenannten Fall K. H. C. / UK war dies zwar der Fall, aber es ging um die Kontrolle der Post eines bereits verurteilten Häftlings. Dieser Briefverkehr stand nicht im Zusammenhang mit einem laufenden Strafverfahren, sondern diente der Vorbereitung eines Wiederaufnahmeantrags.[392] Wie bereits ausgeführt, ist aber Art. 6 MRK nicht anwendbar, solange eine rechtskräftige Verurteilung in derselben Sache besteht.[393]

---

[386] Zum Konkurrenzverhältnis zwischen Art. 6 und Art. 8 MRK vgl. EGMR, Urteil vom 12. Juli 1988, Nr. 10862/84, Schenk / CH, Série A, Bd. 140, S. 31, Ziff. 53 = EuGRZ 1988, 390, 395 f. = NJW 1989, 654, 656.

[387] EMKR, Zulässigkeitsentscheidung vom 23. Mai 1966, Nr. 2516/65, X. / D, CD 20, 28, 34, 38.

[388] EKMR, Zulässigkeitsentscheidung vom 9. Juli 1981, Nr. 8463/78, Kröcher, Möller / CH, DR 26 (1982), 24 ff.; EKMR, Bericht vom 12. Juli 1984, Nr. 9300/81, Can / A, Série A, Bd. 96, Ziff. 43 ff. = EuGRZ 1986, 276 ff. = NJW 1987, 563 ff.

[389] EKMR, Zulässigkeitsentscheidung vom 7. Februar 1967, Nr. 2375/64, X. / D, CD 22, 45 ff.

[390] EKMR, Zulässigkeitsentscheidung vom 13. Dezember 1965, Nr. 1983/63, X. / NL, CD 18, 19 ff. = 8 YB (1965), 228, 262 ff.

[391] EKMR, Zulässigkeitsentscheidung vom 11. Juli 1967, Nr. 2749/66, K. H. C. / UK, CD 24, 98 ff.

[392] Es ging in den kontrollierten Briefen u.a. um ein im Namen des Häftlings gegen einen Zeugen anzustrengendes Meineidsverfahren sowie ein Zivilverfahren gegen jenen Zeugen und andere, um einen Wiederaufnahmeantrag vorzubereiten.

[393] Siehe § 6 C. I. S. 66 f.

In der Sache X. / Bundesrepublik aus dem Jahr 1967 ist der Sachverhalt nur unzureichend mitgeteilt. Es wird nicht klar, ob die Postkontrolle vor oder nach der Verurteilung erfolgte. Für letzteres spricht, daß die EKMR lediglich Art. 8 MRK prüft und Art. 6 MRK nicht erwähnt, obgleich der Beschwerdeführer ihn als verletzt gerügt hatte. Zudem verneint sie eine Verletzung von Art. 8 MRK lapidar mit dem Satz, die Kontrolle der Korrespondenz sei ein „inherent feature of imprisonment," ein normaler Begleitumstand der Inhaftierung.[394] Die Wortwahl der Kommission ist hier nicht ohne Bedeutung für die Auslegung des Sachverhalts. Die EKMR benutzt „imprisonment", nicht „detention on remand" (Untersuchungshaft) oder den beides umfassenden allgemeinen Begriff der „detention". All dies deutet auf die zweite Sachverhaltsvariante hin, bei der die Überwachung der Post erst nach der Verurteilung erfolgte.[395] Dann wäre wie im Fall K. H. C. / UK Art. 6 MRK gar nicht einschlägig gewesen.

Außerdem wäre, wenn die sehr kurze und pauschal formulierte Zulässigkeitsentscheidung die Ansicht der genannten Autoren stützte, nicht einzusehen, warum weder EGMR noch EKMR sich später auf sie bezogen haben. Gelegenheit dazu hätte u. a. in der Sache Can gegen Österreich bestanden. Dort hat sich die Kommission in ihrem vom Gerichtshof bestätigten Bericht mit den Einzelheiten beschäftigt, wann das Verkehrsrecht eingeschränkt werden kann.[396] Auch das Urteil im Fall S. / CH zum gleichen Thema erwähnt weder die genannte Entscheidung noch Art. 8 Abs. 2 MRK.[397]

3. Sonstiges case law

Die für eine Schrankenübertragung bisher angeführten Belegstellen stützen die dargestellte Auffassung nicht. Es existieren jedoch noch andere Entscheidungen, die die Rechtmäßigkeit von Durchsuchungen und Beschlagnahmen bzw. Telephonüberwachungen an Art. 8 MRK messen. Da wäre zum einen das Urteil des EGMR in der Sache Klass u.a. gegen die Bundesrepublik Deutschland, in dem es um die Möglichkeit der Telephonüberwachung nach Art. 10 Abs. 2 GG i. V. m. dem sog. G 10-Gesetz geht.[398] Der Gerichtshof hat hier im Schwerpunkt Art. 8 MRK behandelt. Auf Art. 6 MRK ist er nur eingegangen, soweit es um die

---

[394] EKMR, Zulässigkeitsentscheidung vom 7. Februar 1967, Nr. 2375/64, X. / D, CD 22, 45, 47.

[395] Dies übersehen *van Dijk / van Hoof*, Theory and Practice of the European Convention on Human Rights, S. 348 Fn. 769.

[396] EKMR, Bericht vom 12. Juli 1984, Nr. 9300/81, Can / A, Série A, Bd. 96, Ziff. 43 ff. = EuGRZ 1986, 276 ff. = NJW 1987, 563 ff.

[397] EGMR, Urteil vom Urteil vom 28. November 1991, Nr. 12629/87, 13965/88, S. / CH, Série A, Bd. 220, S. 14 ff., Ziff. 46 ff. = NJW 1992, 3090 = EuGRZ 1992, 298 ff.

[398] Gesetz zur Beschränkung des Brief-, Post- und Fernmeldegeheimnisses (Gesetz zu Artikel 10 Grundgesetz) (G 10) vom 13. August 1968, BGBl. I 1968, 949 ff.; siehe auch unter Fn. 1044.

Überprüfbarkeit der Abhörmaßnahmen durch potentiell Betroffene ging. Unter den Beschwerdeführern befanden sich auch Rechtsanwälte, die befürchteten, als Verteidiger von Abhörmaßnahmen bedroht zu sein.[399] Das Verfahren Schönenberger und Durmaz gegen die Schweiz hatte die Öffnung und Anhaltung eines Briefes des Rechtsanwaltes Schönenberger an den Untersuchungsgefangenen Durmaz im Rahmen der Anbahnung eines Verteidigungsverhältnisses zum Thema.[400] Der EGMR hat seiner Prüfung nur Art. 8 MRK zugrunde gelegt.[401] Im Verfahren des Rechtsanwalts Niemietz gegen die Bundesrepublik war die Durchsuchung seiner Kanzlei Anlaß für die Beschwerde: Handakten in diversen Strafverfahren und das Klientenverzeichnis wurden inhaltlich daraufhin überprüft, ob sie Informationen über die Identität eines „Klaus Wegner" enthielten, gegen den wegen Beleidigung eines Richters ermittelt wurde. Da die gesuchten Informationen nicht gefunden wurden, erfolgte keine Beschlagnahme.[402] In einer Entscheidung vom 15. November 1996, Calogero Diana gegen Italien, haben Kommission und Gerichtshof die Briefzensur, die auch die Verteidigerpost in weiteren gegen die Gefangenen laufenden Verfahren umfaßte, nur an Art. 8 MRK gemessen.[403]

Welche Schlüsse sind aus diesen Entscheidungen zu ziehen? Warum hat der Gerichtshof nicht in Art. 6 MRK die entscheidungserhebliche Norm gesehen?

In dem zuletzt zitierten Fall ist die Frage recht einfach zu beantworten. Der Sachvortrag des Beschwerdeführers war im Hinblick auf eine Verletzung von Verteidigungsrechten nicht substantiiert genug, so ergibt sich z. B. nicht, ob und welche der kontrollierten Briefe aus einem Verteidigungsverhältnis im Sinne der Konvention stammen. Gerichtshof und Kommission haben aus diesem Grund auf Art. 8 MRK als lex generalis zurückgegriffen. Da bereits dieser verletzt war, brauchte man sich um den besonderen Schutz nach Art. 6 Abs. 3 MRK nicht zu kümmern.[404]

---

[399] EGMR, Urteil vom 6. September 1978, Nr. 5029/71, Klass u.a. / D, Série A, Bd. 28, Ziff. 73 ff. i. V. m. 71; zu der Identität der Beschwerdeführer und ihren Befürchtungen als Kontaktpersonen abgehört zu werden, siehe Ziff. 10, 26 des Urteils.

[400] EGMR, Urteil vom 20. Juni 1988, Nr. 11368/85, Schönenberger, Durmaz / CH, Série A, Bd. 137, S. 8 ff., Ziff. 7 ff.; zu Einzelheiten siehe auch § 6 C. II. S. 67.

[401] EGMR, Urteil vom 20. Juni 1988, Nr. 11368/85, Schönenberger, Durmaz / CH, Série A, Bd. 137, S. 12 ff., Ziff. 23 ff.; vgl. Fn. 400.

[402] EGMR, Urteil vom 16. Dezember 1992, Nr. 13710/88, Niemietz / D, Série A, Bd. 251-B, S. 27 ff., Ziff. 6 ff., S. 29, Ziff. 11; vgl. EKMR, Bericht vom 29. Mai 1991, Nr. 13710/88, Niemietz / D, Ziff. 19 ff. (insoweit nicht abgedruckt in Série A, Bd. 251-B).

[403] EGMR, Urteil vom 15. November 1996, Nr. 15211/89, Calogero Diana / I, Reports 1996-V, S. 1774 ff., Ziff. 26 ff.; EKMR, Bericht vom 28. Februar 1995, Nr. 15211/89, Calogero Diana / I, Reports 1996-V, S. 1781 ff., Ziff. 29 ff.

[404] EGMR, Urteil vom 15. November 1996, Nr. 15211/89, Calogero Diana / I, Reports 1996-V, S. 1776, Ziff. 38; EKMR, Bericht vom 28. Februar 1995, Nr. 15211/89, Calogero Diana / I, Re-

In der Sache Klass u.a. gegen die Bundesrepublik ging es um die Überprüfung eines Gesetzes, auf Grund dessen grundsätzlich eine Abhörmaßnahme gegen die Beschwerdeführer denkbar war, nicht um die einer konkreten Überwachungsmaßnahme. Einen konkreten Mandanten, dessen Rechte nach Art. 6 MRK hätten tangiert werden können, gab es also nicht. Beschwert konnten nur die Beschwerdeführer als mögliche Kontaktpersonen sein.[405] Wie eine nur wenig später ergangene Zulässigkeitsentscheidung der Kommission festhält, kann der Verteidiger eine Verletzung von Art. 6 MRK im eigenen Namen nicht geltend machen. Art. 6 MRK ist allein ein Recht des Mandanten.[406] Als Recht der Beschwerdeführer kam nur Art. 8 MRK in Frage.[407]

Im Verfahren gegen die Schweiz wäre Art. 6 MRK wenigstens hinsichtlich des zweiten Beschwerdeführers, Durmaz, ratione personae einschlägig gewesen. Wie aus Ziffer 29 jedoch abzuleiten ist, war Art. 6 MRK nicht einschlägig: Der Gerichtshof unterstellt Korrespondenz während des Anbahnungsverhältnisses nicht Art. 6 direkt. Erst bei der Verhältnismäßigkeitsprüfung gem. Art. 8 Abs. 2 MRK kommt zum Tragen, daß diese Briefe im Vorfeld einer Strafverteidigung geschrieben wurden.[408] Es ist also nicht so, daß Art. 8 Abs. 2 MRK zur Rechtfertigung eines Eingriffes in Art. 6 Abs. 3 MRK herangezogen wird, sondern umgekehrt begrenzt Art. 6 MRK, selbst wenn er zeitlich noch nicht anwendbar ist, einen Eingriff in die Rechte nach Art. 8 Abs. 1 MRK.

Deutlich wird das Verhältnis zwischen Art. 6 und Art. 8 MRK auch im Urteil Niemietz / D. Hier heißt es zur Verhältnismäßigkeit der Durchsuchung:

> „... having regard to the materials that were in fact inspected, the search impinged on professional secrecy to

ports 1996-V, S. 1785, Ziff. 40. Im ähnlich gelagerten Fall Domenichini / I stand auch Art. 8 MRK im Vordergrund. Der EGMR hat aber zusätzlich noch eine Verletzung von Art. 6 Abs. 3 lit. b) MRK bejaht, da der Betroffene eine Beschwer dargetan hatte (EGMR, Urteil vom 15. November 1996, Nr. 15943/90, Domenichini / I, Reports 1996-V, S. 1798 ff., Ziff. 26 ff.) Die Kommission hat dagegen wie in der Sache Calogero Diana / I nur auf Art. 8 MRK abgestellt (EKMR, Bericht vom 28. Februar 1995, Nr. 15943/90, Domenichini / I, Reports 1996-V, S. 1805 ff., Ziff. 29 ff.). Zu den beiden Fällen siehe auch unter § 6 H. I. S. 113 f.

[405] Zur Beschwer bei einer nur drohenden Überwachung siehe EGMR, Urteil vom 6. September 1978, Nr. 5029/71, Klass u.a. / D, Série A, Bd. 28, Ziff. 34 ff., insb. Ziff. 41.

[406] EKMR, Zulässigkeitsentscheidung vom 12. Oktober 1978, Nr. 7909/74, X., Y / A, DR 15 (1979), 160, 161 f. (S. 165 der französischen Übersetzung).

[407] Bemerkenswert in diesem Zusammenhang ist daneben noch folgendes: Zu den Beschwerdeführern gehörten nicht nur Anwälte, bei denen man an eine „Prozeßstandschaft“ für potentielle Klienten wenigstens hätte denken können, sondern auch ein Richter sowie der Oberstaatsanwalt Klass, der dem Urteil den Namen gab (EGMR, Urteil vom 6. September 1978, Nr. 5029/71, Klass u. a. / D, Série A, Bd. 28, S. 7, Ziff. 10).

[408] Näheres siehe § 6 C. II. S. 67 f.

> an extent that appears **disproportionate** in the circumstances; it has, in this connection, to be recalled that, where a lawyer is involved, an encroachment on professional secrecy may have repercussions on the proper administration of justice and hence **on the rights guaranteed by Article 6 of the Convention**."[409]

Der Gerichtshof degradiert hier Art. 8 MRK nicht zur „dienenden Freiheit".[410] Aber er betrachtet die Rechte des Mandanten gem. Art. 6 MRK, auf die sich sein Rechtsanwalt, wenn das Verfahren nicht auch gegen ihn geführt wird, selbst nicht berufen kann, als Schranken-Schranke für Eingriffe in die Schutzsphäre des Anwalts.[411]

4. Ergebnis

Die Untersuchung der weiteren Urteile des EGMR hat die Erkenntnis also nicht etwa widerlegt, sondern erhärtet: Von einer Schrankenübertragung des Art. 8 Abs. 2 MRK auf Art. 6 Abs. 3 MRK kann nicht die Rede sein.

Es wäre auch nicht verständlich, warum der Schutz der Kommunikation zwischen Beschuldigtem und Verteidiger aus Art. 6 Abs. 3 MRK herausgelesen werden soll, wenn er im Ergebnis nicht wirklich besser geschützt wäre als jeder andere Briefverkehr. Einschränkungen des Verkehrsrechts können nicht mit Art. 8 Abs. 2 MRK begründet werden. Das gleiche gilt für die sonstigen Verteidigungsunterlagen, seien es Eigenverteidigungsunterlagen oder andere. Rechtsgrundlage für ihren Schutz ist primär Art. 6 Abs. 3 MRK. Restriktionen dürfen auch hier nicht aus Art. 8 Abs. 2 MRK „importiert" werden.[412] Auf Art. 8 MRK kommt es an, wenn entweder der Schutzbereich von Art. 6 Abs. 3 MRK nicht eröffnet ist oder der Beschwerdevortrag keine entsprechende Beeinträchtigung erkennen läßt. Für Art. 8 Abs. 1 MRK gelten dann selbstverständlich auch die Schranken des Abs. 2, wobei die besondere Schutzbedürftigkeit der Anbahnung eines Mandatsverhältnisses zu berücksichtigen ist.

---

[409] EGMR, Urteil vom 16. Dezember 1992, Nr. 13710/88, Niemietz / D, Série A, Bd. 251-B, S. 36, Ziff. 37 (Hervorhebungen durch die *Verfasserin*); vgl. EKMR, Bericht vom 29. Mai 1991, Nr. 13710/88, Niemietz / D, Série A, Bd. 251-B, S. 44, Ziff. 78.

[410] Zum Konzept dienender Grundrechte vgl. Sachs/*Bethge*, GG, Art. 5 Rn. 92 ff.

[411] Der Gerichtshof hält die Tatbestandsvarianten Privatleben, Wohnung und Korrespondenz alle für betroffen (EGMR, Urteil vom 16. Dezember 1992, Nr. 13710/88, Niemietz / D, Série A, Bd. 251-B, S. 33 ff., Ziff. 28 ff.).

[412] Vgl. auch den Meinungsstand im deutschen Verfassungsrecht: Existiert bei einem Grundrecht keine geschriebene Schranke, so dürfen die anderer Grundrechte nach der st. Rspr. des BVerfG nicht übertragen werden (vgl. BVerfGE 30, 173, 192 f.; BVerfGE 32, 98, 107; jetzt auch von Mangoldt/Klein/Starck/*Starck*, GG, 4. Auflage, Art. 5 Rn. 374, a. A. Vorauflage).

III. Anforderungen an die Eingriffsrechtfertigung

Welche Anforderungen sind an eine Schranke zu stellen? Wie dargelegt, ist eine Schrankenübertragung auch daran gescheitert, daß ein „schrankenlos" gewährtes Menschenrecht nicht leichter eingeschränkt werden können darf als solche Rechte, die mit einem eigenen Schrankenvorbehalt versehen sind. Im vom Gerichtshof gebilligten Bericht in der Sache Can hat die Kommission festgehalten, daß Einschränkungen eine Ausnahme von der generellen Regel des unüberwachten Kontakts mit dem Verteidiger sein müßten, die ihre Rechtfertigung in den besonderen Umständen des Einzelfalls zu finden hätten.[413]

Das heißt aber auch, daß die den geschriebenen Schranken gemeinsamen Grundprinzipien als Mindeststandards eingehalten werden müssen. Einschränkungen müssen auf einer Rechtsgrundlage basieren, einem legitimen Zweck dienen und verhältnismäßig sein.[414]

1. „in accordance with the law, prescribed by the law" / „prévue(s) par la loi"[415]

Will man den Gesetzes- bzw. Rechtsbegriff der Konvention bestimmen, so muß man berücksichtigen, daß der Geltungsbereich der Konvention nicht nur verschiedene Rechtssysteme, sondern sogar unterschiedliche Rechtskreise umfaßt. Die autonome Auslegung der Konvention, die grundsätzlich eine einheitliche Geltung der Garantien in allen Mitgliedsstaaten gewährleisten soll, stößt hier auf Probleme. Zum einen kann die Frage nach der Rechtsgrundlage einer Einschränkung nicht völlig losgelöst von der jeweiligen nationalen Rechtsordnung beantwortet werden, zum anderen darf es nicht sein, daß ein Mitglied seine prinzipielle Definitionsmacht mißbraucht.

---

[413] EKMR, Bericht vom 12. Juli 1984, Nr. 9300/81, Can / A, Série A, Bd. 96, Ziff. 57 = EuGRZ 1986, 276, 278 = NJW 1987, 563, 564 („Any restrictions in this respect must however remain an exception to the general rule, and therefore need to be justified by the special circumstances of the case.") Richter *Matscher* spricht in seinem Sondervotum von „exceptional situations where surveillance of the defendant's communications with his counsel may be necessary ...". Weitergehend noch Richter *de Meyer* in seinem Sondervotum: „security checks may be admissible, but only to the extent that they do not prejudice the freedom and inviolability of the communications in question."

[414] Vgl. Frowein/Peukert/*Frowein*, EMRK, Vorb. zu Art. 8 – 11, Rn. 1 ff.; das nur insoweit zustimmungswürdige Sondervotum des Richters *Martens* (unterstützt von Richter *Küris*) im Verfahren Saunders / UK (EGMR, Urteil vom 17. Dezember 1996, Nr. 19187/91, Saunders / UK, Reports 1996-VI, S. 2081, Ziff. 2 m. w. N.).

[415] Art. 8 Abs. 2 MRK formuliert die Notwendigkeit einer Rechtsgrundlage als „in accordance with the law" und benutzt im Französischen den Singular. Die Absätze 2 von Art. 9 – 11 MRK verwenden „prescribed by law" und im Französischen den Plural. Die verschiedenen Fassungen sind inhaltlich äquivalent.

a) Gesetzesqualität nach nationaler Definition

Zunächst muß die Eingriffsnorm den nationalen Anforderungen an eine Rechtsnorm genügen.[416] Dies ist aber nicht ausreichend: Die nationale Rechtsordnung ist am Prinzip der „Rule of Law", die in der Präambel der Konvention als gemeinsames Erbe der Mitgliedsstaaten bezeichnet wird, zu messen.[417] Obgleich auf Konventionsebene eine mit der deutschen vergleichbare, detaillierte Auseinandersetzung mit dieser Problematik des Gesetzes- bzw. Parlamentsvorbehalts fehlt,[418] lassen sich jedoch trotzdem gewisse Prinzipien erkennen. In der Sache Leander / Schweden haben Gerichtshof und Kommission eine Regierungsverordnung als ausreichend angesehen, da die schwedische Verfassung für diesen Bereich eine Verordnungsermächtigung vorsah.[419] Im Fall Barthold / Deutschland hat der EGMR autonomes Satzungsrecht, das unter staatlichem Genehmigungsvorbehalt stand, gebilligt.[420] In beiden Entscheidungen, die sich nicht auf Art. 6 MRK bezogen, haben die Straßburger Rechtsprechungsorgane eine Einschränkung durch Gesetze im nur materiellen Sinn, die ihrerseits auf Ermächtigungsgrundlagen im einfachen formellen bzw. im Verfassungsrecht gestützt waren, anerkannt. *Frowein* leitet insbesondere aus der Stellungnahme der Kommission im Leander-Fall und aus dem Wortlaut der Absätze 2 der Art. 8 bis 11 MRK, „necessary in a democratic society", das Erfordernis einer verfassungsrechtlichen oder parlamentarischen Ermächtigung ab.[421] Im kontinentaleuropäischen Rechtskreis wird man eine solche ununterbrochene demokratische Legitimationskette jedenfalls für neue Einschränkungen fordern können. Anders liegt die Sache im Bereich von Gewohnheitsrecht, das sich vor Inkrafttreten der Konvention bereits

---

[416] EGMR, Urteil vom 25. März 1983, Nr. 5947/72 u. a., Silver u. a. / UK, Série A, Bd. 61, S. 33 Ziff. 86 = EuGRZ 1984, 147, 150. Verwaltungsvorschriften, die im nationalen Recht nicht als Gesetz im materiellen Sinn angesehen werden, genügen demnach nicht, Frowein/Peukert/*Frowein*, EMRK, Vorb. zu Art. 8 – 11 MRK Rn. 4.

[417] EGMR, Urteil vom 2. August 1984, Nr. 8691/79, Malone / UK, Série A, Bd. 82, S. 32, Ziff. 67 = EuGRZ 1985, 17, 20. Die nationale Rechtsprechung hatte es für ausreichend erachtet, daß die nationale Rechtsordnung **kein Verbot** des Eingriffs enthielt (Série A, Bd. 82, S. 18 f. Ziff. 35). Der Gerichtshof ist dem entschieden entgegengetreten.

[418] Frowein/Peukert/*Frowein*, EMRK, Vorb. zu Art. 8 – 11 MRK Rn. 10.

[419] EGMR, Urteil vom 26. März 1987, Nr. 9248/81, Leander / Schweden, Série A, Bd. 116, S. 24, Ziff. 52 i. V. m. S. 12, Ziff. 19; vgl. EKMR, Bericht vom 17. Mai 1985, Nr. 9248/81, Leander / Schweden, Série A, Bd. 116, S. 40 ff., Ziff. 60 ff.

[420] EGMR, Urteil vom 25. März 1985, Nr. 8734/79, Barthold / D, Série A, Bd. 90, S. 21, Ziff. 46 = EuGRZ 1985, 170, 173.

[421] Frowein/Peukert/*Frowein*, EMRK, Vorb. zu Art. 8 – 11 MRK Rn. 10. Die verschiedenen französischen Formulierungen („une mesure, qui, dans une société démocratique, est nécessaire" in Art. 8 Abs. 2, „des mesures nécessaires, dans une société démocratique" in Art. 9 - 11 Abs. 2 MRK) sind gleichbedeutend mit der englischen.

gebildet hatte.[422] Für die Common-Law-Staaten hat der Gerichtshof festgelegt, daß case law Eingriffsrechtfertigungen enthalten könne und dürfe, da die MRK nicht das dortige Rechtssystem habe umstürzen wollen.[423] Die gleiche Überlegung kann für „altes" Gewohnheitsrecht in den kontinentaleuropäischen Rechtsordnungen und insbesondere im deutschen Recht angestellt werden. Solche Rechtssätze genügen daher dem „Gesetzesvorbehalt".[424] Dies entbindet sie jedoch nicht von den sonstigen formellen und den materiellen Anforderungen an eine Eingriffsnorm.

b) Bestimmtheit der Rechtsnorm

Neben der accessibility, dem Umstand also, daß der Rechtsunterworfene sich über die Rechtslage informieren kann,[425] verlangt der Gerichtshof, daß die Einschränkungsnorm genügend bestimmt sein muß. Zwar dürfen unbestimmte Rechtsbegriffe verwendet werden, da dies z. T. gar nicht vermieden werden könne,[426] entscheidend sei aber, daß der Bürger evtl. nach einer juristischen Beratung erkennen kann, unter welchen Voraussetzungen ein Eingriff möglich ist (foreseeability).[427] So hat der EGMR 1990 ein französisches Gesetz als menschenrechtswidrig gebrandmarkt, da es dem Untersuchungsrichter eine umfassende Ermächtigung zur Anordnung von Abhörmaßnahmen erteilte, ohne festzulegen, wer wegen welcher Delikte wie lange abgehört werden durfte und ob und wann eine Löschung der Daten erfolgen sollte. Eine solches Gesetz besitze nicht die geforderte „quality of law" / „qualité de la loi".[428]

c) Ergebnis

Die Rechtsprechung der Konventionsorgane ist im Hinblick auf den Gesetzesvorbehalt nicht im gleichen Maße ausdifferenziert wie die deutsche. Dies liegt

---

[422] Der Begriff des „vor-konventionellen Gewohnheitsrechts" ist anders als der des „vor-konstitutionellen" ungebräuchlich und sogar irreführend. Er sollte daher vermieden werden.

[423] EGMR, Urteil vom 26. April 1979, Nr. 6538/74, Sunday Times / UK, Série A, Bd. 30, S. 30, Ziff. 47 = EuGRZ 1979, 386, 387.

[424] Vgl. zum deutschen Verfassungsrecht u.a. BVerfGE, 34, 293, 303 m. zahlr. N.

[425] Einzelheiten hierzu u. a. bei Frowein/Peukert/*Frowein*, EMRK, Vorb. zu Art. 8 - 11 Rn. 3.

[426] EGMR, Urteil vom 25. März 1985, Nr. 8734/79, Barthold / D, Série A, Bd. 90, S. 22, Ziff. 47 m. w. N. = EuGRZ 1985, 170, 173 (zu § 1 UWG).

[427] St. Rspr. vgl. EGMR, Urteil vom 25. März 1998, Nr. 23224/94, Kopp / CH, Reports 1998-II, S. 541, Ziff. 63 f.; EGMR, Urteil vom 26. April 1979, Nr. 6538/74, Sunday Times / UK, Série A, Bd. 30, S. 30, Ziff. 46 ff. = EuGRZ 1979, 386, 387; Frowein/Peukert/*Frowein*, EMRK, Vorb. zu Art. 8 - 11 MRK, Rn. 3.

[428] EGMR, Urteil vom 24. April 1990, Nr. 11801/85, Kruslin / F, Série A, Bd. 176-A, S. 22 ff., Ziff. 30 ff. = ÖJZ 1990, 564 ff.; EGMR, Urteil vom 24. April 1990, Nr. 11105/84, Huvig / F, Série A, Bd. 176-B, S. 54 ff., Ziff. 29 ff. (z. T. in ÖJZ 1990, 567).

auch daran, daß man es in Straßburg nicht mit einer einzigen Rechtsordnung zu tun hat, sondern mittlerweile mit 41 mehr oder minder verschiedenen. Zudem will man sich nicht zur Superrevisionsinstanz[429] aufschwingen, die die Vereinbarkeit einer Maßnahme und deren Rechtsgrundlage am sonstigen nationalen Recht in allen Einzelheiten prüft. Gleichzeitig soll aber trotzdem wirksamer Menschenrechtsschutz gewährleistet werden: Eine Gratwanderung, die man aber bisher gemeistert hat.

2. Eingriffszweck

Daß Art. 6 MRK keine geschriebene Schranke enthält, erschwert die Bestimmung der Eingriffsziele. Sie müssen aus dem Zweck der Regelung und aus der Gesamtkonzeption der Konvention abgeleitet werden. Systematisch soll hier zwischen Eingriffen unterschieden werden, die dem Schutz vor Gefahren dienen, die von einem Mißbrauch der Verteidigungsrechte ausgehen können, und zwischen solchen, die die Ermittlung der verfolgten Straftat fördern sollen.

a) Schutz vor Mißbrauch

In den Stellungnahmen der vor den Konventionsorganen beklagten Regierungen und in den angegriffenen nationalen Entscheidungen ist die Furcht vor dem Mißbrauch von Verteidigungsprivilegien eines der beherrschenden Themen: Nicht nur gegenüber dem Beschuldigten selbst, auch und insbesondere gegenüber den Verteidigern herrscht Mißtrauen. Dieses gründet sich einerseits auf Zweifel an ihrer professionellen Fähigkeit, den Versuch einer Instrumentalisierung durch den Mandanten zu erkennen und sich seiner zu erwehren,[430] andererseits bestehen – zumeist unausgesprochene – Bedenken hinsichtlich der Lauterkeit der Verteidiger.

---

[429] EGMR, Urteil vom 24. April 1990, Nr. 11801/85, Kruslin / F, Série A, Bd. 176-A, S. 21, Ziff. 29 = ÖJZ 1990, 564, 565; EGMR, Urteil vom 24. April 1990, Nr. 11105/84, Huvig / F, Série A, Bd. 176-B, S. 53, Ziff. 28; EGMR, Urteil vom 26. September 1995, Nr. 17851/91, Vogt / D, Série A, Bd. 323, S. 24, Ziff. 48 = EuGRZ 1995, 590, 596; EKMR, Zulässigkeitsentscheidung vom 21. Mai 1997, Nr. 25605/94, Ali / UK, The Law; EKMR, Zulässigkeitsentscheidung vom 10. September 1997, Nr. 29261/95, Kornienko / Polen, The Law jeweils m. w. N. der st. Rspr.; vgl. Frowein/Peukert/*Frowein*, EMRK, Vorb. Zu Art. 8 – 11, Rn. 9).

[430] Als besonders schönes Beispiel der Besorgnis der nationalen Gerichte auch um die wohlverstandenen Interessen der Anwaltschaft sei hier das schweizerische Bundesgericht zitiert. Unter Hinweis auf die eigene Rechtsprechung heißt es hier: „Das Bundesgericht erklärte weiter, es sei nicht auszuschliessen, dass Dritte - Anwälte nicht ausgenommen - mit oder ohne Wissen zu Komplizen der Gefangenen würden ... Bei Angeschuldigten von der dargelegten Gefährlichkeit und mit Verbindung zu terroristischen Gruppen seien daher auch besondere, einschränkende Massnahmen bezüglich des Verkehrs mit der Verteidigung zulässig, und zwar selbst dann, **wenn die Person des Verteidigers an sich in keiner Weise verdächtig sei.** .... Bemerkt sei einzig noch, dass der Anwalt, der sich pflichtgemäss für seinen Klienten einsetzt, in eine ernste Konfliktsituation geraten kann, wenn ihn jener um Weiterleitung eines Schriftstücks an einen

Mögen die Befürchtungen auch vielfach übertrieben sein,[431] wegwischen lassen sich die grundsätzlichen Bedenken nicht so ohne weiteres. Man hat zwischen der Frage, ob das Risiko kollusiven Zusammenwirkens oder sonstigen Mißbrauchs Eingriffe zu rechtfertigen vermag, und der, ob im konkreten Fall eine solche Gefahr besteht, zu differenzieren.

Die Rechtsprechungsorgane haben die Verhinderung von unzulässigem Handeln der Verteidigung sowie den Schutz vor der Begehung neuer Straftaten als legitimes Interesse und damit als Eingriffsziel nie beanstandet.[432] Der Gerichtshof hat sich allerdings vorbehalten, selbst zu entscheiden, ob das tatsächliche oder nur befürchtete Verhalten, das von den nationalen Behörden zum Anlaß für Einschränkungen genommen wurde, tatsächlich einen Mißbrauch darstellt. So hatten im Fall S. gegen die Schweiz die nationalen Gerichte es als Kollusion und damit als Mißbrauch angesehen, wenn sich die Verteidiger mehrerer Beschuldigter auf eine gemeinsame Strategie einigen. Um dies zu verhindern, hatte man u. a. Zusammenkünfte und Korrespondenz des Beschwerdeführers mit seinem Verteidiger überwacht.[433] Der Gerichtshof hat dagegen die Koordination zwischen den Verteidigern von Mitbeschuldigten als normales und völlig legitimes Vorgehen angesehen. Er hat demgemäß die Individualbeschwerde für begründet gehalten.[434]

Gesinnungsfreund bittet oder wenn ihm ein solches von Dritten zur Weiterleitung an den Untersuchungsgefangenen übergeben wird. Die Beschränkung des unbeaufsichtigten Kontaktes auf den mündlichen Verkehr kann in diesem Sinne durchaus auch **im Interesse des Anwalts** liegen." (Schweizer Bundesgericht, Urteil vom 12. November 1980, P 499/80, EuGRZ 1981, 284, 285. Hervorhebungen durch die *Verfasserin*; Orthographie und Zeichensetzung wurden nicht verändert).

[431] Vgl. EKMR, Bericht vom 12. Juli 1984, Nr. 9300/81, Can/A, Série A, Bd. 96, Ziff. 59 = EuGRZ 1986, 276, 279 = NJW 1987, 563, 564; EGMR, Urteil vom Urteil vom 28. November 1991, Nr. 12629/87, 13965/88, S. / CH, Série A, Bd. 220, S. 8 ff., Ziff. 17, 23 f., 29, 31, S. 16, Ziff. 49 (in NJW 1992, 3090 und EuGRZ 1992, 298, 299 ist nur die Stellungnahme der Gerichtshofes unter Ziff. 49 abgedruckt).

[432] St. Rspr., vgl. EGMR, Urteil vom 28. November 1991, Nr. 12629/87, 13965/88, S. / CH, Série A, Bd. 220, S. 16, Ziff. 49 f. = EuGRZ 1992, 298, 299; EKMR, Bericht vom 12. Juli 1984, Nr. 9300/81, Can / A, Série A, Bd. 96, Ziff. 58 ff. = EuGRZ 1986, 276, 278 f. = NJW 1987, 563, 564 (Ziff. 58 nicht abgedruckt in NJW) unter Hinweis auf EKMR, Zulässigkeitsentscheidung vom 12. Juli 1978, Nr. 7854/77, Bonzi / CH, DR 12 (1978), 185, 186 ff. (S. 189 ff. der englischen Übersetzung); EKMR, Zulässigkeitsentscheidung vom 12. Juli 1979, Nr. 8339/78, Schertenleib / CH, DR 17 (1980), 180 ff. Siehe auch EGMR, Urteil vom 8. Februar 1996, Nr. 18731/91, Murray / UK, Reports 1996-I, S. 55 f., Ziff. 64 ff. = EuGRZ 1996, 587, 592 (dazu siehe allerdings Fn. 466).

[433] EGMR, Urteil vom 28. November 1991, Nr. 12629/87, 13965/88, S. / CH, Série A, Bd. 220, S. 8 ff., Ziff. 14 ff. (nicht abgedruckt in EuGRZ 1992, 298 f., vgl. aber Rechtsprechungsübersicht bei *Strasser*, EuGRZ 1992, 324 ff.).

[434] EGMR, Urteil vom 28. November 1991, Nr. 12629/87, 13965/88, S. / CH, Série A, Bd. 220, S. 16, Ziff. 49 ff. = EuGRZ 1992, 298, 299; besonders deutlich hier das zustimmende Sonder-

Festzuhalten ist also: Der Schutz vor mißbräuchlicher Inanspruchnahme von Verteidigungsprivilegien, z. B. zur Vorbereitung einer Flucht des Beschuldigten, zur Einschüchterung oder Bestechung von Zeugen oder zur Begehung von Straftaten, ist ein legitimes Eingriffsziel. Ob in concreto aber ein Mißbrauch zu besorgen ist, der die Maßnahme zu rechtfertigen vermag, ist als Frage des Einzelfalls anhand der besonderen Umstände zu entscheiden.[435] Wie bereits ausgeführt, müssen Eingriffstatbestände dem Bestimmtheitsgebot genügen.[436] Eine Vorschrift, die einen Eingriff immer dann zuläßt, wenn ein – nicht näher definierter – Mißbrauch von Verteidigungsprivilegien zu befürchten sei, wäre nicht ausreichend.[437]

Aus der Wortwahl des Gerichts ergibt sich aber noch ein weiterer Aspekt. Geht es um mögliche Risiken formeller Verteidigung, ist nicht die Rede von rechtswidrigen Verteidigerverhalten o. ä., sondern von **Kollusion** oder **Kollaboration**.[438] Diese setzen schon begrifflich ein Zusammenwirken von Verteidiger und Beschuldigtem voraus. Ob man daraus man folgern darf, daß gegen Gefahren, die allein aus der Sphäre des Verteidigers stammen, überhaupt nicht vorgegangen werden kann, erscheint zweifelhaft. Naheliegend ist dagegen der Schluß, daß Maßnahmen in diesem Fall sich primär gegen den Verteidiger richten müssen und den Beschuldigten so wenig wie möglich beeinträchtigen dürfen.

b) Einschränkungsmöglichkeiten unter dem Gesichtspunkt der Verwirkung von Verteidigungsrechten?

Der Begriff der Verwirkung wird leider nicht einheitlich gehandhabt. Sowohl die Nichtwahrnehmung von Rechten aus eigenem Verschulden als auch die Ent-

---

votum von Richter *de Meyer*, EGMR, Urteil vom 28. November 1991, Nr. 12629/87, 13965/88, S. / CH, Série A, Bd. 220, S. 20 = EuGRZ 1992, 298, 299 f. Das OLG Frankfurt (StV 1981, 28, 30) sah dies für das deutsche Recht in einem ähnlichen Fall genauso.

[435] Vgl. auch die zu Art. 8 MRK ergangene Entscheidung des EGMR, Urteil vom 20. Juni 1988, Nr. 11368/85, Schönenberger, Durmaz / CH, Série A, Bd. 137, S. 13 f., Ziff. 25 ff. Die Schweizer Justiz hatte die Belehrung über das Schweigerecht des Beschuldigten in einem Anbahnungsschreiben für unzulässig gehalten und den Brief daraufhin nicht weitergeleitet. Der Gerichtshof hat eine Eingriffsrechtfertigung nach Art. 8 Abs. 2 MRK hierin nicht erblicken können und der Beschwerde in diesem Punkt stattgegeben.

[436] § 6 D. III. 1. b) S. 79 f.

[437] Trotz ähnlicher Diktion hat die hier vertretene Ansicht nichts mit einem allgemeinen, ungeschriebenen Mißbrauchsvorbehalt zu tun, wie er etwa von *Bringewat*, NJW 1974, 1740, 1742 f., befürwortet wurde (dagegen mit Recht *Haffke*, NJW 1975, 808 ff.). Es ging hier nur darum, die möglichen Eingriffszwecke zu kategorisieren.

[438] EGMR, Urteil vom 28. November 1991, Nr. 12629/87, 13965/88, S. / CH, Série A, Bd. 220, S. 16, Ziff. 49 f. = EuGRZ 1992, 298, 299; EKMR, Bericht vom 12. Juli 1984, Nr. 9300/81, Can / A, Série A, Bd. 96, Ziff. 59 = EuGRZ 1986, 276, 278 f. = NJW 1987, 563, 564 unter Hinweis auf EKMR, Zulässigkeitsentscheidung vom 12. Juli 1978, Nr. 7854/77, Bonzi / CH, DR 12 (1978), 185, 186 (S. 189 der englischen Übersetzung).

ziehung von Rechten nach Mißbrauch werden darunter subsumiert. Auch bei Art. 17 MRK wird gelegentlich von Verwirkung gesprochen.[439] Im Hinblick auf die Beschlagnahme von Verteidigungsmaterial ist aber vor allem die zweite Variante von Bedeutung.[440]

Mit dem Gesichtspunkt des **Schutzes vor Mißbrauch** lassen sich Eingriffe legitimieren, die auf Verhinderung, also auf Abwehr einer konkreten Gefahr zielen. Die Tatsache, daß schon einmal Verteidigungsrechte mißbraucht worden sind, kann dabei im Einzelfall in die Gefahrprognose eingehen. Der Eingriff dient präventiven Zwecken.

Will man die **„Rechtsverwirkung"** als selbständigen Eingriffszweck etablieren, müßte dieses Institut inhaltlich über die bloße Gefahrverhinderung hinausgehen. Verwirkung könnte nur bedeuten, daß ein vergangenes Fehlverhalten zum Anlaß für die Versagung von Rechten genommen wird: Mit anderen Worten, wenn im Rahmen der Verteidigung ein einziges Mal rechtswidrig gehandelt wird, könnten z. B. das gesamte bisher entstandene Material beschlagnahmt und sämtliche künftigen Aktivitäten überwacht werden.

Anders als bei der Einbeziehung vorausgegangenen Verhaltens in die Gefahrprognose geht es hier um eine Art von „Bestrafung", also um Repression und nicht um Prävention.

Ein derartiger nationaler Eingriffstatbestand ließe sich – so möchte man meinen - auf Art. 17 MRK stützen. Dieser will verhindern, daß ein „Freiheitsfeind"[441] unter dem Deckmantel einer (formal richtigen) Berufung auf die Konvention versucht, die in ihr garantierte materielle Ordnung zu zerstören. Selbst wenn man davon absieht, daß der Mißbrauch von Verteidigungsprivilegien sich nur sehr selten in diesen Sphären bewegt, läßt sich eine Verwirkung von Verteidigungsrechten mit Wirkung für die Zukunft, im Sinne der hier untersuchten Begriffsbedeutung, nicht auf Art. 17 MRK stützen.

Schon sehr früh, in der Entscheidung im Lawless-Fall vom 1. Juli 1961,[442] hat der Gerichtshof klargestellt, daß Art. 17 MRK trotz seiner mißverständlichen

---

[439] *Nowak*, CCPR, Art. 5 Rn. 8 f. spricht bei dem mit Art. 17 MRK inhaltsgleichen Art. 5 Abs. 1 IPBPR von forfeiture (Verwirkung).

[440] Zur „Verwirkung" durch Nichtgebrauch siehe *Spaniol*, Das Recht auf Verteidigerbeistand, S. 168 ff., 279 ff.

[441] Frowein/Peukert/*Frowein*, EMRK, Art. 17 Rn. 1.

[442] EGMR, Urteil vom 1. Juli 1961, Nr. 332/57, Lawless / Irland, Série A, Bd. 3, S. 45 f., The Law, Ziff. 6 f.; vgl. EKMR, Bericht vom 19. Dezember 1959, Nr. 332/57, Lawless / Irland, Série B, S. 180; EKMR, Stellungnahme vom 16. Dezember 1960, Nr. 332/57, Lawless / Irland, S. 329 ff.

Formulierung kein Freibrief ist, eine Person für „vogelfrei“[443] zu erklären.[444] Er bestimmt nur, daß sich derjenige, der die Konvention bekämpft, sich auf sie nicht zur Rechtfertigung seiner Aktionen berufen darf. So hat die Kommission das Verbot der KPD durch das BVerfG vom 17. August 1956[445] gebilligt. Diese dürfe sich nicht auf Art. 9, 10 und 11 MRK berufen, wenn sie die Zerstörung der Konventionsfreiheiten mittels Errichtung einer Diktatur des Proletariats anstrebe.[446] Wie das Bonner Grundgesetz konstituiert auch die MRK eine „streitbare“ materielle Wertegemeinschaft.[447] Aber auch hier geht es nur um Gefahrenabwehr, nicht um den Entzug von Rechten als Sanktion.[448]

Für die Verteidigungsrechte gilt zusätzlich folgendes: Als Konventionsrechte, die nicht nur einen bestimmten Freiheitsraum schaffen, sondern Verfahrensgarantien enthalten und damit auch den Staat in die Pflicht nehmen, das Gerichtsverfahren entsprechend zu gestalten, können Art. 5 und 6 MRK überhaupt nicht „verwirkt“ werden.[449] Auch der „Freiheitsfeind“ hat ein Recht auf ein faires Verfahren und eine angemessene Verteidigung.

Falsch wäre es allerdings zu behaupten, Art. 17 MRK könnte in keinem Fall auf Art. 6 MRK angewandt werden: Auch Verteidigungsrechte können prinzipiell zum Kampf gegen die Wertordnung der Menschenrechtskonvention mißbraucht werden.[450] Ein solches Verhalten kann unterbunden und gegebenenfalls auch unter Strafe gestellt werden. Hierbei muß der Gesetzgeber allerdings mit größter Sorgfalt vorgehen: Gerade in Verfahren gegen politische Straftäter ist die Grenze zwischen Verteidigung und verfassungsfeindlicher Betätigung schwer festzulegen. Ein Fall von „Verwirkung“ im Sinne einer Versagung von Rechten für die Zukunft als Reaktion auf vergangenes Verhalten ist dies nicht.[451]

---

[443] Frowein/Peukert/*Frowein*, EMRK, Art. 17 Rn. 2.

[444] Klarer etwa die deutschen Schwestervorschriften Art. 18, 21 Abs. 2 GG.

[445] BVerfGE 5, 85 ff.; vgl. BVerfGE 2, 1, 10 ff. (Verbot der Sozialistischen Reichspartei).

[446] EKMR, Zulässigkeitsentscheidung vom 20. Juli 1957, Nr. 250/57, KPD / D, 1 YB (1955 - 1957), 222, 224 f.

[447] Der Begriff des „Militant Human Rights Concept“ ist von dem der „Militant Democracy“ (streitbare Demokratie) abgeleitet, vgl. *Nowak*, CCPR, Art. 5 Rn. 7; zum Begriff der „streitbaren Demokratie“ siehe auch BVerfGE 25, 88, 100.

[448] Vgl. die Rspr. zu Art. 18 GG in BVerfGE 11, 282 f.; 38, 23, 24. Nötig ist, daß vom Betreffenden eine Gefahr ausgeht. Anders und deshalb nicht unproblematisch die §§ 45 ff. StGB (nicht eindeutig für § 45 Abs. 2 StGB, siehe Schönke/Schröder/*Stree*, StGB, § 45 Rn. 4).

[449] EGMR, Urteil vom 1. Juli 1961, Nr. 332/57, Lawless / Irland, Série A, Bd. 3, S. 45 f., The Law, Ziff. 6 f.; vgl. Sondervotum des Kommissionsmitgliedes *Fawcett*, EKMR, Bericht vom 25. Januar 1976, Nr. 5310/71, Irland / UK, Série B, Bd. 23-I (1980), S. 502, 503.

[450] Zu Unrecht zweifelnd *Nowak*, CCPR, Art. 5 Rn. 8.

[451] Zur Verwertbarkeit beschlagnahmter Gegenstände als Beweismittel bei mißbräuchlichem Verteidigungshandeln siehe unter § 6 F. II. S. 106 ff.

c) Ermittlungsinteressen zur Eingriffsrechtfertigung

aa) Grundsatz

Die Schweizer Gerichtsbarkeit ist bemerkenswert offen, wenn es darum geht, die Gründe für die Behinderung der Verteidigung - und dabei vor allem der formellen - darzulegen. In der bereits zitierten Entscheidung des Schweizer Bundesgerichts wird es für die Unterbindung frühzeitiger Verteidigerkonsultation als legitimes Interesse angesehen, den Geständnisdruck auf den Beschuldigten zu verstärken.[452]

In den vom EGMR im Fall S. gegen die Schweiz zitierten nationalen Entscheidungen taucht das gleiche Motiv auf: Das Ende der Überwachung der Verteidigerkommunikation wurde ausdrücklich davon abhängig gemacht, daß der Beschuldigte auf sein Schweigerecht verzichtet und zur Sache aussagt.[453] In der Sache Schönenberger und Durmaz haben die Schweizer Behörden einen Brief des von der Ehefrau des Beschuldigten Durmaz beauftragten Anwalts nicht weitergeleitet, da er eine Belehrung über das Schweigerecht des Beschuldigten enthielt. Die Behörden begründeten dies damit, daß die Weiterleitung den Erfolg des Strafverfahrens gefährden könnte.[454]

Der EGMR hat diese Argumentation in den beiden Fällen, in denen er damit befaßt war, zurückgewiesen.[455]

Nicht im Zusammenhang mit den Verteidigungsrechten nach Art. 6 Abs. 3 MRK, sondern mit dem nemo-tenetur-Grundsatz stand eine andere Entscheidung des Gerichtshof zu dem Thema, ob auch Ermittlungsinteressen Einschränkungen des Beschuldigtenschutzes legitimieren können. In der Sache Saunders gegen das Vereinigte Königreich hatte der spätere Beschuldigte gegenüber Beamten des Wirtschaftsministeriums in einer Untersuchung hinsichtlich etwaiger Unregelmäßigkeiten bei der Übernahme eines Unternehmens durch Guiness PLC Aussagen gemacht, wozu er nach Sec. 434 des Company Act 1985 verpflichtet war. Eine Weigerung hätte nach Sec. 436 para. 2, 3 des Gesetzes wie contempt of

---

[452] Schweizer Bundesgericht, Urteil vom 12. November 1980, P 499/80, EuGRZ 1981, 284, 286 (siehe auch Fn. 430).

[453] EGMR, Urteil vom 28. November 1991, Nr. 12629/87, 13965/88, S. / CH, Série A, Bd. 220, S. 11, Ziff. 32 (nicht abgedruckt in NJW 1992, 3090 und EuGRZ 1992, 298 ff.).

[454] EGMR, Urteil vom 20. Juni 1988, Nr. 11368/85, Schönenberger, Durmaz / CH, Série A, Bd. 137, S. 13 f., Ziff. 28.

[455] EGMR, Urteil vom 28. November 1991, Nr. 12629/87, 13965/88, S. / CH, Série A, Bd. 220, S. 16, Ziff. 49 ff. = EuGRZ 1992, 298, 299 (nur zum Teil abgedruckt in NJW 1992, 3090); EGMR, Urteil vom 20. Juni 1988, Nr. 11368/85, Schönenberger, Durmaz / CH, Série A, Bd. 137, S. 13 f., Ziff. 28 f. Die zweite Entscheidung erging zu Art. 8 MRK, da es sich um ein Schreiben während des Anbahnungsverhältnisses handelte.

court bestraft werden können.[456] Diese Aussagen wurden im späteren Strafverfahren gegen Saunders gem. Sec. 434 para. 5 des Company Act 1985 verwertet.[457]

Die Regierung des Vereinigten Königreichs hat darauf verwiesen, im Bereich der Wirtschaftskriminalität bestehe ein hohes öffentliches Interesse an der Aufklärung von Straftaten. Diesem „public interest ... in the effective prosecution" müsse zuweilen das Schweigerecht des Beschuldigten weichen.[458] Richter *Martens* unterstützt diese Sicht in seinem Sondervotum. Er hält nicht nur den Aussagezwang im Verwaltungsverfahren für zulässig, sondern wendet sich sogar explizit gegen ein Beweisverwertungsverbot - wie es das BVerfG in Fällen dieser Art befürwortet[459] - hinsichtlich der so gewonnenen Informationen:

> „Nor does the argument as to "human dignity and autonomy" compel one to conclude that the use in evidence of the answers given in the inquiry is per se inadmissible. ... Would it not be stretching the respect for his (Saunders' – die *Verfasserin*) human dignity and autonomy – or, in the terminology of the Court, the respect for his will – too far to hold that the mere fact that he has made these "disclosing" statements in the context of an inquiry during which he enjoyed neither immunity necessarily results in making any and all use of such answers in evidence against him inadmissible per se?"[460]

Eine derartiges Beweisverwertungsverbot berge die Gefahr in sich, daß der Wirtschaftskriminelle, obgleich seine Tat erwiesen sei, nicht bestraft werde. Dies wiederum könnte die generalpräventive Funktion der Strafrechtspflege schwer in Mitleidenschaft ziehen:

> „This would lead to undermining the deterrent function of the criminal law in an area where it is particularly needed

---

[456] Zitiert nach EGMR, Urteil vom 17. Dezember 1996, Nr. 19187/91, Saunders / UK, Reports 1996-VI, S. 2058, Ziff. 48 ff.

[457] EGMR, Urteil vom 17. Dezember 1996, Nr. 19187/91, Saunders / UK, Reports 1996-VI, S. 2053 ff., Ziff. 30 ff.

[458] EGMR, Urteil vom 17. Dezember 1996, Nr. 19187/91, Saunders / UK, Reports 1996-VI, S. 2062 f., Ziff. 64.

[459] Siehe BVerfGE 56, 37, 41 ff. (Gemeinschuldnerentscheidung).

[460] EGMR, Urteil vom 17. Dezember 1996, Nr. 19187/91, Saunders / UK, Reports 1996-VI, S. 2089, Ziff. 22 des Sondervotums des Richters *Martens* (unterstützt von *Kūris*).

> ... and, furthermore, seriously offend the public's sense of justice."[461]

Die Mehrheit der Richter hat diese Argumentation im Urteil aber dezidiert zurückgewiesen: Es dürfe nicht zwischen Beschuldigten in einfach gelagerten und komplexeren Fällen unterschieden werden. Jeder Beschuldigte habe - unabhängig von der Art der verfolgten Straftat - Anspruch auf Schutz seiner prozessualen Rechte. Das öffentliche Interesse an der Strafverfolgung tauge nicht als Rechtfertigung für Eingriffe, weder in das Privileg, sich nicht selbst belasten zu müssen, noch in die sonstigen „general requirements of fairness contained in Article 6".[462]

Man darf mit Recht fragen, ob hinter dieser Feststellung eine generelle Absage an die - insbesondere von der deutschen Justiz gepflegte - Praxis steht, die Rechte des Beschuldigten gegen das öffentliche Interesse an einer effektiven Strafrechtspflege auch dann abzuwägen, sofern es nicht um den Schutz des Verfahrens und der anderen Verfahrensbeteiligten vor einem Mißbrauch der Verteidigungsrechte, sondern um eine Verbesserung der Ermittlungsmöglichkeiten geht. Der fast aggressive Tenor des Sondervotums von *Martens* spricht dafür. Anders lassen sich die Bemerkungen über das Ende der Generalprävention kaum erklären: Die Etablierung eines Beweisverwertungsverbot für derartige Aussagen führt in der Praxis nicht zu einem Zusammenbruch der Rechtspflege. Dies hatte die Gemeinschuldnerentscheidung des BVerfG[463], auf den sich *Martens* möglicherwiese unter Ziff. 18 bezieht, über einen Beobachtungszeitraum von mehr als fünfzehn Jahren zwischen dem Karlsruher Beschluß und dem Straßburger Urteil erwiesen.

Es bleibt abzuwarten, ob die Entscheidung im Fall Saunders tatsächlich in diesem weitreichenden Sinn zu verstehen ist. Zu begrüßen wäre dies allemal. Eingriffe in Verteidigungsrechte mit dem Ermittlungsinteresse zu begründen, widerstrebt dem Sinn und Zweck dieser Rechte. Die Konvention selbst erteilt einer Auslegung contra intentionem von Schutznormen eine Absage. Art. 17 MRK verbietet nicht nur die mißbräuchliche Inanspruchnahme eines Menschenrechts durch Private, sondern auch eine über die von der Konvention vorgesehenen Schranken hinausgehende Einschränkung von Rechten durch die Mitgliedsstaaten. Art. 18 MRK zielt in die gleiche Richtung. Er verbietet Eingriffe, die nominal mit den Schrankenvorbehalten der Konvention übereinstimmen, aber in Wirklichkeit anderen Zwecken dienen.[464] Beide Vorschriften sind allerdings auf die Rechte des

---

[461] EGMR, Urteil vom 17. Dezember 1996, Nr. 19187/91, Saunders / UK, Reports 1996-VI, S. 2090, Ziff. 22 des Sondervotums des Richters *Martens* (unterstützt von *Küris*); vgl. Sondervotum des Richters *Valticos* (unterstützt von *Gölcüklü*) im selben Fall.

[462] EGMR, Urteil vom 17. Dezember 1996, Nr. 19187/91, Saunders / UK, Reports 1996-VI, S. 2066, Ziff. 74.

[463] BVerfGE 56, 37, 41 ff. (Gemeinschuldnerentscheidung).

[464] Vgl. Frowein/Peukert/*Frowein*, EMRK, Art. 18 Rn. 2.

Art. 6 MRK, der ja keine geschriebenen Schranken vorsieht, nicht unmittelbar anwendbar;[465] die ratio der beiden Artikel aber sehr wohl. Es geht eigentlich um eine Selbstverständlichkeit, die auch in Art. 53 MRK anklingt: Die in der Konvention niedergelegten Menschenrechte sollen nicht in ihr Gegenteil verkehrt werden.

Dazu gehört auch, daß Ermittlungsinteressen kein „legitimate aim" für eine Einschränkung der Beschuldigtenrechte sein können.[466]

bb) Ausnahmen

In drei Fällen wird man davon allerdings eine Ausnahme zulassen müssen.

(1) Primäre Beweisgegenstände

Mehr noch als an den zur Verteidigung hergestellten Unterlagen sind die Strafverfolgungsbehörden an Gegenständen interessiert, die im Zusammenhang mit der verfolgten Tat selbst stehen, wie z. B. Firmenunterlagen bei Verfahren im Bereich der Wirtschaftskriminalität.[467] Anders als eine Herausgabepflicht gerät die Beschlagnahme mit dem nemo-tenetur-Grundsatz nicht in Konflikt, da sie dem Beschuldigten keine Mitwirkung zumutet.[468] Das Interesse des Beschuldigten, diese Beweisgegenstände dem Zugriff der Strafverfolgungsbehörden zu entziehen, ist groß, hat aber mit „Strafverteidigung" nichts zu tun. Art. 6 Abs. 3 MRK

---

[465] Für Art. 18 MRK vgl. EKMR, Bericht vom 14. Juli 1974, Nr. 4771/71, Kamma / NL, DR 1, 4, 10 (S. 17 der französischen Fassung); vgl. Frowein/Peukert/*Frowein*, EMRK, Art. 17 Rn. 5, Art. 18 Rn. 2.

[466] EGMR, Urteil vom 8. Februar 1996, Nr. 18731/91, Murray / UK, Reports 1996-I, S. 55, Ziff. 64 = EuGRZ 1996, 587, 592, kann nicht als Gegenargument gewertet werden. Es heißt dort zwar, „the police had reasonable grounds to believe that the exercise of the right of access (Verteidigerkontakt – die *Verfasserin*) would, inter alia, interfere with the gathering of information of acts of terrorism". Dies bezieht sich aber, wie der zweite Halbsatz („or make it more difficult to prevent such an act") zeigt, nicht auf den Tatbeitrag des Beschuldigten, sondern auf andere Beteiligte. Zudem gibt der Gerichtshof folgendes zu bedenken: „... even a lawfully exercised restriction is capable of depriving an accused ... of a fair procedure" (ebd., S. 55, Ziff. 65).

[467] Vgl. den Sachverhalt im Fall Saunders (EGMR, Urteil vom 17. Dezember 1996, Nr. 19187/91, Saunders / UK, Reports 1996-VI, S. 2050 ff., Ziff. 14 ff.

[468] Vgl. EGMR, Urteil vom 17. Dezember 1996, Nr. 19187/91, Saunders / UK, Reports 1996-VI, S. 2064 f., Ziff. 69. Dem EGMR ist hier leider eine kleine Ungenauigkeit vorzuwerfen (wiederholt in EGMR, Kammerentscheidung über die Zulässigkeit vom 4. Mai 1999, Nr. 40084/98, Choudhary / UK, The Law, Ziff. 2, ergangen nach Inkrafttreten des 11. Protokolls). Er ordnet den Alkomat-Test als „pati" ein, was sich *Martens* für sein Sondervotum zunutze macht (EGMR, Urteil vom 17. Dezember 1996, Nr. 19187/91, Saunders / UK, Reports 1996-VI, S. 2083 f., Ziff. 10). Negative Auswirkungen auf die hier untersuchte Fragestellung resultieren hieraus jedoch nicht.

begründet kein Recht des Beschuldigten, primäre Beweisgegenstände, für die kein alleiniges Verfügungsrecht der Verteidigung besteht, beiseite zu schaffen.

Die Verteidigungsarbeit wird aber natürlich dadurch behindert, daß die Gegenstände in den Gewahrsam der Strafverfolgungsbehörden übergehen und so der Verteidigung im Original nicht zur Verfügung stehen. Dies beeinträchtigt die Verteidigung vor allem dann, wenn es gerade auf den Gegenstand selbst, etwa als Spurenträger, ankommt und Kopien nicht ausreichen. Die Beeinträchtigung resultiert hier jedoch nicht daraus, daß die Strafverfolgungsorgane Zugriff auf die Gegenstände haben, sondern aus dem Umstand, daß der Zugang für die Verteidigung erschwert wird. Es besteht also im Gegensatz zu den oben diskutierten Verteidigungsunterlagen kein Grund, für diese Gegenstände eine Schutzsphäre einzurichten, in die Ermittlungsbehörden keinen Einblick nehmen sollen: Das Informationsbedürfnis der Strafverteidigung kann auch anders – etwa durch Akteneinsicht – befriedigt werden. Die Frage, ob der Verteidigung ausreichend Gelegenheit zur Vorbereitung der Verteidigung gelassen wird, ist von der hier behandelten, ob Ermittlungsinteressen Eingriffe zu tragen vermögen, zu trennen. Geht es um Beweisgegenstände und nicht um Verteidigungsunterlagen, können sie dies.

Andererseits darf nicht vergessen werden, daß dann, wenn der Beschuldigte formell verteidigt ist, beim Strafverteidiger jene Gegenstände i. d. R. konzentriert aufzufinden sind. Dürften sie ohne weiteres auch aus dem Gewahrsam des Verteidigers heraus beschlagnahmt werden, würde dies die Überführung des verteidigten Beschuldigten ungeheuer erleichtern. Die Strafverfolgungsbehörden müßten nicht erst lange suchen, wo der Beschuldigte die Beweismittel möglicherweise versteckt hat. Im Ergebnis stünde der formell verteidigte Beschuldigte schlechter, was mit der ratio der Konventionsgarantie nicht in Einklang zu bringen wäre. Es muß aber verhindert werden können, daß der Verteidiger Beweisgegenständen „Asyl gewährt". Hier treffen die Eingriffszwecke „Mißbrauchsabwehr" und „Ermittlungsinteressen" zusammen. Die MRK gestattet es grundsätzlich, für diesen Fall Eingriffstatbestände vorzusehen. Ob das nationale Recht von dieser Möglichkeit Gebrauch macht, falls es in den Berufspflichten der professionellen Strafverteidiger keinen ausreichenden Schutz sieht, und ob eine solche nationale Regelung die Balance zwischen dem Schutz der formellen Verteidigung und den berechtigten Ermittlungsinteressen hält, ist Problem der konkreten Ausgestaltung.

(2) Kommunikation mit Dritten

Zu den möglichen Verteidigungsaktivitäten gehört auch der Kontakt mit Zeugen und anderen Personen, die nicht Hilfspersonen der Verteidigung sind, kein selbständiges Zeugnisverweigerungsrecht besitzen und für die die MRK auch ein solches nicht fordert. Über die Korrespondenz mit diesen Personen könnte auch dann, wenn man eine Überwachung für unzulässig hielte, durch Vernehmung des

Dritten Beweis erhoben werden. Der Beschuldigte muß also von vornherein damit rechnen, daß die Strafverfolgungsbehörden Kenntnis vom Inhalt der Nachrichten erhalten. Ginge er davon aus, daß seine Kontaktperson selbst dann, wenn sie rechtmäßig Zwangsmitteln zur Durchsetzung der Aussagepflicht unterworfen wird, schweigen wird, so wäre dieses Vertrauen jedenfalls nicht schutzwürdig. Der Beschuldigte kontaktiert solche Personen auf eigenes Risiko. Eine andere Frage ist, wie gesagt, ob die Zeugnispflicht dieser Kontaktperson an sich menschenrechtswidrig und ob der Eingriff im konkreten Fall unverhältnismäßig ist.

(3) Einverständnis des Mandanten

Ein Verzicht auf die in Art. 6 Abs. 3 MRK verbrieften Rechte ist, sofern es sich nicht um Beteiligungsrechte handelt, die der Beschuldigte ja nicht wahrnehmen muß, nur eingeschränkt möglich.

So wenig wie es ein Verbot für den Beschuldigten gibt, sich freiwillig selbst zu belasten, ist es ihm verwehrt, Gegenstände aus der vor Beschlagnahme geschützten Sphäre herauszunehmen und den Behörden zu übergeben. Daraus folgt, daß auch ein Einverständnis in die Beschlagnahme selbst gestattet sein muß. Problematischer ist es, wenn im nationalen Recht nicht in die konkrete Maßnahme eingewilligt werden muß, sondern der Wegfall des Privilegs mittelbar, also etwa durch Entbindung von der Schweigepflicht, bewirkt werden kann. Nach der Rechtsprechung von Kommission und Gerichtshof ist ein Verzicht nur dann wirksam, wenn der Betroffene frei von Zwang oder Beeinflussung handelt, sich der Tragweite seines Handelns bewußt ist und Gelegenheit hatte, hierzu Rechtsrat einzuholen.[469] Werden diese Voraussetzungen eingehalten, dürfte auch der Wegfall des Beschlagnahmeprivilegs nach „mittelbar erteiltem“ Einverständnis mit der Konvention in Einklang stehen.

d) Einschränkungsmöglichkeit des Schutzbereichs der Eigenverteidigung bei gleichzeitiger formeller Verteidigung?

Das Recht zur Eigenverteidigung wurzelt in der personalen Würde des Beschuldigten. Trotz des Wortlautes der lit. c) („ou“/„or“) kann aus diesem Grund

---

[469] Dazu EGMR, Urteil vom 6. Dezember 1988, Nr. 10588/83 – 10590/83, Barberà, Messegué, Jabardo / Spanien, Série A, Bd. 146, S. 35, Ziff. 82; EGMR, Urteil vom 28. August 1991, Nr. 12151/86, F. C. B. / I, Série A, Bd. 208-B, S. 21 f., Ziff. 33 ff. = EuGRZ 1992, 539, 540; EKMR, Bericht vom 17. Mai 1990, Nr. 12151/86, F. C. B. / I, Série A, Bd. 208-B, S. 28, Ziff. 69 (abgedruckt bei *Strasser*, EuGRZ 1992, 580, 581; EGMR, Urteil vom 25. Februar 1992, Nr. 10802/84, Pfeifer, Plankl / A, Série A, Bd. 227, S. 16, Ziff. 37 ff. = EuGRZ 1992, 99, 100 f.; EKMR, Zulässigkeitsentscheidung vom 8. Mai 1989, Nr. 10802/84, Pfeifer, Plankl / A, The Law, lit. a), Ziff. 1 (z. T. abgedruckt bei *Strasser*, EuGRZ 1991, 567, 571 f.; EKMR, Bericht vom 11. Oktober 1990, Nr. 10802/84, Pfeifer, Plankl / A, Série A, Bd. 227, S. 25 ff., Ziff. 67 ff. (abgedruckt bei *Strasser*, EuGRZ 1991, 567, 572 f.).

nicht von einer strengen Exklusivität zwischen formeller Verteidigung durch einen Verteidiger und der Eigenverteidigung ausgegangen werden. Zwar kann dann, wenn ein Verteidiger beteiligt ist, die Ausübung einzelner Prozeßrechte auf ihn beschränkt werden, jedoch darf es nicht zu einer kompletten „Entmündigung"[470] des Beschuldigten kommen.[471]

Grundsätzlich darf der Beschuldigte im Widerspruch zum Verteidiger handeln und vortragen,[472] daraus folgt, daß auch die Vorbereitung hierauf genauso wie bei der reinen Eigenverteidigung geschützt ist. Aber auch wenn ein Antrag des Beschuldigten auf Vornahme einer Beweiserhebung etc. im Ergebnis unzulässig sein sollte, weil nur der Verteidiger dazu befugt gewesen wäre, begründet dies kein berechtigtes Interesse der Strafverfolgungsbehörden, Einblick in die zur Vorbereitung dieses Antrags oder über eigene Nachforschungen gemachten Notizen zu nehmen. Zudem könnte ohnehin kaum je ausgeschlossen werden, daß der Beschuldigte sich ihrer nicht auch bei der Abfassung seines Schlußwortes - eine Beteiligungsmöglichkeit, die ihm auf jeden Fall verbleibt -[473] oder zur Instruktion seines Verteidigers (ggf. auch nach einem Verteidigerwechsel) bedienen möchte. Allein aus letzterem Grund verbietet sich grundsätzlich eine Einschränkung der Beschlagnahmefreiheit von Eigenverteidigungsunterlagen bei gleichzeitiger formeller Verteidigung.

Anders, so könnte man meinen, liegt die Sache, wenn es sich um Eigenverteidigungsunterlagen im weiteren Sinn handelt, also z. B. Briefe, die der Beschuldigte an Sachverständige und Zeugen richtet, um eine Klärung des Sachverhalts herbeizuführen. Warum sollte es dem formell verteidigten Beschuldigten gestattet sein, Ermittlungen selbst anzustellen? Warum überläßt er dies nicht seinem Verteidiger? Diese Fragen sind falsch gestellt. Warum sollte der Beschuldigte keine eigenen Nachforschungen anstellen dürfen? Das Problem solcher Unternehmungen des Beschuldigten liegt nicht darin, daß sie mit solchen des Verteidigers konkurrieren. Wenn von den Aktivitäten des Beschuldigten Gefahren ausgehen, etwa die einer unzulässigen Beeinflussung oder sogar Bedrohung von Zeugen, so hängt dies nicht mit der Tatsache zusammen, daß der Beschuldigte über einen Verteidiger verfügt. Letzteres kann allenfalls in der Verhältnismäßigkeitsprüfung berücksichtigt werden. Ist ein Verteidiger vorhanden, können Einschränkungen von

---

[470] So plastisch IntKommMRK/*Vogler*, Art. 6 Rn. 507.

[471] *Ernst*, Die Haltung Deutschlands und Frankreichs zur EMRK, S. 224; IntKommMRK/*Vogler*, Art. 6 Rn. 506 ff.; *Simon*, Die Beschuldigtenrechte nach Art. 6 Abs. 3 EMRK, S. 46 ff.

[472] EKMR, Zulässigkeitsentscheidung vom 6. Oktober 1981, Nr. 9127/80, X. / CH, DR 26 (1982), 238, 239 (S. 240 der englischen Übersetzung); einschränkend, BGH NJW 1992, 1245, 1246.

[473] *Ernst*, Die Haltung Deutschlands und Frankreichs zur EMRK, S. 224; vgl. Frowein/Peukert/*Peukert*, EMRK, Art. 6 Rn. 188.

Eigenermittlungen dem Beschuldigten u. U. eher zugemutet werden, da der Verteidiger auftretende Lücken füllen kann.

e) Ergebnis

Eingriffe sind grundsätzlich nur zum Schutz vor weiteren Straftaten bzw. vor einem Mißbrauch der Privilegien zu verteidigungsfremden Zwecken gestattet.[474] Eine Verwirkung von Verteidigungsprivilegien als Sanktion für vorangegangenes Fehlverhalten ist nicht vorgesehen.

Ermittlungsinteressen vermögen Beschränkungen im Bereich der für die Verteidigung hergestellten Unterlagen nicht zu rechtfertigen, wohl aber die Beschlagnahme von Beweisgegenständen. Einschränkungen können nicht allein damit begründet werden, daß der Beschuldigte einen Verteidiger hat. Die Tatsache formeller Verteidigung kann allenfalls die Auswirkungen von Beschränkungen eigener Verteidigungsunternehmungen des Beschuldigten mildern. Daß der Beschuldigte einen Verteidiger hat, kann also bei Untersuchung der Verhältnismäßigkeit der Maßnahme eine Rolle spielen.

E. Verhältnismäßigkeit

Für die Untersuchung, ob eine nationale Schranke der klassischen dreistufigen Verhältnismäßigkeitsprüfung standhält, muß zunächst geklärt werden, welche Gefährdungslagen auftreten können und welche Maßnahmen zu deren Bewältigung grundsätzlich in Frage kommen. Wie bereits angedeutet, muß zwischen Verteidigungsunterlagen i. e. S., die zum Zwecke der Verteidigung angefertigt werden, und sonstigen Gegenständen, die unabhängig von ihr entstanden, aber für die Vorbereitung des Verfahrens von Bedeutung sind, unterschieden werden. Selbst die einzelnen Arten von Verteidigungsunterlagen sind nicht alle in gleichem Maße schutzbedürftig und schutzwürdig. Auch die Gefahren für die Rechtsgüter Dritter und des Staates, die von ihnen ausgehen können, wenn die geschützte Sphäre unter dem Deckmantel der Verteidigung zu anderen Zwecken, wie etwa zur Begehung neuer Straftaten, mißbraucht werden, sind verschieden.

Obwohl Eingriffe in die Geheimnissphäre der Verteidigung auf vielerlei Art möglich sind, können im Rahmen dieser Arbeit jedoch nur jene Maßnahmen im Detail betrachtet werden, die sich auf die schriftliche Kommunikation, auf Verteidigungsunterlagen und sonstige mit der Strafverteidigung im Zusammenhang stehenden Gegenstände beziehen. Nicht behandelt werden können hier also u. a. die offene oder verdeckte inhaltliche Überwachung der mündlichen oder fernmündlichen Kommunikation, äußere Behinderungen des Kontakts (insbeson-

[474] So auch *van Dijk / van Hoof*, Theory and Practice of the European Convention on Human Rights, S. 348.

dere mit dem inhaftierten Beschuldigten), wie Durchsuchungen des Verteidigers auf Waffen, Trennscheibenanordnungen oder sogar die – zeitweilige – Unterbrechung des Verkehrs und der Ausschluß eines Verteidigers.

I. Eingriffsobjekte

1. Im Rahmen der Verteidigung angefertigte Unterlagen

Das erste Unterscheidungsmerkmal zwischen den verschiedenen Unterlagen ist die Person des Urhebers, der zweite Differenzierungsfaktor ist der Grad ihres Bezuges zur Außenwelt, der dritte die Schutzwürdigkeit und –bedürftigkeit der Mitteilungen. In letzterer Hinsicht sind, so sollte man meinen, keine Unterschiede zu erwarten, da wir von vornherein nur Unterlagen zu Verteidigungszwecken betrachten. Grundsätzlich trifft dies zu. Jedoch eben nur im Prinzip. Läßt man einen Eingriff zu, etwa um zu verifizieren, ob es sich wirklich um Verteidigungsunterlagen handelt, und bestätigt sich dies, so besteht trotz eines etwaigen Beweisverwertungsverbots dennoch die Gefahr, daß die Informationen in irgendeiner Form die Strafverfolgung zumindest faktisch fördern. Je sensitiver also die Information ist, desto mehr Zurückhaltung muß bei Eingriffen geübt werden.

a) Der Beschuldigte als Urheber

aa) Aufzeichnungen ohne Außenbezug

Bei diesen Unterlagen kann es sich zum einen um Aufzeichnungen handeln, die der Beschuldigte zu seiner Verteidigung anfertigt und die keinen kommunikativen Bezug haben. Hierzu gehört etwa die „Selbstexploration“. Diese Dokumente sollen den Binnenraum grundsätzlich nicht verlassen und enthalten oft privateste und intimste Informationen. Ihre Schutzwürdigkeit ist, da sie wertungsmäßig zum forum internum gehören, entsprechend hoch.[475] Ist gewährleistet, daß die Aufzeichnungen nicht in die Hände Dritter gelangen, gehen - so scheint es zunächst - von diesen Unterlagen keine Gefahren aus. Dies ist aber nur zum Teil richtig: Genauso sinnvoll, wie seine Verteidigungsstrategie schriftlich festzulegen, kann es sein, etwaige Fluchtpläne o. ä. nicht nur gedanklich, sondern auch schriftlich durchzuspielen. Auch wenn gesichert ist, daß die Aufzeichnungen nicht in andere Hände als die des Beschuldigten gelangen können, was nicht einmal bei strengstens überwachter Untersuchungshaft mit endgültiger Sicherheit garantiert ist, besitzen sie ein gewisses Gefahrenpotential.

---

[475] A. A. BVerfGE 80, 367, 373 ff. = NJW 1990, 563 f. = NStZ 1990, 89 = NStZ 1990, 397 (LS) m. Anm. *Störmer* = StV 1990, 1, 2 f.

bb) Dokumente mit (noch) nicht aktualisiertem Außenbezug

Bei der zweiten Gruppe handelt es sich um Entwürfe von Anträgen und Einlassungen, aber auch von Briefen an die Strafverfolgungsorgane oder sonstige Behörden sowie an Dritte. Mit den Unterlagen der ersten Gruppe haben diese Entwürfe gemeinsam, daß sie selbst nicht für die Außenwelt bestimmt sind, also keinen aktuellen Außenbezug aufweisen. Im Unterschied zu den Unterlagen der ersten Gruppe hat ihr Inhalt Drittbezug. Dieser erzeugt nur dann zusätzliche Gefahren, wenn er aktualisiert und das Entwurfsstadium verlassen wird. Dann aber fällt das fragliche Dokument nicht mehr in diese Fallgruppe, sondern gehört bereits zur dritten.

cc) Dokumente mit bereits aktualisiertem Außenbezug

Auf der dritten Stufe stehen Dokumente, die der Beschuldigte für die Weiterleitung an Dritte bestimmt und auch freigegeben hat, i. d. R. also Briefe, die den Gewahrsam des Beschuldigten bereits verlassen haben. Hier hängt das Risiko nicht nur von der Gefährlichkeit des Beschuldigten, für die die ihm vorgeworfene Tat als Indikator zu gelten hat, sondern auch maßgeblich von der Person des Empfängers ab. Zudem muß zwischen Gefahren für den Adressaten und Gefährdungen, die von ihm ausgehen, differenziert werden.

(1) Gefahren, die vom Adressaten ausgehen

In letzterer Hinsicht ist die Gefahr um so größer, je weniger vertrauenswürdig der Adressat ist. Ist der Empfänger eine Behörde, ein nationales oder internationales Gericht, so ist dieses Gefährdungspotential, wenn sichergestellt wird, daß der Brief nicht in fremde Hände gerät, zu vernachlässigen.[476] Auf Unterschiede in der

---

[476] Für den EGMR bestehen hier eigene Regeln. Gem. Art. 34 S. 2 MRK n. F. darf die Einlegung einer Individualbeschwerde nicht behindert werden (vgl. Art. 25 Abs. 1 S. 2 MRK a. F. für die Einreichung bei der Kommission, siehe Frowein/Peukert/*Peukert*, EMRK, Art. 25 Rn. 51 f. m. zahlr. N.). Ob daneben Art. 6 Abs. 3 MRK in Frage kommt, wenn sich die Beschwerde nicht gegen das Endurteil, sondern gegen Verfahrensmaßnahmen richtet, ist unklar. Bei Art. 8 MRK scheint die EKMR jedenfalls von einer Idealkonkurrenz mit Art. 34 S. 2 MRK (Art. 25 Abs. 1 S. 2 MRK a. F.) auszugehen; der EGMR hat dies hingenommen, siehe dazu EKMR, Bericht vom 12. Juli 1990, Nr. 13590/88, Campbell / UK, Série A, Bd. 233, S. 39 ff., Ziff. 63 ff.; EGMR, Urteil vom 25. März 1992, Nr. 13590/88, Campbell / UK, Série A, Bd. 233, S. 21 ff., Ziff. 55 ff. Die für die Beschwerde maßgeblichen nationalen Vorschriften wurden inzwischen angepaßt, Ministerkomitee, Resolution vom 26. Januar 1993, DH (93) 5.

Zweifel hinsichtlich der Vertrauenswürdigkeit diplomatischer Vertreter sprechen allerdings aus den Rules of Detention des Jugoslawien Tribunals, IT/38/REV.7, zuletzt geändert am 17. November 1997, und den vom Registrar des Tribunals nach Art. 61 und 63 der Rules erlassenen Ausführungsvorschriften (vgl. Rules 61 ff.; Regulations 2 und insb. 38 f., zuletzt geändert im Juli 1999, IT/98/REV.3). Wegen der besonderen Situation des Tribunals ist dieses Mißtrauen

Schutzbedürftigkeit, die besonders deutlich wird, wenn man bedenkt, daß zu dieser Kategorie Briefe an den EGMR genauso wie Briefe an die Staatsanwaltschaft gehören, kommt es hier also nicht an.

Für Anwälte als Verteidiger des Beschuldigten, aber auch für sonstige Rechtsanwälte haben die Straßburger Rechtsprechungsorgane wiederholt festgestellt, daß das Berufsethos und die berufliche Pflichtenstellung der Rechtsanwälte das Risiko minimieren.[477] In einer Entscheidung zum schottischen Recht hat der Gerichtshof entscheidend darauf abgestellt, daß Anwälte dort „officers of the court" seien.[478] Aus diesem Grund sei eine hohe Zuverlässigkeit gegeben, die einen Vertrauensvorschuß rechtfertige. Es seien daher größere Freiheiten für die Kommunikation mit Rechtsanwälten auch außerhalb einer Strafverteidigung, also in einem Bereich geringerer Schutzbedürftigkeit, zu gewähren.[479] Wer sich in Deutschland gegen die Organstellung wendet, sollte sich daran erinnern. Zudem ist das Schutzbedürfnis des Beschuldigten im Bereich der Kommunikation mit dem Verteidiger besonders groß: Der Kontakt zwischen Strafverteidiger und Mandant gehört zum Kernbereich jeglicher formeller Verteidigung.[480]

(2) Gefährdungen des Adressaten

Wir haben zunächst die Gefahren betrachtet, die nicht allein durch die Briefe, sondern erst aus dem Zusammenwirken mit dem Adressaten für die Rechtsgüter Dritter und die Strafrechtspflege entstehen. Daneben existieren aber auch solche Risiken, die den Empfänger selbst primär und die Rechtspflege bzw. dritte Personen nur sekundär treffen. Bestes Beispiel hierfür ist die Briefbombe. Unmittelbar bedroht sind hier Gesundheit und Leben des Empfängers, mittelbar

---

gerechtfertigt. Eine Übertragung auf Fälle gewöhnlicher Kriminalität ist jedoch nicht angebracht.

[477] EGMR, Urteil vom 25. März 1992, Nr. 13590/88, Campbell / UK, Série A, Bd. 233, S. 20 f., Ziff. 52; EKMR, Bericht vom 12. Juli 1990, Nr. 13590/88, 12323/86, Campbell / UK, Série A, Bd. 233, S. 38, Ziff. 61; vgl. auch EGMR, Urteil vom 20. Juni 1988, Nr. 11368/85, Schönenberger, Durmaz / CH, Série A, Bd. 137, S. 13 f., Ziff. 27 ff.; EGMR, Urteil vom 28. November 1991, Nr. 12629/87, 13965/88, S. / CH, Série A, Bd. 220, S. 16, Ziff. 49 ff. Zu den Standespflichten der Rechtsanwälte siehe EGMR, Urteil vom 20. Mai 1998, Nr. 25405/94, Schöpfer / CH, Reports 1998-III, S. 1052 f., Ziff. 29 ff. (abweichende Beurteilung des konkreten Falles durch Richter *de Meyer*, S. 1055).

[478] EGMR, Urteil vom 25. März 1992, Nr. 13590/88, Campbell / UK, Série A, Bd. 233, S. 20 f., Ziff. 52; EKMR, Bericht vom 12. Juli 1990, Nr. 13590/88, 12323/86, Campbell / UK, Série A, Bd. 233, S. 38, Ziff. 61; zur Rechtsstellung in anderen Mitgliedsstaaten vgl. *Heine/Ronzani/Spaniol*, StV 1987, 74 ff. sowie *Jescheck*, FS-Dreher, S. 783, 790 ff.

[479] EGMR, Urteil vom 25. März 1992, Nr. 13590/88, Campbell / UK, Série A, Bd. 233, S. 20 f., Ziff. 52; EKMR, Bericht vom 12. Juli 1990, Nr. 13590/88, 12323/86, Campbell / UK, Série A, Bd. 233, S. 38, Ziff. 61.

[480] Siehe § 6 B. I. S. 63 ff.

durch den Ausfall des Empfängers als Zeuge und die Einschüchterung anderer Zeugen die Strafrechtspflege und damit die Allgemeinheit. Während bei der ersten Gefahrenkategorie das von den Mitteilungen ausgehende Risiko sich proportional zur Bereitschaft des Empfängers zur rechtsfeindlichen Kooperation (Kollusion) mit dem Beschuldigten verhält, so verläuft die Kurve hier bei der zweiten Kategorie genau umgekehrt. Je mehr der Empfänger – aus Sicht des Beschuldigten – „auf Seiten" der Strafverfolgungsbehörden steht, desto größer ist für ihn die Gefahr.

Überwachungsmaßnahmen, die mit Wissen und Einverständnis des potentiell bedrohten Empfängers durchgeführt werden, sind grundsätzlich zulässig, da der Beschuldigte in den meisten Fällen keinen Anspruch auf Schutz seiner Kommunikation gegen den Willen des Empfängers haben kann.[481] Ausnahmen kann es hier dann geben, wenn den Empfänger eine Schweigepflicht zugunsten des Beschuldigten trifft. Die Pflicht zur Verschwiegenheit endet aber, wenn der Beschuldigte diese zur „ungestörten Bedrohung" des Verpflichteten mißbrauchen will. Der – mit Hilfe der Strafverfolgungsbehörden durchgeführte – Selbstschutz geht hier vor. Die Frage, ob aber die bei Sicherungsmaßnahmen gewonnenen Erkenntnisse nicht nur in einem Verfahren wegen Bedrohung des schweigepflichtigen Empfängers usw., sondern auch im Anlaßverfahren verwandt werden können, steht auf einem anderen Blatt.[482] Für das Thema dieser Arbeit ist die mit dem Einverständnis des Empfängers vorgenommene Überwachung jedoch nicht von entscheidender Bedeutung: Sie behandelt den Schutz der Verteidigung vor dem Staat, nicht den - gleichfalls wichtigen und heiß umstrittenen - Schutz vor dem Verteidiger oder anderen zum Zweck der Verteidigung kontaktierten Personen.

Wichtiger für diese Untersuchung ist daher die Konstellation, daß der Empfänger bewußt auf den Schutz der Strafverfolgungsbehörden verzichten will. Er kann dafür durchaus rationale Gründe haben: Ist der Empfänger etwa eine internationale Behörde oder ein Gericht, wie der EGMR, eine Non Governmental Organisation (NGO) im Bereich der Menschenrechte, ein Presseorgan oder auch eine aus beruflichen Gründen schweigepflichtige Person, kann es tatsächlich so sein, daß die aus der Kommunikation mit Personen wie dem Beschuldigten resultierenden Gefahren in Kauf genommen werden müssen, um überhaupt sinnvoll arbeiten zu können. Für diese Organisationen stellt – zumindest subjektiv – der Staat eine größere Bedrohung als der Beschuldigte dar. Diese Organisationen und Einzelpersonen werden zudem i. d. R. in der Lage sein, die

---

[481] Davon zu unterscheiden ist die Überwachung zu Ermittlungszwecken durch Private, siehe dazu EGMR, Urteil vom 12. Juli 1988, Nr. 10862/84, Schenk / CH, Série A, Bd. 140 = EuGRZ 1988, 390 ff. (zur Übersetzung vgl. Fn. 383; in kurzen Auszügen widergegeben auch in NJW 1989, 654 ff.), Einzelheiten auch unter § 6 G. S. 110 f.

[482] Zur Frage der Verwertbarkeit siehe § 6 F. II. S. 106 ff.

nötigen Schutzmaßnahmen selbst zu treffen. Besteht für die bedrohte Person bzw. für die Organisation keine Zeugnispflicht, muß die Entscheidung, auf den von den Strafverfolgungsbehörden angebotenen Schutz zu verzichten, grundsätzlich respektiert werden. Extremfälle, in denen die Selbstgefährdung nicht mehr toleriert werden kann, sind natürlich denkbar.[483] In diesem Fall muß dann aber zwischen dem Präventiveingriff zum Schutz des Empfängers, zwischen einer möglichen Strafverfolgung im Zusammenhang mit dem Brief selbst und zwischen der Verfolgung des Beschuldigten im Anlaßverfahren unterschieden werden.[484]

Bei Personen, die kein Zeugnisverweigerungsrecht haben, sind Schutzmaßnahmen grundsätzlich auch gegen ihren Willen zulässig. Bei der Verhältnismäßigkeitsprüfung sind jedoch der Grad der Gefahr, die Abwehrmöglichkeiten durch den Empfänger und berechtigte Interessen des Empfängers daran, daß keine Schutzmaßnahmen staatlicherseits getroffen werden, zu berücksichtigen. Festzuhalten ist: Diese Faktoren werden nicht primär im Interesse des Beschuldigten in die Abwägung eingestellt, sondern im Interesse des Empfängers. Es geht hier nämlich nicht in erster Linie um Beschuldigtenschutz, sondern um die Rechte des Adressaten.

dd) Zwischenergebnis

Das Gefahrenpotential, das von der geschützten Sphäre ausgeht, ist - wie gezeigt - proportional zum aktuellen Außenbezug der Aufzeichnungen selbst. Zum anderen sind Risiken für den Empfänger um so höher, je „feindlicher“ oder „gefährlicher“ er dem Beschuldigten erscheint, während Gefahren für Dritte und das Mißbrauchsrisiko um so größer sind, je „deutlicher“ der Empfänger auf Seiten des Beschuldigten steht, und je geringer die persönliche Integrität des Adressaten ist.

b) Dritte als Urheber

Auch hier unterscheiden sich die Dokumente in ihrem Außenbezug: Es gibt Unterlagen, die als gegenständliche Verlängerung des forum internum nur für den Urheber selbst bestimmt sind, andere sollen dem Beschuldigten oder Dritten übermittelt werden. Mögliche Urheber sind der Verteidiger, Personen, die keiner Zeugnispflicht unterliegen, sowie sonstige Personen.

---

[483] Bei Behörden, NGOs oder Presseunternehmen wird dies wegen deren professioneller Erfahrung im Umgang mit Informanten etc. wohl eher selten auftreten. Bei Angehörigen des Beschuldigten, die sich aus irrationalen Gründen in eine Gefahrenlage begeben, die sie nicht übersehen, sind solche Situationen eher möglich.

[484] Vgl. § 6 F. II. S. 106 ff.

aa) Der Verteidiger als Urheber

Letztlich bestehen zwischen Unterlagen, die der Beschuldigte zur Eigenverteidigung anfertigt, und solchen, die sein Verteidiger im Rahmen der formellen Verteidigung herstellt oder von Hilfspersonen herstellen läßt, keine nennenswerten Unterschiede. Allein das Mißbrauchsrisiko ist beim Verteidiger generell niedriger als beim Beschuldigten.[485] Für die Korrespondenz des Verteidigers mit dem Beschuldigten und Personen, die ein Zeugnisverweigerungsrecht besitzen, gilt nichts anderes.

Hinsichtlich von Mitteilungen des Beschuldigten an Personen, die eine Zeugnispflicht trifft, wurde bereits ausgeführt, daß diese nicht nur Eingriffen zur Gefahrenabwehr, sondern, da die mitgeteilten Informationen nicht privilegiert sind, auch einem Eingriff zu Ermittlungszwecken unterworfen werden können.[486] Die „Schwäche" im Beschlagnahmeschutz hat hier ihren Grund nicht in der Person des Urhebers, sondern in der Zeugnispflicht des Empfängers, so daß sich nur Unterschiede in der Mißbrauchswahrscheinlichkeit ergeben.

bb) Sonstige Personen als Urheber

Die Frage, ob Unterlagen von Zeugnisverweigerungsberechtigten, die nicht Hilfspersonen der Verteidigung sind, beschlagnahmt werden dürfen, hängt primär von der Ausgestaltung des Verweigerungsrechts selbst ab, die nicht Thema dieser Untersuchung sein kann. Dokumente sonstiger Dritter, über deren Inhalt im Wege des Zeugenbeweises ausgeforscht werden könnte, können grundsätzlich beschlagnahmt werden. Für beide gilt aber, daß auch hier das Verteidigungsinteresse des Beschuldigten - neben den Interessen des Dritten - bei der Verhältnismäßigkeitsprüfung in Rechnung gestellt werden muß. Im Fall der Kommunikation mit nicht-privilegierten Dritten fällt der effektive Schutz aber gering aus.

2. Andere Gegenstände im Zusammenhang mit der Verteidigung

Wie die Diskussion zu § 97 Abs. 1 Nr. 3 StPO[487] zeigt, ist es für die Strafverfolgungsbehörden fast noch interessanter, als Einzelheiten aus der Verteidigungsstrategie zu erfahren, Gegenstände in ihren Besitz zu bringen, die vor Einleitung der Ermittlungen entstanden sind und die im Zusammenhang mit der Tat stehen. Sie können wichtige direkte Beweismittel darstellen. Sie können, da der Beschuldigte zwar nicht verpflichtet ist, sie den Verfolgungsbehörden auszuhändigen, aber andererseits auch kein Recht hat, sie den Ermittlungsorganen vorzuenthalten, grundsätzlich beschlagnahmt werden. Trotzdem hat natürlich auch die Verteidi-

---

[485] Vgl. § 6 E. I. 1. a) cc) (1) S. 95 f.

[486] Siehe § 6 D. III. 2. c) bb) (2) S. 89.

[487] Siehe hierzu unter § 11 E. I. 2. c) S. 181 ff.

gung ein Anrecht darauf, sich dieser Gegenstände zur Vorbereitung des Verfahrens zu bedienen.[488] Dies gilt - entgegen der deutschen Rechtspraxis - auch für den Beschuldigten, der sich selbst verteidigt.[489] Eine Beschlagnahme ist nur dann verhältnismäßig, wenn dies durch Akteneinsichtsrechte o. ä. gewährleistet wird.

Bereits hingewiesen wurde auf die Gefahr, daß dann, wenn auch beim Verteidiger beschlagnahmt werden darf, dessen Klient schlechter gestellt wäre als bei einer Eigenverteidigung.[490] In der Kanzlei des Strafverteidigers sind die relevanten Gegenstände leichter aufzufinden, als wenn der Beschuldigte sie versteckt hält. Eine nationale Regelung, die verhindern will, daß Verteidiger ihre Büros in Depots für Belastungsmaterial umwidmen, muß sicherstellen, daß aus ordnungsgemäßem Verteidigerverhalten keine Nachteile für den Mandanten erwachsen. Zum pflichtgemäßen Tun des Strafverteidigers gehört aber auch und gerade die Auswertung von Beweismitteln, die den Ermittlungsbehörden noch nicht bekannt sind.

3. Abgrenzung zwischen Verteidigungsunterlagen i. e. S. und sonstigen Gegenständen mit Verteidigungsbezug

Betrachtet man den Entwurf für das Schlußwort des Beschuldigten einerseits und die - mutmaßliche - Tatwaffe andererseits, erscheinen die Unterschiede zwischen Verteidigungsunterlagen und Gegenständen mit Bedeutung für die Verteidigung eindeutig. Während der Entwurf innerhalb des zeitlichen Anwendungsbereiches von Art. 6 Abs. 3 lit. b) MRK zum Zweck der Verteidigung entstanden ist, steht die Waffe im Zusammenhang mit der verfolgten Tat selbst und nicht mit der Verteidigung. Bedeutung für die Strafverteidigung erhält sie erst durch ihre Rolle als Beweismittel.

So einfach ist die Abgrenzung in der Regel jedoch nicht. Wie sind z. B. Unterlagen zu qualifizieren, die vor dem Inkulpationsakt entstanden sind, aber der Vorbereitung der Verteidigung im erwarteten Strafverfahren dienen sollen? Wie sind die Notizen eines Anwalts über ein Gespräch mit seinem Klienten zu qualifizieren, wenn jener ihn, seinen zukünftigen Verteidiger, aufsucht, bevor sich das

---

[488] Vgl. § 6 D. III. 2. c) bb) (1) S. 88 f.

[489] EGMR, Urteil vom 18. März 1997, Nr. 22209/93, Foucher / F, Reports 1997-II, S. 465 f., Ziff. 35 ff. = NStZ 1998, 429 m. Anm. *Deumeland.* Das LG Mainz hat sich allerdings wegen der fehlenden erga-omnes-Wirkung von Urteilen des EGMR außerstande gesehen, in dem von ihm entschiedenen Beschwerdeverfahren dem sich selbst verteidigenden Beschuldigten Akteneinsicht zu gewähren (NJW 1999, 1271 f.). Das Problem ist hier nicht der Umfang der Rechtskraft der EGMR-Entscheidung. Die Urteile des Gerichtshofs haben Orientierungswirkung für die Interpretation der Konvention durch andere Spruchkörper. Nach der hier vertretenen Auffassung hätte das LG wegen des Anwendungsvorrangs der MRK von sich aus Akteneinsicht gewähren können und nicht den „unbefriedigenden" Zustand (a. a. O. S. 1272) der fehlenden erga-omnes-Wirkung beklagen müssen (siehe oben § 5 B. II. 5. S. 54 ff.).

[490] § 6 D. III. 2. c) bb) (1) S. 88 f.

Strafverfahren gegen ihn richtet, etwa weil die Tat noch nicht einmal entdeckt worden ist? Solange noch keine Inkulpation des Mandanten stattgefunden hat, ist Art. 6 Abs. 3 MRK nicht anwendbar.[491] Erfolgt sie aber, stellt sich die Frage, ob die im Hinblick auf das künftige Strafverfahren entstandenen Dokumente als Verteidigungsunterlagen anzusehen und damit ab dem Zeitpunkt der „criminal charge" über Art. 6 Abs. 3 MRK privilegiert sind. Eingriffe nach der Inkulpation wären daher an Art. 6 Abs. 3 MRK zu messen, während man sich bei Eingriffen vor diesem Zeitpunkt etwa an Art. 8 MRK zu orientieren hätte,[492] sofern nicht in der Eingriffsmaßnahme selbst der Inkulpationsakt enthalten ist.

Von der Interessenlage her besteht zwischen Verteidigungsunterlagen, die aus der Zeit nach dem Inkulpationsakt herrühren, und Unterlagen, die im Hinblick auf die Verteidigung in einem künftigen Verfahren entstanden sind, kein Unterschied. Es ist schwer einzusehen, warum der Beschuldigte sich erst dann Gedanken über seine Verteidigung machen oder Rechtsrat einholen können soll, wenn die Strafverfolgungsbehörden ihn bereits im Visier haben. Auch ist kaum begründbar, warum die Ermittlungsbehörden Einblick in die Verteidigungsstrategie nur deshalb haben sollen, weil der spätere Beschuldigte „zu früh" mit seinen Verteidigungsaktivitäten begonnen hat.

Zugegeben: Stammen die Dokumente aus dem Zeitraum vor der „criminal charge", ist die Abgrenzung, ob es sich in der Tat um Verteidigungsunterlagen handelt, schwerer, als wenn man nur auf den Entstehungszeitpunkt abzustellen hätte.

Man wird hier Eingriffe zur Verifikation zulassen müssen: Diese dürfen zunächst unter den weniger strengen Voraussetzungen von Eingriffen hinsichtlich sonstiger Gegenstände durchgeführt werden, sind aber auf die Verifikation als Eingriffszweck beschränkt. Stellt sich heraus, daß es sich um Verteidigungsunterlagen handelt, so muß die Zwangsmaßnahme, sofern der Eingriff nicht auch unter den für diese Kategorie geltenden Voraussetzungen möglich gewesen wäre, aufgehoben werden.

II. Eingriffsarten

1. Eingriffe in die laufende, schriftliche Kommunikation

Eingriffe in den Briefverkehr zwischen dem Beschuldigten und seinem Verteidiger bzw. eines der beiden mit Dritten können offen, d. h. also mit Kenntnis der Beteiligten, oder heimlich stattfinden.

---

[491] Siehe § 6 C. I. S. 66.

[492] Vgl. hierzu die ähnliche Situation während des Anbahnungsverhältnisses (siehe § 6 C. II. S. 67 f.).

a) Offene Briefkontrolle

Diese erste Variante kommt schon wegen der Möglichkeit zur Durchsetzung in der Praxis wohl ausschließlich beim inhaftierten Beschuldigten vor. Dabei kann sich der Eingriff auf die Kontrolle des Inhalts erstrecken oder auf eine äußerliche Untersuchung, auch mittels technischer Geräte wie Metall- oder Sprengstoffdetektoren sowie Röntgengeräten oder unter Zuhilfenahme von Rauschgifthunden, beschränkt sein. Diese angekündigte, nur äußerliche Kontrolle stellt dabei den relativ mildesten Eingriff dar: Zum einen wird der Inhalt der Kommunikation nicht aufgedeckt, und die Beteiligten sind über die Kontrolle unterrichtet, so daß sie sich darauf einstellen können. Zum anderen wird ein berechtigtes Interesse daran, gefährliche Gegenstände in eine Haftanstalt zu übermitteln, in den allerseltensten Fällen zu erkennen sein, während die Gefahren, die von solchen Gegenständen ausgehen können, sehr groß sind. Dies führt dazu, daß man diesen Eingriff relativ leicht zulassen kann, ohne mit der MRK in Konflikt zu geraten.

Eine inhaltliche Zensur beeinträchtigt die Rechte des Beschuldigten auch dann, wenn sie angekündigt wird, stärker. Er kann aber vertrauliche Informationen vor dem Zugriff der Strafverfolgungsbehörden schützen, indem er sie dem Medium Brief nicht anvertraut. Der Informationsfluß – etwa zu seinem Verteidiger – ist so zwar behindert, aber der Beschuldigte behält anders als bei der verdeckten Postkontrolle die Verfügungsmacht über die Informationen.

b) Postbeschlagnahme

Die Postbeschlagnahme unterscheidet sich von der Briefzensur dadurch, daß sie gerade nicht vorher angekündigt wird. Auch sie kann sich auf eine äußere Kontrolle beschränken – was in praxi aber eher selten ist – oder sich auf den Inhalt der Mitteilung erstrecken. Die fehlende Vorwarnung fällt insbesondere bei der inhaltlichen Kontrolle ins Gewicht: Bei der äußeren Untersuchung werden dann, wenn die Suche erfolglos bleibt, nur wenige Informationen aufgedeckt, etwa Name und Adresse des Absenders bzw. Adressaten. Bei der inhaltlichen Überprüfung gelangen aber alle übermittelten Informationen in die Verfügungsgewalt der Kontrollinstanz, auch dann, wenn sich herausstellt, daß nichts Unerlaubtes enthalten ist. Bei der Verhältnismäßigkeitsprüfung derartiger Maßnahmen darf man nicht vergessen, daß selbst ein Beweisverwertungsverbot die aus der Kenntnis der Ermittlungsbehörden erwachsenen Nachteile nicht immer auffangen kann. Deshalb sind nationale Regelungen, die keine Trennung zwischen Ermittlungs- und Kontrollorganen vornehmen, besonders kritisch zu betrachten.

2. Eingriffe durch Beschlagnahme außerhalb der andauernden Kommunikation

Die „klassische" Beschlagnahme wird in der Regel nicht zu den verdeckten Ermittlungsmaßnahmen gezählt, da sie - im Gegensatz etwa zum Einsatz technischer Mittel - zumeist nicht heimlich erfolgt (vgl. für das deutsche Recht § 106 StPO hinsichtlich der Durchsuchung). So eindeutig diese Unterscheidung auf den ersten Blick erscheint. Sie ist es nicht. Die Beschlagnahme wirkt tendenziell „retroaktiv". Anders als andere Zwangsmittel, wie etwa Untersuchungshaft oder Verteidigerausschluß, beeinträchtigt sie den Beschuldigten nicht nur mit Wirkung für die Zukunft (ex nunc). Beschlagnahmt werden können ausschließlich Gegenstände, die zum Zeitpunkt der Zwangsmaßnahme bereits existieren. Zudem wird die Beschlagnahme i.d.R. gerade nicht angekündigt, um dem Beschuldigten die Möglichkeit zu nehmen, belastendes Material beiseite zu schaffen (vgl. § 33 Abs. 4 StPO). Der Beschuldigte kann sich auf die Maßnahme nicht „einrichten", es sei denn, er will sein gesamtes Leben in Furcht vor einer theoretisch möglichen Beschlagnahme verbringen. In die Geheimnissphäre der Verteidigung wird nachträglich und mit Wirkung für die Vergangenheit eingegriffen.

Ein Beispiel dazu aus dem deutschen Recht: Nach bisher h. M. endet der Beschlagnahmeschutz nach § 97 Abs. 1 StPO, sobald ein Verdacht nach Abs. 2 S. 3 Alt. 1 StPO auf den Zeugnisverweigerungsberechtigten fällt. Beschlagnahmt werden aber im Unterschied zu Alt. 2 nicht nur bestimmte inkriminierte Gegenstände, sondern alle in der zuvor geschützten Sphäre aufgehobenen Dokumente und anderen Gegenstände.[493] Die gewonnenen Erkenntnisse können nach dieser Auffassung dann i. d. R. verwertet werden[494]. Die Vertrauenssphäre wird also ex tunc komplett aufgehoben. Anders gesagt, ähnlich wie bei verdeckten Ermittlungsmaßnahmen schwebt über dem Beschuldigten eine Art Damoklesschwert: Der Beschuldigte kann im Vorhinein nie sicher sein, ob nicht irgendwann eine Beschlagnahme erfolgt. Dies wird nach der in Deutschland h. M. dadurch verschärft, daß ein allein gegen den Zeugnisverweigerungsberechtigten gerichteter Verdacht einer Strafvereitelung genügt und ein kollusives Zusammenwirken mit dem Beschuldigten nicht vonnöten ist.[495]

---

[493] Allg. M. explizit *Creifelds*, GA 1960, 65, 69.

[494] Einzelheiten unter § 11 F. I. S. 216 ff.

[495] § 258 StGB setzt keine Kollusion voraus. *Lüderssen* (LR/*Lüderssen*, vor § 137 Rn. 104 ff.) geht - wenig überzeugend - sogar soweit, eine strafbare Strafvereitelung **nur** dann anzuerkennen, wenn der Verteidiger alleinige Tatherrschaft hat, insbesondere dann, wenn er gegen den Willen des Beschuldigten handelt. A. A. (kollusives Zusammenwirken für § 97 Abs. 2 S. 3 StPO erforderlich) *Waldowski*, AnwBl. 1975, 106, 108, und die hier unter § 11 E. I. 5. c) S. 198 ff. vertretene Ansicht.

Allein diese Bedrohung behindert bereits die Arbeit der Verteidigung.[496] Die Belastung der Verteidigung verhält sich proportional zur Wahrscheinlichkeit der Beschlagnahme. Je niedriger die Hürde für eine Beschlagnahme ist, desto schwerer wird auch die Durchführung einer Verteidigung, die sich im Rahmen der Gesetze bewegt und sich ausschließlich lauterer Mittel bedient. Wenn die durch eine Beschlagnahme gewonnenen Erkenntnisse auch im Anlaßverfahren gegen den Beschuldigten verwertbar sein sollen, verschärft sich das Problem nochmals.

Insbesondere bei der Prüfung der Verhältnismäßigkeit von Einschränkungen des Beschlagnahmeschutzes darf dies nicht außer Betracht bleiben. Soll auf einer Skala die Eingriffsschwere dargestellt werden, so rangiert die klassische Beschlagnahme vor der verdeckten Postbeschlagnahme, da sie auch älteres Material erfaßt, und nur knapp hinter der Ausspähung unter Einsatz technischer Mittel.

III. Verfahrensausgestaltung

Der EGMR hat in der Niemietz-Entscheidung[497] darauf hingewiesen, daß auch die Ausgestaltung des Verfahrens für die Beurteilung der Verhältnismäßigkeit des Eingriffes Bedeutung hat. Der Gerichtshof vermißt hier insbesondere eine Regelung, die die Anwesenheit eines „independent observer" bei Durchsuchungen und Beschlagnahmen in Anwaltskanzleien vorsieht.[498] Der EGMR greift hier eine Idee auf, die schon früher u. a. von *Waldowski*[499] und *Krekeler*[500] in die Diskussion eingeführt worden war: Um zu verhindern, daß die Strafverfolgungsbehörden nach Art des „Staubsaugerprinzips"[501] vorgehen und den ihnen gesteckten, engen Eingriffsrahmen überschreiten, solle ein Vertreter der Rechtsanwaltskammer als neutraler Beobachter anwesend sein.

Der Gerichtshof legt sich anders als die deutschen Autoren allerdings nicht auf eine bestimmte Person fest. Er stellt hier aber inzident klar, daß das Anwesen-

---

[496] Vgl. EGMR, Urteil vom 6. September 1978, Nr. 5029/71, Klass u.a. / D, Série A, Bd. 28 (1979), Ziff. 41. Zum G 10 führt der EGMR in der authentischen französischen Fassung des Urteils aus: „La législation elle-même par sa simple existence crée ... une menace de surveillance entravant forcément la liberté de communication ... et constituant par là une « une ingérence d'une autorité publique »". Allein die Möglichkeit der Telephonüberwachung stellt also einen Eingriff in die Kommunikationsfreiheit dar (ähnlich BVerfGE 30, 1, 16 f.).

[497] EGMR, Urteil vom 16. Dezember 1992, Nr. 13710/88, Niemietz / D, Série A, Bd. 251-B, S. 36, Ziff. 37 = EuGRZ 1993, 65, 67.

[498] EGMR, Urteil vom 16. Dezember 1992, Nr. 13710/88, Niemietz / D, Série A, Bd. 251-B, S. 36, Ziff. 37 = EuGRZ 1993, 65, 67.

[499] *Waldowski*, AnwBl. 1975, 106, 109.

[500] *Krekeler*, NJW 1977, 1417, 1425 f.; beiden zustimmend auch *Bandisch*, NJW 1987, 2200, 2205 f.

[501] *Bandisch*, NJW 1987, 2200, 2205.

heitsrecht des Inhabers bei Durchsuchungen (§ 106 StPO), dessen Nichtbeachtung die Kommission in ihrem Bericht negativ vermerkt hat,[502] nicht in gleichem Maße die Eingriffsintensität mildert.

Die Anwesenheit eines neutralen Dritten ist aber nicht die einzige, denkbare verfahrensrechtliche Absicherung: Bei der Beurteilung der Eingriffsschwere ist auch maßgeblich, wem die Anordnungskompetenz zusteht, wer die Beschlagnahme und gegebenenfalls die Durchsicht der Unterlagen vorzunehmen hat und welche Möglichkeiten für den Betroffenen bestehen, gegen die Maßnahmen vorzugehen.

Dies ist nicht allein eine Frage des Art. 13 MRK,[503] sondern auch der Bewertung des Eingriffes selbst. Je geringer die Kontrolldichte, desto schwerer wiegt er, und desto eher ist seine Verhältnismäßigkeit in Zweifel zu ziehen.[504]

IV. Schwereskala

Zusammenfassend läßt sich folgendes sagen: Eine äußere Kontrolle ist weniger eingriffsintensiv als eine inhaltliche, eine angekündigte weniger belastend als eine unerwartete. Je mehr Material erfaßt wird, und je weiter dieses Material zeitlich zurückreicht, desto schwerer ist die Beeinträchtigung.

V. Fair-Trial-Prinzip als Schranken-Schranke

Neben dem Erfordernis der Proportionalität von Eingriffsschwere und bekämpfter Gefahr setzt die Straßburger Rechtsprechung Eingriffen in das Recht auf Verteidigung eine weitere, absolute Schranke: Selbst dann, wenn schwerste Gefahren abgewendet werden müssen, dürfen Einschränkungen der Rechte der Verteidigung nie soweit gehen, daß der Beschuldigte eines fairen Verfahrens beraubt wird.[505]

---

[502] EKMR, Bericht vom 29. Mai 1991, Nr. 13710/88, Niemietz / D, Série A, Bd. 251-B, S. 44, Ziff. 76.

[503] Hierzu ausführlich § 6 H. S. 112 ff.

[504] EGMR, Urteil vom 6. September 1978, Nr. 5029/71, Klass u. a. / D, Série A, Bd. 28, S. 23, Ziff. 50, S. 25 f., Ziff. 54 f.; EGMR, Urteil vom 24. August 1998, Nr. 23618/94, Lambert / F, Reports 1998-V, S. 2240 ff., Ziff. 31 ff. m. w. N.

[505] Vgl. EGMR, Urteil vom 8. Februar 1996, Nr. 18731/91, Murray / UK, Reports 1996-I, S. 55, Ziff. 63 = EuGRZ 1996, 587, 592; EKMR, Bericht vom 27. Juni 1994, Nr. 18731/91, Murray / UK, S. 73, Ziff. 70. In diesem Fall ging es um Terrorismus in Nordirland.

F. Verwertbarkeit von bei rechtmäßigen Überwachungsmaßnahmen gewonnenen Informationen

Die Konvention enthält grundsätzlich keine Beweisvorschriften, da die Ausgestaltung des Verfahrens Aufgabe der Mitgliedsstaaten ist.[506] Deren Prozeßordnungen müssen sich jedoch an den allgemeinen Vorgaben der MRK messen lassen, also insbesondere an Art. 6 MRK.

I. Eingriffe zu Ermittlungszwecken

Auch wenn Eingriffe zur Informationsgewinnung ausnahmsweise zulässig sind, bedeutet dies nicht automatisch, daß auch ihre Verwertung im Prozeß möglich ist. Die Verwertung ist als selbständiger Eingriff ihrerseits an der Konvention zu messen. Die Verteidigungsrechte müssen gewahrt werden, und natürlich darf das konkrete Verfahren durch die Verwendung des Beweismittels nicht unfair werden.[507]

So kann es sein, daß der Beschuldigte oder sogar sein Verteidiger in Unkenntnis der Beschlagnahmefähigkeit ein Belastungsdokument mit Glossen versehen hat, die Rückschlüsse auf die Verteidigungsstrategie zulassen. Hier stünde Art. 6 Abs. 3 lit. b) MRK einer Verwertung dieser Informationen entgegen.

Häufiger auftreten dürfte allerdings die Situation, daß etwa beschlagnahmte Dokumente besonders schutzwürdige Informationen, die nicht im Zusammenhang mit der Verteidigung stehen, enthalten. Hier können andere Konventionsrechte einer Verwertung im Verfahren entgegenstehen, wie etwa das Recht auf Privatsphäre und Familie (Art. 8 Abs. 1 MRK). Allerdings ist hier eine besonders sorgfältige Abwägung der Umstände des Einzelfalles notwendig.[508]

---

[506] EGMR, Urteil vom 12. Juli 1988, Nr. 10862/84, Schenk / CH, S. 29, Ziff. 46 = EuGRZ 1988, 390, 394 = NJW 1989, 654, 655.

[507] EGMR, Urteil vom 12. Juli 1988, Nr. 10862/84, Schenk / CH, S. 29, Ziff. 46 f. = EuGRZ 1988, 390, 394 = NJW 1989, 654, 655; EKMR, Bericht vom 10. Mai 1987, Nr. 10862/84, Schenk / CH, S. 39, Ziff. 59.

[508] Vgl. hierzu EGMR, Urteil vom 25. Februar 1997, Nr. 22009/93, Z. / Finnland, Reports 1997-I, S. 342 ff., Ziff. 71 ff., zum Streit um die Sphärentheorie des BVerfG und die „Tagebuchrechtsprechung" des BGH siehe BVerfGE 34, 238, 245 ff.; BVerfGE 32, 373, 378 ff.; BGHSt 19, 325 ff.; BGHSt 34, 397 ff. (Einzelheiten bei *Beulke*, StPO, Rn. 470 ff.).

II. „Nebenprodukte" von Eingriffen zum Schutz vor Mißbrauch von Verteidigungsrechten

Wie aber ist zu verfahren, wenn bei Maßnahmen zur Verhinderung eines Mißbrauchs Gegenstände in die Hände der Strafverfolgungsbehörden gelangen, die als Beweismittel in Frage kommen?

1. Verwertung im ursprünglichen Verfahren gegen den Beschuldigten

Schriftstücke, aber auch andere Gegenstände, die zur Verhinderung eines Mißbrauches von Verteidigungsrechten beschlagnahmt werden, können oft für die Verfolgung der Tat im Anlaßverfahren wertvolle Hinweise enthalten. Das Problem ist nur, ob eine Verwertung durch die Strafverfolgungsbehörden mit Art. 6 Abs. 3 MRK in Einklang zu bringen ist.

Handelt es sich um Objekte, bei denen ein Eingriff zu Ermittlungszwecken rechtmäßig gewesen wäre, wird man eine Verwertung mit den oben geschilderten Einschränkungen zulassen können.[509] Problematisch ist aber die Verwertung in den übrigen Fällen.

Man muß hier zwischen zwei Konstellationen unterscheiden:

Erweist sich nach Beschlagnahme der Mißbrauchsverdacht als unbegründet, ist für die Verwertung kein legitimer Eingriffszweck feststellbar. Es besteht keine Gefahrensituation, die abgewendet werden muß. Eingriffe zur Informationsgewinnung sind nur bei bestimmten Gegenständen gestattet, um die es hier aber gerade nicht geht. Im Ergebnis würde rechtmäßiges Verhalten im Schutzbereich des Art. 6 Abs. 3 MRK dem Beschuldigten zum Nachteil gereichen. Eine derartige Verwertung verstieße gegen die MRK.[510] Das gleiche muß gelten, wenn ein Fehlverhalten des Verteidigers, an dem der Beschuldigte keinen Anteil hatte, Anlaß für den Eingriff war.

Anders scheint die Situation, wenn wirklich ein rechtswidriges Verhalten des Beschuldigten allein oder in Kollusion mit seinem Verteidiger der Maßnahme zugrunde liegt. Hier ließe sich an eine Art von „Verwirkung" denken. Wie bereits dargelegt, hat der Beschuldigte auch dann ein Recht auf wirksame Verteidigung, wenn er das Recht zuvor mißbraucht hat.[511] Könnten aber die Informationen aus zu präventiven Zwecken beschlagnahmten Dokumenten oder anderen Objekten, wie z. B. ein Geständnis gegenüber dem Verteidiger, im ursprünglichen Verfahren

---

[509] Siehe § 6 F. I. S. 105.

[510] Inzident ergibt sich dies auch aus der Entscheidung der Kommission in der Sache François / UK, EKMR, Zulässigkeitsentscheidung vom 13. Mai 1986, Nr. 11058/84, François / UK, The Law, Ziff. 1 (zu dieser Entscheidung vgl. Fn. 324).

[511] Siehe § 6 D. III. 2. b) S. 82 ff.

verwertet werden, wäre eine effektive Strafverteidigung oft nicht mehr möglich. Auch hier ist auf eine Verwertung zu verzichten.

2. Verwertung zur Verfolgung des Mißbrauchs

Es kann sein, daß das mißbräuchliche Verhalten, dessentwegen der Eingriff angeordnet worden ist, selbst den Tatbestand einer Straftat erfüllt. Daß dann die Justizorgane ein Interesse daran haben, beschlagnahmtes Material auch als Beweismittel zu nutzen, liegt nahe.

Art. 6 Abs. 3 MRK schützt nicht den Verteidiger bei seiner Tätigkeit für den Beschuldigten. Diese Vorschrift steht einer strafrechtlichen Verfolgung des Strafverteidigers wegen eines Fehlverhaltens nicht entgegen.

Problematisch ist lediglich, ob eine Verwertung auch gegen den Beschuldigten möglich ist. Betrachtet man Art. 17 MRK, so erkennt man, daß das Verhalten von Beschuldigtem und Strafverteidiger nicht immer als „Verteidigungshandeln" unter dem Schutz von Art. 6 Abs. 3 MRK steht. Verhalten, das sich unter Art. 17 MRK subsumieren läßt, ist nicht menschenrechtlich geschützt und kann unter Strafe gestellt werden. Es erscheint nur logisch, unter dem Aspekt der Gefahrenabwehr beschlagnahmtes Material auch zu seiner Verfolgung heranzuziehen, sofern der nationale Gesetzgeber einen entsprechenden Straftatbestand geschaffen hat.

Damit wird aber nur ein geringer Teil rechtswidrigen Handelns im Rahmen einer Strafverteidigung abgedeckt. „Normaler" Mißbrauch bewegt sich in der Regel unterhalb der Schwelle von Art. 17 MRK.

Art. 17 MRK besagt jedoch allein, daß derjenige, der die Konvention bekämpft, sich nicht auf sie berufen kann. Ihm versagt sie ihren Schutz, ohne daß es dabei eines Aktes der nationalen Rechtssetzung bedarf. Damit ist nicht ausgeschlossen, daß der in Art. 17 MRK enthaltene Rechtsgedanke zur Legitimation von Eingriffen durch nationale Gesetze herangezogen wird. Es erscheint daher möglich, die bei Präventiveingriffen gewonnenen Erkenntnisse über Mißbräuche zu deren Verfolgung zu verwenden. Voraussetzung ist allerdings, daß der Gesetzgeber das mißbräuchliche Verhalten des Beschuldigten überhaupt unter Strafe stellen durfte. Bei dieser Entscheidung ist angesichts der besonderen Zwangslage des Beschuldigten äußerste Sorgfalt erforderlich.

3. Verwertung bei Identität von verfolgter Tat und mißbräuchlichem Verhalten

Bei Dauerdelikten im weitesten Sinn kann es vorkommen, daß das mißbräuchliche und strafbare Verhalten während der Verteidigung mit der Straftat, deretwegen das Verfahren eingeleitet worden ist, in einem so engen Zusammenhang steht, daß eine Trennung kaum möglich ist. Schwierig ist auch hier nur die Frage der Verwertbarkeit gegen den Beschuldigten: Die Position eines weiteren Tatbeteiligten darf sich nicht dadurch verbessern, daß er die Verteidigung des Beschuldigten übernimmt und die dem Strafverteidiger eingeräumten Privilegien dann noch zur Fortsetzung des kriminellen Unrechts mißbraucht.

Zur Verdeutlichung betrachte man sich verschiedene, höchst heterogene Fallgestaltungen:

- Da wäre einmal der Mafiapate, der eventuell sogar aus der Untersuchungshaft heraus mit Hilfe des Verteidigers seine Organisation weiterführt. Hier ist ein inhaltlicher Bezug zur Verteidigung nicht erkennbar, so daß eine Verwertung der Informationen sowohl im Hinblick auf die ursprünglich verfolgte Tat als auch bezüglich des neuen „Tatteils" zulässig ist.
- Auf der anderen Seite der Skala steht der Anwalt, der ob unzulässigen Verhaltens wegen Strafvereitelung verfolgt wird und der seinen ins Ausland geflohenen Klienten u. a. deshalb weiterhin finanziell unterstützt, damit dieser nicht zurückkehrt und gegen ihn aussagt.[512] Sein Handeln zielt in erster Linie darauf, sich – wenn auch mit unlauteren Mitteln – zu verteidigen.
- Eine mittlere Position besetzen die wegen politisch motivierter Straftaten Beschuldigten, bei denen es schwerfallen kann, zwischen Selbstrechtfertigung zur Verteidigung und auf Ausbau und Erhaltung ihrer Organisationen gerichteten Aktionen abzugrenzen.

Auf den ersten Blick erscheint der Konflikt in den beiden zuletzt geschilderten Varianten kaum lösbar. Vergegenwärtigt man sich jedoch, daß der Gesetzgeber bei der Frage, ob er ein Verhalten des Beschuldigten unter Strafe stellt, das dieser bei und nicht nur bei Gelegenheit der Vorbereitung seiner Verteidigung an den Tag legt, Zurückhaltung üben muß, entschärft sich die Lage. Ermöglicht er etwa nur dann eine Verfolgung, wenn über die bloße Behinderung der Strafverfolgung im

---

[512] Daß dieses Verhalten wegen § 258 Abs. 5 StGB in Deutschland nicht strafbar ist, stört hier nicht, da die Grundsätze auch in anderen Mitgliedsstaaten anwendbar sein müssen, die hier eventuell anders entscheiden.

Anlaßverfahren weitere Rechtsgutsverletzungen verursacht werden, steht die MRK einer Verwertung bezüglich beider „Teile" nicht entgegen.

Da es in diesem eng begrenzten Bereich zu einer Verwertung im Anlaßverfahren kommt, kann man hier durchaus von einem Fall von „Verwirkung" sprechen. Zu beachten ist allerdings, daß diese Verwirkung nur zur Verwertbarkeit der durch den Mißbrauch „inkriminierten" Objekte führt, nicht aber zu einer der übrigen, möglicherweise ebenfalls beschlagnahmten.

III. Verwertbarkeit bei nachträglichem Erwerb der Beschuldigteneigenschaft

Ein besonderer Fall ist die Verwertbarkeit von Verteidigungsmaterial, das vor der Inkulpation entstanden ist. Art. 6 Abs. 3 der Konvention ist, wie gesehen, erst ab Erwerb der Beschuldigteneigenschaft anwendbar.[513] Eingriffe vor diesem Zeitpunkt werden nicht erfaßt. Der spätere Beschuldigte steht damit einem gewöhnlichen Dritten gleich, der nur im Rahmen von Art. 8 MRK Schutz genießt. Art. 8 Abs. 2 MRK läßt aber auch Maßnahmen zur Informationsgewinnung im Rahmen der Strafverfolgung zu,[514] sofern sie verhältnismäßig sind, wozu auch die Abwägung des Ermittlungsinteresses mit dem Recht auf Privatsphäre und insbesondere mit dem auf ungestörte Kommunikation mit einem Rechtsanwalt gehört.

Wird das zunächst gegen einen anderen oder gegen „unbekannt" geführte Verfahren später gegen den Betroffenen gerichtet und ließe man die Verwertung der ursprünglich rechtmäßig erlangten Beweise im Verfahren gegen ihn zu, erwüchse ihm daraus ein Nachteil, daß er sich frühzeitig um seine Verteidigung bemüht hat. Dies widerspräche dem Sinn und Zweck des Rechts auf Strafverteidigung: Wird der Betroffene später zum Beschuldigten, so stellt die Verwertung von Verteidigungsmaterial, das vor dem Inkulpationsakt beschlagnahmt worden ist, einen erneuten Eingriff dar, nunmehr in das Recht auf effektive Verteidigung. Man kann nur darüber streiten, ob man für die Prüfung sub specie Art. 6 Abs. 3 MRK den Zeitpunkt der ursprünglichen Eingriffsmaßnahme oder den der Verwertung heranziehen soll. Ersteres liefe darauf hinaus, de facto nicht die Verwertung, sondern den Eingriff selbst zu untersuchen und Art. 6 Abs. 3 MRK Rückwirkung zu verleihen. Vorzuziehen ist daher die zweite Alternative: Die gewonnenen Erkenntnisse sind im oben dargestellten Rahmen verwertbar, wenn zum Zeitpunkt der Verwendung als Beweismittel eine Beschlagnahme nach der MRK möglich wäre.

---

[513] § 6 C. I. S. 66.

[514] IntKommMRK/*Wildhaber*/*Breitenmoser*, Art. 8 Rn. 620 ff. m. zahlr. N.

G. Verwertbarkeit von bei rechtswidrigen Überwachungsmaßnahmen gewonnenen Informationen

Die Leitentscheidung des EGMR für die Verwertbarkeit rechtswidrig erlangter Beweismittel ist das Urteil im Fall Schenk gegen die Schweiz.[515]

Der Beschwerdeführer Schenk war von den Schweizer Gerichten wegen versuchter Anstiftung zum Mord an seiner geschiedenen Ehefrau verurteilt worden, wobei u. a. der Tonbandmitschnitt eines Telephongespräches zwischen Schenk mit dem vermeintlichen Auftragsmörder Pauty als Beweismittel diente. Jener hatte das Telephonat mitgeschnitten und anschließend an die Behörden übergeben. Nach Schweizer Recht hatte sich Pauty strafbar gemacht, da im gegebenen Fall Notstand als Rechtfertigungsgrund ausgeschlossen war: Pauty hatte nämlich vorher die Polizei über das Vorhaben Schenks unterrichtet, so daß diese auf legalem Wege eine Abhörmaßnahme hätte durchführen können.[516] Es ging also nicht um einen rechtswidrigen staatlichen Eingriff, sondern private Beweisgewinnung.[517] Zudem standen Kommission und Gerichtshof vor dem Problem, daß das Verhalten Pautys zwar in der Schweiz strafbar war, aber nicht in allen übrigen Mitgliedsstaaten.[518] Hätten Gerichtshof und Kommission sich dafür ausgesprochen, daß durch rechtswidrige Privathandlungen erlangte Beweise unter keinen Umständen verwertet werden können, hätte dies zu einer starken Abhängigkeit vom nationalen Recht geführt und eine gleichmäßige Anwendung der Konventionsrechte in den Mitgliedsstaaten erschwert.[519]

Geprüft wurde hier nur, ob der Prozeß insgesamt „fair" war.[520] Auch dies geschah leider nur sehr kursorisch. Trotz der dargestellten Schwierigkeiten wird man zu dem Schluß kommen müssen, daß die Straßburger Rechtssprechungsorgane hier die Gelegenheit verpaßt haben, allgemeine, für alle Mitgliedsstaaten geltende

---

[515] EGMR, Urteil vom 12. Juli 1988, Nr. 10862/84, Schenk / CH, Série A, Bd. 140 = EuGRZ 1988, 390 ff. (zur Übersetzung vgl. Fn. 383; in kurzen Auszügen wiedergegeben auch in NJW 1989, 654 ff.).

[516] Vgl. Sondervotum der Kommissare *Trechsel* und *Vandenberghe*, EKMR, Bericht vom 10. Mai 1987, Série A, Bd. 140, S. 42.

[517] Hieran bestanden allerdings Zweifel. Da die Beschwerde hinsichtlich der Herstellung des Bandes mangels Rechtswegerschöpfung unzulässig war, sind (leider) weder Gerichtshof noch Kommission näher darauf eingegangen, vgl. EKMR, Bericht vom 10. Mai 1987, Série A, Bd. 140, S. 39, Ziff. 58; zum Sachverhalt siehe EGMR, Urteil vom 12. Juli 1988, Nr. 10862/84, Schenk / CH, Série A, Bd. 140, S. 19, Ziff. 27 = EuGRZ 1988, 390, 392.

[518] Sondervotum der Kommissare *Danelius*, *Weitzel* und *Hall*, EKMR, Bericht vom 10. Mai 1987, Série A, Bd. 140, S. 44.

[519] Vgl. EKMR, Bericht vom 10. Mai 1987, Série A, Bd. 140, S. 39, Ziff. 59.

[520] EGMR, Urteil vom 12. Juli 1988, Nr. 10862/84, Schenk / CH, Série A, Bd. 140, S. 27 ff., Ziff. 39 ff. = EuGRZ 1988, 390, 393 ff.

Leitlinien für die Verwertbarkeit von rechtswidrig gewonnenen Beweismitteln aufzustellen.[521] Die Qualität dieses EGMR-Urteils bleibt überraschenderweise weit hinter der der abgedruckten Schweizer Entscheidungen zurück. Diese setzen sich geradezu vorbildlich mit den in der Schweiz und rechtsvergleichend mit den in der Bundesrepublik Deutschland vertretenen Ansichten zum Thema der Beweisverwertungsverbote auseinander.[522]

Für die hier allein interessierende Verwertbarkeit von rechtswidrig beschlagnahmten Verteidigungsunterlagen können aber trotzdem aus der Entscheidung im Fall Schenk Erkenntnisse gewonnen werden: Der EGMR hält ausdrücklich fest, daß bei einer fairen Verfahrensgestaltung auch die Rechte der Verteidigung gewahrt sein müssen, wobei er sich im gegebenen Fall nur mit den Beteiligungsrechten während der Hauptverhandlung zu beschäftigen hatte.[523] Zu einem fairen Verfahren gehört aber genauso das Recht auf eine vor rechtswidrigen Eingriffen geschützte Geheimnissphäre der Verteidigung in allen Verfahrensstadien.

Oberflächlich betrachtet, ergibt sich folgendes Bild: Werden Verteidigungsunterlagen zu Unrecht beschlagnahmt, wäre im Falle ihrer Verwertung eine effektive Verteidigung in den meisten Fällen wohl nicht möglich. Ein faires Verfahren wäre nur bei einem absoluten Beweisverwertungsverbot noch durchführbar. In dieser Pauschalität ist diese Aussage jedoch nicht aufrechtzuerhalten: Selbst im Fall verletzter Verteidigungsrechte muß man zwischen verschiedenen Fallgruppen differenzieren:

I. Verwertung im ursprünglichen Verfahren

Die Verwertung in dem Verfahren, in dem das Verteidigungsverhältnis besteht, ist auch bei rechtmäßigen Eingriffen nur in eng begrenztem Umfang zulässig. Daß rechtswidrig erlangte Information nicht in weiterem Umfang verwendbar sein darf als rechtmäßig gewonnene, versteht sich von selbst (argumentum a maiore).[524]

Die Frage eines Beweisverwertungsverbots bei rechtswidriger Beweisbeschaffung stellt sich somit nur für die Fälle, in denen die Beweisgewinnung bei rechtmäßigem Vorgehen grundsätzlich möglich gewesen wäre.[525] Hier kann dann der

---

[521] So auch die Richter *Pettiti*, *Spielmann*, *de Meyer* und *Salcedo* in ihrem Sondervotum, EGMR, Urteil vom 12. Juli 1988, Nr. 10862/84, Schenk / CH, Série A, Bd. 140, S. 33.

[522] Urteile der cour de cassation pénale du Tribunal cantonal vaudois und des Tribunal fédéral (cour de Cassation pénale) m. zahlr. N., abgedruckt in EGMR, Urteil vom 12. Juli 1988, Nr. 10862/84, Schenk / CH, Série A, Bd. 140, S. 19 ff, Ziff. 28, S. 23 f., Ziff. 30.

[523] EGMR, Urteil vom 12. Juli 1988, Nr. 10862/84, Schenk / CH, Série A, Bd. 140, S. 29, Ziff. 47 = EuGRZ 1988, 390, 394.

[524] Für ein Beweisverwertungsverbot spricht sich implizit die Kommission aus, EKMR, Zulässigkeitsentscheidung vom 13. Mai 1986, Nr. 11058/84, François / UK, The Law, Ziff. 1.

[525] Siehe § 6 F. I. S. 105 und § 6 F. II. 3. S. 108 f.

bekannte Theorienstreit einsetzen, wobei man die besondere Schutzwürdigkeit der Verteidigung in Rechnung zu stellen hat.[526] Der EGMR würde wohl auch hier die in der Schweiz (und in Deutschland) gängigen Lösungsvorschläge akzeptieren.[527]

II. Verwertung zur Verfolgung eines Mißbrauches

Bei der Verwertung in einem Verfahren, das ein strafbares Verhalten während der Verteidigung zum Inhalt hat, sind die relevanten Menschenrechte andere als in der gerade geschilderten Situation.

Es geht de facto hier nämlich nicht um die Verwertung von **Verteidigungs**unterlagen gegen den Beschuldigten. Handelt es sich doch um ein neues Verfahren, in dem das durch den Eingriff betroffene Mandatsverhältnis gerade nicht bestand. Maßstab ist hier Art. 6 Abs. 3 MRK nur hinsichtlich der Beteiligungsrechte der „neuen" Verteidigung. Ansonsten ist die Lage keine andere als bei der Verwertung normaler, d. h. nicht privilegierter Gegenstände, die rechtswidrig beschlagnahmt worden sind: Nach dem Urteil des EGMR in der Sache Schenk ist hier nach den nationalen Regeln zu verfahren, sofern der Prozeß dadurch nicht unfair wird.[528]

H. Die Garantie eines „effective remedy / recours effectif" in Art. 13 MRK

Nach Art. 13 MRK muß jedem, der sich durch ein Verhalten nationaler Behörden in seinen Konventionsrechten verletzt fühlt, ein wirksamer nationaler Rechtsbehelf zur Verfügung stehen. Dies war zunächst umstritten: Die Kommission hatte wiederholt entschieden, daß Art. 13 MRK erst dann eingreife, wenn über die Menschenrechtswidrigkeit bereits festgestellt worden sei.[529] Die dissenting opinion der Kommissare *Trechsel* und *Frowein* in der Sache Klass u. a. gegen die Bundesrepublik Deutschland brachte die Wende.[530] Der Gerichtshof hat sich

---

[526] Nachweise bei *Beulke*, StPO Rn. 457 ff.; *ders.*, ZStW 103 (1991), 657 ff.; *Mörlein*, Der Schutz des Vertrauensverhältnisses zwischen Verteidiger und Beschuldigtem im Rahmen des § 100 a StPO, S. 224 ff.; *Schröder*, Beweisverwertungsverbote und die Hypothese rechtmäßiger Beweiserlangung im Strafprozeß, S. 37 ff.; SK-StPO/*Wolters*, vor § 151 Rn. 194 ff.

[527] Anders die Richter *Pettiti*, *Spielmann*, *de Meyer* und *Salcedo*, EGMR, Urteil vom 12. Juli 1988, Nr. 10862/84, Schenk / CH, Série A, Bd. 140, S. 33, und die Kommissare *Trechsel* und *Vandenberghe*, EKMR, Bericht vom 10. Mai 1987, Série A, Bd. 140, S. 42 f. Sie sprechen sich für die generelle Unverwertbarkeit rechtswidrig erlangter Beweise aus („ex iniuria ius non oritur", *Trechsel* und *Vandenberghe*, loc. cit.; auch estoppel-Theorie genannt).

[528] EGMR, Urteil vom 12. Juli 1988, Nr. 10862/84, Schenk / CH, S. 29, Ziff. 46 = EuGRZ 1988, 390, 394 = NJW 1989, 654, 655; siehe auch EKMR, Bericht vom 10. Mai 1987, Nr. 10862/84, Schenk / CH, S. 39, Ziff. 59.

[529] St. Rspr., zum letzten Mal in EKMR, Bericht vom 9. März 1977, Nr. 5029/71, Klass u. a. / D, Série B, Bd. 26, S. 39 Ziff. 70; vgl. EGMR, Urteil vom 6. September 1978, Nr. 5029/71, Klass u. a. / D, Série A, Bd. 28, S. 29, Ziff. 62 ff.

[530] EKMR, Bericht vom 9. März 1977, Nr. 5029/71, Klass u. a. / D, Série B, Bd. 26, S. 46 f.

diesem Votum angeschlossen.[531] Seither genügt nach allgemeiner Ansicht, daß der Beschwerdeführer die „vertretbare" Behauptung[532] aufstellt, in sonstigen Konventionsrechten verletzt zu sein, um ihm das Recht auf einen wirksamen Rechtsbehelf zu verschaffen.

I. Rechtsbehelfe gegen richterliche Zwangsmaßnahmen

Problematisch ist allerdings das Verhältnis von Art. 6 zu Art. 13 MRK. Nach der Auffassung von *Frowein* gewährt Art. 13 MRK wie Art. 19 Abs. 4 GG, seine Entsprechung im deutschen Verfassungsrecht, keinen Anspruch auf Rechtsschutz gegen den Richter.[533] Richtig ist daran, daß im System der Menschenrechtskonvention nur Art. 2 des 7. Zusatzprotokolls[534] Anspruch auf eine zweite richterliche Instanz gibt. Fühlt sich der Beschuldigte durch das Gericht im Hauptverfahren in einem seiner Rechte aus Art. 6 MRK beeinträchtigt, verletzt der Mitgliedsstaat jedenfalls nicht Art. 13 MRK, wenn seine Prozeßordnung kein Rechtsmittel dagegen vorsieht.[535]

Davon zu unterscheiden ist allerdings die Frage, ob auch gegen richterlich angeordnete Zwangsmittel, wie die Beschlagnahme, kein Rechtsschutz gewährt werden muß. Der EGMR ist hier anderer Ansicht als das BVerfG im Hinblick auf Art. 19 Abs. 4 GG.[536] Nicht jede von einem Richter getroffene Entscheidung ist für den Gerichtshof „Rechtsprechung". In zwei von ihm entschiedenen Fällen ging es um Briefzensur, die von einem Richter verantwortet war. Der EGMR hat hier darin, daß gegen die Anordnung kein Rechtsbehelf gegeben war, einen

[531] EGMR, Urteil vom 6. September 1978, Nr. 5029/71, Klass u. a. / D, Série A, Bd. 28, S. 29, Ziff. 64.

[532] Übersetzung von Frowein/Peukert/*Frowein*, EMRK, Art. 13 Rn. 2, für „arguable claim" in EGMR, Urteil vom 25. März 1983, Nr. 5947/72 u. a., Silver u. a. / UK, Série A, Bd. 61, S. 42, Ziff. 113 = EuGRZ 1984, 147, 153.

[533] Frowein/Peukert/*Frowein*, EMRK, Art. 13 Rn. 9.

[534] Protokoll Nr. 7 zur Konvention zum Schutze der Menschenrechte und Grundfreiheiten vom 22. November 1984, in Kraft seit dem 1. November 1988, zuletzt geändert durch das 11. Zusatzprotokoll mit Wirkung vom 1. November 1998 (siehe oben § 5 A. S. 27), abgedruckt in Sartorius II, Nr. 135. Die Bundesrepublik Deutschland hat das 7. Zusatzprotokoll bisher nicht ratifiziert.

[535] EKMR, Bericht vom 28. Februar 1995, Nr. 15211/89, Calogero Diana / I, Reports 1996-V, S. 1786, Ziff. 45; EKMR, Bericht vom 28. Februar 1995, Nr. 15943/90, Domenichini / I, Reports 1996-V, S. 1810, Ziff. 47 m. N.

[536] Vgl. dazu § 11 C. I. 2. S. 156 f.

Verstoß gegen Art. 13 MRK gesehen.[537] Die richterliche Entscheidung habe hier nicht „judicial nature“, sondern „administrative nature“.[538]

Zu Recht zieht der Gerichtshof hier eine funktionelle Betrachtungsweise vor: Es kommt nicht darauf an, ob ein Richter tätig wird, sondern darauf, ob er als Richter entscheidet. Daß eine Zwangsmaßnahme von einem Richter an Stelle der Staatsanwaltschaft oder der Polizei verfügt werden muß, ändert nichts am Charakter der Anordnung als Administrativakt oder - um die deutsche Nomenklatur zu verwenden – als Justizverwaltungsakt.[539] Die richterliche Autorisierung soll die Präventivkontrolle stärken, bietet aber, da der Richter hier materiell als Teil der strafverfolgenden Exekutive tätig wird, keinen Ersatz für eine nachträgliche auch materiell „richterliche“ Kontrolle.

Die „national authority" / „une instance nationale“, die diesen Schutz gewähren soll, muß zwar kein Gericht im organisatorischen Sinn sein, aber inhaltlich den gleichen Anforderungen an Unparteilichkeit und Unabhängigkeit genügen.[540] Der EGMR hat eine Gegenvorstellung zum magistrato di sorveglianza in den beiden beschriebenen Fällen für nicht ausreichend erachtet, da dieser eine eigene Entscheidung hätte kontrollieren müssen.[541]

II. Rechtsschutz gegen erledigte Maßnahmen

Seit Dezember 1997 steht auf Konventionsebene fest, daß die Tatsache der Erledigung des Eingriffes nichts am Anspruch auf Rechtsschutz ändert.[542] In dem

---

[537] EGMR, Urteil vom 15. November 1996, Nr. 15211/89, Calogero Diana / I, Reports 1996-V, S. 1777, Ziff. 40 f.; EGMR, Urteil vom 15. November 1996, Nr. 15943/90, Domenichini / I, Reports 1996-V, S. 1801 f., Ziff. 41 f.

[538] EGMR, Urteil vom 15. November 1996, Nr. 15943/90, Domenichini / I, Reports 1996-V, S. 1801, Ziff. 42; vgl. EGMR, Urteil vom 15. November 1996, Nr. 15211/89, Calogero Diana / I, Reports 1996-V, S. 1777, Ziff. 41; vgl. auch die Berichte der Kommission in beiden Fällen, EKMR, Bericht vom 28. Februar 1995, Nr. 15211/89, Calogero Diana / I, Reports 1996-V, S. 1786, Ziff. 45; EKMR, Bericht vom 28. Februar 1995, Nr. 15943/90, Domenichini / I, Reports 1996-V, S. 1810, Ziff. 47.

[539] Vgl. auch die in Fn. 737 zitierten Literaturvertreter für das deutsche Recht.

[540] EGMR, Urteil vom 6. September 1978, Nr. 5029/71, Klass u. a. / D, Série A, Bd. 28, S. 30, Ziff. 67; EGMR, Urteil vom 15. November 1996, Nr. 15211/89, Calogero Diana / I, Reports 1996-V, S. 1777, Ziff. 40; EGMR, Urteil vom 15. November 1996, Nr. 15943/90, Domenichini / I, Reports 1996-V, S. 1800, Ziff. 41.

[541] EGMR, Urteil vom 15. November 1996, Nr. 15211/89, Calogero Diana / I, Reports 1996-V, S. 1777, Ziff. 41; EGMR, Urteil vom 15. November 1996, Nr. 15943/90, Domenichini / I, Reports 1996-V, S. 1801, Ziff. 42.

[542] EGMR, Urteil vom 16. Dezember 1997, Nr. 21353/93, Camenzind / CH, Reports 1997-VIII, S. 2896 ff., Ziff. 53 ff. Im Fall Niemietz, in dem das LG München I und das OLG München mit dem Hinweis auf prozessuale Überholung die Rechtsmittel verworfen hatten (*Bandisch*, NJW 1987, 2200), hatte die EKMR nur deshalb die Beschwerde nicht im Hinblick auf Art. 13 MRK

Fall, der dem EGMR zur Entscheidung vorlag, ging es um eine Anordnung der Berner Fernmeldekreisdirektion, einer Verwaltungsbehörde mit Kompetenzen zur Strafverfolgung. Da aber der EGMR zwischen richterlichen und sonstigen Anordnungen nicht differenziert und beide der Exekutive zuordnet, können die Grundsätze des Urteils Camenzind / CH ohne Probleme auf richterlich angeordnete Beschlagnahme- oder Durchsuchungsmaßnahmen übertragen werden.[543] Rechtsschutz muß in beiden Fällen auch nach Erledigung gewährt werden. Auch wenn der Eingriff selbst materiell mit der Konvention vereinbar ist, wie dies im Verfahren Camenzind / CH der Fall war,[544] stellt die Versagung von Rechtsschutz einen selbständigen Verstoß gegen Art. 13 MRK i. V. mit der materiellen Garantie dar.

So wenig wie es für den Anspruch auf Rechtsschutz darauf ankommt, ob die zugrundeliegende Maßnahme rechtswidrig war, ist ein „besonderes" Rechtsschutzinteresse für die Überprüfung erledigter Eingriffe (Fortsetzungsfeststellungsinteresse) erforderlich. Der Gerichtshof verlangt nicht, daß Wiederholungsgefahr besteht oder der Eingriff besonders schwer war und eine nachhaltige Beeinträchtigung gezeitigt hat.[545] Auch dafür, daß der Gerichtshof zwischen Menschenrechten erster oder zweiter Klasse in der Konvention, etwa zwischen der Garantie der Unverletzlichkeit der Wohnung und dem Schutz der Privatsphäre (beide in Art. 8 Abs. 1 MRK), oder in ihren Zusatzprotokollen, z. B. der Eigentumsgarantie in Art. 1 des 1. Zusatzprotokolls,[546] differenziert, gibt es keinerlei Anhaltspunkte.

---

zugelassen, weil das LG und das BVerfG sich auch mit der Rechtmäßigkeit des Eingriffs beschäftigt hatten, EKMR, Zulässigkeitsentscheidung vom 5. April 1990, Nr. 13710/88, Niemietz / D, The Law, Ziff. 2. Zum Rechtsschutz gegen erledigte Maßnahmen nach deutschem Recht siehe unten § 11 C. I. 2. S. 156 ff.

[543] Vgl. auch die Bemerkung der EKMR im Fall Niemietz, EKMR, Zulässigkeitsentscheidung vom 5. April 1990, Nr. 13710/88, Niemietz / D, The Law, Ziff. 2.

[544] EGMR, Urteil vom 16. Dezember 1997, Nr. 21353/93, Camenzind / CH, Reports 1997-VIII, S. 2895, Ziff. 47.

[545] Der im deutschen Recht mit Vorliebe wiederholte Satz, das Interesse an der Vorbereitung eines Amtshaftungsprozesses genüge für das besondere Fortsetzungsfeststellungsinteresse nicht (Nachweise dazu unter § 11 C. I. 2. a) S. 157), wird vom EGMR geradezu in sein Gegenteil verkehrt: Die Möglichkeit, Schadenersatz wegen der Zwangsmaßnahme einzuklagen, genügt als effective remedy nicht. Nötig ist daher wohl stets die prinzipale Kontrolle des Menschenrechtseingriffes, vgl. EGMR, Urteil vom 16. Dezember 1997, Nr. 21353/93, Camenzind / CH, Reports 1997-VIII, S. 2896, Ziff. 51. Leise Zweifel meldeten hieran die Richter *Wildhaber*, *Loizou* und *Baka* an, EGMR, Urteil vom 16. Dezember 1997, Nr. 21353/93, Camenzind / CH, Reports 1997-VIII, S. 2900 f. Sie stimmten jedoch mit der Mehrheit. Überholt daher Frowein/ Peukert/*Frowein*, EMRK, Art. 13 Rn. 6.

[546] Transformiert durch Gesetz vom 20. Dezember 1956, BGBl. II 1956, 1979.

III. Rechtsschutz bei Beeinträchtigung von Verteidigungsrechten

Im Fall Calogero Diana hatte der Beschwerdeführer nicht substantiiert vorgetragen, in seinen Verteidigungsrechten verletzt zu sein. Der Gerichtshof hat infolgedessen die Briefkontrolle an Art. 8 MRK gemessen, nicht aber an Art. 6 Abs. 3 MRK.[547] Ob Art. 13 MRK fordert, daß der Beschuldigte Eingriffe in seine Verteidigungsrechte selbständig rügen können muß, oder ob erst gegen das Endurteil nach Art. 2 des 7. Zusatzprotokolls ein Rechtsmittel gewährt werden muß, kann aus der Entscheidung nicht entnommen werden. Nach Ansicht des Gerichtshofs wird jedoch Art. 8 MRK, der neben dem Briefverkehr auch den Schutz der Privatsphäre und der Wohnung normiert, nicht von Art. 6 Abs. 3 MRK verdrängt. Sofern es um eine Beschlagnahme geht, von der der Beschuldigte selbst betroffen ist, hat der Beschuldigte wie jeder „Dritte" gem. Art. 13 i. V. m. 8 MRK Anspruch auf Schutz.[548]

---

[547] EGMR, Urteil vom 15. November 1996, Nr. 15211/89, Calogero Diana / I, Reports 1996-V, S. 1776, Ziff. 35 ff.

[548] Zur Frage der eigenen Betroffenheit im deutschen Recht siehe auch § 11 C. II. S. 166 ff.

§ 7 Der Internationale Pakt über Bürgerliche und Politische Rechte (IPBPR)

A. Ratifikation und Transformation

Der International Covenant on Civil and Political Rights / Pacte international relatif aux droits civils et politiques der Vereinten Nationen vom 19. Dezember 1966 wurde am 9. Oktober 1968 von der Bundesrepublik unterzeichnet.[549] Das Zustimmungsgesetz vom 15. November 1973[550] transformierte den Pakt zugleich nach Maßgabe der erklärten Vorbehalte zu den Art. 19, 21, 22 i. V. m. Art. 2 Abs. 1 und Art. 14 Abs. 3 lit. d) und Abs. 5 sowie Art. 15 IPBPR in deutsches Recht. Er trat nach Art. 49 Abs. 1 IPBPR am 23. März 1976 völkerrechtlich und als innerstaatliches Recht in der Bundesrepublik in Kraft.[551] Zur Zeit, Ende 1999, hat der IPBPR 144 Mitgliedstaaten.[552]

B. Rangstellung des IPBPR

Die Frage ist nun, ob auch der IPBPR – wie die MRK – eine eigene supranationale Organisation schafft. Eine von den Vereinten Nationen getrennte Organisation für Menschenrechte wird man angesichts der starken, mit der Situation unter der MRK nicht vergleichbaren, organisatorischen Anbindung an die UN nicht annehmen können. Das wäre auch nicht unbedingt nötig: Eine Übertragung von Hoheitsrechten an die Vereinten Nationen durch den Pakt würde ausreichen, Supranationalität des Übertragungsdokuments zu begründen.[553]

Im Zentrum der Überlegung, ob eine Souveränitätsübertragung stattgefunden hat, steht auch beim IPBPR das Rechtsschutzsystem. Auf UN-Ebene existiert kein Gerichtshof für Menschenrechte, sondern lediglich das Human Rights Committee / comité des droits de l'homme (Art. 28 ff. IPBPR). Art. 40 IPBPR konstituiert eine

[549] Zur Entstehungsgeschichte eingehend *Cohen-Jonathan*, in: Encyclopedia of Public International Law, Bd. 2, S. 915 f.

[550] BGBl. II 1973, 1533.

[551] Bek. v. 14. Juni 1976; BGBl. II 1976, 1068. Inkrafttreten zunächst noch ohne Art. 40 ff. IPBPR (Staatenbeschwerde), die erst am 28. März 1979 nach Abgabe von Unterwerfungserklärungen von zehn Vertragsstaaten völkerrechtlich in Kraft treten konnten (Erklärung der Bundesrepublik am 22. April 1976, siehe *Lauff*, NJW 1981, 2611, 2613; vgl. Bek. vom 20. November 1979, BGBl. II 1979, 1218 ff. Zuletzt verlängert am 22. Oktober 1991, BGBl. II 1991, 1111; BGBl. Fundstellennachweis B bei IPBPR).

[552] BGBl. Fundstellennachweis B bei IPBPR jeweils zum 31.12. jeden Jahres; aktuellere Informationen abrufbar über die Homepage der UNHCHR (http://www.unhchr.ch).

[553] Entsprechendes würde natürlich auch für die MRK gelten, falls man sie entgegen der hier vertretenen Meinung als Vertragswerk innerhalb des Europarats ansieht, siehe jedoch oben § 5 B. II. 1. S. 41 f.

Berichtspflicht der Mitgliedsstaaten gegenüber dem Ausschuß für Menschenrechte. Abgesehen davon, daß einige Staaten ihrer Pflicht nur mit Verspätung und dann auch noch lückenhaft nachkommen,[554] ist der Ausschuß nur berechtigt, „Allgemeine Bemerkungen" (General Comments / observations générales, Art. 40 Abs. 4 IPBPR) dazu abzugeben, auf die die Staaten gem. Art. 40 Abs. 5 IPBPR replizieren können. Dieses Berichtssystem ist das einzige obligatorische Kontrollverfahren.[555]

Die beiden übrigen Verfahren, die Staaten- (Art. 41 ff. IPBPR)[556]und die Individualbeschwerde (Art. 1 des Fakultativprotokolls vom 19. Dezember 1966)[557] müssen von den Vertragsstaaten gesondert anerkannt werden. Auch dann wirken die Stellungnahmen des Ausschusses[558] über das Vorliegen einer Menschenrechtsverletzung nur kraft der Autorität des Komitees; sie haben keinerlei rechtliche Verbindlichkeit.[559]

Selbst bei einer großzügigen Auslegung von Art. 24 Abs. 1 GG kann hier keine Übertragung von Hoheitsrechten festgestellt werden. Der IPBPR selbst gilt nach seiner Umsetzung durch das Gesetz vom 15. November 1973[560] in der Bundesrepublik daher nur als einfaches Bundesrecht.[561] Nach dem Grundsatz der völkerrechtsfreundlichen Auslegung ist der lex-posterior-Grundsatz jedoch nur

---

[554] *Cohen-Jonathan*, in: Encyclopedia of Public International Law, Bd. 2, S. 919.

[555] *LR/Gollwitzer*, IPBPR-Verfahren Rn. 57.

[556] Vgl. Fn. 551.

[557] In Deutschland in Kraft getreten am 25. November 1993 (Zustimmungsgesetz vom 21. Dezember 1992, BGBl. II 1992, 1246; vgl. Bekanntmachung über das Inkrafttreten vom 30. Dezember 1993, BGBl. II 1994, 311 ff.; Gesetzentwurf in BT DS 12/556). Im Frühjahr 1999 hatten 95 Staaten das 1. Fakultativprotokoll anerkannt (Informationen abrufbar über die Homepage der UNHCHR, http://www.unhchr.ch, vgl. BGBl. Fundstellennachweis B bei IPBPR, abgeschlossen jeweils zum 31.12. jeden Jahres).

[558] Art. 5 Abs. 4 des Fakultativprotokolls zum IPBPR von 1966: „its views" / „ses contestations".

[559] LR/*Gollwitzer*, IPBPR-Verfahren Rn. 61, 62. Die Effektivität der Individualbeschwerde ist daher mit der nach der MRK nicht zu vergleichen. Zwischen beiden Beschwerdeverfahren besteht ein Exklusivitätsverhältnis (Art. 5 Abs. 2 lit. a) des Fakultativprotokolls von 1966 (beachte dazu den bei Hinterlegung der Beitrittsurkunde erklärten Vorbehalt der Bundesrepublik, BGBl. II 1994, 311, sowie Art. 35 Abs. 2 lit. b) MRK n. F., entspricht Art. 27 Abs. 1 lit. b) MRK a. F.). Die Beschwerde zum Komitee für Menschenrechte sollte daher nur dann in Erwägung gezogen werden, wenn die MRK weder ausdrücklich noch implizit eine für den Fall passende Garantie enthält oder wenn die Frist für die Einlegung der Individualbeschwerde beim EGMR abgelaufen ist. Die Beschwerde zum Ausschuß für Menschenrechte ist im Gegensatz zur MRK-Individualbeschwerde nicht fristgebunden (vgl. *Cohen-Jonathan*, in: Encyclopedia of Public International Law, Bd. 2, S. 922).

[560] BGBl. II 1973, 1533.

[561] Zur Frage, ob der normative Teil des IPBPR über Art. 25 GG inhaltlich Übergesetzesrang erhält, siehe § 8 S. 127 ff.

anwendbar: Sofern vom Wortlaut her möglich, müssen später erlassene Gesetze so ausgelegt werden, daß sie mit den Menschenrechten des IPBPR nicht in Konflikt geraten.[562]

C. Inhaltliche Garantien im Bereich des Beschuldigtenschutzes

Im Gegensatz zur MRK bestanden hinsichtlich des IPBPR zunächst Zweifel, ob sein normativer Teil „self-executing" sei. Inzwischen ist diese Frage jedoch beantwortet: Wie die Menschenrechte der MRK sind auch die vom IPBPR begründeten „subjektive internationale Rechte"[563] des Individuums.[564]

I. Art. 14 Abs. 3 IPBPR

1. Schutzbereich

Art. 14 Abs. 3 IPBPR, der die prozessualen Mindestrechte des Beschuldigten enthält, entspricht in weiten Teilen inhaltlich Art. 6 Abs. 3 MRK, zum Teil geht er über die von der MRK ausdrücklich gewährten Rechte hinaus. So normiert die mit Art. 6 Abs. 3 lit. c) MRK korrelierende Vorschrift des Art. 14 Abs. 3 lit. d) die Pflicht, den Beschuldigten über sein Recht, einen Verteidiger beizuziehen, zu belehren.[565]

Auch in einem für den Schutz vor Beschlagnahme relevanten Punkt ist der Pakt ausführlicher. Im Unterschied zu Art. 6 Abs. 3 lit. b) MRK enthält Art. 14 Abs. 3 lit. b) IPBPR einen zweiten Halbsatz. Neben dem Anspruch auf ausreichend Zeit und Möglichkeit zur Vorbereitung seiner Verteidigung hat der Beschuldigte das Recht,

> „to communicate with counsel of his own choosing",
>
> bzw. in der ebenfalls authentischen französischen Fassung,
>
> „à communiquer avec le conseil de son choix".[566]

---

[562] Siehe § 5 B. I. 3. b) S. 38 f.

[563] So formuliert *Soder* (VN 1968, 39, 45) plastisch in Anlehnung an den Begriff des subjektiven öffentlichen Rechts.

[564] Eine detaillierte Darstellung mit zahlreichen Nachweisen findet sich bei *Rogall*, Der Beschuldigte als Beweismittel gegen sich selbst, S. 119 ff.

[565] Der zu diesem Buchstaben gemachte Vorbehalt der Bundesrepublik bezieht sich nur auf den ersten Halbsatz („to be tried in his presence"). Im Übrigen ist lit. d) in Deutschland geltendes Recht (vgl. § 7 A. S. 117).

[566] Auf den Abdruck der weiteren authentischen Fassungen (Chinesisch, Russisch und Spanisch, siehe Art. 53 Abs. 1 IPBPR) wird hier verzichtet.

Für die Europäische Menschenrechtskonvention konnte dieses Recht nur im Wege der teleologischen Auslegung von Art. 6 Abs. 3 lit. b), c) MRK gewonnen werden.[567]

Es erscheint daher überraschend, wenn das Human Rights Committee eine Beschwerde deshalb als unbegründet verwirft, weil der Beschwerdeführer nicht dargetan habe, inwiefern die Anwesenheit eines Gefängnisbeamten bei einem Verteidigergespräch ihn bei der Vorbereitung seiner Verteidigung behindert hat.[568] Das Recht auf Verteidigerkontakt wäre bei dieser Auslegung kein selbständiges Menschenrecht, sondern diente nur der Vorbereitung der effektiven Verteidigung, eine Sichtweise, die die Straßburger Konventionsorgane schon Mitte der 80er Jahre relativiert haben[569] und die im Wortlaut von Art. 14 Abs. 3 lit. b) des Paktes keine Stütze findet. Wäre das Verkehrsrecht nur Mittel zum Zweck einer effektiven Verteidigung, hätte nicht formuliert werden dürfen „to have adequate time and facilities for the preparation of his defence **and** to communicate with counsel of his own choosing“[570], sondern z. B. „to have adequate time and facilities for the preparation of his defence, **notably** to communicate with counsel of his own choosing.“[571]

2. Immanente Schranken

Auch die vom IPBPR garantierten Mindestrechte des Beschuldigten sind nicht mit einem Schrankenvorbehalt versehen, nur im Krisenfall kann Art. 14 IPBPR unter den Voraussetzungen des Art. 4 IPBPR außer Kraft gesetzt werden.[572]

---

[567] Siehe § 6 B. I. S. 63 ff. Für die in Art. 14 Abs. 3 lit. d) des Paktes verbürgte Belehrungspflicht ist dies - jedenfalls bisher – noch nicht gelungen (IntKommMRK/*Vogler*, Art. 6 Rn. 547; LR/*Gollwitzer*, Art. 6 MRK Rn. 208; *Simon*, Die Beschuldigtenrechte nach Art. 6 Abs. 3 EMRK, S. 56).

[568] Human Rights Committee, Stellungnahme vom 19. Juli 1995, Nr. 464/1991 und 482/1991, Peart / Jamaika, U.N. Doc. CCPR/C/54/D/464/1991 & 482/1991 (1995), Ziff. 11.7. Gegen die Tendenz des Komitees, Art. 14 IPBPR „just as an umbrella provision of the right to a fair trial“ zu sehen, wendet sich zu Recht sein Mitglied *Klein* im Sondervotum B. in Human Rights Committee, Stellungnahme vom 2. April 1997, Nr. 526/1993, Michael und Brian Hill / Spanien, U.N. Doc. CCPR/C/59/D/526/1993 (2 April 1997). Die Stellungnahmen des Human Rights Committee's können über die Homepage der Universität Minnesota (http://www1.umn.edu/humanrts/undocs/undocs.htm) und z.T. auch über die des UN High Commissioner's for Human Rights (http://www.unhchr.ch/html/menu2/8/jurispr.htm) abgerufen werden.

[569] Siehe § 6 B. I. S. 63 ff.

[570] Hervorhebung durch die *Verfasserin*.

[571] Im französischen könnte eine entsprechende Formulierung lauten: „a disposer du temps et des facilités nécessaires à la préparation de sa défense, **notamment** à communiquer avec le conseil de son choix“.

[572] Das Human Rights Committee hat in seinem Jahresbericht an die UN-Vollversammlung dargelegt, daß es nicht befürworte, Art. 14 IPBPR der Liste der nicht-derogierbaren Vorschriften in

Stellungnahmen der Literatur zu der Frage nach immanenten Schranken beim UN-Pakt sind schwer zu finden. Der IPBPR scheint zumindest im deutschen Schrifttum kaum eine Rolle zu spielen, was seinen Grund vielleicht darin hat, daß die Garantien des IPBPR im Schatten der MRK liegen, die das Interesse der Wissenschaft als das wirksamere Schutzinstrument auf sich zieht. Das gleiche gilt für die Beschwerdepraxis: Auch in den europäischen Ländern, die das Zusatzprotokoll ratifiziert haben, absorbiert Straßburg einen Großteil der Individualbeschwerden, da dort effektiverer Rechtsschutz zu erlangen ist.

Die Garantien beider Vertragswerke gleichen sich jedoch in hohem Maße. Deshalb wird es für möglich gehalten, die hinsichtlich der MRK gewonnenen Erkenntnisse auf den Pakt zu übertragen,[573] und zwar auch im Bereich der Schrankenproblematik.[574]

Aus der Rechtsprechung des Human Rights Committee's lassen sich nur schwer Leitlinien für die Bewertung der deutschen Rechtslage destillieren. Vergeblich ist die Hoffnung, aus der Analyse der entschiedenen Sachverhalte Rückschlüsse für die Situation in der Bundesrepublik Deutschland gewinnen zu können. Überspitzt formuliert: Die Erkenntnis, daß es gegen die Menschenrechte verstößt, einen Beschuldigten zu foltern, ihn in Handschellen und mit verbundenen Augen in völliger Abgeschiedenheit von der Außenwelt zu halten und erst nach 16 Monaten einem Richter vorzuführen,[575] hilft bei der Frage, ob und wann Verteidigungsunterlagen beschlagnahmt werden können, kaum weiter. Zudem enthalten die Stellungnahmen unter dem Fakultativprotokoll von 1966 so gut wie keine rechtlichen Ausführungen, aus denen sich Hinweise auf den Schutzumfang schließen ließen. Gewisse Anhaltspunkte zur Systematik lassen sich jedoch in der Stellungnahme zum Fall Luciano Weinberger, Weiz / Uruguay finden:

Art. 4 Abs. 2 IPBPR hinzuzufügen. Die Rechte des Art. 14 IPBPR in jeder Art von Notstand in vollem Umfang zu gewähren, sei in der Praxis nicht möglich. Demgemäß hat das Committee davon abgeraten, ein entsprechendes Zusatzprotokoll auf den Weg zu bringen (Human Rights Committee Annual Report to the U.N. General Assembly, U.N. Doc. A/49/40 Vol. 1 (1994), Ziff. 22 ff. und Annex XI). Aus dem Bericht geht nicht hervor, ob das Committee nur im Hinblick auf kostenintensivere Elemente wie die Pflichtverteidigung Zweifel an der practical feasibility hat oder auch in bezug auf den fair-trial-Grundsatz.

[573] Schweizerisches Bundesgericht, Urteil vom 22. August 1994, 2P.490/1993, EuGRZ 1995, 66, 68; *Nowak*, CCPR, Art. 14 Rn. 4; *van Dijk*, The Right of the Accused to a Fair Trial under International Law, S. 1 f.; *Noor Muhammad*, in: The International Bill of Rights, S. 138, 151 ff.

[574] *Gollwitzer*, JR 1991, 472, 473.

[575] Human Rights Committee, Stellungnahme vom 29. Oktober 1980, Nr. R.2/10 (10 March 1977), Alberto Altesor / Uruguay, U.N. Doc. Supp. No. 40 (A/37/40), 122 (1982), Ziff. 1.2, 13.1 ff. Der Foltervorwurf konnte nur für den Zeitraum vor Inkrafttreten des Paktes in Uruguay nachgewiesen werden, so daß die Beschwerde insoweit ratione temporis erfolglos war. Im übrigen war sie begründet (Ziff. 15). Weitere Beispiele u. a. bei *Nowak*, EuGRZ 1981, 427, 428 f.

> „The Human Rights Committee has considered whether acts and treatment, which are *prima facie* not in conformity with the Covenant, could for any reason be justified under the Covenant in the circumstances."[576]

Hierauf folgt die Bemerkung, daß Art. 4 IPBPR unter engen Voraussetzungen Einschränkungen zuläßt, der beklagte Staat aber im konkreten Fall deren Vorliegen nicht substantiiert dargelegt habe. Diese Argumentationsfigur hat das Committee im Folgenden mehrfach gebraucht.[577] Das Committee akzeptiert also nur Art. 4 IPBPR als Schranke. Jedoch nimmt es nicht bei jeder Einschränkung von Verteidigungsmöglichkeiten einen Verstoß gegen den Pakt an.[578] Dies legt die Vermutung nahe, daß es die „immanenten Schranken" nicht zur Eingriffsrechtfertigung heranzieht, sondern im konkreten Fall untersucht, was die von Art. 14 Abs. 3 lit. b) IPBPR bedungenen „adequate time and facilities" unter den gegebenen Umständen fordern.

Materiell scheint das Komitee, abgesehen von der oben erörterten Problematik beim Verkehrsrecht, auf einer vergleichbaren Linie wie die Straßburger Konventionsorgane zu liegen. Darauf deutet nicht nur die Praxis beklagter europäischer Staaten hin, in ihren Schriftsätzen auf die Rechtsprechung des EGMR und der EKMR in vergleichbaren Fällen Bezug zu nehmen.[579] Eine gegen Norwegen gerichtete Beschwerde ermöglicht besonders gut den Vergleich zwischen der

---

[576] Human Rights Committee, Stellungnahme vom 3. April 1980, Nr. 8/1977, Beatriz Weisman und Alcides Lanza Perdomo / Uruguay, U.N. Doc. CCPR/C/OP/1, 45 (1984), Ziff. 15 = Selected Decisions, Bd. 1, S. 45, 48.

[577] So in Human Rights Committee, Stellungnahme vom 29. Juli 1980 Nr. 6/1977, Miguel A. Millán Sequeira / Uruguay, U.N. Doc. CCPR/C/OP/1, 52 (1984), Ziff. 14 = Selected Decisions, Bd. 1, S. 52, 54; Human Rights Committee, Stellungnahme vom 29. Juli 1980, Nr. 11/1977, Alberto Grille Motta / Uruguay, U.N. Doc. CCPR/C/OP/1, 54 (1984), Ziff. 15; Human Rights Committee, Stellungnahme vom 29. Oktober 1980, Nr. 28/1978, Luciano Weinberger, Weiz / Uruguay, U.N. Doc. CCPR/C/OP/1, 57 (1984), Ziff. 14 = Selected Decisions, Bd. 1, S. 57, 60; Human Rights Committee, Stellungnahme vom 27. März 1981, Nr. 44/1979, Rosario Pietraroia / Uruguay, U.N. Doc. CCPR/C/OP/1, 65 (1984), Ziff. 14 = Selected Decisions, Bd. 1, S. 76, 79.

[578] Vgl. Human Rights Committee, Stellungnahme vom 15. Juli 1994, Nr. 451/1991, Barry Stephen Harward / Norwegen, U.N. Doc. CCPR/C/51/D/451/1991 (1994), Ziff. 9.2 ff.

[579] Human Rights Committee, Stellungnahme vom 23. Oktober 1992, Nr. 387/1989, Karttunen / Finnland, U.N. Doc. CCPR/C/46/D/387/1989 (1992), Ziff. 6.5; Human Rights Committee, Stellungnahme vom 15. Juli 1994, Nr. 451/1991, Barry Stephen Harward / Norwegen, U.N. Doc. CCPR/C/51/D/451/1991 (1994), Ziff. 7.4; Human Rights Committee, Stellungnahme vom 25. Oktober 1996, Nr. 593/1994, Patrick Holland / Irland, U.N. Doc. CCPR/C/58/D/593/1994 (1996), Ziff. 4.7, 6.4; Human Rights Committee, Stellungnahme vom 18. November 1996, Nr. 550/1993, Robert Faurisson / F, U.N. Doc. CCPR/C/58/D/550/1993 (1996), Ziff. 7.4, 7.12 f.

Rechtsprechung zur MRK und dem Pakt: Der Beschwerdeführer, ein Brite, war zusammen mit zweien seiner Brüder wegen Drogenhandels in Norwegen angeklagt. Die norwegischen Strafverfolgungsbehörden hatten es abgelehnt, den anwaltlich vertretenen Beschuldigten eine Übersetzung der kompletten Akte anfertigen zu lassen. Es genüge, wenn auf Wunsch der Verteidigung einzelne Dokumente auf Staatskosten übersetzt würden.[580] Einer der Brüder hatte daraufhin in Straßburg Beschwerde geführt,[581] der andere, Barry Stephen Harward, beim Human Rights Committee Individualbeschwerde erhoben. Beide blieben erfolglos.

Weitere Hinweise auf Einschränkungsmöglichkeiten der Beschuldigtenrechte finden sich in der Praxis anderer Rechtsprechungsorgane auf UN-Ebene:

Das Statut des Kriegsverbrechertribunals für das ehemalige Jugoslawien[582] enthält in Art. 21 Abs. 4 im wesentlichen mit Art. 14 Abs. 3 IPBPR wortgleiche Verbürgungen.[583] Auch hier existiert u. a. für das Kontaktrecht mit dem Verteidiger (Art. 21 Abs. 4 lit. b)) kein Eingriffsvorbehalt. Trotzdem sehen Rules 67, 63 der Rules of Detention des ICTY[584] und die Regulations to Govern the Supervision of Visits to and Communications with Detainees[585] Befugnisse für Präventiveingriffe vor.

Aus der Existenz von einschränkenden Normen, die - wie etwa die Rules of Detention - hierarchisch unter der Garantienorm stehen, kann freilich nicht auf deren Rechtmäßigkeit geschlossen werden. Faktisch spricht die Tatsache, daß ein von den Vereinten Nationen eingesetztes Gericht derartige Eingriffe selbst vornimmt, für deren Zulässigkeit.

---

[580] Human Rights Committee, Stellungnahme vom 15. Juli 1994, Nr. 451/1991, Barry Stephen Harward / Norwegen, U.N. Doc. CCPR/C/51/D/451/1991 (1994), Ziff. 7.8.

[581] EKMR, Zulässigkeitsentscheidung vom 12. März 1990, Nr. 14170/88, William Christopher Harward / Norwegen, The Law, Ziff. 1.

[582] Statute of the International Tribunal, Resolution des Sicherheitsrats der UN vom 25. Mai 1993, 827 (1993), UN Doc. S/25704, Addendum I, siehe auch unter § 8 B. S. 132.

[583] Im Wortlaut bestehen nur geringe Unterschiede: Während lit. f) des Statuts (Recht auf einen Dolmetscher) von der „language used in the International Tribunal" spricht, stellt der IPBPR auf die „language used in court" ab. Die Anlehnung an den IPBPR geht soweit, daß auch lit. d) des Statuts die Pflichtverteidigung unter den Vorbehalt der „interests of justice" stellt. Praktische Bedeutung hat diese Regelung insoweit, daß dem Beschuldigten „in the interests of justice" auch dann ein Verteidiger beigeordnet werden kann, wenn die finanzielle Bedürftigkeit nicht nachgewiesen worden ist (Art. 11 bis lit. (i) der Directive on Assignment of Defence Counsel, zuletzt geändert am 19. Juli 1999, IT/73/REV.7) oder der Beschuldigte weder einen Verteidiger gewählt noch angezeigt hat, er werde sich selbst verteidigen (lit. (ii)).

[584] IT/38/REV.7.

[585] IT/98/REV.3, siehe oben Fn. 370.

II. Art. 17 IPBPR

Wie die MRK enthält auch der UN-Pakt eine Garantie des Schutzes des Familien- und Privatlebens, der Unverletzlichkeit der Wohnung und der Korrespondenzfreiheit. Das Verhältnis zwischen Art. 14 und 17 IPBPR ist ähnlich wie bei den Schwesterrechten der europäischen Konvention: Aus der Rechtsprechung zum Pakt läßt sich ableiten, daß die Vorschriften zum Beschuldigtenschutz mit den Rechten des Art. 17 IPBPR in Idealkonkurrenz stehen.[586] Ist etwa der persönliche Schutzbereich von Art. 14 Abs. 3 lit. b) IPBPR nicht eröffnet, kann Art. 17 IPBPR eingreifen.[587]

Allerdings unterliegt Art. 17 IPBPR nur einem einfachen Schrankenvorbehalt und nicht wie Art. 8 MRK einem qualifizierten:[588] Verboten sind nur willkürliche oder gesetzeswidrige Eingriffe („arbitrary or unlawful interference / immixtions arbitraires ou illégales“). Der Schutz, den Art. 17 IPBPR gewährt, ist denkbar gering.[589]

III. Art. 2 Abs. 3 IPBPR

Wie die MRK so enthält auch der UN-Pakt das Recht auf ein „effective remedy / recours utile“ (Art. 2 Abs. 3 lit. a) IPBPR). Der Rechtsschutz, den der Pakt verlangt, bleibt jedoch hinter dem nach Art. 13 MRK zurück,[590] obgleich die europäische Vorschrift für Art. 2 Abs. 3 IPBPR Pate gestanden hat:[591]

Für Art. 13 MRK genügt nur Rechtsschutz, der materiell einem gerichtlichen gleichkommt.[592] Art. 2 Abs. 3 lit. b) HS. 2 IPBPR verlangt von den Vertragsparteien, gerichtliche Rechtsbehelfe einzurichten. Für eine nicht befristete Übergangszeit muß der Rechtsschutz jedoch nicht unbedingt durch ein Gericht erfolgen, es genügt, daß er „by competent ... administrative or legislative

---

586 Vgl. Human Rights Committee, Stellungnahme vom 16. Juli 1996, Nr. 589/1994, Crafton Tomlin / Jamaika, U.N. Doc. CCPR/C/57/D/589/1994 (1996), Ziff. 8.3.

587 Z. B. bei Briefwechsel mit einem Rechtsanwalt, der nicht Verteidiger des Beschwerdeführers ist, sondern dessen Angelegenheiten vom Heimatstaat aus betreut, vgl. Human Rights Committee, Stellungnahme vom 4. April 1995, Nr. 493/1992, Griffin / Spanien, U.N. Doc. CCPR/C/53/D/493/1992 (1995), Ziff. 3.7. Das Komitee hat die Beschwerde mangels Substantiierung des Vorwurfes in diesem Punkt allerdings für unzulässig erklärt (Ziff. 6.2). Ähnlich auch Human Rights Committee, Stellungnahme vom 18. Juli 1996, Nr. 546/1993, Rickly Burrell / Jamaika, U.N. Doc. CCPR/C/53/D/546/1993 (1996), Ziff. 3.3, 6.5. Hier fehlte es an der Erschöpfung des nationalen Rechtswegs.

588 Einzelheiten bei *Nowak*, CCPR, Art. 17 Rn. 8 ff.

589 *Guradze*, JIR 15 (1971), 242, 258; a. A. Nowak, CCPR, Art. 17 Rn. 8.

590 So auch *Nowak*, CCPR, Art. 2 Rn. 61.

591 Vgl. dazu *Nowak*, CCPR, Art. 2 Rn. 56.

592 Siehe oben § 6 H. I. S. 113 f.

authorities, or by any other competent authority provided for by the system of the State" gewährt wird. Zudem ist keine prinzipale Kontrolle eines Eingriffes auf seine Rechtmäßigkeit notwendig: Eine Klage auf Schadensersatz, ein Disziplinarverfahren oder sogar ein Strafverfahren gegen die für den Eingriff Verantwortlichen werden als ausreichend effektiv angesehen.[593] Es steht zu hoffen, daß das Human Rights Committee, sollte es mit einem entsprechenden Fall befaßt werden, wenigstens die letzte Möglichkeit für unzureichend erkennt. In einem Strafverfahren gegen die Beamten usw. müßte Art. 14 Abs. 2 IPBPR zur Anwendung kommen.[594] Ein Verfahren, in dem die Unschuldsvermutung gilt, soll aber gerade nicht „effektiv" sein. Es soll primär den Angeklagten schützen und nicht die Interessen des Opfers an der Schuldfeststellung.

Lit. c) stellt klar, daß ein Rechtsbehelf nur dann effektiv ist, wenn die staatlichen Behörden die daraus hervorgehende Entscheidung vollziehen, sofern sie einen vollstreckungsfähigen Inhalt hat.[595] Ein entsprechender Zusatz fehlt bei Art. 13 MRK. Dies ist aber unschädlich, da es ein unverzichtbares Element der Effektivität eines Rechtsbehelfs ist, daß er von den staatlichen Behörden beachtet und gegebenenfalls vollzogen wird.

D. Ergebnis

Im Ergebnis ermöglicht der IPBPR, der nur den Rang einfachen Rechts genießt, im Bereich des Beschlagnahmeschutzes keinen über die MRK hinausgehenden Schutz: Lücken, die der Wortlaut der MRK anzudeuten scheint, sind von der Rechtsprechung der Konventionsorgane aufgefüllt worden. Auch im Bereich der Schranken sind zumindest keine Vorteile beim IPBPR zu erkennen. Der Unterschied besteht lediglich darin, daß bei der MRK im klassischen Drei-Schritt immanente Schranken auf der Rechtfertigungsebene geprüft werden, während beim IPBPR der Schutzbereich einschränkend ausgelegt wird.

---

593 *Nowak*, CCPR, Art. 2 Rn. 69.

594 Für Disziplinarverfahren hängt die Einordnung als „criminal charge / accusation en matière pénale" von den Umständen des Einzelfalls ab, *Nowak*, CCPR, Art. 14 Rn. 13; für Art. 6 MRK siehe Frowein/Peukert/*Peukert*, EMRK, Art. 6 Rn. 35.

595 Einzelheiten bei *Nowak*, CCPR, Art. 2 Rn. 70 ff.

§ 8 Menschenrechte als allgemeine Regeln des Völkerrechts gem. Art. 25 GG

Als weiterer Hebel, um die Menschenrechte gesetzesfest und verfassungsbeschwerdefähig zu machen, wird gerne Art. 25 GG genannt. Obgleich bereits eine Vorrangstellung der MRK nach Art. 24 Abs. 1 GG nachgewiesen wurde, ist es nicht verwehrt, daneben auf Art. 25 GG zurückzugreifen. Die beiden Methoden haben nämlich unterschiedliche Integrationsobjekte. Während bei Art. 24 Abs. 1 GG die MRK **als solche** in die Rechtsordnung eingewoben wird, betrifft Art. 25 GG nur inhaltliche Vorstellungen, die allgemeine Regeln des Völkerrechts sind und daneben auch in der MRK, im IPBPR oder in anderen Abkommen deklariert sein können.[596] Die Bezugspunkte sind also völlig verschieden, genauso wie die Auswirkungen: Nach Art. 24 Abs. 1 GG kommt der MRK Überverfassungsrang zu, über Art. 25 S. 2 GG kann ihrem Inhalt oder zumindest Teilen davon Übergesetzesrang zuerkannt werden.[597] Da also nicht die gesamte Kodifikation Integrationsgegenstand ist, muß für jede Garantie gesondert untersucht werden, ob sie inhaltlich eine allgemeine Regel des universellen bzw. regionalen, d.h. hier des europäischen, Völkerrechts darstellt. Für den Zweck dieser Arbeit kommt es also darauf an, ob den Vorschriften über den Schutz des Beschuldigten diese Stellung zukommt.

---

[596] Vgl. *Schweitzer*, Staatsrecht III, Rn. 473, *Seidl-Hohenfeldern*, Völkerrecht, Rn. 473, 527 f.; *Uerpmann*, Die Europäische Menschenrechtskonvention und die deutsche Rechtsprechung, S. 61 ff.; vgl. BVerfGE 95, 96, 135.

[597] Zum von Art. 25 GG verliehenen Rang siehe BVerfGE 6, 309, 363; BVerfGE 27, 253, 274; BVerfG, NJW 1988, 1462, 1463 f.; Maunz/Dürig/*Maunz*, GG, Art. 25 Rn. 24 f.; *Tomuschat*, ZaöRV 28 (1968), 48, 63; von Münch/ *Rojahn*, GG, Art. 25 Rn. 36 f. jeweils m. w. N.; a. A. (Überverfassungsrang für zwingendes Völkerrecht) Dreier/*Pernice*, GG, Art. 25 Rn. 25.

A. Die Menschenrechte als europäisches Völkergewohnheitsrecht

I. Voraussetzungen des Art. 25 GG

Unter den allgemeinen Regeln im Sinne von Art. 25 S. 1 GG ist in erster Linie Völkergewohnheitsrecht zu verstehen.[598] Darunter versteht man solche Rechtssätze, die in gemeinsamer Übung praktiziert (consuetudo) und von einer gemeinsamen Rechtsüberzeugung der Völkerrechtssubjekte (opinio iuris) getragen werden.[599] Es wird dabei i. d. R. zwischen universellem und regionalem Völkergewohnheitsrecht unterschieden,[600] wobei bereits letzteres für die Anwendung von Art. 25 GG genügen soll.[601]

Manche widersetzen sich der Vorstellung, auch Vorschriften des regionalen Völkergewohnheitsrechts könnten als allgemeine Regeln des Völkerrechts unter Art. 25 S. 1 GG fallen.[602] Von diesen wenden dann allerdings einige Art. 25 GG analog an[603] oder postulieren eine Integration über deutsches Verfassungsgewohnheitsrecht, um die Folgen der vorherigen Ablehnung zu mildern.[604]

Der Wortlaut von Art. 25 S. 1 GG ist nicht auf universelles, d.h. weltweites Völkergewohnheitsrecht festgelegt. Die Frage, ob die betreffende Regel „allgemein“ ist, läßt sich auch bezogen auf einen räumlich und / oder sachlich abgegrenzten Bereich beantworten. In diesem Kultur- und Rechtsraum mögen diese Regeln allgemein anerkannt sein, während sie möglicherweise in einem anderen Raum keine Geltung beanspruchen können. Regelungsziel des Art. 25 GG ist es, Gleichklang zwischen innerstaatlichem und internationalem Recht

---

598 Streitig ist, ob neben Völkergewohnheitsrecht auch die sog. Allgemeinen Rechtsgrundsätze des Völkerrechts, wie z. B. das Gebot der Achtung von Treu und Glauben, einbezogen sind. Für die hier zu untersuchende Fragestellung kommt es darauf jedoch nicht an (für Subsumtion unter Art. 25 S. 1 GG u.a. Dreier/*Pernice*, GG, Art. 25 Rn. 22, *Seidl-Hohenfeldern*, Völkerrecht, Rn. 577; dagegen *Schweitzer*, Staatsrecht III, Rn. 472, beide m. w. N.).

599 Diese Definition entspricht der h. M. Einzelheiten sind jedoch umstritten. Ausführlich dazu *Schweitzer*, Staatsrecht III, Rn. 237 ff.

600 Dreier/*Pernice*, GG, Art. 25 Rn. 19 f. Weitere Untergliederung bei *Schweitzer*, Staatsrecht III, Rn. 241.

601 *Bleckmann*, DÖV 1979, 309, 313; Dreier/*Pernice*, GG, Art. 25 Rn. 20 f.; *Guradze*, Die Europäische Menschenrechtskonvention, Einl. S. 16.

602 Von Münch/*Rojahn*, GG, Art. 25 Rn. 6; *Geck*, Festgabe-BVerfG, Bd. 2, S. 125, 127 f.; *Papadimitriu*, Die Stellung der allgemeinen Regeln des Völkerrechts im innerstaatlichen Recht, S. 73; *Soder*, VN 1968, 39, 42; vgl. auch BVerfGE 75, 1, 26.

603 AK-GG/*Zuleeg*, Art. 25 Rn. 20.

604 *Rudolf*, FS-Verdross, S. 435, 441 ff.; *ders.*, Völkerrecht und deutsches Recht, 1967, S. 275 ff.

herzustellen.[605] Regionales oder partikuläres Gewohnheitsrecht, Recht also, das die Bundesrepublik aufgrund ihrer geographischen Lage bzw. aus anderen Gründen, wie etwa ihrer Eigenschaft als Industrienation, betrifft, ist nicht weniger einbindungswürdig und –fähig als universelles. Die praktische Notwendigkeit einer Integration ist sogar noch höher, da die Berührungspunkte zwischen den beteiligten und betroffenen Nationen häufiger sind.[606]

Für Art. 25 S. 1 GG muß es genügen, daß eine bestimmte Rechtsregel in der überwiegenden Zahl einer nach objektiven Kriterien abgrenzbaren Gruppe von Staaten anerkannt und angewandt wird.[607]

II. Tatsächlicher Befund

Die Menschenrechte und darunter insbesondere die Justizrechte können inzwischen als regionales Gewohnheitsrecht im europäischen Raum bezeichnet werden.[608] Die Anerkennung der MRK in mittlerweile 41 Staaten und die nationalen Verfassungen sind dabei gewichtige Anhaltspunkte.[609] Der EGMR selbst hat

---

[605] Dreier/*Pernice*, GG, Art. 25 Rn. 20; Sachs/*Streinz*, GG, Art. 25 Rn. 9; *Steinberger*, HbStR VII, § 173 Rn. 5.

[606] Vgl. *Giegerich*, Allgemeinheit der Grundrechte, S. 114.

[607] Dreier/*Pernice*, GG, Art. 25 Rn. 20; vgl. Sachs/*Streinz*, GG, Art. 25 Rn. 26; *Schweitzer*, Staatsrecht III, Rn. 481; *Steinberger*, HbStR VII, § 173 R. 28 f. m. w. N.; *Tomuschat*, HbStR VII, § 172 Rn. 13; auch *Bleckmann*, Grundgesetz und Völkerrecht, S. 291. Die persistent objection (vgl. *Schweitzer*, Staatsrecht III, Rn. 247) eines Staates könnte daher nicht die Entstehung von Völkergewohnheitsrecht in den übrigen Staaten verhindern. *De Quadros* (FS-Bernhardt, S. 555, 560) führt speziell zur MRK aus: „Les droits reconnus par la CEDH (d. h. der MRK – die *Verfasserin*) et par ses Protocoles appartient au *ius cogens* dans la mesure où ils sont acceptés et reconnus **par la généralité des Parties Contractantes.**“ (letzte Hervorhebung durch die *Verfasserin*).

Ob das BVerfG sich inzwischen der Ansicht, die regionales Völkergewohnheitsrecht unter Art. 25 GG subsumiert, annähert, wie *Pernice* (a. a. O.) meint, erscheint zweifelhaft. BVerfGE 95, 96, 129 spricht zwar nur noch von „einer allgemeinen, gefestigten Übung **zahlreicher** Staaten“, bezieht sich aber dabei auf das universelle Völkergewohnheitsrecht (Hervorhebung durch die *Verfasserin*).

[608] Für Randbereiche, wie die Anwendung der Grundsätze von Art. 6 Abs. 1 MRK im Verwaltungsrecht, mag dies zweifelhaft sein, wie *Uerpmann* mit Recht betont (*Uerpmann*, Die Europäische Menschenrechtskonvention und die deutsche Rechtsprechung, S. 66 f.), um diese geht es bei der vorliegenden Arbeit jedoch nicht.

[609] Vgl. Schlußantrag des Generalanwalts des EuGH, EuGRZ 1983, 125 f.; *Uerpmann*, Die Europäische Menschenrechtskonvention und die deutsche Rechtsprechung, S. 62 ff.; eingehend auch Dreier/*Pernice*, GG, Art. 25 Rn. 21 m. w. N. Dies gilt insbesondere für die jüngeren osteuropäischen Verfassungen. Dazu einige Beispiele: Gem. Art. 20 der rumänischen Verfassung vom 21. November 1991 sind die Grundrechte der Verfassung nach Maßgabe der Universal Declaration of Human Rights von 1948 sowie der Menschenrechtspakte auszulegen, sie ordnet den Vorrang der Pakte gegenüber innerstaatlichem Recht an. Art. 11 der slowakischen vom

die MRK als Grundlage eines „European Public Order“ bezeichnet.[610] In seinem Urteil in der Sache Murray / UK hat er z.B. den im fair-trial-Prinzip wurzelnden nemo-tenetur-Grundsatz als unbestrittenen Teil der „generally recognised international standards“ bezeichnet.[611] Das Kopenhagener Abschlußdokument der Konferenz über die menschlichen Dimensionen der KSZE vom 29. Juni 1990[612] enthält mit Art. 6 MRK zum Teil wortgleiche Verbürgungen.

Ein weiteres starkes Indiz ist die Integration der Menschenrechte in das Recht der EU. Während sich das Europäische Parlament in der Erklärung der Grundrechte und Grundfreiheiten in Art. 19 schon 1989 zu den Grundlagen eines rechtsstaatlichen Gerichtsverfahrens bekannt hatte,[613] erfolgte eine Umsetzung dieser Prinzipien in das Vertragsrecht erst im Maastrichtvertrag.[614] Zwar ist die EU selbst nicht Mitglied der MRK,[615] doch bekennt sich die Union seit 1992 in Art. 6 Abs. 2 EU (Art. F Abs. 2 EUV) zu den in der MRK niedergelegten Menschenrechten als allgemeinen Grundsätzen des Gemeinschaftsrechts. Als solche stehen sie im Rang über dem Gemeinschaftsrecht der EU.[616] Für den Schutz der Verteidigerkommunikation gegenüber Organen der EG hat der EuGH dies in einer sehr sorgfältig begründeten Entscheidung von 1983 bestätigt.[617]

---

3. September 1992 sowie Art. 10 der tschechischen Verfassung räumen den Menschenrechtsverträgen Übergesetzesrang ein (die slowakische nur soweit, als sie über die durch die Verfassung gewährten Rechte hinausgehen).

[610] EGMR, Urteil vom 23. März 1995, Nr. 15318/89, Loizidou / Türkei, Série A, Bd. 310, S. 27, Ziff. 75, S. 31, Ziff. 93; vgl. *de Quadros*, FS-Bernhardt, S. 555, 559 ff. m. w. N.

[611] EGMR, Urteil vom 8. Februar 1996, Nr. 18731/91, Murray / UK, Reports 1996-I, S. 49, Ziff. 45 = EuGRZ 1996, 587, 590; genauso in EGMR, Urteil vom 17. Dezember 1996, Nr. 19187/91, Saunders / UK, Reports 1996-VI, S. 2064, Ziff. 68.

[612] Dokument des Kopenhagener Treffens der Konferenz über die menschlichen Dimensionen der KSZE, deutsch in EuGRZ 1990, 239, 240, Nrn. 5.14 - 5.19. In den Nummern 5.20 und 5.21 versprechen die Teilnehmerstaaten, den Beitritt zum IPBPR bzw. zur MRK „zu erwägen“, sofern sie nicht bereits Mitglieder sind. Besonderes Augenmerk gilt dabei den internationalen Rechtsschutzmöglichkeiten (5.21).

[613] Erklärung der Grundrechte und Grundfreiheiten des Europäischen Parlamentes vom 12. April 1989, EuGRZ 1989, 204, 206.

[614] Vertrag über die Europäische Union vom 7. Februar 1992, Amtsbl. der Europäischen Gemeinschaften C 191 vom 29. Juli 1992, S. 1 ff. (geändert durch Vertrag von Amsterdam vom 2. Oktober 1997, CONF/4005/97 ADD 1, BGBl. II 1998, 386, 388, in Kraft seit dem 1. Mai 1999, Bek. vom 6. April 1999, BGBl. II 1999, 296).

[615] Dazu wäre eine Änderung der vertraglichen Grundlagen der EU notwendig, siehe Fn. 244.

[616] Für viele *Bleckmann*, EuGRZ 1994, 149.

[617] EuGH, EuGRZ 1983, 125 ff.; siehe auch EuGH, EuGRZ 1990, 364, 368.

Das BVerfG zieht die Menschenrechte zur Auslegung des GG und insbesondere zur Absicherung der Beschuldigtenrechte im Rechtsstaatsprinzip heran.[618] Es hat sein Kooperationsverhältnis mit und seine justizielle Selbstbeschränkung gegenüber dem EuGH an die Verteidigung der Menschenrechte im Rahmen der Gemeinschaft geknüpft.[619]

Bemerkenswert ist darüber hinaus eine Aussage im Ausschußbericht vom 30. April 1952 zum MRK-Zustimmungsgesetz:

> „Niemand kann bezweifeln, daß die allgemeinen Rechtssätze der in Abschnitt I der Konvention enthaltenen Deklaration der Menschenrechte zu den allgemeinen Regeln des Völkerrechts gehören."[620]

III. Ergebnis

Die Verpflichtung auf die Menschenrechte gehört also im west- und mittlerweile auch im zentral-europäischen Kulturraum zu den essentialia des nationalen und supranationalen Selbstverständnisses und damit zu den allgemeinen Regeln des internationalen Rechts in dieser Region, die über Art. 25 GG in das deutsche Recht hineinwirken. Unklar ist aber, ob auch die Schrankenregelung der MRK inhaltlich zum Gewohnheitsrecht gehören.[621] Erst wenn dies geklärt ist, könnte eine Überprüfung des deutschen einfachen Rechts, namentlich der StPO, anhand der von Art. 25 GG integrierten Grundsätze erfolgen. Die Klärung dieser Frage könnte nur durch eine umfassende rechtsvergleichende Untersuchung herbeigeführt werden.[622] Dies kann und soll hier aber nicht geleistet werden.

---

[618] Siehe ausführlich § 5 B. I. 3. a) S. 36 ff.

[619] BVerfGE 89, 155, 174 f. (zu Art. 23 GG); vgl. auch BVerfGE 37, 271, 280 ff.; BVerfGE 73, 339, 376 ff.

[620] BT DS 1/3338, S. 3 f.

[621] Dafür *Guradze*, Die Europäische Menschenrechtskonvention, Einl. S. 15, 17.

[622] So auch *Uerpmann*, Die Europäische Menschenrechtskonvention und die deutsche Rechtsprechung, S. 67 f.

B. Wandel in der weltweiten Betrachtung der Menschenrechte

Selbst wenn man sich auf den – hier abgelehnten – Standpunkt stellte, nur universelles Völkergewohnheitsrecht könne unter Art. 25 GG subsumiert werden, wird man die Frage, ob Menschenrechte inzwischen Teil dieses Rechts sind, nicht mehr so ohne weiteres verneinen können. Dem IPBPR gehören inzwischen 144 Nationen an.[623] Die „kritische Masse“ für die Annahme der Universalität, für die *Rogall* 1977 die Teilnahme eines Drittels der UN-Mitglieder für noch nicht ausreichend gehalten hatte,[624] dürfte inzwischen erreicht sein.

Obgleich an sich nicht rechtsverbindlich,[625] kommt auch der Universal Declaration of Human Rights / Déclaration Universelle des Droits de l'homme, der Allgemeinen Erklärung der Menschenrechte durch die Generalversammlung der Vereinten Nationen vom 10. Dezember 1948[626] ein hohes Gewicht bei der Entwicklung von Völkergewohnheitsrecht zu.[627] Für den Schutz der Verteidigung sind besonders Art. 10 und 11 von Belang:

> Article 10
>
> „Everyone is entitled in full equality to a fair and public hearing by an independent and impartial tribunal, in the determination of his rights and obligations and of any criminal charge against him."
>
> Article 11:
>
> „Everyone charged with a penal offence has the right to be presumed innocent until proved guilty according to the

---

[623] Siehe oben § 7 A. S. 117.

[624] *Rogall*, Der Beschuldigte als Beweismittel gegen sich selbst, S. 123. *Rogall* prognostizierte damals zu Recht, daß die Schwelle eines Tages überschritten sein werde (ebd., S. 124). In seiner Kommentierung zum nemo-tenetur-Grundsatz geht er auf die neueren Entwicklungen aber leider nicht ein (SK-StPO/*Rogall*, vor § 133 Rn. 131). Dagegen hielt *Soder*, VN 1968, 39, 45, schon das Inkrafttreten des Paktes nach der von Art. 49 Abs. 1 IPBPR festgelegten Mindestzahl von 35 Ratifikationen für ausreichend.

[625] *Jescheck*, NJW 1954, 783, 784; *Vogler*, ZStW 82 (1979), 743, 744; auch *Salcedo*, in: Encyclopedia of Public International Law, Bd. 2, S. 925 f.; vgl. *Hannum*, in: United Nations Legal Order, Bd. 1, S. 340.

[626] Resolution der UN-Vollversammlung 217 A (III).

[627] *Salcedo*, in: Encyclopedia of Public International Law, Bd. 2, S. 925 f.; siehe auch *Hannum*, in: United Nations Legal Order, Bd. 1, S. 340, sowie *Kokott*, in: Die Wirkungskraft der Grundrechte bei Fällen mit Auslandsbezug, S. 71, 103 f. *Denninger* (JZ 1998, 1129) geht davon aus, daß die Allgemeine Erklärung z. T. zwingendes Völkergewohnheitsrecht im Bereich der Menschenrechte enthält. Hierzu zählt er z. B. den Anspruch auf rechtliches Gehör.

law in a public trial at which he has had all the guarantees necessary for his defence."

Anders als die später erlassenen Menschenrechtskonventionen enthält die Erklärung allerdings keinen direkten Hinweis auf die formelle Verteidigung.

Seit dem in zahlreichen Staaten des Warschauer Pakts durch - weitgehend - friedliche Revolutionen herbeigeführten Ende des Kalten Krieges deutet sich zudem eine neue Tendenz in der Bewertung der Menschenrechte an. Vielleicht psychologisch mitbedingt durch den herannahenden Jahrtausendwechsel, auf den in den offiziellen Erklärungen zu diesem Thema im Jahr 1999 regelmäßig hingewiesen wird,[628] rückt man immer mehr davon ab, die Achtung oder Mißachtung der Menschenrechten als innerstaatliche Angelegenheit anzusehen, in die sich die internationale Staatengemeinschaft nicht einzumischen habe (vgl. Art. 2 Abs. 7 des UN-Charta[629] für das Verhältnis von Vereinten Nationen und Mitgliedsstaaten).[630] Die Bereitschaft wächst, notfalls nicht nur im Rahmen friedenserhaltender, sondern sogar friedensschaffender Militäreinsätze gegen schwerwiegende Menschenrechtsverletzungen vorzugehen.[631] Die Schwelle für solche Interventionen liegt indes hoch.[632] Im Bereich der Verfahrensrechte kommt

---

[628] Beispielsweise *Annan*, Generalsekretär der Vereinten Nationen, Jahresbericht vor der 54. Vollversammlung vom 20. September 1999, SG/SM/7136, GA/9596; *Fischer*, Außenminister der Bundesrepublik Deutschland, Rede vor der 54. UN-Vollversammlung vom 22. September 1999; *Kirk McDonald*, Präsidentin des ICTY, Presseerklärung vom 30. Juli 1999, JL/P.I.S./425-E.

[629] Charta der Vereinten Nationen vom 26. Juni 1945, zuletzt geändert durch Beschluß der UN-Vollversammlung vom 20. Dezember 1971, in Kraft getreten am 24. September 1973, vgl. BGBl. II 1974, 769, ber. durch Bek. vom 28. August 1980, BGBl. II 1980, 1252.

[630] So *Annan* und *Fischer* in ihren Reden vor der UN-Vollversammlung (Fn. 628). A. A. freilich der Außenministers der Volksrepublik China, *Tang*, Rede vom 22. September 1999 vor der UN-Vollversammlung. Er äußert darin seine Befürchtung, daß der Grundsatz der territorialen Souveränität zugunsten der Menschenrechte ausgehebelt werde. Die Frage der Einhaltung der Menschenrechte sei eine rein nationale Angelegenheit. Internationales Gewohnheitsrecht kann sich jedoch unabhängig von einer persistent objection eines Staates entwickeln, es erlangt dann nur eben gegenüber diesem Staat keine Geltung (siehe S. 607). Allein die Tatsache, daß die Volksrepublik China es für notwendig hält, sich als objector zu positionieren, ist bemerkenswert.

[631] Vgl. UN-Sicherheitsratsresolution vom 10. Juni 1999, S/RES/1244 (1999) (Kosovo); siehe auch UN-Sicherheitsratsresolution vom 15. September 1999, S/RES/1264 (1999) (Ost-Timor). Sowohl *Annan* als auch *Fischer* sprachen sich in ihren Reden vor der UN-Vollversammlung (Fn. 628) für eine Weiterentwicklung des Interventionsrechts unter UN-Ägide aus. Zur Rechtmäßigkeit von Einsätzen auch **ohne** UN-Mandat siehe *Wilms*, ZRP 1999, 227 ff.; zu diesem Thema vgl. auch *Simma*, EJIL 10 (1999), 1 ff.

[632] Einzelheiten bei *Cassese*, EJIL 10 (1999), 23, 27; vgl. *Beyerlein*, in: Encyclopedia of Public International Law, Bd. 2, S. 929.

erschwerend hinzu, daß sowohl der IPBPR wie auch die MRK, die neben der Allgemeinen Erklärung der Menschenrechte die wichtigsten Wurzeln für die Entwicklung von „customary human rights law“ darstellen, die Suspendierung der Beschuldigtenrechte im Krisenfall zulassen. Man kann zwar eine solche Außerkraftsetzung für rechtsmißbräuchlich und unzulässig halten, wenn eine solche Krise von einer Regierung mutwillig herbeigeführt wird, um die Menschenrechte der gesamten Bevölkerung oder von Minoritäten aushebeln zu können.[633]

Die „schlichte“ Verletzung von Verfahrensgarantien wird in der Praxis für eine Intervention wohl nie ausreichen, wenn sie nicht in Idealkonkurrenz mit Verletzungen des Rechts auf Leben oder des Folterverbots auftritt. Werden Menschen aus welchen Gründen auch immer massenweise ermordet, erscheint die Frage danach, ob dem einen oder anderen darunter befindlichen, mutmaßlichen Straftäter eine Unterredung mit einem Verteidiger hätte gewährt werden müssen, eher müßig. So traurig es sein mag, hier gilt: Minima non curat mundus.[634]

Im Bereich der Verfahrensgarantien muß die Entwicklung daher weniger spektakulär verlaufen. Das mag auch daran liegen, daß Schutzvorschriften zugunsten des Beschuldigten von der Bevölkerung eher mit Argwohn betrachtet werden. Ein „Verbrecherschutzgesetz“[635] hat es schwer, populär zu werden. Der Erfolg ist daher um so bemerkenswerter. Um die Entwicklung zu verdeutlichen, sei ein Ausflug in die Geschichte gestattet. *Benedict Carpzov*, der berühmte sächsische Jurist,[636] schrieb bereits 1635, der im Naturrecht verankerte Anspruch auf Verteidigung fordere, „ut ne bestiis quidem, nedum homini, imo nec diabolo auferri debeat.“[637] Wenn in einer Rechtsordnung auch dem „Satan“ die Verteidigungsrechte zugebilligt werden, läßt dies auf den hohen Rang schließen,

---

633 Vgl. Art. 17 MRK und Art. 5 Abs. 1 IPBPR. Für die Suspendierung von IPBPR-Garantien enthält Art. 4 Abs. 1 IPBPR sogar ein ausdrückliches Diskriminierungsverbot für Minderheiten.

634 Anders sieht es aber für den Sinnspruch „minima non curat praetor“ aus, auf den der obige Satz zurückgeht. Um Verletzungen des fair-trial-Grundsatzes kümmert sich der Praetor, z. B. das ICTY (siehe Fn. 639), sehr wohl: Gem. Art. 2 lit. f) des ICTY-Statuts i. V. m. den Genfer Konventionen vom 12. August 1949 konstituiert es ein verfolgbares Verbrechen, wenn ein Kriegsgefangener oder ein Zivilist vorsätzlich der „Rights of fair and regular trial“ beraubt wird [vgl. auch Art. 8 Abs. 2 lit. a (vi) des Rom-Statuts (siehe Fn. 642 ff.)]. Das gleiche gilt für „imprisonment“ and „other inhumane acts“, Art. 5 lit. e), i) ICTY-Statut [vgl. Art. 7 Abs. 1 lit. e), k) des Rom-Statuts].

635 LR, Ergänzungsband zur 21. Auflage, Einl. S. 9 (zur Kritik gegenüber einer Verstärkung von Belehrungspflichten); vgl. *Kühl*, ZStW 100 (1988), 601, 610.

636 Zur Person Carpzovs u. a. *Weber*, FS-Rosenfeld, 1949, 29 ff.; weitere Nachweise bei *Armbrüster*, S. 65 Fn. 16.

637 „ ... daß [die Möglichkeit der Verteidigung] nicht einmal den wilden Tieren, geschweige denn einem Menschen, auch nicht dem niedrigsten Teufel genommen werden darf.“, *Carpzov*, Practica Nova Imperialis Saxonica Rerum Criminalium, pars III, quaestio 115 n. 2.

den diese Rechtsordnung den Verfahrensgarantien zumißt. Etwas moderner ausgedrückt: Die fundamentale Achtung der Rechtsgemeinschaft gegenüber den Verfahrensrechten ist bewiesen, wenn diese Garantien auch zugunsten von Personen gelten, die ihrerseits die Menschenrechte anderer in eklatanter Weise verletzt haben.[638]

Am Beispiel des Statuts des Jugoslawientribunals (ICTY) in Den Haag und dessen Verfahrensordnung kann dies besonders gut demonstriert werden.[639] Hier werden Menschenrechtsverletzungen angeklagt, verhandelt und abgeurteilt, die so gravierend sind, daß sie eine internationale militärische Intervention ausgelöst haben, und so außergewöhnlich, daß Ermittlungshilfe von militärischen Institutionen geleistet wird, die sonst mit Strafverfolgung nicht befaßt sind. Trotzdem gesteht man den dieser Taten Beschuldigten die gleichen prozessualen Rechte zu wie gewöhnlichen Straftätern: Art. 21 Abs. 4 des Statuts entspricht inhaltlich Art. 14 Abs. 3 IPBPR.[640]

Weitere Beispiele sind das Statut des Ruanda-Tribunals[641] und das Rom-Statut des zukünftigen Internationalen Strafgerichtshofs.[642] Das zuletzt genannte regelt die Verfahrensrechte der Beschuldigten noch sehr viel detaillierter als die internationalen Pakte und die Statute der Ad-hoc-Gerichtshöfe.[643] Für alle drei gilt,

---

[638] Zur MRK siehe Frowein/Peukert/*Frowein*, EMRK, Art. 17 Rn. 2 und oben § 6 D. III. 2. b) S. 82 ff.

[639] Statute of the International Tribunal, Resolution des Sicherheitsrats der UN vom 25. Mai 1993, S/RES/827 (1993), UN Doc. S/25704 Addendum I, abgedruckt in BT DS 13/57, S. 14 ff.; geändert durch Resolution vom 13. Mai 1998, S/RES/1166 (1998); Rules of Procedure and Evidence, zuletzt geändert mit Wirkung vom 17. November 1999, IT/32/REV.17. Gesetz über die Zusammenarbeit mit dem Internationalen Strafgerichtshof für das ehemalige Jugoslawien (Jugoslawien-Strafgerichtshof-Gesetz) vom 10. April 1995, BGBl. I 1995, 485 ff.; *Schomburg*, NStZ 1995, 428 ff.

[640] Im Wortlaut bestehen nur geringe Unterschiede, siehe Fn. 583.

[641] Errichtet durch Resolution des Sicherheitsrates vom 8. November 1994, S/RES/955 (1994).

[642] Zum ICC siehe auch *Ambos*, ZStW 111 (1999), 175 ff.; *Fastenrath*, JuS 1999, 632 ff.

[643] Neben Art. 66 (Presumption of innocence) enthält inbesondere Art. 67 (Rights of the accused) des Rome Statute of the International Criminal Court (adopted by the United Nations Diplomatic Conference of the Plenipotentiaries on the Establishment of an International Criminal Court on 17 July 1998, U.N. Doc. A/Conf. 183/9, deutsch in EuGRZ 1998, 618, 633) folgende Garantien:

"1. In the determination of any charge, the accused shall be entitled to **a public hearing**, having regard to the provisions of this Statute, to **a fair hearing conducted impartially**, and to the following minimum guarantees, in full equality:

a. To be informed promptly and in detail of the nature, cause and content of the charge, in a language which the accused fully understands and speaks;

b. **To have adequate time and facilities for the preparation of the defence and to communicate freely with counsel of the accused's choosing in confidence;**

daß sie anders als die Menschenrechtspakte nicht gegen Staaten gerichtet sind, sondern internationale Gerichte binden. Dennoch haben sie Bedeutung als Indikator für den gegenwärtigen Stand und - darüber hinaus - Signalwirkung für die künftige Entwicklung der Menschenrechte. Dies gilt, trotz der Salvatorischen

---

c. To be tried without undue delay;

d. Subject to article 63 paragraph 2, to be present at the trial, **to conduct the defence in person or through legal assistance of the accused's choosing, to be informed, if the accused does not have legal assistance, of this right and to have legal assistance assigned by the court in any case where the interests of justice so require, and without payment if the accused lacks sufficient means to pay for it;** *(Art. 63 Abs. 2 betrifft die Entfernung des Angeklagten bei wiederholten, schweren Störungen, wobei gesichert sein muß, daß er mit Hilfe technischer Mittel dem Prozeß folgen und seinen Verteidiger instruieren kann. Gedacht ist dabei wohl an Video-Life-Übertragung und direkter Telephonverbindung zum Verteidiger. – Die Verfasserin.)*

e. To examine, or have examined, the witnesses against him or her and to obtain attendance and examination of witnesses on his or her behalf under the **same conditions** as witnesses against him or her. The accused shall also be entitled to raise defences and to present other evidence admissible under this Statute;

f. To have, free of any cost, the assistance of a competent interpreter and such translations as are necessary to meet the requirements of fairness, if any of the proceedings of or documents presented to the court are not in a language which the accused fully understands and speaks;

g. Not to be compelled to testify or to confess guilt and to remain silent, without such silence being a consideration in the determination of guilt or innocence;

h. To make an unsworn oral or written statement in his or her defence; and

i. Not to have imposed on him or her any reversal of the burden of proof or any onus of rebuttal.

"2. In addition to any other disclosure provided for in this Statute, the Prosecutor shall, as soon as practicable, disclose to the defence evidence in the Prosecutor's possession or control which he or she believes shows or tends to show the innocence of the accused, or to mitigate the guilt of the accused, or which may affect the credibility of prosecution evidence. In case of doubt as to the application of this paragraph, the Court shall decide."

Für das Vorverfahren enthält Art. 55 des Statuts entsprechende Regeln, insb. Abs. 1 lit. a), Abs. 2 lit. b) (nemo tenetur), Abs. 2 lit. c), d) (Recht auf Rechtsbeistand und Anwesenheit des Verteidigers bei Befragungen). Bemerkenswert ist, daß das Rom-Statut die Möglichkeit weiblicher Kriegsverbrecher ausdrücklich erwähnt, während sich das ICTY-Statut und der IPBPR sich mit einem Diskriminierungsverbot begnügen (Art. 21 Abs. 1 des ICTY-Statuts; Art. 14 Abs. 1 S. 1 IPBPR).

(Hervorhebungen durch *die Verfasserin*. Das Dokument kann auch über http://www.un.org/icc abgerufen werden.)

Die mit den Vorarbeiten für Rules of Procedure and Evidence befaßte Preparatory Commission for the International Criminal Court hat 1999 in New York ihre Arbeit aufgenommen, vgl. *Kirk McDonald*, Präsidentin des ICTY, Presseerklärung vom 30. Juli 1999, JL/P.I.S./425-E.

Klausel in Art. 10 des Rom-Statuts,[644] auch für ihren materiell-strafrechtlichen Teil, der Verbrechen im Bereich der Rechtspflege einschließt.[645]

Auch nicht-rechtsverbindliche Dokumente der Vereinten Nationen und ihrer Unterorganisationen können zur Ermittlung von Völkergewohnheitsrecht herangezogen werden. Im Bereich der Verfahrensgarantien sind dies u.a. der Body of Principles for the Protection of All Persons under any Form of Detention or Imprisonment von 1988[646] und die Basic Principles on the Role of Lawyers von 1990.[647] Während sich das zuerst genannte Dokument mit den Rechten von Häftlingen und Untersuchungshäftlingen beschäftigt und insbesondere die Verteidigerkommunikation unter Schutz stellt (Principle 18), wollen die Basic Principles on the Role of Lawyers gleichsam spiegelbildlich den Verteidiger, als Organ der Rechtspflege,[648] schützen,[649] damit nicht durch Maßnahmen gegen ihn eine effektive Verteidigung vereitelt werden kann.[650]

Ohne eine intensive empirische Untersuchung, die von dieser Arbeit weder geleistet werden kann noch soll, läßt sich die Frage, ob die Verfahrensgarantien auch weltweit bereits zum gewohnheitsrechtlichen Standard gezählt werden können, nicht beantworten. Zudem stehen wir wohl erst am Anfang der Entwicklung.

---

[644] Art. 10 des Rom-Statuts („Nothing in this part shall be interpreted as limiting or prejudicing in any way existing or developing rules of international law for purposes other than this Statute.") bezieht sich auf den Zweiten Teil des Statuts, der sich in der Hauptsache mit der Definition der Tatbestände befaßt, auf die sich die Jurisdiktion des Gerichtshofes erstreckt.

[645] Vgl. Fn. 634.

[646] Body of Principles for the Protection of All Persons under any Form of Detention or Imprisonment, Resolution der UN-Vollversammlung 43/173 vom 9. Dezember 1988; vgl. Standard Minimum Rules for the Treatment of Prisoners des Ersten UN-Kongresses über Kriminalitätsvorbeugung und die Behandlung von Straftätern 1955 in Genf, gebilligt durch Economic and Social Council Resolution 663 C (XXIV) vom 31. Juli 1957 und 2076 (LXII) vom 13. Mai 1977.

[647] Basic Principles on the Role of Lawyers des Achten UN-Kongresses über Kriminalitätsvorbeugung und die Behandlung von Straftätern 1990 in Havanna.

[648] „Lawyers shall at all times maintain the honour and dignity of their profession as **essential agents of the administration of justice**" (Principle 12 – Hervorhebung durch die *Verfasserin*). „Lawyers, in protection of the rights of their clients and in promoting the cause of justice, shall seek to uphold human rights and fundamental freedoms ..." (Principle 14). Die Beistandsfunktion betont Principle 15: „Lawyers shall always loyally respect the interests of their clients.".

[649] Vgl. die Präambel, die u.a. auf den Body of Principles for the Protection of All Persons under any Form of Detention or Imprisonment und die Standard Minimum Rules for the Treatment of Prisoners (siehe Fn. 646) verweist.

[650] Principle 27 enthält demgemäß Garantien für das Verfahren vor Berufs- oder Ehrengerichten; vgl. auch Principle 20, der sich gegen eine Fahrlässigkeitsstrafbarkeit im Hinblick auf Strafvereitelung etc. wendet.

Zudem müßten – selbst wenn als Tatsache feststünde, daß die Beschuldigtenrechte Teil des customary law sind – Detailfragen geklärt werden, wie zum Beispiel die Frage nach der Schrankengestaltung.[651]

C. Ergebnis

Die in der MRK normierten Menschenrechte und insbesondere die Beschuldigtenrechte gehören inhaltlich zum europäischen Völkergewohnheitsrecht, sie sind damit materiell Bestandteil des deutschen Rechts und stehen gem. Art. 25 S. 2 GG im Rang zwischen einfachem und Verfassungsrecht. Die Frage, ob und in welchem Umfang diese Verfahrensgarantien eingeschränkt werden können, und jene, ob auch auf weltweiter Ebene bereits eine gewohnheitsrechtliche Anerkennung der Menschenrechte des Beschuldigten stattgefunden hat, konnte nicht abschließend beantwortet werden.

Da jedoch die MRK für Deutschland als supranationales Recht gilt, also im Gegensatz zu über Art. 25 GG einbezogenem Recht sogar Überverfassungsrang besitzt, ergeben sich aus dieser Unklarheit keine Nachteile für den Beschuldigtenschutz.

---

[651] Während z. B. die MRK Eingriffe in die Beschuldigtenrechte erlaubt, sichert die Prozeßordnung des Jugoslawientribunals die ordnungsgemäße Ausübung der Verteidigungsrechte zusätzlich durch eine strenge Inpflichtnahme der Verteidiger (vgl. The Code of Professional Conduct for Defence Counsel appearing before the International Tribunal, Decision by the Registrar pursuant Rule 44 para. (B) der Rules of Procedure and Evidence; abrufbar über http://www.un.org/icty).

§ 9 Zusammenfassung des ersten Teils

Die Europäische Menschenrechtskonvention hat als Gründungsdokument einer supranationalen Institution, anders als der IPBPR,[652] Vorrang gegenüber dem deutschen Recht einschließlich des „einfachen" Verfassungsrechts.[653] Über ihre Einhaltung wacht der EGMR, der auch von Individuen angerufen werden kann und dessen Urteile in Deutschland Rechtskraft haben.[654]

Anders als bei der Geltung der Menschenrechte als Völkergewohnheitsrecht (Art. 25 GG)[655] kann der inhaltliche Garantieumfang der Konvention im Detail bestimmt werden. Aus der Konvention selbst und den zu ihrer Auslegung ergangenen Entscheidungen lassen sich Maßstäbe ableiten, an denen sich auch das deutsche Recht messen lassen muß. Für die Beschlagnahme gilt daher folgendes:

A. Voraussetzungen für die Beschlagnahme von Material aus dem Umfeld der Verteidigung

Art. 6 Abs. 3 lit. b) und c) MRK schützen den Beschuldigten auch vor Beschlagnahme von Verteidigungsunterlagen.[656] Dieser Schutz beginnt erst mit Mandatsübernahme. Im Anbahnungsverhältnis gilt Art. 6 Abs. 3 MRK nicht direkt. Gegenüber gewöhnlicher Korrespondenz ist jedoch der Briefverkehr im Vorfeld einer Verteidigung besonders privilegiert: Bei der Verhältnismäßigkeitsprüfung ist dieser Zweck zu berücksichtigen: Art. 6 Abs. 3 MRK hat insoweit Ausstrahlungswirkung.[657]

Art. 6 Abs. 3 MRK unterliegt keinem geschriebenen Schrankenvorbehalt, eine Schrankenübertragung von anderen Konventionsrechten auf Art. 6 MRK scheidet aus.[658] Eingriffe in die Geheimnissphäre der Verteidigung sind trotzdem in einem engen Ausnahmebereich möglich. Voraussetzung ist die Existenz einer gesetzlichen Eingriffsnorm im nationalen Recht, die Eingriffszweck und -tatbestand mit genügender Bestimmtheit festlegt.[659] In der Regel ist die Beschlagnahme nur zur Abwehr von Gefahren zulässig, die aus einem Mißbrauch der Verteidigungsprivilegien resultieren. Eingriffe zu Ermittlungszwecken sind, wenn der Beschuldigte nicht auf die Beschlagnahmefreiheit verzichtet hat, nur bei primären Beweis-

---

652 § 7 B. S. 117 f.

653 § 5 B. II. S. 41 ff.

654 § 5 A. S. 27 f.; vgl. § 5 B. II. 2. c) aa) S. 45 ff.

655 § 8 S. 127 ff.

656 § 6 A. § 6 B. S. 58 ff.

657 § 6 C. II. S. 67 f.

658 § 6 D. II. S. 69 ff.

659 § 6 D. III. 1. S. 77 ff.

gegenständen oder bei der Korrespondenz mit Personen möglich, die nicht Hilfspersonen der Verteidigung sind und auch sonst kein Zeugnisverweigerungsrecht besitzen.[660] Alle Maßnahmen sind nur unter strenger Abwägung der Verhältnismäßigkeit möglich, wobei nicht nur das Eingriffsobjekt und die Art der Beschränkung von Bedeutung sind. Auch die Ausgestaltung des Verfahrens geht in die Bewertung ein.[661]

Bei Beschlagnahmen während der Mandatsanbahnung greift zwar der Schrankenvorbehalt des Abs. 2 von Art. 8 MRK ein, inhaltlich gelten die soeben dargestellten Grundsätze auch hier mit dem Unterschied, daß sie erst bei der Prüfung der Verhältnismäßigkeit berücksichtigt werden.[662]

B. Verwertbarkeit des beschlagnahmten Materials

Bei rechtmäßigen Eingriffen zu Ermittlungszwecken sind die gewonnenen Informationen in der Regel verwertbar.[663] Beruhte die Beschlagnahme jedoch auf Erwägungen zum Zweck der Gefahrenabwehr, ist zu differenzieren: Erfüllt die mißbräuchliche Handlung selbst den Tatbestand einer Straftat, kann das Material in den meisten Fällen zum Nachweis dieser Tat verwertet werden. Zum Nachweis der Tat, die den Gegenstand des ursprünglichen Verfahrens bildet, in dem also das Verteidigungsverhältnis besteht, können die beschlagnahmten Gegenstände nur ausnahmsweise verwendet werden, nämlich dann, wenn das mißbräuchliche Verhalten Teil der ursprünglich verfolgten Tat ist.[664]

Unrechtmäßig erlangte Informationen dürfen nicht in weiterem Umfang als rechtmäßig gewonnene verwertet werden. Zudem darf die Verwertung nicht dazu führen, daß das Verfahren unfair wird. Die auch in der deutschen Literatur und Rechtsprechung vertretenen Ansichten zur Verwertbarkeit von rechtswidrig erlangtem Beweismaterial hat der EGMR nicht beanstandet.[665]

Erfolgte der Eingriff vor Entstehung der Beschuldigteneigenschaft, richtet sich die Zulässigkeit der Verwertung gleichwohl nach den dargestellten Prinzipien. Der für die Prüfung maßgebliche Zeitpunkt ist jedoch der der Verwertung des Beweismittels.[666]

---

[660] § 6 D. III. 2. S. 80 ff.

[661] § 6 E. S. 92 ff.

[662] § 6 C. II. S. 67 f.

[663] § 6 F. I. S. 105.

[664] § 6 F. II. S. 106 ff.

[665] § 6 G. S. 110 f.

[666] § 6 F. III. S. 109.

C. Rechtsbehelfsgarantie

Art. 13 der Konvention verlangt bei Eingriffen in Konventionsrechte, daß dem Betroffenen effektiver Rechtsschutz gewährt wird. Die Garantie greift in vollem Umfang auch dann ein, wenn es sich formal um einen richterlichen Akt, materiell aber um einen (Justiz)Verwaltungsakt handelt. Rechtsschutz muß auch gegen die richterliche Anordnung von Zwangsmaßnahmen ermöglicht werden.[667]

Dies gilt auch nach Erledigung des Eingriffs: Ein besonderes Rechtsschutzinteresse ist nicht erforderlich.[668]

---

[667] § 6 H. I. S. 113 f.

[668] § 6 H. II. S. 114 f.

2. Teil: Die Beschlagnahme von Verteidigungsunterlagen nach deutschem Recht

Die Europäische Menschenrechtskonvention wirkt auf mehreren Ebenen auf das deutsche Rechtssystem ein: So ist sie kraft Transformation deutsches Gesetzesrecht, Gründungsvertrag einer supranationalen Einrichtung und wird vom BVerfG zur Auslegung des Grundgesetzes herangezogen.[669] Besonders der Weg des BVerfG macht die Überprüfung der „Menschenrechtsmäßigkeit" deutschen Gesetzesrechts nicht einfacher, da es das Prüfungsobjekt, das gesamte deutsche Recht gleich welchen Ranges, mit der MRK als Prüfungsmaßstab zu verschmelzen scheint, aber dabei auf halbem Weg stehen bleibt und so - wie noch zu zeigen sein wird - den von der Konvention geforderten Standard nicht erreicht.

Man hat sich deshalb dem Problem in drei Schritten zu nähern. Zunächst müssen die Regeln zur Beschlagnahme von Verteidigungsunterlagen losgelöst von der MRK betrachtet werden. Erst dann kann ermittelt werden, welche Fortschritte durch die schon bisher erfolgte Integration der Konvention erreicht worden sind und welche Defizite noch bestehen, um – im dritten Schritt – aufzuzeigen, wie diese Mängel im Schutz der Menschenrechte beseitigt werden können.

---

[669] Die Aufzählung ist nicht abschließend. Einzelheiten zu den Möglichkeiten der Einbindung siehe oben § 5 B. S. 29 ff., auch § 8 S. 127 ff.

§ 10 Arten der „Beschlagnahme“

A. Regelungen der StPO

Die verschiedenen Formen der Beschlagnahme lassen sich zum einen nach ihrem Eingriffszweck und zum anderen nach ihren Eingriffsobjekten klassifizieren. Die StPO sieht zur Gewinnung von Beweismitteln die Beschlagnahme nach §§ 94 ff. StPO vor.

Zum Zweck der Sicherung einer zukünftigen Anordnung von Verfall (§§ 73 ff. StGB) oder Einziehung (§§ 74 ff. StGB) ist eine Beschlagnahme nach §§ 111 b ff. StPO zulässig. Für die Beschlagnahme von Führerscheinen gelten hier, sofern sie nicht als Beweismittel beschlagnahmt werden, Sonderregeln (§§ 94 Abs. 3, 111 a Abs. 3 - 6, 463 b StPO). Da es jedoch in dieser Arbeit um die Gefährdung der Verteidigung durch Beschlagnahme geht, werden nur die für das Thema relevanten Aspekte dieser Beschlagnahmeform beleuchtet.[670]

Nicht jeder Eingriff, den das Gesetz als „Beschlagnahme“ bezeichnet, ist auch als solche zu qualifizieren. So ist die Postbeschlagnahme nach §§ 99 ff. StPO keine Beschlagnahme im eigentlichen Sinn, sondern geht dieser nur voraus.[671] Auch die Überwachung des schriftlichen Verteidigerkontakts ist selbst keine Form der Beschlagnahme (vgl. § 148 a Abs. 1 S. 2 HS. 2 StPO). Da beide Maßnahmen eng mit der Beschlagnahme zusammenhängen und die Tätigkeit der Verteidigung behindern, ja sogar ihren Erfolg vereiteln können, sind auch sie darzustellen. Nicht behandelt werden kann die Kontaktsperre gem. §§ 31 ff. EGGVG. Gewahrsam ohne Kontakt zum Verteidiger (incommunicado) ist einer der schwerwiegendsten Beeinträchtigungen der Verteidigung. Bei Unterbrechung jeglichen Kontakts besteht jedoch nicht die Gefahr, daß Unterlagen der Verteidigung beschlagnahmt und gegen den Beschuldigten verwertet werden, wo der Schwerpunkt dieser Arbeit liegt.[672]

---

[670] § 11 E. I. 6. d) S. 204 f.

[671] § 12 B. S. 226.

[672] Zur Kontaktsperre siehe die einschlägigen Kommentierungen, z. B. LR/*Böttcher*, 25. A., vor § 31 EGGVG, §§ 31 ff. EGGVG, oder auch *Spaniol*, Das Recht auf Verteidigerbeistand, S. 27 f.

B. Sonstige Regelungen

Auch außerhalb des Strafprozesses sind Beschlagnahmen bzw. Sicherstellungen möglich. So verweisen z. B. §§ 38, 47 BVerfGG auf die Beschlagnahmeregelungen der StPO.

Nach den Polizeigesetzen der Länder sind Maßnahmen zur Gefahrenabwehr möglich.[673] Eingriffe in das Post- und Fernmeldegeheimnis (Art. 10 GG) können jedoch per Landesgesetz nicht gestattet werden. Die Gesetzgebungskompetenz steht hier allein dem Bund zu (Art. 73 Nr. 7 GG). Neben §§ 99 ff. StPO gestattet auch das sog. G 10-Gesetz Eingriffe in die genannten Grundrechte. Eine Spezialregelung für die Beschlagnahme ist aber nicht enthalten.[674] § 39 Abs. 4 S. 1 Nr. 4 PostG enthält noch nicht einmal eine Eingriffsbefugnis: Er gestattet lediglich dem privaten Postdienstleister, Sendungen zu öffnen, und enthält damit einen besonderen Rechtfertigungsgrund gegenüber § 202 StGB. Wenn das Postunternehmen die Polizei eine Sendung öffnen läßt, da es dies selbst nicht wagt, z. B. weil das Paket mit Sprengstoff präpariert sein könnte, liegt hierin noch keine Beschlagnahme oder Sicherstellung. Diese können freilich, wenn sich der Verdacht bestätigt, nach dem Öffnen gem. §§ 94 ff. StPO erfolgen.

---

[673] So z. B. in Bayern: Gem. Art. 25, 53 ff. PAG kann die Sicherstellung zwangsweise durchgesetzt werden.

[674] Hierzu vgl. Fn. 1044.

§ 11 Die gesetzliche Regelung der Beschlagnahme in §§ 94 ff. StPO

A. Historische Bemerkungen

Die Beschlagnahme ist nicht nur eines der ältesten Zwangsmitteln der StPO, in der die sie betreffenden Regelungen seit dem Inkrafttreten der RStPO am 1. Oktober 1879[675] im Kern nahezu unverändert geblieben sind.[676] Sie gehört auch zu den ältesten Mitteln der Beweisbeschaffung überhaupt.

Das attische Recht behalf sich allerdings noch mit der Aufforderung an den Gewahrsamsinhaber, das Beweismittel vorzuweisen (πρόκλησις). Entsprach dieser dem Verlangen nicht, so konnte der Forderung mit einer zwangsweise durchsetzbaren Herausgabeklage (εἰς ἐμφανῶν κατάστασιν) Nachdruck verliehen werden, wenn der Inhaber ein Dritter war.[677] Befand sich der Gegenstand in den Händen des Prozeßgegners, so half eine Umkehr der Beweislast.[678] Die Beschlagnahme zur Beweissicherung ist im abendländischen Kulturkreis ab römischer Zeit dokumentiert.[679] Der Ankläger war befugt, die Herausgabe von Gegenständen zu verlangen, Hausdurchsuchungen vorzunehmen und Beweismittel zu beschlagnahmen.[680] Von Beschlagnahmeverboten wissen wir erst aus der Kaiserzeit.[681] Jedoch

---

[675] RGBl. 1877, 253 ff.

[676] LR/*Schäfer*, vor § 94 Rn. 12; Änderungen betrafen die Ausgliederung der Beschlagnahme zur Vollstreckungssicherung durch Art. 21 Nr. 15, 29 des EGStGB vom 2. März 1974 (BGBl. I 1974, 469, 503 f; zu dieser Beschlagnahmeform siehe unter § 11 E. I. 6. d) S. 204) und die Ausweitung des personellen Anwendungsbereiches von § 97 StPO, insbesondere zum Schutz der Presse- und Rundfunkfreiheit (vgl. LR/*Dahs*, 25. A., Entstehungsgeschichte von § 53 und LR/*Schäfer*, Entstehungsgeschichte von § 97).

[677] *Lipsius*, Attisches Recht, S. 587, 869 f.; *Bonner*, Evidence in Athenian Courts, S. 64 ff., der allerdings darauf hinweist, daß kein Fall bekannt ist, in dem dies wirklich versucht worden ist.

[678] *Bonner*, Evidence in Athenian Courts, S. 68 f. m. N.

[679] Vgl. Darstellung bei *Freyberg*, Über die Beschlagnahme, S. 47 ff.

[680] *Mommsen*, Römisches Strafrecht, S. 418 m. w. N.

[681] Cod. 2, 1, 4: „Qui accusare volunt, probationes habere debent, cum neque iuris neque aequitatis ratio permittat, ut alienorum instrumentorum potestas fieri debeat. ... PP. V id. Mart. duobus Aspris conss." – Wer anklagen will, muß Beweise haben, da es weder ein Rechts-, noch ein Billigkeitsgrund erlaubt, daß die Befugnis gegeben wird, fremde Urkunden einzusehen. ... Gegeben am 11. März 212, unter dem Consulat von Caius Iulius Asper und Caius Iulius Galerius Asper.

Eine Ausnahme von der Editionspflicht bei Kapitalverbrechen deutet D. 49, 2, 2 an: „Item divi fratres ad libellum Cornelii Rufi rescripserunt totiens edenda esse instrumenta, quotiens de iure capiendi vel de iure dominii vel de aliqua causa simili re nummaria quaeratur, non si de capitali causa agatur." Genauso schrieben die vergöttlichten Brüder in einem Reskript auf eine Anfrage des Cornelius Rufus, daß Dokumente herausgegeben werden müssen, wenn es um ein

geht es auch in älteren Quellen nie um Verteidigungsunterlagen i. e. S. Wären aber z. B. Redeentwürfe Ciceros oder die eines anderen Verteidigers beschlagnahmt worden, so wüßten wir mit Sicherheit davon. Da hierüber aber nichts bekannt ist, darf man getrost davon ausgehen, daß eine Beschlagnahme dieser Unterlagen nicht vorgesehen war.

In den folgenden Jahrhunderten nimmt die Bedeutung der Beschlagnahme ab. Der Grund dafür liegt zum einen im Wandel des Prozeßsystems: Die Beweisführung mittels Eid, Eideshilfe und Gottesurteil stand jetzt im Vordergrund.[682] Erste Ansätze im Rahmen der Beschlagnahme von Beweisgegenständen, wie etwa der gestohlenen Sache, gibt es jedoch auch hier.[683]

Aber auch der Wandel in Politik und Wirtschaftsleben sowie die sinkende Alphabetisierungsquote der Bevölkerung hatten Einfluß auf die Bedeutung von Urkunden für die Beweisführung. Waren z. B. im römischen Verfahren wegen eines crimen repetundarum, also der Erpressung von Steuergeldern in den Provinzen und deren Unterschlagung, sowie bei Bestechung und Amtserschleichung die Hausbücher als Buchführungsunterlagen wichtige Beweismittel[684], wird man sich kaum fragen müssen, warum wir aus germanischer Zeit keine vergleichbaren Fälle kennen.

Während der Zeit des gemeinrechtlichen Inquisitionsprozesses kam hinzu, daß Beweise über die Folter erpreßt werden konnten. Sachliche Beweismittel dienten hier hauptsächlich zur Erhärtung des Verdachts im Vorfeld.[685] Erst später – namentlich nach Abschaffung der Folter – wächst ihre Bedeutung wieder, wobei in Ermangelung einer wirklichen Rechtsgrundlage aus einer Regelung des canonischen Rechts über den Wucher[686] eine generelle Herausgabepflicht des Beschuldigten und aus der allgemeinen Zeugnispflicht eine der übrigen Gewahrsamsinhaber abgeleitet wurde.[687]

Aneignungsrecht [im Rahmen einer Erbschaft], um die Frage des Eigentums oder irgendeine ähnliche Vermögenssache, aber nicht, wenn es um ein Kapitalverbrechen geht.

Eine Stelle bei *Ammianus Marcellinus*, Römische Geschichte, 29, 2, die das Gegenteil anzudeuten scheint, ist dagegen nicht aussagekräftig. Es handelt sich dort um eine Haussuchung bei einem bereits Verurteilten, um Beweismaterial gegen Dritte wegen Hexerei zu beschaffen, zudem wird an gleicher Stelle die Gesetzwidrigkeit des gesamten Vorgangs gebrandmarkt.

682 AK-StPO/*Amelung*, vor §§ 94 – 98 Rn. 7.

683 AK-StPO/*Amelung*, vor §§ 94 – 98 Rn. 7 m. w. N.; vgl. *Freyberg*, Über die Beschlagnahme, S. 38 ff.

684 So auch *Geib*, Geschichte des römischen Kriminalprozesses, S. 352.

685 AK-StPO/*Amelung*, vor §§ 94 – 98 Rn. 8 m. w. N.

686 *Clemens V.*, liber V, titulus V de usuris, § 1.

687 *Zachariae*, Handbuch des deutschen Strafprocesses, Bd. 2, S. 174.

Der Widerstand , der seit der Zeit des Liberalismus gegen die als willkürlich empfundene Beschlagnahmepraxis laut wurde, führte schließlich zum Erfolg.[688]

§ 97 RStPO lautete:

> „Schriftliche Mittheilungen zwischen dem Beschuldigten und denjenigen Personen, die wegen ihres Verhältnisses zu ihm nach §§. 51, 52 zur Verweigerung des Zeugnisses berechtigt sind, unterliegen der Beschlagnahme nicht, falls sie sich in den Händen der letzteren Personen befinden und diese nicht einer Theilnahme, Begünstigung oder Hehlerei verdächtig sind."[689]

Die wohl wichtigste Änderung des § 97 StPO brachte Art. 4 Nr. 12 des 3. StRÄndG vom 4. August 1953[690], der den sachlichen Schutzbereich auf Aufzeichnungen des aus beruflichen Gründen Zeugnisverweigerungsberechtigten und auf sonstige Gegenstände erstreckte.[691]

B. Die Anordnung der Beschlagnahme

I. Definition und Ablauf der Beschlagnahme

Der staatliche Inbesitznahmeanspruch, den § 94 StPO begründet und dessen Gegner grundsätzlich jedermann ist,[692] kann auf drei Wegen realisiert werden: Zum einen durch förmliche Beschlagnahme, zum anderen durch formlose Sicherstellung, zum dritten durch Erzwingung der Herausgabe nach § 95 Abs. 2 S. 1 StPO.[693] Die Beschlagnahme ist im Gegensatz zur bloßen Sicherstellung ein Hoheitsakt und bewirkt eine öffentlich-rechtliche Verstrickung des Gegenstandes. Damit wird das staatliche Gewahrsamsverhältnis materiell-strafrechtlich zusätzlich zu § 133 Abs. 1 auch nach § 136 Abs. 1 StGB abgesichert.[694]

---

[688] AK-StPO/*Amelung*, vor §§ 94 – 98 Rn. 9.

[689] RGBl. 1877, 253, 270 (Orthographie und Zeichensetzung wurden nicht verändert, die *Verfasserin*).

[690] BGBl. I 1953, 735, 744 f.

[691] Im übrigen vgl. die Darstellungen in AK-StPO/*Schreiber*, Einl. Rn. 1 ff.; AK-StPO/*Amelung*, vor §§ 94 – 98 Rn. 7 ff.; *Freyberg*, Über die Beschlagnahme, S. 38 ff.

[692] Nach h. M. z. B. auch der Privatkläger, so schon vgl. LG Altona, JW 1925, 2822; siehe dazu auch AK-StPO/*Amelung*, § 94 Rn. 3; LR/*Schäfer*, § 94 Rn. 10; *Tschacksch*, Die strafprozessuale Editionspflicht, S. 214 ff.

[693] AK-StPO/*Amelung*, § 94 Rn. 12, § 95 Rn. 1.

[694] Einzelheiten sind den einschlägigen Kommentierungen zu §§ 133, 136 StGB zu entnehmen. Stellvertretend für viele sei hier auf Schönke/Schröder/*Cramer*, StGB, §§ 133, 136, verwiesen.

Die Beschlagnahme erfolgt in einem zweistufigen Verfahren: Zunächst wird sie angeordnet (§ 98 Abs. 1 S. 1, 2 StPO),[695] erst dann kann sie vollzogen werden, wobei in der Praxis beide Teilakte oft nur durch eine logische Sekunde voneinander getrennt sind. Bevor es jedoch dazu kommen kann, ist in manchen Fällen eine Durchsuchung notwendig. Daß dann deren gesetzliche Voraussetzungen ebenfalls eingehalten werden müssen, bedarf keiner weiteren Erörterung.

Werden bei einer solchen Durchsuchung weitere Gegenstände gefunden, die mit dem Anlaßverfahren in Zusammenhang stehen, aber nicht in der Beschlagnahmeanordnung genannt waren, können diese entweder beschlagnahmt werden, sofern eine anordnungskompetente Person anwesend ist, oder – wenn es sich um Papiere i. S. v. § 110 StPO handelt[696] - nach § 110 Abs. 2 S. 2 StPO zunächst ohne Beschlagnahme zur Vorlage beim Staatsanwalt mitgenommen werden. Dieser hat nach Durchsicht dann einen richterlichen Beschlagnahmebeschluß herbeizuführen oder die Gegenstände zurückzugeben.[697] § 108 StPO gilt hier nicht. Er ist nur anwendbar, wenn die gefundenen Gegenstände Bedeutung für den Nachweis einer anderen Straftat haben können.[698] Besteht jedoch ein Beschlagnahmeverbot im Verfahren wegen dieser anderen Straftat, wäre auch die vorläufige Inbeschlagnahme nach § 108 StPO unzulässig.[699]

II. Anordnungskompetenz

Primär zuständig für die Beschlagnahme ist der Richter. Während des Vorverfahrens ist dies in der Regel der Ermittlungsrichter beim Amtsgericht (§ 162 StPO), in besonderen Fällen auch zusätzlich der Ermittlungsrichter beim Oberlandesgericht oder beim Bundesgerichtshof (§ 169 StPO). Mit der Klageerhebung geht die Zuständigkeit auf das mit der Sache befaßte Gericht über. Das gleiche gilt für die Berufungsinstanz nach Vorlage der Akten (§ 321 StPO). Auch das Beschwerdegericht kann eine Beschlagnahme anordnen (§ 308 Abs. 2 StPO). In diesem Fall ist sogar möglich, daß ein Strafsenat des BGH (nicht etwa der Ermittlungsrichter) die Maßnahme verantwortet (§§ 135 Abs. 2, 139 Abs. 2 S. 1 GVG).

Nach § 98 Abs. 1 S. 1 StPO kann die Beschlagnahme bei Gefahr im Verzug nicht nur durch den Richter, sondern auch durch die Staatsanwaltschaft oder ihre

---

[695] Siehe dazu sogleich unter § 11 B. II. S. 150.

[696] Es kommt hier auf die Verkörperung von Gedankeninhalten an, nicht auf das Papier als Träger, so daß Disketten u. ä. problemlos unter § 110 StPO fallen, siehe KK/*Nack*, § 110 Rn. 2; Kleinknecht/*Meyer-Goßner*, § 110 Rn. 1 m. zahlr. Beispielen und Nachweisen.

[697] Vgl. z. B. LR/*Schäfer*, § 110 Rn. 13 ff.

[698] Unstrittig, siehe u. a. KK/*Nack*, § 108 Rn. 7; LR/*Schäfer*, § 108 Rn. 7; SK-StPO/*Rudolphi*, § 108 Rn. 4.

[699] KK/*Nack*, § 108 Rn. 6; Kleinknecht/*Meyer-Goßner*, § 108 Rn. 4; LR/*Schäfer*, § 108 Rn. 9; SK-StPO/*Rudolphi*, § 108 Rn. 5.

Hilfsbeamten angeordnet werden. Dies gilt auch bei den meisten nach § 97 StPO privilegierten Personen, einschließlich des Verteidigers. Nur für die unter den Voraussetzungen von § 97 Abs. 5 S. 2 StPO mögliche Beschlagnahme ist ein Beschluß durch den Richter zwingend. Die höhere Einordnung des Informantenschutzes bei Presse und Rundfunk gegenüber dem Schutz der Verteidigung hat, zumal das Erfordernis des periculum in mora recht großzügig gehandhabt wird,[700] zu heftiger Kritik im Schrifttum Anlaß gegeben.[701].

Ist die Beschlagnahme nicht von einem Richter autorisiert, ist eine nachträgliche judizielle Kontrolle nur dann von Amts wegen durchzuführen, wenn weder der Betroffene noch ein erwachsener Angehöriger anwesend waren, eine dieser Personen ausdrücklich der Beschlagnahme widersprochen hat (§ 98 Abs. 2 S. 1 StPO) oder wenn die öffentliche Klage bereits erhoben ist (§ 98 Abs. 3 StPO). Im Übrigen bedarf es eines Antrages des Betroffenen nach § 98 Abs. 2 S. 2 StPO, um die Kontrolle herbeizuführen.[702]

Bemerkenswerterweise ist nur Abs. 3 als Muß-Vorschrift ausgestaltet, während Überschreitungen der Frist nach Abs. 2 S. 1 in Ausnahmefällen möglich sind.[703] Angesichts der Ergebnisse einer Untersuchung über die Vorlagepraxis in Nordrhein-Westfalen darf bezweifelt werden, ob die Anforderungen an einen solchen Ausnahmefall in der Praxis beachtet werden.[704] Die gewisse Nachlässigkeit beim Einholen der richterlichen Bestätigung nach Abs. 2 S. 1 mag auch daraus resultieren, daß kaum Konsequenzen zu befürchten sind. So entsteht nach h. M. kein Beweisverwertungsverbot bei Fristüberschreitung.[705]

III. Zeitliche Geltung und nötige Bestimmtheit der Anordnung

1. Zeitliche Geltung einer Beschlagnahmeanordnung

Ein ähnliches Problem wie bei der nicht-fristgemäßen Vorlage an den Richter gem. § 98 Abs. 2 S. 1 StPO stellt sich dann, wenn zwar ein richterlicher Beschlagnahmebeschluß erfolgreich beantragt worden ist, aber nicht sogleich, sondern mit

---

[700] *Nelles*, Kompetenzen und Ausnahmekompetenzen in der Strafprozeßordnung, S. 227, 244; vgl. auch AK-StPO/*Amelung*, § 98 Rn. 6 f.; LR/*Schäfer*, § 98 Rn. 35. Erst bei willkürlicher Bejahung der Eilzuständigkeit soll es zu einem Beweisverwertungsverbot kommen, vgl. LR/*Schäfer*, § 98 Rn. 37 (mit Nachweisen der Gegenansicht in Rn. 36).

[701] *Bandisch*, NJW 1987, 2200, 2205 f.; *Krekeler*, NJW 1977, 1417, 1424 f.; vgl. auch *Waldowski*, AnwBl. 1975, 106, 109; *Welp*, JZ 1972, 423, insb. S. 427 f.

[702] Einzelheiten dazu sogleich unter § 11 C. S. 154 ff.

[703] Vgl. Wolff/Bachof/*Stober*, Verwaltungsrecht I, § 31 Rn. 34.

[704] *Nelles*, Kompetenzen und Ausnahmekompetenzen in der Strafprozeßordnung, S. 229.

[705] KG, VRS 42, 210, 211; *Eb. Schmidt*, Lehrkommentar, Bd. 2, § 98 Rn. 6; Kleinknecht/*Meyer-Goßner*, § 98 Rn. 14; a. A. bei Extremfällen LR/*Schäfer*, § 98 Rn. 45.

erheblichem zeitlichen Abstand vollzogen wird. Als Herrin des Ermittlungsverfahrens steht die Entscheidung, ob sie von der Beschlagnahmeanordnung Gebrauch machen will, allein der Staatsanwaltschaft zu.[706] Wie *Kronisch* zu Recht bemerkt, ließe sich zwar daran denken, die Entscheidung, wann die Beschlagnahme vorgenommen wird, gleichfalls der Staatsanwaltschaft zu überlassen, im Ergebnis greife aber das argumentum a maiore ad minus nicht durch.[707] *Kronisch* begründet dies damit, daß das „Wann" des Vollzuges und damit die Frage, ob die Eingriffsvoraussetzungen noch vorliegen, die Ebene der gesetzlichen Zulässigkeit berühre.[708] Darauf, daß das Verschieben eines Eingriffs gegenüber dem Unterlassen der Beschlagnahme gerade kein wesensgleiches minus, sondern ein aliud ist, weist er allerdings nicht hin. Wird eine Beschlagnahme, obschon sie vom Richter autorisiert ist, nicht vollzogen, unterbleibt eine belastende Maßnahme. Der von der Beschlagnahme potentiell Betroffene wird nicht beschwert. Wird dagegen der Eingriff zu einem erheblich späteren Zeitpunkt durchgeführt, entsteht sehr wohl eine Beschwer, und zwar eventuell eine andere als bei Erlaß der Beschlagnahmeanordnung vom Richter beabsichtigt.

Dies ist auch der Hintergrund des Beschlusses des BVerfGs vom 27. Mai 1997.[709] Mit der zeitlichen Entfernung zwischen Anordnung und Durchführung eines Eingriffes – im vom BVerfG entschiedenen Fall ging es um die Durchsuchung einer Arztpraxis – wächst auch der inhaltliche Abstand zwischen angeordneter und durchgeführter Maßnahme, so daß nach einiger Zeit die jetzt vollzogene nicht mehr mit der vom Richter verantworteten übereinstimmt.[710] Diese „neue" Durchsuchung bedarf für ihre Rechtmäßigkeit entweder eines erneuten richterlichen Beschlusses oder, wenn Gefahr im Verzug ist, einer Anordnung durch die Staatsanwaltschaft oder ihre Hilfsbeamten.

Während vor dieser Entscheidung des BVerfG u. a. von *Schäfer* vorgeschlagen worden war, darauf abzustellen, daß sich die tatsächlichen Grundlagen für die Anordnung maßgeblich verändert haben,[711] ist die Geltungsdauer einer Durchsuchungsanordnung jetzt auf maximal ein halbes Jahr nach Erlaß des Beschlusses begrenzt.[712] Diese absolute zeitliche Grenze ist allerdings nicht auf einhellige

---

[706] *Amelung/Schall*, JuS 1975, 565, 572; *Benfer*, Die Haussuchung im Strafprozeß, S. 179 ff.; *ders.*, NJW 1981, 1245, 1246 f. (für das Ermittlungsverfahren).

[707] *Kronisch*, NStZ 1987, 522; vgl. *ders.*, AnwBl. 1988, 617, 618.

[708] *Kronisch*, NStZ 1987, 522.

[709] BVerfG, NJW 1997, 2165 ff. = StV 1997, 394 ff. = JR 1997, 386 ff. m. Anm. *Cirener*.

[710] BVerfG, NJW 1997, 2165, 2166 = StV 1997, 394, 395 = JR 1997, 386, 387 f. m. Anm. *Cirener*.

[711] LR/*Schäfer*, § 98 Rn. 21, § 105 Rn. 23; siehe auch LG Osnabrück, NStZ 1997, 522; *Kronisch*, NStZ 1997, 522 f.

[712] BVerfG, NJW 1997, 2165, 2166= StV 1997, 394, 396 = JR 1997, 386, 388 m. Anm. *Cirener*.

Zustimmung gestoßen und wird bisweilen als zu starr empfunden.[713] Bei dieser Kritik muß jedoch bedacht werden, daß auch schon vorher bei einer Veränderung der Entscheidungsgrundlage eine neue Anordnung vonnöten ist. Die Halbjahresfrist als endgültige Grenze hat einen entscheidenden Vorteil gegenüber einer rein inhaltlichen Lösung: Zum einen ist ein Überschreiten der Frist von den Ermittlungsbehörden, die daran interessiert sind, zu wissen, ob sie eine erneute Anordnung benötigen, wie von einem gegen den Vollzug angerufenen Gericht leicht festzustellen. Daß die Ermittlungsbehörden nun einmal erlangte Durchsuchungsanordnungen vielleicht auf jeden Fall durchführen, bevor sie „verfallen", erscheint gegenüber der vorherigen Mißbrauchsmöglichkeit, sich richterliche Anordnungen auf Vorrat zu besorgen, als das kleinere Übel.

Der Entscheidung des BVerfG lag zwar eine Durchsuchungsanordnung zugrunde, die Argumentation ist aber auch auf andere Zwangsmaßnahmen, wie etwa die Beschlagnahme, zu übertragen. Es liegen dazu bereits erste untergerichtliche Entscheidungen vor,[714] was von der Literatur auch begrüßt wird.[715]

2. Bestimmtheit der Beschlagnahmeanordnung

Ein weiteres Problem bei der Anordnung der Beschlagnahme durch den Richter ist das der Bestimmtheit des Beschlagnahmebeschlusses. Während die Hilfsbeamten der Staatsanwaltschaft bei einer Beschlagnahme in der Regel vor Ort sind, muß der Richter zumeist und bisweilen auch der Staatsanwalt aus der Ferne seines Schreibtisches entscheiden. Zumal dann, wenn der Beschlagnahme eine Durchsuchung vorausgeht, besteht für ihn die Schwierigkeit, den zu beschlagnahmenden Gegenstand genügend konkret zu beschreiben, und für den Betroffenen das Risiko, daß die Strafverfolgungsbehörden diese Schwierigkeit dazu nutzen, gezielt nach „Zufallsfunden" i. S. v. § 108 StPO zu suchen.[716] Obgleich ein derartiges

---

[713] So z. B. *Cirener*, JR 1997, 389, 390; *Roxin*, StV 1997, 654 f.

[714] Z. B. LG Neuruppin, StV 1997, 506 ff.

[715] *Roxin*, StV 1997, 654, 656; siehe auch *Beulke*, StPO, Rn. 258.

[716] Dazu *Bandisch* (NJW 1987, 2200, 2201), der den Strafverfolgungsbehörden vorwirft, sie gingen nach dem „Staubsaugerprinzip" (so die Rechtsanwälte *Latz* und *Richter* in einer Sendung des Süddeutschen Rundfunks am 11. Mai 1985; zitiert nach *Bandisch* a. a. O.) vor. Er weist, wie auch *Amelung* (AK-StPO/Amelung, § 108 Rn. 9) und *Schäfer* (LR/*Schäfer*, § 108 Rn. 18), aber auch darauf hin, daß ein solcher Mißbrauch mit Beweisverwertungsverboten geahndet werden kann. Dadurch läßt sich allerdings in praxi nicht verhindern, daß solche unverwertbaren Informationen sich nicht doch „positiv" auf den Ermittlungserfolg auswirken (so schon *Krekeler*, NJW 1977, 1417, 1423; vgl. *Waldowski*, AnwBl. 1975, 106, 107, und das berühmte Zitat von *Eb. Schmidt*, NJW 1968, 1209, 1218, es sei „psychologisches Akrobatenstück", erlangte Kenntnisse zu verdrängen.).

Vorgehen gerade in Rechtsanwaltspraxen bedenklich ist, kann es nicht Ziel dieser Arbeit sein, auf diese Problemstellung vertieft einzugehen.[717]

C. Rechtsschutzmöglichkeiten

Die Frage, was gegen eine als ungerechtfertigt empfundene Beschlagnahme unternommen werden kann, ist für den Betroffenen von ähnlicher Bedeutung wie die, ob die Maßnahme in der Tat rechtswidrig war. Zudem ist es für die Gesamtbetrachtung des Beschlagnahmerechts im Hinblick auf seine Vereinbarkeit mit der Menschenrechtskonvention und die Anfechtung einer Beschlagnahme vor dem EGMR relevant, ob das nationale Recht gerichtliche Überprüfungsmöglichkeiten vorsieht.[718]

I. Fortdauernde und erledigte Beschlagnahmen

Die Aussichten, Rechtsschutz zu erhalten, waren bis 1997 recht unterschiedlich, abhängig davon, ob der Eingriff noch aktuell oder bereits erledigt war.[719]

1. Vor Erledigung

Dauert die Beschlagnahme an und ist sie nicht vom Richter angeordnet worden, kann der Betroffene, der über diese Möglichkeit gem. § 98 Abs. 2 S. 7 StPO zu belehren ist, gem. § 98 Abs. 2 S. 2 StPO unstreitig Rechtsschutz erlangen. Vor Erhebung der Klage kann er sich an das nach den Sätzen 3 und 4 zuständige Amtsgericht, in Staatsschutzsachen nach § 120 GVG auch an das Oberlandesgericht bzw. den BGH (§ 169 StPO) wenden.[720] Nach Klageerhebung ist das mit der Sache befaßte Gericht für den Antrag nach § 98 Abs. 2 S. 2 StPO zuständig. Letzteres gilt selbst dann, wenn die Beschlagnahmeanordnung vor der Klageerhebung erfolgt ist.[721]

Liegt eine richterliche Anordnung der Beschlagnahme zugrunde oder hat der Richter die Maßnahme nach § 98 Abs. 2 S. 1, Abs. 3 StPO bestätigt, können diese Beschlüsse mit der Beschwerde nach §§ 304, 305 S. 2 StPO angefochten werden.

---

[717] Weiterführend LR/*Schäfer*, § 98 Rn. 16 m. w. N.; siehe auch LG Lüneburg, JZ 1984, 343 f.; LG Neuruppin, StV 1997, 506 f.

[718] Siehe dazu oben § 6 E. III. S. 103 f, vgl. unten § 15 S. 263 ff.

[719] Ausführlich zur alten Rechtslage *Bachmann*, Probleme des Rechtsschutzes gegen Grundrechtseingriffe im strafrechtlichen Ermittlungsverfahren, S. 155 ff.; *Köster*, Der Rechtsschutz gegen die vom Ermittlungsrichter angeordneten und erledigten strafprozessualen Grundrechtseingriffe.

[720] Ist § 98 Abs. 2 S. 4 StPO einschlägig, führt dies zur ausschließlichen Zuständigkeit des OLG bzw. des BGH; KK/*Nack*, § 98 Rn. 19.

[721] BGHSt 27, 253; BGHSt 29, 200, 202; LR/*Schäfer*, § 98 Rn. 8, 52; SK-StPO/*Rudolphi*, § 98 Rn. 14.

Sofern allerdings die Anordnung vom einem Strafsenat des BGH stammt, ist die Beschwerde nach § 304 Abs. 4 S. 1 StPO ausgeschlossen.[722]

Der Beschwerdeweg ist auch dann zu wählen, wenn der richterliche Beschluß Einzelheiten des Vollzugs bestimmt.[723]

Die Zuständigkeit richtet sich hier nach den allgemeinen Vorschriften.

Die Art und Weise des (andauernden) Vollzuges ist - sofern es nicht um Einzelheiten der Durchführung geht, die der Richter in seiner Anordnung selbst geregelt hat - nach einer Ansicht gem. §§ 23 ff. EGGVG,[724] nach anderer gem. § 98 Abs. 2 S. 2 StPO[725] der Kontrolle unterworfen. Aus Gründen der Vereinfachung ist der weniger komplizierte Antrag nach § 98 Abs. 2 S. 2 StPO die bessere Lösung. Zudem findet so – wie sich sogleich zeigen wird - die Überprüfung des Vollzuges einheitlich bei den für diese Antragsart zuständigen Gerichten statt.[726]

Es ist jedoch strittig, ob auch die Rechtmäßigkeit der Beschlagnahmeanordnung selbst kontrolliert werden kann. Nach herrschender Auffassung prüft das Gericht nur, ob die Beschlagnahme zum Zeitpunkt der Entscheidung aufrechterhalten werden kann.[727] Trotzdem soll aber - was inkonsequent erscheint - die Art und Weise der Beschlagnahme einer Überprüfung zugeführt werden: mit dem Antrag nach § 98 Abs. 2 S. 2 StPO bei Anordnung durch einen Staatsanwalt oder einen seiner Hilfsbeamten und nach §§ 23 ff. EGGVG bzw. ebenfalls nach § 98 Abs. 2 S. 2 StPO bei richterlicher Anordnung.[728] Noch weniger folgerichtig erscheint diese Auffassung, wenn man bedenkt, daß die gleichen Vertreter bei einer erledigten Maßnahme auch die Rechtmäßigkeit der Anordnung kontrollieren lassen wollen.[729]

Die Gegenansicht, die den Antrag nach § 98 Abs. 2 S. 2 StPO und die Beschwerde auch zur Rechtmäßigkeitskontrolle der Beschlagnahmeanordnung selbst nutzen wollen,[730] erscheint daher besser durchdacht.

---

[722] Zur seltenen Fall der Anordnung einer Beschlagnahme durch den BGH (nicht durch den Ermittlungsrichter des BGH) siehe § 11 B. II. S. 150.

[723] Siehe unter § 11 C. I. 2. b) aa) S. 162 ff.

[724] So noch *Beulke*, StPO, 3. A., Rn. 323.

[725] BGHSt 28, 206, 209; 36, 30, 31 f.; OLG Karlsruhe, NStZ 1995, 48 (zur Durchsuchung); *Beulke*, StPO, 4. A., Rn. 324; KK/*Nack*, § 98 Rn. 26; LR/*Schäfer*, § 98 Rn. 77.

[726] Siehe § 11 C. I. 2. b) S. 164.

[727] KK/*Nack*, § 98 Rn. 20; Kleinknecht/Meyer-Goßner, § 98 Rn. 17; LR/*Schäfer*, § 98 Rn. 67; *Schnarr*, NStZ 1991, 209, 214 m. w. N.

[728] Siehe dazu unter § 11 C. I. 2. b) S. 161 ff.

[729] KK/*Nack*, § 98 Rn. 22; Kleinknecht/*Meyer-Goßner*, § 98 Rn. 23; LR/*Schäfer*, § 98 Rn. 71 ff.

[730] AK-StPO/*Amelung*, § 98 Rn. 30; SK-StPO/*Rudolphi*, § 98 Rn. 31; wohl auch der BGH (vgl. BGH, StV 1999, 72 m. w. N., weitere Fundstellen in Fn. 761).

2. Nach Erledigung

Vor 1997 hing die Chance, Rechtsschutz zu erlangen, wenn die Zwangsmaßnahme erledigt war, etwa weil der in Beschlag genommene Gegenstand zurückgegeben worden war, davon ab, wer die Maßnahme verantwortet hatte. Bei Anordnung durch die Staatsanwaltschaft oder ihre Hilfsbeamten konnte der Betroffene - jedenfalls nach überwiegender Ansicht – eine gerichtliche Überprüfung herbeiführen.[731] Anders sah es aus, wenn der Ermittlungsrichter das Zwangsmittel selbst angeordnet hatte. Wegen prozessualer Überholung - so lautete damals die Begründung [732]- sei die Beschwerde unzulässig: Der StPO seien Rechtsbehelfe gegen erledigte Zwangsmaßnahmen fremd.[733] Auch Art. 19 Abs. 4 GG fordere den Rechtsschutz durch, aber nicht gegen den Richter.[734] Ausnahmen waren nur dann möglich, wenn die Maßnahme - etwa wegen Verstoßes gegen den Verhältnismäßigkeitsgrundsatz – verfassungswidrig war.[735] Durch die Eröffnung einer Kontrollmöglichkeit bei den Fachgerichten sollte das BVerfG entlastet werden.

Mit dem Beschluß vom 30. April 1997 änderte das BVerfG unter dem Eindruck heftiger Kritik seine Rechtsprechung.[736] Zwar bleibt es bei seiner Einordnung richterlicher Anordnungen von Ermittlungshandlungen als „Rechtsprechung" und zitiert hier weiterhin den Satz, Art. 19 Abs. 4 StPO fordere nicht die Existenz einer zweiten Instanz.[737] Jedoch schreibt es nunmehr mit dem Argument, Rechtsschutz müsse dann, wenn das Gesetz prinzipiell eine weitere richterliche

---

[731] Nachweise bei LR/*Schäfer*, § 98 Rn. 72 f.

[732] Für viele BVerfGE 49, 329, 337 ff.

[733] BGHSt 28, 57, 58 = MDR 1978, 770; vgl. BGHSt 28, 160, 161 = MDR 1979, 69, 70; BGH, Beschluß vom 18. Februar 1983, StB 5/83, Beschluß vom 15. Juni 1983, StB 18/83, Beschluß vom 15. November 1983, StB 35/83, sowie Beschluß vom 25. November 1983, StB 36/83.

[734] BVerfGE 49, 329, 340; 87, 48, 61; 92, 365, 410.; weitere Nachweise bei *Lin*, Richtervorbehalt und Rechtsschutz gegen strafprozessuale Grundrechtseingriffe, S. 48 Fn. 10. Dieser Merksatz wird im Anschluß an *Dürigs* Erstkommentierung zu Art. 19 Abs. 4 GG (Maunz/Dürig/*Dürig*, GG, Art. 19 Abs. 4 Rn. 17 (Erstbearbeitung), zitiert nach Maunz/Dürig/*Schmidt-Aßmann*, GG, Art. 19 Abs. 4 Rn. 96) auch als das sog. „Dürig'sche Dogma" bezeichnet (*Lin*, Richtervorbehalt und Rechtsschutz gegen strafprozessuale Grundrechtseingriffe, S. 48; *Voßkuhle*, Rechtsschutz gegen den Richter, S. 1 ff.).

[735] LG Freiburg, StV 1989, 427; LG Stuttgart, wistra 1990, 282, 283; LR/*Schäfer*, § 98 Rn. 71; vgl. BGHSt 22, 26, 28 f.; BGHSt 28, 160, 162; LG Bremen, StV 1997, 177 ff.

[736] BVerfGE 96, 27 ff. = JZ 1997, 1060 ff. = StV 1997, 393 f. m. zahlr. N. der gegen die frühere Rechtsprechung geäußerten Bedenken. Die vereinzelten Stimmen, die sich gegen eine Ausweitung der Rechtsschutzmöglichkeiten aussprachen - wie *Ernesti*, JR 1982, 221, 223 f. Fn. 23 -, zitiert es nicht. Zu möglichen Ursachen des Wandels der Rechtsprechung siehe § 15 A. I. S. 263 f.

[737] BVerfGE 96, 27, 39 = JZ 1997, 1060 = StV 1997, 393. Zur richtigen Einordnung als Justizverwaltungsakt durch den EGMR siehe § 6 H. I. S. 113 und nach deutschem Recht unter § 17 A. II. S. 276 f.

Überprüfung möglich macht, effektiv sein, den Fachgerichten vor, bei Erledigung Rechtsschutz in weiterem Umfang als bisher zu gewähren. Sieht die StPO die Beschwerde als Rechtsbehelf gegen vom Richter veranlaßte Beschlagnahmen vor, so kann der oft im Charakter der Maßnahme begründete Eintritt der Erledigung vor Antragstellung nicht dazu benutzt werden, dem Betroffenen Rechtsschutz zu versagen.[738] Wenn der Betroffene ein berechtigtes Interesse an der Feststellung der Rechtswidrigkeit hat, muß er gegen die erledigte Zwangsmaßnahme gerichtlich vorgehen können.

a) Anforderungen an das besondere Rechtsschutzinteresse

In Anlehnung an § 28 Abs. 1 S. 4 EGGVG, der im Verfahren nach §§ 23 ff. EGGVG gilt und direkt nur die Erledigung zwischen Antragstellung und Entscheidung betrifft, wird ein besonderes Feststellungsinteresse gefordert. Ein solches wird bei einer „gegenwärtigen Beschwer" bejaht , also bei Wiederholungsgefahr oder einer sonstigen fortwirkenden Beeinträchtigung, etwa durch einen diskriminierenden Eingriff, der ein Rehabilitationsinteresse auslöst.[739] Materielle Interessen, z. B. an der Vorbereitung eines Amtshaftungsprozesses, scheiden dagegen nach überwiegender Ansicht aus: Es bestehe kein Grund, weshalb nicht gleich der Weg zu den für den Schadensersatzanspruch zuständigen Zivilgerichten beschritten werden sollte.[740]

In seinem Beschluß hat BVerfG vom 30. April 1997 nicht nur klargestellt, daß in den zuvor geschilderten Fällen auch dann Rechtsschutz zu erlangen sein muß, wenn es um eine richterlich angeordnete Maßnahme geht,[741] es hat eine weitere Fallgruppe des Feststellungsinteresses nun auch für das Strafprozeßrecht anerkannt, die sich dadurch auszeichnet, daß auf eine aktuelle Beschwer verzichtet wird. Es sind dies die Fälle, in denen die Rechtmäßigkeit eines „schwerwiegenden – wenn auch tatsächlich nicht mehr fortwirkenden – Grundrechtseingriffs"[742]

---

[738] BVerfGE 96, 27, 41 = JZ 1997, 1060, 1061 = StV 1997, 393, 394.

[739] Für viele Kleinknecht/*Meyer-Goßner*, § 98 Rn. 24; SK-StPO/*Rudolphi*, § 98 Rn. 37 jeweils m. zahlr. N.; vgl. auch die Kommentarliteratur zu § 113 Abs. 1 S. 4 VwGO, z. B. Eyermann/Fröhler/*J. Schmidt*, VwGO, § 113 Rn. 83 ff.

[740] Vgl. dazu KG, NStZ 1997, 563; *Wohlers*, GA 1992, 214, 219 ff. m. w. N. sowie die verwaltungsrechtliche Literatur neben den bekannten Kommentaren auch z. B. *Schenke*, Jura 1980, 133, 143; a. A. für § 113 VwGO Kopp/*Schenke*, VwGO, § 113 Rn. 136, für Art. 13 MRK der EGMR, siehe oben § 6 H. II. S. 114. Z. T. wird nach dem Erledigungszeitpunkt differenziert, vgl. Eyermann/Fröhler/*J. Schmidt*, VwGO, § 113 Rn. 87, sowie KG (loc. cit.).

[741] BVerfGE 96, 27, 41 f. = JZ 1997, 1060, 1061 = StV 1997, 393, 394.

[742] BVerfGE 96, 27, 40 = JZ 1997, 1060, 1061 = StV 1997, 393, 394; vgl. auch BVerfG, NJW 1999, 273. Im Verwaltungsprozeß war dies bereits früher anerkannt (u. a. BVerwGE, 61, 164, 166; vgl. auch *Fezer*, JZ 1996, 602, 609; a. A Kopp/*Schenke*, VwGO, § 113 Rn. 146; für das Strafprozeßrecht dagegen BGHSt 37, 79, 84).

überprüft werden soll. Ein Indiz für die Schwere ist dabei, daß bereits das Grundgesetz Eingriffe, sofern nicht Gefahr im Verzug ist, dem Richter vorbehält.[743] Der grundsätzlichen Arbeitsteilung zwischen Fach- und Verfassungsgerichtsbarkeit widerspreche es, wenn ein Betroffener gegen Maßnahmen, die sich wie Durchsuchungen „ihrer Natur nach häufig *vor* möglicher gerichtlicher Überprüfung“[744] erledigen, nur im Wege der Verfassungsbeschwerde Rechtsschutz finden könne.

Mit Recht hält *Fezer* die Begründung des Beschlusses für nicht ganz eindeutig. Insbesondere fragt er sich, ob zur Bejahung des Rechtsschutzinteresses beide Elemente – schwerwiegender Eingriff und naturgemäße, schnelle Erledigung – kumulativ auftreten müssen.[745] In der von ihm monierten Passage geht es jedoch nicht um die Definition des Rechtsschutzinteresses, sondern um die Funktionenteilung zwischen Fachgerichten und dem BVerfG: Prinzipiell soll die Fachgerichtsbarkeit Rechtsschutz gewähren. Sie soll insbesondere für die Fälle einen Rechtsbehelf vorsehen, in denen mit einer Erledigung gerechnet werden kann. Nur in den Einzelfällen, bei denen Maßnahmen, die bei normalem Ablauf vor Erledigung überprüft werden können, sich in einem ganz atypischen Fall schon vorher erledigt haben, ist es dem Betroffenen – und dem an Arbeit nicht armen BVerfG - zuzumuten, daß allein die Verfassungsbeschwerde offensteht.

Die in der Natur des Eingriffs angelegte rasche Erledigung ist damit Voraussetzung dafür, daß die Fachgerichtsbarkeit einen Rechtsbehelf vorsehen muß, aber kein Element des Feststellungsinteresses. Die Fachgerichtsbarkeit kann daher für die Fälle, in denen ein tiefgreifender Grundrechtseingriff vorliegt und die Erledigung „außerplanmäßig“ eingetreten ist, einen Rechtsbehelf vorsehen, sie muß es aber von Verfassungs wegen nicht. Es genügt, wenn der Betroffene die Verfassungsmäßigkeit des Eingriffs selbst mit der Verfassungsbeschwerde überprüfen lassen kann; die Tatsache, daß kein Rechtsbehelf bei den Instanzgerichten gegeben ist, begründet hier keinen selbständigen Verstoß gegen das Grundgesetz.[746] [747]

Die strenge Unterscheidung zwischen den beiden Elementen ist nicht nur von akademischer Bedeutung. Nach der hier vertretenen Auffassung ist es Sache der

---

743 BVerfGE 96, 27, 40 = JZ 1997, 1060, 1061 = StV 1997, 393, 394.

744 BVerfGE 96, 27, 40 = JZ 1997, 1060, 1061 = StV 1997, 393, 394.

745 *Fezer*, JZ 1997, 1062, 1063.

746 Vgl. OLG Hamm, NJW 1999, 229 f. = wistra 1999, 77 f.

747 Anders *Schenke*, Jura 1980, 133, 143 m. w. N. für den Verwaltungsprozeß. Er läßt jeden Grundrechtseingriff genügen, sofern sich der Verwaltungsakt typischerweise kurzfristig erledigt. Eines seiner Beispiele ist der Platzverweis, der mit Sicherheit nicht als besonders tiefgreifende Grundrechtsbeeinträchtigung anzusehen ist (anders ist freilich eine kurzfristige Freiheitsentziehung zur Durchsetzung des Platzverweises zu bewerten, BVerfG, StV 1999, 295 f.).

Fachgerichtsbarkeit, ob sie auch dann, wenn die Erledigung nicht typischerweise eintritt, einen Rechtsbehelf gewähren will. Sähe man aber die „Erledigungsfreudigkeit“ als Element des Rechtsschutzinteresses an, so könnten die Strafgerichte nur dann einen Rechtsbehelf zulassen, wenn sie eine von der des BVerfG abweichende, großzügigere Auslegung des Merkmals „Feststellungsinteresse“ vertreten, was natürlich prinzipiell möglich ist. Mit anderen Worten: Sieht man die Erledigungswahrscheinlichkeit als separates und neben dem Feststellungsinteresse selbständiges Element einer Verletzung von Art. 19 Abs. 4 GG an, erleichtert es dies den Fachgerichten, in weiterem Umfang Rechtsschutz zu gewähren.[748]

Auch in seinem zweiten Hauptkritikpunkt ist *Fezers* Kritik begründet: Dafür, wann ein tiefgreifender Grundrechtseingriff vorliegt, wenn das Grundrecht nicht von Verfassungs wegen unter Richtervorbehalt steht, gibt der Beschluß keine Entscheidungshilfen.[749]

Dies wirkte sich bereits in der ersten nach dem Beschluß des BVerfG veröffentlichten Entscheidung eines Fachgerichts aus. Das LG Neuruppin[750] hat die Beschlagnahme u. a. eines Mobiltelephons mit D 1-Karte, die weniger als zwei Monate angedauert hatte, als nicht ausreichend tiefgreifend angesehen. Aus dem nicht vollständig mitgeteilten Sachverhalt ist zu entnehmen, daß die Beschwerde rechtzeitig vor Erledigung eingelegt worden war, nämlich vier Tage nach Beschlagnahme, aber Erledigung erst kurz vor der Entscheidung des Landgerichts, etwa zwei Monate später, eingetreten ist.[751] Daß dem Betroffenen sein

---

[748] So hat das BVerfG in einem Kammerbeschluß vom 28. September 1997 die Annahme einer Verfassungsbeschwerde abgelehnt, bei der es u. a. um die Rechtswidrigkeit der Art und Weise des Vollzuges einer erledigten polizeilich angeordneten Durchsuchung ging. Der Beschwerdeführer hatte gerügt, daß das Oberlandesgericht seinen Antrag nach §§ 23 ff. EGGVG mangels fortdauernder Beschwer abgewiesen hatte. Die Kammer hat die Rechtsauffassung des OLG nicht beanstandet (BVerfG NJW 1998, 669 = NStZ 1998, 92, 93). Anders als bei der im Beschluß vom 30. April 1997 (BVerfGE 96, 27 ff. = JZ 1997, 1060 ff. = StV 1997, 393 f.) behandelten Frage, ob der Betroffene auch nach Erledigung gegen den Durchsuchungsbeschluß selbst gerichtlich vorgehen können muß, sei es bei der nach der Rechtmäßigkeit des Vollzuges ausreichend, wenn nur bei fortwirkender Beeinträchtigung ein Rechtsbehelf nach Erledigung zur Verfügung gestellt werde.

Die Fachgerichtsbarkeit ist sich jedoch inzwischen weitgehend einig, bei tiefgreifenden Grundrechtseingriffen auch gegen die Art und Weise der Durchführung eines Eingriffes nach Erledigung Rechtsschutz zu gewähren. Man streitet sich aber z. T. noch darüber, welcher Rechtsbehelf jeweils statthaft ist (siehe § 11 C. I. 2. b) S. 161 ff.).

[749] *Fezer*, JZ 1997, 1062, 1063.

[750] LG Neuruppin, StV 1997, 506 f. = JZ 1997, 1062.

[751] Laut Sachverhalt fand die Beschlagnahme am 12. Mai 1997 statt, am 16. Mai wurde Beschwerde eingelegt. Bei seinem Beschluß vom 11. Juli, 56 Tage nach der Beschlagnahme, spricht das LG von einer Beschlagnahmedauer von weniger als zwei Monaten. Dies ist nur dann zu erklären, wenn die beschlagnahmten Gegenstände in unmittelbarer zeitlicher Nähe zur Ent-

zulässig eingelegter und u. U. sogar begründeter Rechtsbehelf „genommen" wird, erscheint gerade im Hinblick auf die hinter dem Beschluß des BVerfG stehenden Intentionen mehr als bedenklich. Wenn der zeitliche Ablauf die Befürchtung nahelegt, daß die Erledigung im Hinblick auf eine anstehende Entscheidung der Beschwerdeinstanz herbeigeführt worden ist, muß besonders sorgfältig geprüft werden, ob wirklich ein Wegfall jeglicher gegenwärtiger Beschwer vorliegt. Dies hat das LG Neuruppin nicht getan.

Das LG legt als beeinträchtigtes Grundrecht Art. 14 Abs. 1 GG seiner Prüfung zugrunde. Hier ist ein Teil der Begründung schlicht sachlich falsch. Das LG Neuruppin behauptet, es sei nicht zum faktischen Entzug des Eigentums gekommen.[752] Mit der Beschlagnahme der „D 1"-Telephonkarte wurde dem Betroffenen die Nutzung des ihm von der Telekom zur Verfügung gestellten Anschlusses für den Zeitraum der Beschlagnahme unmöglich gemacht. In dieser Zeit lief der Vertrag jedoch weiter, und auch die Grundgebühr war zu entrichten. Damit lag ein endgültiger Entzug der Eigentumsposition – erkaufte Nutzung des D 1-Netzes für ca. zwei Monate – vor.[753] Das LG hätte das Rechtsschutzbedürfnis zwar mit dem Argument ablehnen können, der Betroffene möge Schadensersatz vor dem Zivilgericht einklagen, die gewählte Begründung, die Eigentumsbeeinträchtigung sei nur eine vorübergehende gewesen, geht am Sachverhalt vorbei.

Weit gravierender als die Fehlbewertung des Sachverhaltes ist es, daß das LG nur auf Art. 14 Abs. 1 GG eingeht. Daß bei der Beschlagnahme eines Mobiltelephons, auf dem Rufnummern, Nachweise früherer Verbindungen und sogar Textnachrichten gespeichert sein können, das allgemeine Persönlichkeitsrecht des Inhabers zumindest in gleichem Maße wie sein Eigentumsrecht tangiert ist, hat das LG übersehen.

Es steht zu hoffen, daß die übrige Rechtsprechung dem Landgericht nicht blind folgt, sondern auch bei der Beschlagnahme stets prüft, welche weiteren Grund-

---

scheidung über die Rechtmäßigkeit der Beschlagnahme zurückgegeben wurden und so die Beschwerde „erledigt" wurde. Damit ist auch *Roxins* Vermutung widerlegt, das LG Neuruppin habe ähnlich wie das BVerfG zur zeitlichen Geltung von Durchsuchungsbeschlüssen dem „Prinzip der starren Grenze" (*Roxin*, StV 1997, 654, 656) huldigen und eine Frist setzen wollen, ab der die Beschlagnahme zu einem tiefgreifenden Grundrechtseingriff führt.

[752] LG Neuruppin, StV 1997, 506 = JZ 1997, 1062.

[753] Dem Irrtum, D 1-Karten könnten wie die zur Nutzung an öffentlichen Fernsprechern bestimmten und mit einer gewissen Anzahl von Einheiten aufgeladenen Telephonkarten auch zu einem späteren Zeitpunkt „abtelephoniert" werden, erliegt offensichtlich auch *Roxin* in seiner Anmerkung. Er geht davon aus, daß die Karte nach der Rückgabe „unvermindert brauchbar" sei, und verneint dementsprechend den Eigentumsentzug (*Roxin*, StV 1997, 654, 656).

rechte tangiert und eventuell verletzt sein können:[754] [755] Dies gilt im besonderen Maße für die Beschlagnahme von Verteidigungsunterlagen.[756]

b) Rechtsbehelf

Kurz nach seinem Beschluß zum Rechtsschutzinteresse hat das BVerfG am 27. Mai 1997 in einer weiteren Entscheidung die Zersplitterung des Rechtsweges bei erledigten Zwangsmaßnahmen beanstandet.[757] Je nach dem, wer die angegriffene Maßnahme verantwortet hatte und ob es um die Anfechtung der Anordnung selbst oder der Art und Weise des Vollzuges ging, waren verschiedene Rechtswege eröffnet. Daß dabei nicht alle Oberlandesgerichte einheitlich entschieden, trug auch nicht dazu bei, die Wahl des richtigen Rechtsbehelfes zu erleichtern.[758] Sollte sowohl die Rechtmäßigkeit der Anordnung als auch die der Durchführung einer Maßnahme geprüft werden, bestand die reale Gefahr, daß die verschiedenen befaßten Gerichte unterschiedlich entschieden, was besonders unerfreulich war, da die Grenze zwischen der vom Richter in Grenzen und Ziel konkretisierten Anordnung der Maßnahme und dem Vollzug immer mehr verwischt. Das gleiche galt für das Zusammentreffen einer bereits erledigten Durchsuchung mit einer noch andauernden Beschlagnahme.[759]

Der BGH hat in zwei Beschlüssen aus dem Jahr 1998 wenigstens zum Teil für eine Vereinfachung gesorgt. Zwar hatte sich der BGH in seinen Entscheidungen mit der vorläufigen Festnahme nach § 127 Abs. 2 StPO[760] bzw. mit Durchsuchungsmaßnahmen[761] zu befassen, die entwickelten Grundsätze sind aber auf die Beschlagnahme, für die § 98 Abs. 2 S. 2 StPO vor Erledigung nicht nur analog, sondern sogar direkt gilt, übertragbar.

---

[754] Wenig erfreulich ist daher ein im Mai 1999 ergangener Beschluß des AG München (NStZ 1999, 528, 529). Auch hier wurde nur Art. 14 GG betrachtet.

[755] Zur Frage der Betroffenheit siehe auch § 11 C. II. 1. S. 166 f.

[756] Für die Durchsuchung von Redaktionsräumen hat das BVerfG bereits klargestellt, daß nicht nur Art. 13 Abs. 1 GG, sondern auch Art. 5 Abs. 1 S. 2 GG tangiert ist (BVerfG, NStZ 1998, 583).

[757] BVerfGE 96, 44, 49 f. = NJW 1997, 2165.

[758] BVerfGE 96, 44, 49 f. = NJW 1997, 2165 m. w. N; vgl. auch BGH, NJW 1998, 3653, 3654.

[759] Vgl. BGH, NJW 1998, 3653, 3654; BGH, StV 1999, 72, 74 m. zahlr. N. (weitere Fundstellen in Fn. 761).

[760] BGHSt 44, 171 ff. = NJW 1998, 3653 f. = StV 1998, 579 f. = StraFo 1998, 374 f. auf Vorlage des OLG Karlsruhe.

[761] BGH, NJW 1999, 730 ff. = NStZ 1999, 200 ff. = StV 1999, 72 ff. = wistra 1999, 109 ff. = JA 1999, 748 ff. (aufbereitet von *Jahn/Eckhardt*), NJ 1999, 316 f. (bearbeitet von *König*) auf Vorlage des KG, NStZ-RR 1998, 310 f. = JR 1998, 216 ff.; vgl. auch Anfrage des 5. Strafsenats des BGH an den 3. Senat, wistra 1998, 353 ff.

Danach gilt folgendes: Liegt eine Anordnung kraft Eilkompetenz durch die Staatsanwaltschaft oder die Polizei vor, sind sowohl die Rechtmäßigkeit der Anordnung („Ob") als auch die der Durchführung („Wie") nach § 98 Abs. 2 S. 2 StPO analog anzugreifen.[762] Die Feststellung der Rechtswidrigkeit einer erledigten richterlichen Anordnung ist mit der Beschwerde nach §§ 304, 305 StPO zu begehren.[763]

Damit bleiben nur zwei Konstellationen zweifelhaft. Welche Rechtsbehelfe gegen richterliche Vorgaben für die Durchführung bzw. bei richterlich angeordneter Beschlagnahme gegen den selbständigen Vollzug durch Staatsanwalt und Polizei statthaft sind, hat der BGH nicht entschieden.[764]

Prinzipiell sind drei Wege möglich: Die Überprüfung zusammen mit der Anordnung selbst nach §§ 304, 305 StPO, der Antrag nach § 98 Abs. 2 S. 2 StPO analog und der subsidiäre Weg über §§ 23 ff. EGGVG.

aa) Die Beschwerde gem. §§ 304, 305 StPO

Die erste Variante hat der 3. Strafsenat des BGH hinsichtlich von Oberlandesgerichten oder von Ermittlungsrichtern eines OLG oder des BGH ausgehenden Anordnungen verworfen: § 304 Abs. 4 S. 2 und Abs. 5 StPO seien wegen ihres Ausnahmecharakters eng auszulegen. Entscheidungen, die die Art und Weise des Vollzuges zum Gegenstand hätten, beträfen nicht die „Durchsuchung" (bzw. mutatis mutandis „Beschlagnahme") i. S. v. § 304 Abs. 4 S. 2 Nr. 1 und Abs. 5 StPO. Der 5. Senat hat sich dem angeschlossen.[765] Dies dürfte auch auf die Beschlagnahme- oder Durchsuchungsanordnungen anderer Richter übertragbar sein.

Solange es um den (selbständigen) Vollzug durch Staatsanwaltschaft und Polizei geht, ist den beiden Senaten zuzustimmen: Könnten beide Streitgegenstände, Anordnung und Vollzug, mit der Beschwerde angefochten werden, käme es nicht zu einer Vereinheitlichung der Rechtswege bei Handlungen einer Behörde (wie

---

[762] *Fezer* hält die Analogie für verfehlt und bei Beschlagnahme auch nach Erledigung § 98 Abs. 2 S. 2 StPO jeweils für direkt anwendbar (*Fezer*, NStZ 1999, 151, 152 unter Hinweis u. a. auf *Rieß/Thym*, GA 1981, 189, 202 ff.). Im Ergebnis kommt es darauf jedoch nicht an. Zum vor BGHSt 44, 171 ff. (Fn. 760) geführten Streit, ob bei originärer Anordnungskompetenz statt § 98 Abs. 2 S. 2 StPO analog §§ 23 ff. EGGVG anwendbar ist, siehe *Bachmann*, NJW 1999, 2414, 2415. Bei der Beschlagnahme spielt dies keine Rolle.

[763] BGH, NJW 1999, 730, 731 = NStZ 1999, 200, 201 = StV 1999, 72 (weitere Fundstellen in Fn. 761).

[764] BGH, NJW 1999, 730, 732 = NStZ 1999, 200, 203 = StV 1999, 72, 74 (weitere Fundstellen in Fn. 761).

[765] BGH, NJW 1999, 730, 732 = NStZ 1999, 200, 203 = StV 1999, 72, 74 (weitere Fundstellen in Fn. 761).

bei der nichtrichterlichen Anordnung und deren Durchführung, zwischen denen u. U. Abgrenzungsprobleme bestehen). Es würden separate Vorgänge zweier Verantwortungsträger, Richter und Ausführungsorgane, zusammengefaßt, die sogar verschiedenen Hoheitsträgern angehören können (Bund und Land bzw. verschiedenen Bundesländern). Anders als bei der Anordnung durch die Staatsanwaltschaft oder einen ihrer Hilfsbeamten fallen bei einer richterlichen, die die Modalitäten des Vollzuges nicht regelt, die Verantwortungsbereiche für das „Ob" und das „Wie" auseinander. Könnte auch der Vollzug mit der Beschwerde angegriffen werden, hieße das, daß staatsanwaltliches und polizeiliches Handeln beschwerdefähig würde. Die §§ 304 ff. StPO beziehen sich aber eindeutig nur auf richterliches Verhalten.

Enthält aber die richterliche Anordnung Maßgaben für die Durchführung, erstreckte sich - nach der Auffassung der beiden Senate - die Beschwerde nicht auf diesen Teil des Beschlusses. Wollte man die gerichtliche Prüfung nicht gänzlich ausschließen, was auch mit dem in Fußnote 748 zitierten Kammerbeschluß des BVerfG[766] nicht gerechtfertigt werden kann, müßte man auf § 98 Abs. 2 S. 2 StPO bzw. auf §§ 23 ff. EGGVG zurückgreifen.

Bei dem Antrag nach § 98 Abs. 2 S. 2 StPO wäre die Instanz zuständig, die den angegriffenen Beschluß erlassen hat. Der konkrete Richter wäre zwar nach § 23 Abs. 1 StPO ausgeschlossen, es kann jedoch nicht Sinn einer Rechtswegzuweisung sein, notwendig zu einem Ausschluß zu führen.[767] Bei § 98 Abs. 2 S. 2 StPO soll der Richter über ein Verhalten von Staatsanwaltschaft oder Polizei entscheiden. § 98 Abs. 2 S. 2 StPO beweckt nicht die Nachholung des rechtlichen Gehörs gem. § 33 a StPO oder eine Abhilfeentscheidung i. S. v. § 306 StPO.

Möglich wäre also nur der Weg über §§ 23 ff. EGGVG. Damit käme es zu einer dreifachen Spaltung des Rechtswegs: Der Betroffene müßte gegen die Tatsache, daß eine Beschlagnahme angeordnet wurde, mit der Beschwerde vorgehen, gegen in der richterlichen Anordnung festgelegte Durchführungsmodalitäten mit dem Antrag nach §§ 23 ff. EGGVG und gegen die übrige Durchführung mit dem nach § 98 Abs. 2 S. 2 StPO.[768] Danach kann er dann Verfassungsbeschwerde einlegen, wobei das BVerfG nach aller Voraussicht diesen dreifachen Kreuzweg[769] im

---

[766] BVerfG NJW 1998, 669. Hier ging es um den selbständigen Vollzug durch die Polizei. Der Durchsuchung lag zudem keine richterliche Anordnung zugrunde.

[767] *Eisele* (StV 1999, 298, 300) sieht sogar schon dann Probleme, wenn der Richter über die Durchführung seines Beschlusses durch Staatsanwaltschaft und Polizei entscheiden soll.

[768] Hierzu siehe sogleich unter § 11 C. I. 2. b) bb) S. 164 f.

[769] „Kreuzweg" ist hier auch und gerade im klassischen Sinn zu verstehen, vgl. *Sauer*, in: Der Kleine Pauly, Bd. 2, Sp. 982 f. (Hekate).

Anschluß an seinen Beschluß vom 27. Mai 1997[770] als verfassungswidrig ansehen würde.

Die einzig sinnvolle Lösung ist es, den gesamten Anordnungsbeschluß der Beschwerde zu unterwerfen.[771] Macht der Richter Angaben zur Durchführung des Eingriffes, wozu er von Verfassungs wegen sogar gehalten ist, gehört dies zur Entscheidung über die „Beschlagnahme" oder „Durchsuchung" im Sinne von § 304 Abs. 5, 305 S. 2 StPO. Angefochten wird nämlich nicht die bloße Vollziehung durch die Ermittlungsbehörden - die insoweit keine selbständige Beschwer enthält -, sondern die Anordnung der konkreten Beschlagnahme oder Durchsuchung selbst. Mit der Aufteilung des Rechtsschutzes auf zwei Rechtsbehelfe (die Beschwerde gegen die Anordnung durch den Richter, der Antrag nach § 98 Abs. 2 S. 2 StPO gegen das Verhalten der Staatsanwaltschaft und der Polizei) wird man unter Verfassungsgesichtspunkten leben können.

bb) Der Antrag nach § 98 Abs. 2 S. 2 StPO

Wie bereits angedeutet, ist die Art und Weise der Durchführung mit dem Antrag nach § 98 Abs. 2 S. 2 StPO analog zu bekämpfen und nicht mit dem nach §§ 23 ff. EGGVG. Das OLG Hamburg hat sich in einem Beschluß vom 20. Januar 1999 für diese erste Variante entschieden,[772] womit es sich in Widerspruch zur bisherigen Praxis der meisten Oberlandesgerichte setzt.[773] Es glaubte aber von einer Vorlage an den BGH nach § 29 Abs. 1 S. 2 EGGVG absehen zu können, da der bisherigen Rechtsprechung durch die beiden Beschlüsse des BGH die Grundlage entzogen worden sei.[774] Das Verfahren nach § 98 Abs. 2 S. 2 StPO hat den Vorteil, daß es leichter zu handhaben ist. Es findet nicht nur beim sachnäheren Gericht statt, es verzichtet auch auf eine Ausschlußfrist.[775] Zudem hat es größere

---

[770] BVerfGE 96, 44, 49 f. = NJW 1997, 2165.

[771] So, allerdings ohne Begründung, auch *Fezer*, NStZ 1999, 151, 152.

[772] HansOLG Hamburg, StV 1999, 301 f.

[773] Z. B. OLG Hamm, NStZ 1986, 326; OLG Karlsruhe, NStZ 1991, 50, 51 m. w. N.; OLG Karlsruhe, NStZ 1992, 97; OLG Koblenz, StV 1994, 284, 286 m. Anm. *Globig*; OLG Koblenz, NStZ-RR 1999, 80 f.

[774] HansOLG Hamburg, StV 1999, 301, 302 unter Verweis auf BGHSt 44, 171 ff. = NJW 1998, 3653 f. = StV 1998, 579 f.

[775] Vgl. HansOLG Hamburg, StV 1999, 301 f.; OLG Stuttgart, NStZ 1999, 374, 375. In seinem Beschluß vom 7. Dezember 1998 hat der BGH jedoch Bedenken hinsichtlich einer unbefristeten Überprüfung angemeldet, sofern die Durchführung einer richterlich angeordneten Maßnahme überprüft werden soll (BGH, NJW 1999, 730, 732 = NStZ 1999, 200, 203 = StV 1999, 72, 74, zu weiteren Fundstellen siehe Fn. 761). Die Oberlandesgerichte Hamburg und Stuttgart lehnen dagegen eine Frist ab. Das HansOLG Hamburg denkt daran, den zeitlichen Anstand zwischen Maßnahme und Anfechtung beim Rechtsschutzbedürfnis zu berücksichtigen (OLG

Ähnlichkeit mit dem in § 100 d Abs. 6 StPO für den „Großen Lauschangriff" geregelten, wodurch eine gleichmäßige Behandlung der verschiedenen Zwangsmaßnahmen erreicht wird.[776]

In der Tat erscheint es sinnvoll, alle Entscheidungen über die Art und Weise der Durchführung bei den für Anträge nach § 98 Abs. 1 S. 2 StPO zuständigen Spruchkörpern zu konzentrieren.[777] Dies muß aber auch dann gelten, wenn die Art und Weise des noch andauernden Vollzugs einer richterlichen Anordnung angefochten wird.[778]

Es bleibt abzuwarten, wie die übrigen Oberlandesgerichte darauf reagieren. Im Interesse der vom BVerfG angemahnten Durchschaubarkeit der Rechtswegzuordnung steht zu hoffen, daß der BGH auf Vorlage des OLG Stuttgart, das dem OLG Hamburg folgt,[779] auch hier eine endgültige Klärung herbeiführen wird.[780]

cc) Notwendigkeit einer zweiten Instanz?

Der BGH hatte in seinem Beschluß vom 7. Dezember 1998 offen gelassen, ob auch nach Erledigung ein Rechtsmittel gegen die Entscheidung nach § 98 Abs. 2 S. 2 StPO gewährt werden muß.[781]

Effektiver Rechtsschutz kann mittels einer „echten" richterlichen Kontrollinstanz[782] erreicht werden: Hierfür genügt, daß gegen ein richterlich angeordnetes Zwangsmittel ein Rechtsbehelf besteht. Art. 19 Abs. 4 GG begründet keinen Anspruch auf einen Instanzenzug.

Einige Autoren geben aber zu bedenken, es dürften keine überzogenen Erwartungen an diesen Rechtsbehelf gestellt werden.[783] Betrachten wir folgenden Fall. Der Betroffene wehrt sich gegen den selbständigen staatsanwaltlichen oder polizeilichen Vollzug einer richterlich angeordneten Maßnahme. Der Richter, der über den Antrag nach § 98 Abs. 2 S. 2 StPO zu entscheiden hat, hatte zwar in seinem Anordnungsbeschluß keine Angaben zur Art und Weise des Vollzugs

---

Hamburg und Stuttgart, a. a. O.). Man wird hier die Antwort des BGH auf den Vorlagebeschluß des OLG Stuttgart abwarten müssen.

[776] Vgl. OLG Stuttgart, NStZ 1999, 374, 375; *Beulke*, StPO, Rn. 326 a.

[777] So auch *Beulke*, StPO, Rn. 326 a; *Eisele*, StV 1999, 298, 300; *Fezer*, NStZ 1999, 151, 152.

[778] Siehe § 11 C. I. 1. S. 154.

[779] OLG Stuttgart, NStZ 1999, 374, 375.

[780] Vgl. Fn. 775.

[781] BGH, NJW 1999, 730, 732 = NStZ 1999, 200, 203 = StV 1999, 72, 74 (weitere Fundstellen in Fn. 761).

[782] Zur Einordnung richterlich angeordneter Zwangsmaßnahmen als „Verwaltung" siehe § 6 H. I. S. 113 f. sowie § 17 A. II. S. 276 f.

[783] *Beulke*, StPO, Rn. 326 a; *Eisele*, StV 1998, 298, 300 f.

gemacht (ansonsten wäre diesbezüglich die Beschwerde statthaft). Trotzdem hat er durch eben diesen Beschluß eine causa für das spätere Verhalten der Ermittlungsorgane gesetzt, dessen Rechtswidrigkeit der Betroffene rügt. Dagegen läßt sich jedoch einwenden, daß die StPO für Situationen, in denen Zweifel an der Neutralität des Richter bestehen, auch andere Kontrollmechanismen vorsieht (§§ 22 ff. StPO). Geht es um die Ablehnung des für den Antrag nach § 98 Abs. 2 S. 2 StPO zuständigen Richters, steht zumeist sogar innerhalb des Ablehnungsverfahrens die sofortige Beschwerde als Rechtbehelf zur Verfügung.

Andererseits ist nicht erkennbar, was – außer Kostengründen[784]- dagegen sprechen sollte, die Beschwerde gegen die Entscheidung über den Antrag nach § 98 Abs. 2 S. 2 StPO auch nach Erledigung zuzulassen.

Anders mag zu entscheiden sein, wenn es nicht um den Rechtsbehelf gegen die Entscheidung nach § 98 Abs. 2 S. 2 StPO geht, sondern um die über eine Beschwerde nach § 304 StPO.

Das OLG Hamm hat in einem solchen Fall die Frage nach einem weiteren Instanzenzug negativ beantwortet. Es ging hier um eine weitere Beschwerde gegen einen Beschluß des LG Hagen in einer Haftsache. Der ursprüngliche Haftbefehl hatte sich nach der Entscheidung des LG erledigt. Das OLG Hamm hat es nicht für notwendig erachtet, über die nach Erledigung eingelegte weitere Beschwerde in der Sache zu entscheiden.[785]

§ 310 Abs. 1 StPO will verhindern, daß Personen zu Unrecht freiheitsentziehenden Maßnahmen unterworfen werden, ist aber Erledigung eingetreten, besteht die Gefahr der fortdauernden Inhaftierung bzw. Unterbringung nicht mehr. Vor diesem Hintergrund wird man die Entscheidung des OLG Hamm als vertretbare Lösung ansehen müssen.

Bei der Beschlagnahme spielt dies ohnehin keine Rolle, da gem. § 310 StPO die weitere Beschwerde selbst vor Erledigung nicht statthaft ist (§ 310 Abs. 2 StPO). Verfassungsrechtlich bestehen hier keine Bedenken.

II. Antragsberechtigung

1. Das Merkmal der Betroffenheit

Nur der Betroffene soll die Beschlagnahme anfechten können (§ 98 Abs. 2 S. 2 StPO). Dies gilt auch für die Beschwerde nach § 304 StPO.[786] Nach einer

---

[784] So aber *Voßkuhle* (Rechtsschutz gegen den Richter, S. 332), der prinzipiell aus Art. 19 Abs. 4 GG einen Anspruch auf eine zweite Instanz ableitet, aber für diese Fallgruppe einen „sekundären Kontrollanspruch" aus ökonomischen Gründen verneint.

[785] OLG Hamm, NJW 1999, 229 f.

[786] LR/*Schäfer*, § 98 Rn. 48.

Ansicht ist nur der Gewahrsamsinhaber, jene Person also, der durch die Beschlagnahme der Besitz der Sache entzogen, und, falls er mit ersterem nicht identisch ist, derjenige, in dessen Eigentumsrecht eingegriffen wird, antragsberechtigt.[787] Abgestellt wird hier nur auf die „materielle" Seite der Beschlagnahme.

Das geht aber am eigentlichen Problem vorbei: Schützenswerte Interessen ergeben sich nicht nur aus Eigentum und Besitz: Deutlich wird dies, wenn man sich in die Situation des Klienten versetzt, dessen Akte in der Kanzlei seines Rechtsanwalts beschlagnahmt worden ist. Nach der referierten Ansicht könnte er lediglich von seinem Anwalt verlangen, daß dieser den Antrag nach § 98 Abs. 2 S. 2 StPO stellt bzw. Beschwerde einlegt. Diesen Anspruch aus dem Mandatsverhältnis müßte er dann gegebenenfalls sogar zivilgerichtlich einklagen.

Ohne vorgreifen zu wollen, muß schon hier darauf hingewiesen werden, daß etwa bei vertraulichen Unterlagen stets zumindest Art. 2 Abs. 1 i. V. m. 1 GG angesprochen ist.[788] Werden solche Gegenstände beschlagnahmt, wird auch in Grundrechte des gewahrsamslosen Teilhabers am Vertrauensverhältnis eingegriffen.

Eine Definition des Betroffenenbegriffs, die dem Klienten keinerlei Rechtsschutzmöglichkeit gegen die Beschlagnahme gewährte, wäre unvereinbar mit Art. 19 Abs. 4 GG - auch auf Grundlage der herrschenden Auslegung dieser Vorschrift.[789] Danach steht nicht nur dem, der in Art. 14 GG, sondern jedem, der durch die öffentliche Gewalt in irgendeinem Grundrecht beeinträchtigt wird, der Rechtsweg offen, sofern der Eingriff weder durch den Gesetzgeber noch durch den Richter erfolgt. Beim Antrag nach § 98 Abs. 2 S. 2 StPO wird die Beschlagnahme nicht vom Ermittlungsrichter angeordnet, Art. 19 Abs. 4 GG verbietet hier eindeutig die Beschränkung der Antragsbefugnis auf Verletzung von Gewahrsam oder Eigentumspositionen.

Wie bereits ausgeführt worden ist, erschöpft sich die Bedeutung von Art. 19 Abs. 4 GG nicht in der Garantie des Rechtsschutzes gegen die Exekutive. Existiert die Möglichkeit, eine „zweite Instanz" anzurufen (im vorliegenden Fall die Beschwerde gegen die richterliche Beschlagnahmeanordnung), so darf der

---

[787] KMR/*Müller*, § 98 Rn. 14; vgl. Kleinknecht/*Meyer-Goßner*, § 98 Rn. 20. Letzterer hält es aber merkwürdigerweise für die Beschwerdebefugnis im Rahmen von § 304 StPO für ausreichend, wenn Unterlagen nicht beschlagnahmt, sondern nur kopiert werden (Kleinknecht/*Meyer-Goßner*, § 98 Rn. 31 m. N.). In einem solchen Fall steht die Verfügungsbefugnis über den Inhalt aber im Vordergrund und nicht die Sachherrschaft.

[788] Vgl. *Wasmuth*, NJW 1989, 2297, 2301 (bzgl. Patientenakten). Zum Grundrecht auf Verteidigung siehe unter § 14 B. S. 250 ff.

[789] Gleicher Ansicht, jedoch ohne verfassungsrechtliche Herleitung, AK-StPO/*Amelung*, § 98 Rn. 27; KK/*Nack*, § 98 Rn. 18; LR/*Schäfer*, § 98 Rn. 48; SK-StPO/*Rudolphi*, § 98 Rn. 33 m. w. N.

Rechtsbehelf nicht „leerlaufen"[790], sondern muß effektiven Schutz gewähren. Die Beschwerdemöglichkeit bei Grundrechtsbeeinträchtigungen, die ohne Gewahrsamsentzug oder Eingriff in eine Eigentumsposition einhergehen, zu versagen, ist mit dieser Interpretation von Art. 19 Abs. 4 GG nicht zu vereinbaren.

2. Der Beschuldigte als Betroffener

Problematisch wäre es aber, wenn diese verfassungskonforme Auslegung nur Dritten zur Antragsbefugnis verhülfe. Ist der Beschuldigte Betroffener der Beschlagnahme, genügte - so könnte man meinen - die Hauptverhandlung, bei der auch die Verwertbarkeit der beschlagnahmten Gegenstände und damit zumindest am Rande die Rechtmäßigkeit der Beschlagnahme zur Sprache käme. Dem ist aber nicht so: Bei Beschlagnahme steht in der Regel noch nicht fest, ob es überhaupt zu einer Hauptverhandlung kommt, und auch dann ist nicht sicher, ob die beschlagnahmten Gegenstände eine Rolle spielen werden. Zudem ginge es in der Verhandlung nur um Verwertbarkeit und den Beweiswert und damit um die grundrechtliche Relevanz der Verwertung, nicht aber um die Rechtmäßigkeit der Beschlagnahme als Eingriff. Hieraus läßt sich ablesen, daß die Beschränkung der Antragsberechtigung auf Dritte nicht mit Art. 19 Abs. 4 GG vereinbar wäre. Auch der Beschuldigte muß, sofern er durch die Beschlagnahme in Grundrechten beeinträchtigt wird, den Antrag nach § 98 Abs. 2 S. 2 StPO stellen bzw. Beschwerde erheben können.[791]

Allein die Rechtswidrigkeit einer Beschlagnahme, die ansonsten nur Dritte belastet, führt jedoch nicht zur Betroffenheit des Beschuldigten. Erst die Verwertung als Beweismittel würde ihn belasten. Hier genügt die Hauptverhandlung als Korrektiv.[792]

Es bleibt festzuhalten: Die Betroffenheit wird nicht durch die Beschuldigteneigenschaft vermittelt. Sie schadet jedoch andererseits auch nicht, wenn Betroffenheit unabhängig von ihr besteht. Das Bestreben des anderweitig nicht betroffenen Beschuldigten, die Beschlagnahme von Belastungsmaterial zu verhindern, gehört nach keiner Auffassung zu den mit dem Antrag nach § 98 Abs. 2 S. 2 StPO oder

---

[790] BVerfGE 96, 27, 39 = JZ 1997, 1060 = StV 1997, 393.

[791] Die Beschwerdebefugnis des von einer (erledigten) Durchsuchung betroffenen Beschuldigten im Ermittlungsverfahren hat das BVerfG ausdrücklich bejaht, BVerfGE 96, 27, 42 = JZ 1997, 1060, 1061 = StV 1997, 393, 394.

[792] Problematisch ist dies im Hinblick auf die sachliche Reichweite von Beweisverwertungsverboten. Sie zu diskutieren, kann jedoch nicht Ziel der vorliegenden Arbeit sein. Einzelheiten hierzu u. a. bei *Beulke*, ZStW 103 (1991), 657, 666 ff.; *Mörlein*, Der Schutz des Vertrauensverhältnisses zwischen Verteidiger und Beschuldigtem im Rahmen von § 100 a StPO, S. 246 ff.; *Schröder*, Beweisverwertungsverbote und die Hypothese rechtmäßiger Beweiserlangung im Strafprozeß, S. 64 ff.

der Beschwerde zu schützenden Interessen.[793] Er kann lediglich versuchen, die Verwertung der Erkenntnisse im Hauptverfahren zu verhindern.

D. Die materiellen Voraussetzungen von § 94 StPO

I. Eingriffszweck

Wie angedeutet, ist es zunächst nicht von Bedeutung, wer Inhaber der zu beschlagnahmenden Sache ist. Es zählt allein, ob der Gegenstand als Beweismittel für die Untersuchung von Bedeutung sein kann (§ 94 Abs. 1 StPO). Hiermit wird der Eingriffszweck umschrieben: Die §§ 94 ff. StPO ermöglichen Eingriffe zu Ermittlungszwecken, nicht aber - mit Ausnahme von § 94 Abs. 3 StPO - zur seit 1974 ausgegliederten Vollstreckungssicherung[794] oder zu präventiven Zwecken. Sich letzteres zu vergegenwärtigen, ist besonders wichtig, da § 97 Abs. 3 StPO genau das Gegenteil vermuten läßt: Wird nämlich der Wegfall des Beschlagnahmeschutzes an einen Verdacht gegen den Zeugnisverweigerungsberechtigten im Hinblick auf eine Anschlußtat geknüpft, deutet dies darauf hin, daß mit der nun gestatteten Beschlagnahme auch eine konkrete Vereitelungs-, Begünstigungs- oder Hehlereihandlung verhindert oder weiteren vorgebeugt werden soll. Dies mag ein erwünschter Nebeneffekt sein, ändert aber nichts an der Zielrichtung der Eingriffsnorm selbst. § 94 StPO, also jene Norm, auf die der Eingriff gestützt wird, gestattet mit Ausnahme von Abs. 3, nur Beschlagnahmen zu Ermittlungszwecken.

II. Eingriffsobjekte

1. Gegenstandsbegriff

Da die Beschlagnahme zur Begründung staatlichen Gewahrsams führen soll, kann sie sich notwendigerweise nur auf körperliche Gegenstände erstrecken. Insofern stimmt der Beschlagnahmebegriff des Strafverfahrens mit dem des Zivilverfahrens, bei dem von der Beschlagnahme von Forderungen gesprochen wird,[795] nicht überein.

Es muß dabei zwischen Beweisthema, das sogar im Regelfall nicht-körperlicher Natur ist, und Beweismittel, dem zu beschlagnahmenden Gegenstand, unterschie-

---

[793] Dies gilt auch während des Hauptverfahrens. Besonderheiten bestehen nur insoweit, als der Beschuldigte jetzt nach einer Ansicht die **Ablehnung** einer vom ihm begehrten Beschlagnahme mit der Beschwerde bekämpfen kann, was während des Ermittlungsverfahrens ausgeschlossen ist (vgl. KK/*Nack*, § 98 Rn. 31; *Meyer*, JR 1985, 300 f.; a. A. HansOLG Hamburg, MDR 1985, 73 f. = JR 1985, 300 m. Anm. *Meyer*; LR/*Schäfer*, § 98 Rn. 63).

[794] Art. 21 Nr. 15, 29 des EGStGB vom 2. März 1974, BGBl. I 1974, 469, 503 f; siehe Fn. 676.

[795] So etwa BGHZ 100, 36, 43; vgl. auch Baumbach/Lauterbach/*Hartmann*, ZPO, § 829 Rn. 45.

den werden. Problematisch ist daher nicht der Fall, in dem das Bestehen einer Forderung oder eines Rechts nachgewiesen werden soll,[796] sondern jener, in dem die Gegenstandsqualität des Beweismittels selbst in Frage steht, sei es bei der Frage, ob abgetrennte Teile des menschlichen Körpers, wie Gewebeproben bzw. abtrennbare Teile, wie Gebißprothesen, der Beschlagnahme unterliegen,[797] [798] sei es bei Behördenakten[799] oder im Bereich der EDV. Daten an sich sind - anders als das Trägermedium, auf dem sie gespeichert sind - keine körperlichen Gegenstände und können daher selbst nicht beschlagnahmt werden.[800] Eine Sicherstellung der Informationen selbst - etwa durch Anfertigen einer Kopie oder eines Ausdrucks - soll jedoch möglich sein.[801]

2. Potentielle Beweisbedeutung

Der Gesetzgeber hat mit seiner Formulierung, der Gegenstand müsse für die Untersuchung von Bedeutung sein können, klargestellt, daß die Beschlagnahme nicht „ins Blaue hinein“ erfolgen darf, indem etwa „interessante“ Personen in mehr oder minder regelmäßigen Abständen „abgeschöpft“ werden, um einen Anfangsverdacht zu gewinnen.[802] Es muß bereits ein konkretes Ermittlungsverfahren eingeleitet worden sein, dessen erste Ermittlungshandlung freilich die Beschlagnahme sein kann.[803]

Zum anderen muß – nach kriminalistischer Erfahrung – der Gegenstand als Beweismittel in Frage kommen, sei es für die Schuld- und Rechtsfolgenfrage, sei es für im Freibeweisverfahren festzustellende Verfahrensfragen.[804] Die Beurteilung dieser Voraussetzung wird recht großzügig gehandhabt: Nach einer vom Reichsgericht begründeten Auffassung soll die Rekonstruktion verlorener Akten

---

[796] Unglücklich erscheint daher *Schäfers* Beispiel, LR/*Schäfer*, § 94 Rn. 7.

[797] Bejahend LR/*Schäfer*, § 94 Rn. 8; hins. von Leichen(teilen) usw. vgl. *Grebing*, GA 1979, 81, 96 f.; KK/*Nack*, § 94 Rn. 5; Kleinknecht/*Meyer-Goßner*, § 94 Rn. 4; KMR/*Müller*, § 94 Rn. 2; *Roxin*, JuS 1976, 505, 508.

[798] Zur möglichen Ausstrahlungswirkung von § 81 c Abs. 3 StPO siehe unter § 11 E. II. 3. b) S. 213 f.

[799] Das BayObLG sah Akten, die unter § 96 StPO fallen, in einem Beschluß von 1930 nicht als Gegenstände an (BayObLG, DRiZ 1931, 116). Diese Rechtsprechung ist jedoch mittlerweile überholt (vgl. AK-StPO/*Amelung*, § 96, Rn. 17; die Gegenstandseigenschaft bestreitet auch LR/*Schäfer*, § 96 Rn. 4 ff. nicht; anders noch LR/*Meyer*, 23. A., § 96 Rn. 2).

[800] *Bär*, CR 1996, 675, 678 m. w. N.; a. A. *Matzky*, Zugriff auf EDV im Strafprozeß, S. 87 ff. (Nachweise der h. M. ibd., S. 41 ff.).

[801] *Bär*, CR 1996, 744 ff.

[802] Allg. M. vgl. LR/*Schäfer*, § 94 Rn. 12.

[803] OLG Celle, NJW 1963, 406, 407; KK/*Nack*, § 94 Rn. 8; siehe auch LR/*Schäfer*, § 94 Rn. 13; *Lüttger*/*Kaul*, GA 1961, 74, 76.

[804] AK-StPO/*Amelung*, § 94 Rn. 5; LR/*Schäfer*, § 94 Rn. 19 jeweils n. w. N.

als Beschlagnahmezweck ausreichen.[805] Auch ist es nicht notwendig, daß der Gegenstand selbst im Zusammenhang mit der verfolgten Straftat steht: Auch dann, wenn mit der beschlagnahmten Sache nur die (potentielle) Beweiserheblichkeit eines anderen Gegenstandes bewiesen werden soll[806] oder wenn ältere hand- oder maschinenschriftliche Briefe etc. zum Schriftvergleich benötigt werden, genügt dies.

Der Gesetzgeber hat bei § 94 Abs. 1 StPO bewußt den Potentialis verwandt. Er verlangt nicht, daß die Beweisbedeutung des Gegenstandes schon vor der Beschlagnahme feststeht. Dies wäre auch aus ermittlungstaktischer Sicht fatal: Ob ein Gegenstand tatsächlich die gesuchten Anhaltspunkte liefern oder gar später als Beweismittel in die Hauptverhandlung eingeführt werden wird, kann vor der Beschlagnahme noch nicht vorausgesagt werden. Nach der Rechtsprechung des BGH ist sogar nur dann die Beschlagnahme unzulässig, wenn von vornherein feststeht, daß der Gegenstand keinerlei Beweisbedeutung besitzt und auch im Zusammenspiel mit weiteren Beweismitteln keine erlangen wird.[807]

Der großzügige Umgang mit dem Merkmal der potentiellen Beweisbedeutung wird nicht von allen positiv bewertet: Allzu unscharf ist die Grenze zum Ausforschungsbeweis.[808]

Es ließe sich daran denken, schon hier Gegenstände auszuscheiden, die einem Beweisverwertungsverbot unterliegen. Aus mehreren Gründen sollte aber hiervon abgesehen werden. Ob ein Beweisverwertungsverbot vorliegt, wird vor Beschlagnahme in der Regel noch schwieriger festzustellen sein als die potentielle Beweisbedeutung. Hier bereits Beweisverwertungsverbote zu berücksichtigen, hieße außerdem, die in der ohnehin unübersichtlichen Regelung der §§ 94 ff. StPO kaum erkennbare Struktur der Beschlagnahme noch mehr aufzuweichen. Zum dritten dient das Merkmal der potentiellen Beweisbedeutung dazu, den Eingriffszweck zu beschreiben: Die Beschlagnahme nach § 94 StPO dient Ermittlungszwecken. Anders als in dem bereits beschriebenen Fall, in dem erkennbar ist, daß vom beschlagnahmten Gegenstand kein Vorteil für die Ermittlung zu erwarten ist, haben Gegenstände, die einem Beweisverwertungsverbot unterliegen, sehr wohl Bezug zum Fall. Zumeist werden sie gerade deshalb einem Beweisverwertungsverbot unterstellt, weil sie besonders wertvolle Informationen enthalten, die aber

---

[805] RG, JW 1923, 17 f.; a. A. *Mittermaier*, JW 1923, 17 a. E., in seiner Anmerkung; vgl. auch die in Fn. 937 zu diesem Thema Zitierten.

[806] LR/*Schäfer*, § 94 Rn. 15. Wann dieser „Beweis einer Beweisbedeutung" relevant sein soll, wird allerdings nicht klar: Wenn bereits vermutet wird, daß der zweite Gegenstand Beweisbedeutung hat, so dürfte dies in der Praxis genügen, um die für eine Beschlagnahme erforderliche potentielle Beweisbedeutung zu begründen (vgl. Fn. 807).

[807] BGH bei *H. W. Schmidt*, MDR 1981, 89, 93; ihm folgend LR/*Schäfer*, § 94 Rn. 21.

[808] Vgl. SK-StPO/Rudolphi, § 94 Rn. 12 m. w. N.

aus übergeordneten Gründen den Strafverfolgungsbehörden nicht zur Verfügung stehen sollen. Bei § 94 Abs. 1 StPO geht es daher nur um die „reale“ Beweisbedeutung, nicht um die normative Verwendbarkeit. Ist die Beschlagnahme unzulässig, weil im Verfahren notwendig ein Beweisverwertungsverbot eingreifen würde, ist dies dogmatisch als Beschlagnahme**verbot** einzuordnen und keine Frage der potentiellen Beweisbedeutung.

E. Grenzen der Beschlagnahme

I. Beschlagnahmeverbote in § 97 Abs. 1 StPO

Bereits in den Materialien zur RStPO findet sich die Erkenntnis, daß ein Recht zur Verweigerung des Zeugnisses ohne eine Absicherung im gegenständlichen Bereich leerzulaufen droht.[809] Ein vielzitiertes dictum von *Dünnebier* illustriert diesen Gedanken: „Denn was der Mund nicht zu offenbaren braucht, darf auch der Hand nicht entrissen werden.“[810] Trotzdem bestand in der StPO nie absolute Parallelität zwischen Zeugnisverweigerungsrechten und Beschlagnahmefreiheit und besteht auch heute nicht.

Die wichtigste Vorschrift in diesem Bereich ist § 97 StPO, obschon er die Freiheit von Beschlagnahme nicht abschließend regelt.[811]

1. Privilegierter Personenkreis

Aus der Zielsetzung der Vorschrift, die in den §§ 52 ff. StPO enthaltene Freiheit vor dem Informationsanspruch des Staates auf gegenständlicher Ebene abzusichern, ergibt sich ihr personeller Anwendungsbereich. Will man Schutz der Verteidigung im materiellen Sinn betrachten, läßt sich hier keine Personengruppe von vornherein ausscheiden. Die Kommunikation mit einem Parlamentsabgeordneten oder einem Pressevertreter kann der Verteidigung genauso dienlich sein wie die mit dem Strafverteidiger.

Dennoch führte es zu weit, jede Personengruppe eingehend zu beschreiben. Wer Angehöriger ist oder wer etwa als Geistlicher oder als Mitglied einer Beratungsstelle nach §§ 3 und 8 des Schwangerenkonfliktgesetzes angesehen wird, kann den einschlägigen Kommentierungen zu § 52 und § 53 StPO leicht entnommen werden.

Wichtig ist für die Betrachtung des Schutzes der formellen Verteidigung jedoch der Begriff des Verteidigers in § 97 Abs. 1 Nr. 2 StPO im Unterschied zum

---

[809] *C. Hahn*, Die gesamten Materialien zur Strafprozeßordnung, S. 124 f.

[810] *Dünnebier*, in: Das Problem einer Sonderstellung der Presse im Strafverfahren, S. 39, 44.

[811] Siehe dazu § 14 S. 241 ff., insb. S. 250.

Rechtsanwalt nach § 97 Nr. 3 Alt. 1 StPO und die Frage, wer als Hilfsperson des Strafverteidigers zu gelten hat.

a) Verhältnis von § 53 Abs. 1 Nr. 2 und 3 StPO

Zum Teil wird über das Verhältnis der Nummern 2 und 3 von § 53 Abs. 1 StPO gestritten. Man ist sich nicht einig, ob nur der Verteidiger, der nicht zugleich Rechtsanwalt ist, unter § 53 Abs. 1 Nr. 2 StPO zu subsumieren ist, während für Anwälte auch dann, wenn sie in ihrer Funktion als Strafverteidiger betroffen sind, Nr. 3 gilt,[812] oder ob beide Gruppen unter Nr. 2 fallen.[813]

Es ist auch denkbar, danach zu differenzieren, um welches Verfahren es sich handelt. Geht es um das Verfahren, in dem das Verteidigungsverhältnis besteht, wäre Nr. 2 anwendbar, in Drittverfahren aber nur Nr. 3. Dies hätte eine Benachteiligung von Beschuldigten zur Folge, deren Verteidiger nicht Rechtsanwalt, sondern etwa Hochschullehrer ist. Folgte man dieser Ansicht, könnte jener Professor in einem Drittverfahren als Zeuge über Einzelheiten des Vertrauensverhältnisses zu seinem Mandanten vernommen werden. Die StPO bietet aber keine Anhaltspunkte für eine solche „Verteidigung zweiter Klasse". Glücklicherweise besteht daher inzwischen Einigkeit darüber, daß auch der nicht-anwaltliche Verteidiger in Drittverfahren schweigen darf.[814] Das gleiche gilt für beide Gruppen auch nach Beendigung des Mandatsverhältnisses.[815]

Der Schutzumfang muß darauf abgestimmt werden, ob es sich bei dem Mandat um eine Strafverteidigung handelt. Die besondere Schutzbedürftigkeit dieses Vertrauensverhältnisses zieht die besonderen Schutzmechanismen (wie zum Beispiel die Anwendung von § 148 StPO) nach sich. Beachtet man dies, ist die formale Einordnung unter § 53 Abs. 1 Nr. 2 oder 3 StPO im Ergebnis irrelevant. Trotzdem sollten alle Verteidiger unter Nr. 2 subsumiert werden. Ihre Gleichstellung einerseits und ihre Abschichtung von „normalen" Anwälten kommt so besser zum Ausdruck. Darüber darf allerdings nicht vergessen werden, daß die Rechtsanwälte unter ihnen zusätzlich den Schutz des § 53 Abs. 1 Nr. 3 StPO genießen. In solchen Fällen muß man sich fragen, ob Nr. 2 teleo-

---

[812] *Schäfer*, FS-Hanack, S. 77, 79 (anders noch in LR/*Schäfer*, § 97 Rn. 55); LR/*Dahs*, 24. A., § 53 Rn. 24; vgl. *Beulke*, Der Verteidiger im Strafverfahren, S. 46.

[813] LR/*Dahs*, 25. A., § 53 Rn. 27; so auch noch *Schäfer* in LR/*Schäfer*, § 97 Rn. 55.

[814] KMR/*Paulus*, § 53 Rn. 9; KK/*Senge*, § 53 Rn. 14; *Kohlhaas*, GA 1958, 65, 70; LR/*Dahs*, 25. A., § 53 Rn. 27; *Welp*, FS-Gallas, S. 391, 398. Ein ähnliches Problem, nämlich ob der Mandant als Zeuge in Drittverfahren über Interna aus der Vertrauenssphäre zwischen ihm und seinem Verteidiger vernommen werden kann, behandelt *Hamm*, NJW 1993, 289, 295.

[815] Heute allgem. M. im Anschluß an BVerfGE 32, 373, 381 f. (Krankenakten); siehe nur Kleinknecht/*Meyer-Goßner*, § 53 Rn. 10; LR/*Dahs*, 25. A., § 53 Rn. 19; vgl. auch *Amelung*, DNotZ 1984, 195, 206.

logisch so ausgelegt werden muß, daß es nicht zu einer Schlechterstellung nichtanwaltlich verteidigter Beschuldigten kommt.

b) Zeitlicher Beginn des Schutzes von § 53 Abs. 1 Nr. 2 und Nr. 3 StPO

Zur Beantwortung der Frage, wer als Verteidiger gewählt oder zum Pflichtverteidiger ernannt werden kann, kommt es nicht darauf an, welcher der mehr als zahlreichen Theorien zur Rechtsstellung des Verteidigers man zu folgen gewillt ist.[816] Die Anforderungen an den Verteidiger in fachlicher Hinsicht werden in §§ 138, 139 bzw. § 142 StPO beschrieben.[817] Nicht gesetzlich geregelt und daher heftig umstritten ist die Frage, ob der besondere Schutz der Vertrauensbeziehung zwischen Verteidiger und Mandanten schon vor Erteilung des Mandats bzw. vor Bestellung des Pflichtverteidigers wirkt.[818]

Dabei sind nach dem Zeitpunkt der Beschlagnahme zwei Konstellationen zu unterscheiden:

Erfolgt die Beschlagnahme vor Beginn des Mandatsverhältnisses, richtet sich die Beschlagnahmefähigkeit oder – freiheit nach der zeitlichen Geltung des § 53 Abs. 1 Nr. 2, 3 StPO.

Findet sie erst nach Erteilung des Mandats statt, hängt die Antwort darauf, ob vor Beginn des Verteidigungsverhältnisses entstandene Unterlagen beschlagnahmt werden dürfen, nur zum Teil von der Einbeziehung des Anbahnungsverhältnisses in den Schutz von § 53 Abs. 1 Nr. 2 StPO ab: Geht es nämlich um Gegenstände, die sogar noch vor der Anbahnung des Mandats entstanden sind, ist dies allein eine Frage des sachlichen Anwendungsbereichs von § 97 Abs. 1 StPO.[819]

---

[816] Zu diesem Themenbereich siehe *Beulke*, Der Verteidiger im Strafverfahren, S. 163 ff.; auch AK-StPO/*Stern*, vor § 137 Rn. 21 ff.; KK/*Laufhütte*, vor § 137 Rn. 4 ff.; Kleinknecht/*Meyer-Goßner*, vor § 137 Rn. 1 jeweils m. zahlr. N. und die zum Teil schwer verständlichen Ausführungen von *Lüderssen* (LR/*Lüderssen*, vor § 137 Rn. 33 ff.).

[817] Einzelheiten hierzu können den einschlägigen Kommentierungen entnommen werden, z. B. KK/*Laufhütte*, § 138, 139, 142.

[818] Im letzteren Fall ist die Wahrscheinlichkeit, daß der noch nicht bestellte Pflichtverteidiger mit dem Beschuldigten Kontakt aufnimmt oder in den Besitz von relevantem Gegenständen gelangt, eher gering, so daß darauf verzichtet werden kann, diese Fallgruppe gesondert zu behandeln.

Zum Verteidigungsverhältnis i. S. d. MRK siehe § 6 C. II. S. 67 f.; vgl. auch § 6 E. I. 3. S. 99 f.

[819] Siehe dazu unter § 11 E. I. 2. S. 178 ff.

aa) § 53 Abs. 1 Nr. 3 StPO

Ist der zukünftige Verteidiger Rechtsanwalt, so kann der erste Kontakt mit dem Beschuldigten ohne weiteres zur Berufsausübung gezählt werden.[820] Z. T. wird zwischen „Anbahnung" und „Anbiederung" unterschieden, je nach dem, von wem die Initiative ausgeht.[821] Diese bei § 148 StPO geführte Diskussion spielt bei § 53 Abs. 1 Nr. 3 StPO aber keine Rolle: Auch die Kontaktaufnahme auf Betreiben eines Angehörigen oder sogar aus eigenem Antrieb gehört zur beruflichen Sphäre des Rechtsanwalts, auch wenn letzteres im Einzelfall standeswidrig sein kann.[822] Eine etwaige Standeswidrigkeit darf nicht dem potentiellen Mandanten zum Schaden gereichen, insbesondere dann nicht, wenn er dem Rechtsanwalt schutzbedürftige Informationen, wozu auch seine Identität zählt, anvertraut. Damit gibt § 53 Abs. 1 Nr. 3 StPO, der nicht darauf abstellt, ob die Information von einem Klienten stammt, sondern nur einen Zusammenhang mit der Tätigkeit als Rechtsanwalt verlangt,[823] auch hier ein Zeugnisverweigerungsrecht, das ein Beschlagnahmeverbot nach sich zieht.

bb) § 53 Abs. 1 Nr. 2 StPO

Schwieriger zu beantworten ist die Frage, ob das Anbahnungsverhältnis auch von § 53 Abs. 1 Nr. 2 StPO geschützt wird. Praktische Auswirkungen hat dies, wenn der ins Auge gefaßte Strafverteidiger nicht Rechtsanwalt ist und folglich kein berufliches Zeugnisverweigerungsrecht aus § 53 Abs. 1 Nr. 3 StPO hat.

(1) Unterschiede in der Formulierung von § 53 Abs. 1 Nr. 2 und 3 StPO

Anders als der Wortlaut von Nr. 3 stellt der von Nr. 2 nicht auf einen beruflichen Bezug, sondern auf ein konkret bestehendes Verteidigungsverhältnis ab.[824]

Die Frage ist nun, ob eine Differenzierung zwischen Anwalt-Verteidigern und sonstigen allein mit dem Wortlaut von § 53 Abs. 1 StPO begründet werden kann. Die StPO kennt grundsätzlich keinen Verteidiger zweiter Klasse. In § 138 Abs. 1 StPO stehen die „professoralen" Verteidiger gleichberechtigt neben den professionellen Anwalt-Verteidigern. Auch die nach Abs. 2 von einer Genehmigung des

---

[820] Vgl. BGHSt 33, 148, 151 = NStZ 1985, 372, 373 m. Anm. *Rogall* = JR 1986, 33, 34 m. Anm. *Hanack* (zur Reichweite des ärztlichen Zeugnisverweigerungsrechts).

[821] Kleinknecht/*Meyer-Goßner*, § 148 Rn. 4; LR/*Lüderssen*, § 148 Rn. 7 a.

[822] Vgl. AK-StPO/Stern, § 148 Rn. 8; *Schäfer*, FS-Hanack, S. 77, 82.

[823] Allgem. M. siehe z. B. LR/*Dahs*, 25. A., § 53 Rn. 31, 15; BGHSt 33, 148, 149 ff. = NStZ 1985, 372, 373 m. Anm. *Rogall* = JR 1986, 33 f. m. Anm. *Hanack*.

[824] Anders *Schäfer*, FS-Hanack, S. 77, 82. Er übersieht, daß die Anbahnung zwar schon zur „Verteidigungstätigkeit" gehören kann, aber der „Noch-Nicht-Verteidiger" eben nicht Verteidiger des Beschuldigten ist.

Gerichts abhängigen sonstigen Personen sind nach Zulassung durch das Gericht keine Verteidiger minderen Rechts. Daran ändert auch die Notwendigkeit einer Co-Verteidigung in § 138 Abs. 2 Alt. 2 StPO nichts. Diese Vorschrift will nur mögliche negative Folgen einer unprofessionellen Verteidigung für den Beschuldigten abfangen, nicht aber Verteidigerrechte beschneiden. Die Alternative zu § 138 Abs. 2 Alt. 2 StPO wäre gewesen, den Genehmigungsvorbehalt des § 138 Abs. 2 StPO zu verschärfen oder andere als Rechtsanwälte und Rechtslehrer in Fällen notwendiger Verteidigung überhaupt nicht zuzulassen. Eine bewußte Schlechterstellung des nicht-anwaltlichen Verteidigers liegt mithin fern.

Der Unterschied zwischen der Formulierung von Nummer 2 und der der Nummer 3 dürfte daher rühren, daß sich der Gesetzgeber einen von der Anwaltschaft getrennten Berufsstand der Strafverteidiger nicht vorstellen konnte und auch nicht mußte. Mit Ausnahme der Rechtslehrer, für die Strafverteidigungen zu den klassischen Nebentätigkeiten gehören (§ 52 HRG i. V. m. Landesrecht, für Bayern Art. 8 Hochschullehrergesetz, Art. 77 BayBG, § 12 Abs. 1 Nr. 1 Hochschullehrernebentätigkeitsverordnung), darf es schon wegen § 1 RBerG keine professionellen Strafverteidiger außerhalb der Rechtsanwaltschaft geben. Um auch die nicht unter § 53 Abs. 1 Nr. 3 StPO subsumierbaren Verteidiger zu erfassen, erschien die Formulierung von § 53 Abs. 1 Nr. 2 StPO ausreichend: Beim nicht professionell Tätigen kann die Verteidigereigenschaft nur im Zusammenhang mit einem konkreten Mandat entstehen. Dies reicht jedoch als Begründung für die Schlechterstellung des Anbahnungsverhältnisses mit dem Nicht-Anwalt nicht aus.

(2) Die Einbeziehung des Anbahnungsgespräches in § 148 StPO – Eine vergleichbare Problemstellung?

Die Frage, ob der Verteidiger gem. § 53 Abs. 1 Nr. 2 StPO zur Verweigerung des Zeugnisses über Umstände berechtigt ist, die ihm anläßlich der Anbahnung mitgeteilt worden sind, und ob zum Zweck der Anbahnung angefertigte Dokumente schon vor Übernahme des Mandats beschlagnahmefrei sind, ähnelt der, ob § 148 StPO das Recht auf einen unüberwachten Erstkontakt mit dem potentiellen Verteidiger gewährt. Während die Reichweite des § 148 StPO mangels einer § 53 Abs. 1 Nr. 3 StPO entsprechenden Regelung bei beiden Verteidigerformen strittig ist, existiert eine Gefährdungslage hinsichtlich Beschlagnahme und Zeugnisverweigerungsrecht nur für die (potentiellen) Mandanten von Nicht-Anwälten. Die Argumente, die in der Diskussion über die Reichweite von § 148 ins Feld geführt werden, sind also auf die hier interessierende Frage der Gleichstellung aller Strafverteidiger nicht übertragbar.[825] [826]

---

[825] Insofern geht *Hanack* in seiner Anmerkung zu BGHSt 33, 148 ff. (*Hanack*, JR 1986, 35 f.) fehl. Er übersieht nicht nur den Unterschied zwischen § 53 Abs. 1 Nr. 2 und 3 StPO und setzt beide ohne Begründung gleich. Er überträgt dann – wiederum ohne Begründung - die Grundsätze von § 53 Abs. 1 Nr. 3 StPO auf § 148 StPO.

Zudem sind die Gefahren, die von einer Zeugnispflicht oder Beschlagnahme ausgehen, weit schlimmer als jene bei Versagung eines unüberwachten Gespräches oder Verweigerung des uneingeschränkten schriftlichen Verkehrs. In den beiden letzten Fällen ist die Konsequenz lediglich, daß der vertrauliche Kontakt unterbleibt. Zwar wird es so für den Beschuldigten schwieriger, einen Verteidiger zu wählen, aber es gelangen wenigstens keine geheimhaltungsbedürftigen Inhalte an die Strafverfolgungsbehörden. Zeugnispflicht und Beschlagnahme wirken tendenziell „retroaktiv“: Es wird auf Informationen zugegriffen, die zu einem Zeitpunkt entstanden sind, zu dem noch nicht klar war, ob ein Mandatsverhältnis entstehen wird oder nicht. Falls der gewünschte Verteidiger den Fall nicht ohne Kenntnis der genauen Umstände annehmen will, muß der Beschuldigte sich ihm „auf gut Glück“ anvertrauen. Er kann nicht wissen, ob sein potentieller Verteidiger den Fall übernimmt. Es liegt ja nicht immer am Klienten, wenn das Mandatsverhältnis nicht zustande kommt. Schlimmer noch: Er kann nicht einmal kontrollieren, ob sein Gesprächspartner eine Aktennotiz über das Scheitern der Verhandlungen aufnimmt, die womöglich sogar den Inhalt des Gesprächs wiedergibt. Bei der Beschlagnahme kommt nämlich hinzu, daß die Informationen gegenständlich fixiert sind und damit unabhängig von ihren Urhebern und menschlichen Trägern existieren: Selbst hartnäckiges Schweigen, allen Zwangsmitteln des § 70 StPO zum Trotz, kann ihre Auswertung nicht verhindern.

(3) Notwendigkeit einer Gleichbehandlung der nicht-anwaltlichen Verteidiger

Wäre der Anbahnungskontakt mit dem nicht-anwaltlichen Verteidiger vom Schutz des § 53 Abs. 1 Nr. 2 StPO ausgenommen, könnte man wohl keinem Beschuldigten guten Gewissens raten, etwa einen Hochschulprofessor als alleinigen Verteidiger zu wählen.

Als Argument gegen eine Ausdehnung des zeitlichen Anwendungsbereiches ließe sich anführen, bei anderen Personen als Rechtsanwälten könne man nie sicher sein, ob das Gespräch oder der Briefwechsel sich wirklich auf die Übernahme einer Strafverteidigung bezieht oder ob es vielmehr um eine Tatbeteiligung oder Strafvereitelung seitens des „Noch-Nicht-Verteidigers“ geht. Die Gefahr ist bei den nach § 138 Abs. 1 StPO ohne weiteres zur Verteidigung zuzulassenden Nicht-Anwälten, den Rechtslehrern an deutschen Hochschulen, wohl eher gering.

Bei Personen, für die nach Abs. 2 StPO eine gerichtliche Genehmigung erforderlich ist, kann dies nicht mit Sicherheit behauptet werden. Neben ausländischen Rechtsanwälten aus Nicht-EG-Ländern,[827] die – wenigstens z. T. -

[826] Zur Frage der zeitlichen Reichweite des „Ausstrahlungswirkung“ von § 148 StPO auf § 97 Abs. 2 S. 1 und 3 StPO siehe unter § 14 A. IV. 2. S. 248 ff.

[827] Für EG-Bürger gilt wegen der Richtlinie vom 22. März 1977 (AmtsBl. der EG 1977, L 78/17 f.) nach zutreffender Ansicht § 53 Abs. 1 Nr. 3 StPO, so daß sich das Problem nicht stellt

ähnlichen Standesregeln unterstehen wie die deutschen, werden auch andere Rechtskundige erfaßt. Soweit man § 97 Abs. 2 S. 3 Alt. 1 StPO gelten läßt, halten sich die Risiken in Grenzen. Selbst bei Anwendung von § 53 Abs. 1 Nr. 2 StPO im Anbahnungsverhältnis könnte beschlagnahmt werden. Auch hinsichtlich des verdächtigen zukünftigen Verteidigers als persönliches Beweismittel ergeben sich keine signifikanten Nachteile: Ohne Einbeziehung stünde ihm ein Auskunftsverweigerungsrecht nach § 55 StPO zu.

cc) Ergebnis

Aus systematischen Gründen gilt § 53 Abs. 1 Nr. 2 StPO auch während der Anbahnung eines Mandatsverhältnisses. Nummer 3 gilt ohnehin.

2. Geschützte Gegenstände

Wie beim gegenständlichen Anwendungsbereich von § 94 StPO darf auch bei § 97 Abs. 1 StPO nicht an die technische Entwicklungsstufe zur Zeit der Verabschiedung der (R)StPO angeknüpft werden. Nicht nur beim besonderen Schutz der Presse nach Abs. 5, auch bei den übrigen Privilegierten stehen die modernen Verkörperungsmedien, insb. Ton- und Datenträger, den klassischen, wie Papier und Pergament, gleich.[828]

§ 97 Abs. 1 StPO unterstellt vier Gruppen von Gegenständen seinem Schutz: Schriftliche Mitteilungen zwischen Beschuldigtem und Zeugnisverweigerungsberechtigtem in Nr. 1, Aufzeichnungen des Zeugnisverweigerungsberechtigten über solche Mitteilungen in Nr. 2 Alt. 1 sowie sonstige Aufzeichnungen und Gegenstände, auf die sich das Zeugnisverweigerungsrecht bezieht, in Nr. 2 Alt. 2 und Nr. 3.

a) § 97 Abs. 1 Nr. 1 und Nr. 2 Alt. 1 StPO

Verbindendes Element der beiden Arten von Gegenständen in Nr. 1 und Nr. 2 Alt. 1 ist ihr kommunikativer Bezug. Wegen dieser Gemeinsamkeit können Grenzfälle auftreten. Da wäre u. a. die Frage, ob ein Wortprotokoll, das der Verteidiger über den Vortrag seines Klienten anfertigt, unter die Nr. 1 fällt oder unter Nr. 2 Alt. 1.

(vgl. AK-StPO/*Stern*, § 138 Rn. 12; LR/*Dahs*, 25. A., § 53 Rn. 6, 30; aber LR/*Lüderssen*, § 138 Rn. 5 f. zu Besonderheiten beim Verkehrsrecht nach § 148 StPO).

828 Allgem. A. siehe nur KK/*Nack*, § 97 Rn. 11, 13, 8. Problematisch sind hier allenfalls die Gewahrsamsverhältnisse (dazu KK/*Nack*, § 97 Rn. 8). Noch grundlegender ist die Frage, ob es sich hier überhaupt um einen Gegenstand handelt und damit die Beschlagnahme das richtige Ermittlungsinstrument ist (vgl. § 11 D. II. 1. S. 169 f.).

Da inzwischen nach einhelliger Auffassung auf die inhaltliche Urheberschaft und nicht den Akt des Niederschreibens abzustellen ist,[829] ist es für die Einordnung nicht von Bedeutung, daß der Verteidiger die Verkörperung der Information bewirkt. Dennoch besteht ein Unterschied zwischen der schriftlichen Mitteilung an den Verteidiger und dem Wortprotokoll. Beim klassischen Anwendungsfall der Nr. 1 erhält der Empfänger die Nachricht in schriftlicher Form, während ihm, wenn er an der Niederschrift mitwirkt, die Information zunächst mündlich mitgeteilt wird und er sie erst dann niederschreibt. Das gleiche wäre aber der Fall, wenn der Mandant die Mitteilung im Beisein des Verteidigers diktiert oder laut mitspricht, während er sie niederschreibt, und dann dem Verteidiger das fertige Dokument aushändigt. Nur die zweite Konstellation unter Nr. 1, die Mitschrift durch den Verteidiger aber unter Nr. 2 Alt. 1 einzuordnen, läßt sich kaum begründen.

Wenn aber der Beitrag des Verteidigers über ein mechanisches Mitschreiben hinausgeht – im Regelfall wird er die Äußerungen des Beschuldigten nicht wortwörtlich, sondern sinngemäß wiedergeben -, wäre zweifellos Nr. 2 Alt. 1 einschlägig.

Diese auf den ersten Blick spitzfindige Unterscheidung hat durchaus praktische Auswirkungen: Nach einer Ansicht ist nämlich der sachliche Schutzumfang von Nr. 1 weiter als der der Nr. 2. Danach kommt es bei der Nr. 1 nicht darauf an, ob die Kommunikation im Zusammenhang mit der Vertrauensbeziehung steht. Wie bei der Korrespondenz mit Angehörigen dürfe nicht auf das Thema der Mitteilung abgestellt werden, da § 97 Abs. 1 Nr. 1 StPO gerade verhindern will, daß Einblick in den Inhalt der Nachricht genommen wird. Aus diesem Grund müsse der Zusammenhang mit dem Zeugnisverweigerungsrecht unwiderleglich vermutet werden.[830] Merkwürdigerweise wird bei Nr. 2 nicht zwischen Aufzeichnungen über Mitteilungen und sonstigen differenziert. Insbesondere wird nicht gefordert, den Relativsatz, der einen Zusammenhang mit dem Zeugnisverweigerungsrecht fordert, nur auf die sonstigen Aufzeichnungen zu beziehen. Damit ergäbe sich folgende widersprüchliche Situation: Übergibt der Klient eine schriftliche private Einladung, die er eventuell in Gegenwart seines Verteidigers diktiert hat, greift Nr. 1. Schreibt der Verteidiger den Wortlaut der Einladung wörtlich mit, was zugegeben in der Praxis selten sein dürfte, gilt ebenfalls Nr. 1. Notiert der Verteidiger dagegen in eigenen Worten Zeit und Ort der Verabredung, wäre Nr. 2

---

[829] AK-StPO/*Amelung*, § 97 Rn. 5 f.; KK/*Nack*, § 97 Rn. 12; Kleinknecht/*Meyer-Goßner*, § 97 Rn. 28 f.; LR/*Schäfer*, § 97 Rn. 45.

[830] AK-StPO/*Amelung*, § 97 Rn. 8.

einschlägig, der allerdings keinen Schutz gewährt, weil die Aufzeichnung inhaltlich nicht mit dem Mandat zusammenhängt.[831]

Hier bieten sich zwei Lösungen an: Entweder wird der Relativsatz in § 97 Abs. 1 Nr. 2 StPO nur auf die sonstigen Aufzeichnungen bezogen, dann wären auch Aufzeichnungen über Mitteilungen privaten Inhalts beschlagnahmefrei und das Problem läge nun darin, Aufzeichnungen über Mitteilungen von anderen zu unterscheiden, oder auch bei Nr. 1 wird ein Zusammenhang mit dem beruflichen Zeugnisverweigerungsrecht verlangt.[832]

Es besteht kein sachlicher Grund dafür, etwaigen gesellschaftlichen Kontakt zwischen Mandanten und Verteidiger besonders zu privilegieren, da § 97 StPO nur dazu dient, § 53 Abs. 1 StPO im gegenständlichen Bereich abzusichern, nicht aber den zugriffsfreien Raum auszudehnen. Warum sollte der Verteidiger über seinen sozialen Kontakt mit dem Beschuldigten vernommen werden dürfen, aber sein privater Briefverkehr mit ihm beschlagnahmefrei sein? Der Gefahr, daß von der Beschlagnahme auszunehmende Unterlagen eventuell erst bei der Durchsicht nach § 110 StPO ausgeschieden werden und damit die Strafverfolgungsbehörden (wenn auch rechtlich unverwertbare) Kenntnisse erlangen,[833] läßt sich dadurch begegnen, daß auf äußere Merkmale wie Adressierung an die Kanzlei oder an die Privatanschrift abgestellt wird. Befindet sich der Mandant in Untersuchungshaft, ist die Markierung als „Verteidigerpost" ohnehin üblich. Ist der Klient in Freiheit, lassen sich diskretere und dennoch eindeutige Kennzeichen mit Sicherheit finden.

b) § 97 Abs. 1 Nr. 2 Alt. 2 StPO

Ein Charakteristikum dieser Gruppe ist die Urheberschaft des Zeugnisverweigerungsberechtigten.

In der Kommentarliteratur wird zumeist gefordert, es müsse sich inhaltlich um sinnliche Wahrnehmungen handeln.[834] Für eine solche Beschränkung besteht aber kein Anlaß. Weder der Wortlaut noch der Sinn und Zweck der Vorschrift lassen erkennen, weswegen Erwägungen und Schlußfolgerungen ausgenommen sein sollten.[835] Zwar hängt § 97 StPO eng mit dem Zeugnisverweigerungsrecht zusam-

---

[831] Das Problem „doppelfunktionaler" Mitteilungen, deren Schwerpunkt im Privaten (Einladung zu einem Wochenendausflug, auf dem auch der Fall besprochen werden soll) oder im Geschäftlichen (Weihnachtsgrüße des Rechtsanwalts werden mit einer Zahlungsaufforderung verbunden) liegen kann, soll hier unberücksichtigt bleiben.

[832] KK/*Nack*, § 97 Rn. 12; KMR/*Müller*, § 97 Rn. 10; LR/*Schäfer*, § 97 Rn. 44, 46.

[833] LR/*Schäfer*, § 110 Rn. 7. Kritisch AK-StPO/*Amelung*, § 110 Rn. 10, 5, der befürchtet, daß die Informationen zum Anlaß für weitere Ermittlungen genommen werden.

[834] Kleinknecht/*Meyer-Goßner*, § 97 Rn. 29; LR/*Schäfer*, § 97 Rn. 46; SK-StPO/*Rudolphi*, § 97 Rn. 43.

[835] So auch AK-StPO/ *Amelung*, § 97 Rn. 6.

men, und Gegenstand einer Zeugenaussage ist gerade die Bekundung sinnlich wahrgenommener Tatsachen,[836] nur gilt dies nicht für alle Zeugen. Beim sachverständigen Zeugen nach § 85 StPO kommt es auch auf die Bewertung der Wahrnehmungen durch den Zeugen an.[837] Dieses Problem spielt beim Strafverteidiger mit Sicherheit eine geringere Rolle als etwa beim Arzt, der auch zum privilegierten Personenkreis gehört. Der Aufzeichnungsbegriff von § 97 Abs. 1 Nr. 2 StPO darf aber bei den verschiedenen Vertrauensträgern nicht unterschiedlich definiert werden. Zudem kann zwischen Wahrnehmung und Bewertung oft nicht leicht unterschieden werden: Ist z. B. eine persönlich gefärbte Beschreibung der Wahrnehmungssituation, die Rückschlüsse auf die Zuverlässigkeit einer Information zuläßt, noch Aufzeichnung einer Wahrnehmung oder schon einer Bewertung?

Ein weiteres Kriterium soll der fehlende Drittbezug sein: Aufzeichnungen im Sinne von § 97 Abs. 1 Nr. 2 StPO dürften keine Mitteilungen an Dritte enthalten.[838] Danach gehörten zwar Brief- und Vertragsentwürfe[839] zu den „Aufzeichnungen“, nicht aber etwa der vom Zeugnisverweigerungsberechtigten bereits fertiggestellte Brief oder Schriftsatz.[840] Diese müßte man dann wohl unter die Nummer 3 subsumieren.

Die geschilderte Auffassung ist jedoch zu eng: Es spricht nichts dagegen, auch noch nicht abgesandte Briefe an Dritte zu den „Aufzeichnungen“ zu zählen. Ihr Drittbezug wird erst damit aktualisiert, daß sie tatsächlich abgeschickt werden. Vorher hat der Zeugnisverweigerungsberechtigte außerdem jederzeit die Möglichkeit, Änderungen vorzunehmen, auch dann, wenn etwa der Briefumschlag bereits geschlossen ist, was ein deutliches Zeichen für die Fertigstellung eines Briefes ist. Zwischen Entwurfs- und Vollendungsstadium kann also gar nicht eindeutig differenziert werden.

c) § 97 Abs. 1 Nr. 3 StPO

Der Gegenstandsbegriff des § 97 Abs. 1 Nr. 3 StPO entspricht dem der Eingriffsgrundlage in § 94 StPO.[841] Trotzdem ist die Reichweite dieser 1953 eingefügten Regelung[842] noch immer heftig umstritten. Uneins ist man vor allem darüber, ob

---

[836] Für alle *Peters*, Strafprozeß, S. 342.

[837] *Eisenberg*, Beweisrecht der StPO, Rn. 1501.

[838] Vgl. Kleinknecht/*Meyer-Goßner*, § 97 Rn. 29.

[839] Dies gilt auch dann, wenn der Vertrag selbst nicht privilegiert wäre, vgl. AK-StPO/*Amelung*, § 97 Rn. 6; *ders.*, DNotZ 1984, 195, 201 ff.

[840] Bei Briefen anderer Personen fehlt es bereits am Merkmal der Urheberschaft durch den Zeugnisverweigerungsberechtigten.

[841] Dazu oben § 11 D. II. 1. S. 169 f.

[842] Art. 4 Nr. 12 des 3. Strafrechtsänderungsgesetz vom 4. August 1953, BGBl. I 1953, 735, 744 f.

§ 97 Abs. 1 Nr. 3 StPO auch dann schützt, wenn sich das Verfahren, in dem beschlagnahmt werden soll, nicht gegen den Mandanten richtet.

aa) Außerhalb der Vertrauensbeziehung entstandene Gegenstände

Wie schon besprochen, beginnt der zeitliche Schutzbereich von § 53 Abs. 1 Nr. 2, 3 StPO und damit der des § 97 Abs. 1 StPO nicht erst mit der Mandatsübernahme, sondern mit deren Anbahnung.[843] Damit reduziert sich die hier interessierende Gruppe von Gegenständen auf solche, die bereits vor der Anbahnung entstanden. Innerhalb der Gruppe läßt sich weiter zwischen zum Zwecke der Verteidigung angefertigten Unterlagen, wie zum Beispiel Privatgutachten,[844] und primären Beweisgegenständen differenzieren. Besonders bei letzteren war umstritten, ob sie vom Beschlagnahmeverbot erfaßt werden. Dieser Streit scheint sich in letzter Zeit mehr und mehr zu entspannen: Die vor allem im Anschluß an eine Entscheidung des LG Braunschweig vertretene Ansicht, die vor Entstehen der Schutzsphäre entstandene Gegenstände ausnehmen wollte, verliert immer mehr an Boden.[845]

Für Beschlagnahmefreiheit sprechen teleologische Gesichtspunkte. Zwar würden beschlagnahmte Beweisgegenstände dem Zugriff des Verteidigers, der sich ihrer zur Vorbereitung der Verteidigung bedienen will, durch die Beschlagnahme nicht gänzlich entzogen, da § 147 StPO zumindest die Besichtigung und Untersuchung bei der Staatsanwaltschaft ermöglicht. Jedoch besteht die Gefahr, daß der Beschuldigte aus Angst vor Beschlagnahme sie seinem Verteidiger nicht aushändigt: Wären diese Gegenstände beim Verteidiger nicht vor Beschlagnahme sicher, könnten die Strafverfolgungsorgane einen Großteil des relevanten Material bequem „abschöpfen".

Aber nicht nur der Schutz einer effektiven Strafverteidigung und die Begründung des Entwurfs zum 3. Strafrechtsänderungsgesetz, durch das § 97 Abs. 1 Nr. 3 StPO eingeführt wurde,[846] streiten für eine Einbeziehung. Auch die Gesetzessystematik läßt keinen anderen Schluß zu: Fielen diese Gegenstände nicht unter § 97 Abs. 1 Nr. 3 StPO, so wäre § 97 Abs. 2 S. 3 Alt. 2 StPO, der die instrumenta ac producta sceleris von der Beschlagnahmefreiheit ausnimmt, entbehrlich.

---

[843] Siehe § 11 E. I. 1. b) S. 174 ff.

[844] Vgl. auch unter § 11 E. II. S. 205 ff.

[845] LG Braunschweig, NJW 1978, 2108 f.; LG München I, NJW 1989, 536, 537. Für eine Einbeziehung in den Schutzbereich dagegen u. a. LG Berlin, NJW 1990, 1058 f.; LG Koblenz, StV 1985, 8, 9; LG Stuttgart, DStR 1997, 1449, 1450 m. Anm. *Füllsack*; *Amelung*, DNotZ 1984, 195, 205 f.; *Füllsack*, DStR 1997, 1450, 1451; *Haffke*, NJW 1975, 808; KK/*Nack*, § 97 Rn. 14 ff.; LR/*Schäfer*, § 97 Rn. 48 f.; SK-StPO/*Rudolphi*, § 97 Rn. 47.

[846] BT DS 1/3713, S. 49: „den vom Arzt aus dem Körper des Beschuldigten entfernten Fremdkörper, dem Anwalt **übergebene Dokumente**" (Hervorhebung der *Verfasserin*).

Hierauf hat *Haffke*, allerdings versteckt in einer Fußnote, bereits 1975 hingewiesen.[847] Diese primären Beweisgegenstände entstehen, sofern es um die Beschlagnahme beim Verteidiger geht, fast ausschließlich vor Anbahnung und Übernahme des Mandats. Nur sehr wenige Straftäter kümmern sich schon vor Tatbegehung um einen Strafverteidiger.

bb) Beschlagnahmefreiheit in anderen Verfahren

Die andere Frage ist, ob § 97 Abs. 1 Nr. 3 StPO nur in dem Verfahren eine Beschlagnahme verhindert, in dem das Verteidigungsverhältnis besteht. Folgende Situationen sind dabei denkbar:

- Es laufen zwei getrennte Verfahren gegen denselben Beschuldigten, in denen er sich unterschiedlicher Verteidiger bedient. Die Strafverfolgungsbehörden wollen nun Unterlagen des einen Verteidigers für das jeweils andere Verfahren beschlagnahmen.
- Die mit der Beschlagnahme beabsichtigte Beweisgewinnung hat weder mit dem Verfahren gegen den Mandanten noch mit einem gegen den Verteidiger zu tun, sondern erfolgt in einem Ermittlungsverfahren gegen einen Dritten.
- Das Verfahren, in dem die Beschlagnahme stattfindet, richtet sich gegen den Verteidiger, wobei es sich um einen völlig unabhängigen Sachverhalt oder um eine im Zusammenhang mit der Verteidigung des Beschuldigten begangene Straftat, etwa eine Strafvereitelung, handeln kann.

(1) Weitere Verfahren gegen denselben Beschuldigten

Setzen wir im ersten Fall an die Stelle des Verteidigers, der den Beschuldigten in einem anderen Verfahren vertritt, im Beispiel einen Zivilanwalt oder Arzt, so wäre dies der klassische Anwendungsfall von § 97 Abs. 1 i. V. m. § 53 Abs. 1 Nr. 3 StPO. Hieran ändert sich nichts, wenn die Person, bei der beschlagnahmt wird, den Beschuldigten in einem Strafverfahren vertritt, sei er nun Rechtsanwalt oder nicht. Auch bei der Nummer 2 des § 53 Abs. 1 StPO kommt es nicht darauf an, in welchem Verfahren das Mandat besteht. Auch dort, wo § 97 Abs. 1 StPO den Beschuldigten explizit erwähnt, was er in Nr. 3 nicht tut, geht es um die Beschuldigteneigenschaft in dem Verfahren, in dem beschlagnahmt werden soll, nicht aber darum, ob das Vertrauensverhältnis Bezug zu dem Verfahren hat.[848]

---

[847] *Haffke*, NJW 1975, 808 Fn. 7.

[848] So auch, allerdings ohne Begründung, *Dahs*, Handbuch des Strafverteidigers, Rn. 361.

(2) Verfahren gegen Dritte

In der zweiten Fallgruppe steht der Beschuldigte, gegen den Beweise ermittelt werden sollen, außerhalb der Vertrauensbeziehung.[849] [850] Ihn vor Erkenntnissen aus einer Beschlagnahme beim Arzt, Anwalt oder Verteidiger einer fremden Person oder vielleicht sogar seines Opfers zu schützen, besteht eigentlich kein Anlaß. Trotzdem wird von einigen behauptet, auch hier dürfe wegen § 97 Abs. 1 Nr. 3 StPO nicht beschlagnahmt werden.[851] Dabei geht es auch nicht primär um den Schutz des Beschuldigten, sondern den der Patienten und Klienten: § 97 StPO diene zur Absicherung der Zeugnisverweigerungsrechte im Materiellen, deshalb dürfe nichts beschlagnahmt werden, worüber die Vertrauensperson keine Auskünfte zu machen bräuchte. Mit anderen Worten: Nach dieser Ansicht wäre, läßt sich das Opfer einer Straftat ärztlich behandeln, zwar ein aus der Wunde entferntes Geschoß gem. § 97 Abs. 2 S. 3 Alt. 2 StPO[852] beschlagnahmefähig, nicht aber die Krankenakte mit den Röntgenbildern, obwohl der Verletzte sich gegen eine Untersuchung nach § 81 c StPO nicht hätte wehren können.[853]

Dabei sind zwei Gefährdungslagen streng zu trennen. Nach der Beschlagnahme kann sich herausstellen, daß die Unterlagen Hinweise auf eine Straftat des Patienten oder Klienten enthalten. Hier würde schon ein Beweisverwertungsverbot im Verfahren gegen den Patienten bzw. Mandanten helfen. Eine Beschlagnahme zur Verwertung gegen den Beschuldigten zu unterbinden, wäre in dieser Hinsicht nicht nötig. Die zweite Beeinträchtigung geht von der Beschlagnahme selbst aus. Durch sie würde in das aus Art. 2 Abs. 1, 1 GG zu entnehmende, allgemeine Persönlichkeitsrecht des Patienten oder Klienten in einem besonders

---

[849] Zu dem Spezialfall, daß zwar nicht zwischen der Vertrauensperson und dem Beschuldigte, aber zwischen diesem und dem Klienten eine schützenswerte Sonderbeziehung (z. B. ein Angehörigenverhältnis) besteht, vgl. unten § 11 E. II. S. 205.

[850] Zur Frage eines Beweisverwertungsverbots, wenn in einem zunächst gegen „unbekannt" geführten Verfahren beschlagnahmt wird, das später (auch) gegen den Mandanten gerichtet wird, siehe § 11 F. I. 2. a) S. 218.

[851] AK-StPO/*Amelung*, § 97 Rn. 15; *ders.*, DNotZ 1984, 195, 206 f.; *Gülzow*, NJW 1981, 265, 266; *Kohlhaas*, JR 1965, 109 f.; *Krekeler*, NStZ 1987, 199, 201.

[852] Zur Beschlagnahme von instrumenta aut producta sceleris siehe § 11 E. I. 6. S. 202 ff.

[853] Trotz ähnlichen Sachverhalts ist dies nicht mit den von den Oberlandesgerichten Celle (NStZ 1989, 385 f. = JZ 1989, 906, 907 m. Anm. *Mayer*) und Zweibrücken (NJW 1994, 810 f. = NStZ 1995, 98 [LS]) entschiedenen Fällen vergleichbar. Hier ging es darum, ob eine zur Operationsvorbereitung beim Beschuldigten entnommene Blutprobe beschlagnahmt und zum Beweis seiner Fahruntüchtigkeit herangezogen werden durfte. Es ging also um einen Eingriff in die zwischen dem Beschuldigten und einem Zeugnisverweigerungsberechtigten bestehende Vertrauensbeziehung, nicht um den Schutz eines Dritten. Beide Gerichte haben unter Berücksichtigung des hypothetischen Verlaufs (unter Heranziehung eines falschen Bezugspunktes) die Verwertung zugelassen. Vgl. dazu *Beulke*, ZStW 103 (1991), 657, 675 ff.; *Weiler*, MDR 1994, 1163 ff.; *ders.*, NStZ 1995, 98 f.

sensiblen und daher von § 53 Abs. 1 StPO privilegierten Bereich eingegriffen. Daß sich hier außerhalb von § 97 StPO direkt aus dem Grundgesetz ein Beschlagnahmeverbot ergeben kann, ist unstreitig.[854] Fraglich ist nur, ob auch § 97 Abs. 1 Nr. 3 StPO den Fall erfaßt. Im Gegensatz zu Nr. 1 und Nr. 2 erwähnt die Nr. 3 den Beschuldigten als Partner der geschützten Beziehung nicht. Daraus schließen die Vertreter dieser Ansicht, daß auch in Drittverfahren eine Beschlagnahme unzulässig wäre.[855] Dies ist jedoch nicht zwingend: Während bei Nr. 1 und Nr. 2 Alt. 1 die Bezeichnung der Kommunikationspartner notwendig ist, um die Gegenstände von anderen abgrenzen zu können, erfolgt dies bei Nr. 2 Alt. 2 und Nr. 3 durch ein inhaltliches Kriterium.[856] Dafür, daß der Gesetzgeber den Schutz auf Drittverfahren erweitern wollte, müßte es deutlichere Hinweise im Wortlaut geben.[857] Die Formulierung „andere Gegenstände" spricht eher für einen Auffang- als einen Erweiterungstatbestand. Gemeint sind andere Gegenstände als Aufzeichnungen und Mitteilungen. Ansonsten hätten zwei Nummern bei § 97 Abs. 1 StPO ausgereicht: Eine Nummer 1, die Mitteilungen zwischen Beschuldigtem und Angehörigen schützt, und eine Nummer 2, die lauten könnte: „Beschlagnahmefrei sind auch Gegenstände, auf die sich das Zeugnisverweigerungsrecht einer der in § 53 Abs. 1 Nr. 1 bis 3 b genannten Person erstreckt".

In der zweiten Fallgruppe darf also – vorbehaltlich eines außerhalb von § 97 Abs. 1 Nr. 3 StPO bestehenden Verbots – beschlagnahmt werden.[858]

In manchen Situationen ist dies nicht unproblematisch. Wird z. B. zunächst nur gegen „unbekannt" oder gegen einen andere Person als den Mandanten ermittelt, können Gegenstände aus der Vertrauensbeziehung beschlagnahmt werden. Was hat aber zu geschehen, wenn später das Verfahren (auch) gegen den Klienten geführt wird? Nach der herrschenden Theorie vom formalen Beschuldigtenbegriff wird der Betreffende erst durch einen ausdrücklichen oder konkludenten[859] Willlensakt der Behörden zum Beschuldigten.[860] Nicht immer bedeutet aber die Beschlagnahme eine solche Inkulpation des Betroffenen, zumal wegen

[854] Zum Persönlichkeitsrecht insbesondere BVerfGE 32, 373, 378 ff.; BVerfGE 33, 367, 374 f. = JZ 1973, 780, 781 f. m. Anm. *Würtenberger*.

[855] Darauf weisen die in Fn. 851 Zitierten hin.

[856] Damit ist auch *Amelungs* Kritik hinfällig, die gegenteilige Ansicht verkenne, daß auch Nr. 2 nur z. T. den Beschuldigten erwähnt (AK-StPO/*Amelung*, § 97 Rn. 15).

[857] Der Hinweis *Amelungs*, in den Materialien (*C. Hahn*, Die gesamten Materialien zur Strafprozeßordnung, S. 125; BT DS I/3713, S. 49) sei auch nichts von einer Beschränkung zu lesen, überzeugt daher nicht (AK-StPO/*Amelung*, § 97 Rn. 15).

[858] So auch die h. M., vgl. Kleinknecht/*Meyer-Goßner*, § 97 Rn. 10; KK/*Nack*, § 97 Rn. 1; SK-StPO/*Rudolphi*, § 97 Rn. 5; LR/*Schäfer*, § 97 Rn. 3 a m. w. N.

[859] BGHSt 38, 214, 228.

[860] BGHSt 10, 8, 12; BGHSt 37, 48, 51; Einzelheiten bei *Fincke*, ZStW 95 (1983), 918 f., 937 ff.

§ 95 Abs. 2 S. 2 StPO auch beim Rechtsanwalt oder Verteidiger eines völlig Unbeteiligten die Herausgabe privilegierter Akten nicht durch Zwangsmittel erreicht werden kann und eine Beweisgewinnung oft nur mittels Beschlagnahme möglich ist.

Man hat hier zu unterscheiden: Wird dem Klienten der Beschuldigtenstatus bewußt vorenthalten, stehen ihm nach der Rechtsprechung im Interesse der Fairneß des Verfahrens die Beschuldigtenrechte gleichwohl zu.[861] Da das Verfahren so behandelt wird, als würde es von vornherein gegen den Mandanten geführt, greift § 97 StPO unproblematisch ein. In den Fällen, in denen die Strafverfolgungsbehörden zum Zeitpunkt der Maßnahme noch keinen Verdacht gegen den Mandanten hegen, ist die Beschlagnahme gestattet. Auf einem anderen Blatt steht, ob die gewonnenen Informationen auch gegen den nunmehr Beschuldigten verwertet werden können.[862]

Aber nicht nur dann, wenn derjenige, bei dessen mit Zeugnisverweigerungsrecht ausgestatteter Vertrauensperson beschlagnahmt wird, später (Allein-)Beschuldigter wird, entstehen Schwierigkeiten. In einem vom BGH entschiedenen Fall waren Krankenakten über einen ehemaligen Mitbeschuldigten beschlagnahmt worden, das Landgericht hatte jedoch ihre Verwertung abgelehnt, was die Staatsanwaltschaft mit ihrer Revision rügte.[863] Auch der BGH ging hier von einem Beweisverwertungsverbot aus. Allerdings hielt er nicht wie das Landgericht die Beschlagnahme für einen unverhältnismäßigen Eingriff in das allgemeine Persönlichkeitsrecht des Patienten, sondern nahm einen Verstoß gegen § 97 Abs. 1 Nr. 2 StPO an. Ein prozessuales Privileg könne nicht durch eine „Rollenvertauschung" beseitigt werden, die Verfahrenstrennung ändere nichts daran, daß in einem Verfahrensabschnitt prozessuale Gemeinsamkeit bestanden habe.[864] Im Ergebnis ist dieser Entscheidung zuzustimmen. Jedoch resultiert die ursprüngliche verbundene Verfahrensführung aus einem genauso „formalen Akt"[865] wie die spätere getrennte. Ob ein Beschlagnahme- und Beweisverwertungsverbot eintritt, darf nicht von der an der Zweckmäßigkeit ausgerichteten Entscheidung des Richters oder der Staatsanwaltschaft abhängen (vgl. § 2 Abs. 2 StPO). Zwar entscheiden diese nach pflichtgemäßen Ermessen, zu den ermessensrelevanten Faktoren gehören jedoch auch Gesichtspunkte der Prozeßökonomie, die mit den (Mit-)Beschuldigten nichts zu tun zu haben brauchen und in keinem inneren

---

861 BGHSt 10, 8, 12 f.; BGH, NStZ 1995, 410.

862 Siehe hierzu § 11 F. I. 2. a) S. 218.

863 BGH, NStZ 1998, 471 f.

864 BGH, NStZ 1998, 471, 472 m. Anm. *Rudolphi*.

865 BGH, NStZ 1998, 471, 472 m. Anm. *Rudolphi*.

Zusammenhang mit Beschlagnahme- und Beweisverwertungsverboten stehen müssen.[866]

Besser ist es, auf die Gemeinsamkeit der Tat im prozessualen Sinn abzustellen. Dadurch wird auch im Interesse einer einheitlichen und widerspruchsfreien Aburteilung ein und derselben Tat gewährleistet, daß nicht gegen die Beteiligten einer Tat eine jeweils unterschiedliche Beweislage künstlich geschaffen wird.[867]

(3) Verfahren gegen den Verteidiger

In den beiden Varianten dieser Konstellation ist der Vertrauensträger Beschuldigter. In der ersten handelt es sich um einen Verfahrensgegenstand, der mit dem Strafverfahren gegen den Mandanten oder Patienten nichts zu tun hat. Es kann sogar sein, daß jener Opfer der Straftat ist, deretwegen sein Verteidiger verfolgt wird. Die Interessenlage ist hier nicht anders, als wenn gegen eine dritte Person ermittelt wird. Die Beschlagnahme ist daher im selben Umfang wie im zweiten Beispiel möglich.[868]

Problematischer wird es, wenn die mutmaßliche Tat des Verteidigers im Zusammenhang mit dem gegen den Mandanten laufenden Verfahren steht. Hier sind zwei Prinzipien in Einklang zu bringen. Zum einen soll dem Schutz von Vertrauensbeziehungen ausreichend Rechnung getragen werden, zum zweiten ist es erstrebenswert, gegen mehrere Beteiligte an einer Tat möglichst die gleichen Beweismittel zur Verfügung zu haben, um eine Ungleichbehandlung der (Mit-)Beschuldigten zu vermeiden.

Um es noch einmal zu wiederholen: Es geht nicht um die Frage, ob im Verfahren **gegen den Mandanten** der Beschlagnahmeschutz nach § 97 StPO schon dann wegfällt, wenn nur der Verteidiger einer Anschlußtat verdächtigt wird. Verlangt man im Verfahren gegen den Klienten für den Wegfall der Beschlagnahmefreiheit nach § 97 Abs. 2 S. 3 Alt. 1 StPO ein kollusives Zusammenwirken zwischen ihm

---

[866] So zu Recht *Rudolphi*, NStZ 1998, 472, 473.

[867] *Rudolphi*, NStZ 1998, 472, 473 f. Für einen materiellen (Mit-)Beschuldigtenbegriff auch *Schäfer*, FS-Hanack, S. 77, 95.

[868] Vgl. auch *Krekeler*, NStZ 1987, 199, 201; a. A. wohl *Bandisch*, NJW 1987, 2200, 2204 mit irreführendem Hinweis auf *Krekeler* (loc. cit.) und *Welp* (JZ 1974, 423, 425), die wie hier befürwortet und nicht wie *Bandisch* entscheiden, sowie auf *Haffke*, dessen Aufsatz sich auf S. 1983 ff. der NJW 1974 (nicht auf S. 1963 ff.) befindet und der sich mit einem ganz anderen Aspekt der Beschlagnahme von Verteidigungsunterlagen beschäftigt. *Bandisch* glaubt, daß die Beschlagnahme nur mit einer unzulässigen Analogie begründet werden könne, wenn der Beschuldigte ein Zeugnisverweigerungsrecht gem. § 53 StPO hat. Er vermengt dabei das hier interessierende Problem mit der Frage, ob für § 97 Abs. 2 S. 3 Alt. 1 StPO ein nur gegen den Vertrauensträger gerichteter Teilnahme- oder Begünstigungsverdacht ausreicht. Dazu siehe unter § 11 E. I. 5. S. 194 ff.

und dem Zeugnisverweigerungsberechtigtem, ließe aber die Beschlagnahme und Verwertung im Verfahren **gegen den Verteidiger** auch bei einseitigem Verdacht zu, so scheint dies im Widerspruch zur oben befürworteten Unverwertbarkeit von Krankenakten bei Beteiligten an einer Tat im prozessualen Sinn zu stehen.

Ein einseitiger Verdacht ist nicht nur bei Begünstigung und Strafvereitelung denkbar, sondern auch bei der Beihilfe zur ursprünglichen Tat.[869]

In den ersten beiden Fällen handelt es sich um eine neue, prozessual selbständige Tat. Der Beschuldigte der Haupttat ist nicht in die Anschlußtat des Zeugnisverweigerungsberechtigten involviert, so daß nicht die Gefahr unterschiedlicher Entscheidungen gegenüber mehreren Beteiligten besteht. Hier kann nur bei gemeinsamer Verhandlung von Vor- und Nachtat ein Dilemma entstehen: Um den (früheren) Verteidiger wegen Strafvereitelung oder Begünstigung verurteilen zu können, muß auch die Vortat nachgewiesen werden. Reichen die anderweitig gegen den (damaligen) Mandanten beschafften Beweise nicht aus, müßte auf die beschlagnahmten Unterlagen zurückgegriffen werden. Sie würden als Beweismittel gegen den einen Angeklagten eingeführt, wären aber gegen den anderen nicht verwertbar.[870] Dies ist unbedingt zu vermeiden. Abweichend von der Auffassung des BGH sollte hier eine Verfahrenstrennung möglich sein, ohne daß dies zur Unverwertbarkeit der beschlagnahmten Gegenstände gegen den (ehemaligen) Verteidiger führt. Auch dieser Beispielsfall zeigt, daß das vom BGH herangezogene Merkmal der prozessualen Gemeinsamkeit mehr Probleme schafft als beseitigt.

Wirklich problematisch ist die zweite Konstellation: Wird gegen den Vertrauensträger wegen Beihilfe zur Tat seines Mandanten ermittelt, geht es um dieselbe Tat im prozessualen Sinn. Vom oben diskutierten Fall der Beschlagnahme von Krankenakten eines Mitbeschuldigten unterscheidet sich dieser dadurch, daß kein Drei-Personen-Verhältnis existiert. Der Zeugnisverweigerungsberechtigte ist zugleich Tatbeteiligter. Während es beim ersten Fall darum geht, ob ein Dritter vom Schutz einer intakten Vertrauensbeziehung zwischen Zeugnisverweigerungsberechtigtem und Patienten bzw. Klienten profitieren soll, ist hier zu entscheiden, ob der Mandatsträger ein privilegiertes Verhältnis dazu nutzen darf, eigenes strafbares Verhalten zu cachieren. Die Tatsache, daß er selbst die Störung des Vertrauensverhältnisses herbeigeführt hat, beraubt ihn seiner Schutzwürdigkeit als (Mit-)Beschuldigter bzw. Tatbeteiligter und des Anspruches, daß gegen ihn nur die gleichen Beweismittel verwandt werden dürfen wie gegen seinen Mandanten und Mitbeteiligten. Es besteht kein Grund, die Beschlagnahme gegen den Zeugnisverweigerungsberechtigten deshalb zu untersagen, weil eventuell mangels Kollusionsverdachts die gewonnenen Informationen nicht gegen den Mandanten

---

[869] Siehe dazu unten, § 11 E. I. 5. a) S. 195 ff.

[870] Dies gilt jedenfalls nach der hier vertretenen Auffassung, vgl. hierzu unter § 11 E. I. 5. c) S. 198 ff.

verwertet werden könnten und somit gegen verschiedene Beteiligte an einer Tat eine unterschiedliche Beweislage geschaffen würde.[871] [872] Auch hier ist allerdings eine getrennte Hauptverhandlung unbedingt anzuraten.

3. Gewahrsamserfordernis

Die Beschlagnahmefreiheit hängt nach § 97 Abs. 2 S. 1 StPO davon ab, daß der Vertrauensträger zumindest Mitgewahrsam an den Gegenständen hat.[873] Gewahrsam bedeutet hier tatsächliche Sachherrschaft.[874]

a) Gewahrsam in Kanzleien

Probleme ergeben sich dabei in den auch in Deutschland zahlreicher werdenden Großkanzleien, zumal wenn diese als juristische Person geführt werden.[875] Selbst wenn man dem angestellten oder als freier Mitarbeiter beschäftigten Rechtsanwalt Mitgewahrsam einräumt,[876] endet dieser spätestens dann, wenn der betreffende die Kanzlei nach Beendigung verläßt, die Akte aber dort verbleibt. Es darf aber nicht sein, daß dies den früheren Mandanten schutzlos macht.[877]

Die StPO geht immer noch von der traditionellen Einzelkanzlei bzw. der aus wenigen gleichberechtigten Mitgliedern zusammengesetzten Sozietät oder Bürogemeinschaft aus. Anders als im Gesellschaftsrecht hat sich die Erkenntnis, daß die hergebrachte Kleinkanzlei zunehmend der „law firm" angelsächsischen Formats weicht, hier noch nicht durchgesetzt. Für den Schutz des Klienten kann es aber nicht auf die gesellschaftsrechtliche Konstruktion ankommen.

Solange bis der Gesetzgeber nach dem Gesellschaftsrecht auch im Strafprozeßrecht den Entwicklungen in der Rechtsanwaltschaft Rechnung getragen hat, muß

---

[871] A. A. *Mörlein*, Der Schutz des Vertrauensverhältnisses zwischen Verteidiger und Beschuldigtem im Rahmen von § 100 a StPO, S. 79; *Welp*, JZ 1974, 423, 425.

[872] Siehe § 11 E. I. 5. c) S. 198 ff.

[873] U. a. BGHSt 19, 374; LG Stuttgart, wistra 1990, 282, 283; Kleinknecht/*Meyer-Goßner*, § 97 Rn. 12; KMR/*Müller*, § 97 Rn. 4; LR/*Schäfer*, § 97 Rn. 19; *Rolf Schmidt*, wistra 1991, 245, 247 f.; *Schuhmann*, wistra 1995, 50, 52; a. A. noch Kleinknecht/*Meyer*, 39. Auflage, § 97 Rn. 12; LR/*Meyer*, 23. A., § 97 Rn. 14.

[874] Vgl. LR/*Schäfer*, § 97 Rn. 17.

[875] Zum Betrieb einer Rechtsanwaltskanzlei als Gesellschaft mit beschränkter Haftung (Rechtsanwaltsgesellschaft) siehe §§ 59 c ff. BRAO, eingeführt mit Wirkung vom 1. März 1999 durch Gesetz vom 31. August 1998, BGBl. I. 1998, 2600 ff.; Einzelheiten bei *Henssler*, NJW 1999, 241 ff., zur bisherigen Rechtslage vgl. u. a. Roth/Altmeppen/*Roth*, GmbHG, § 1 Rn. 7.

[876] AK-StPO/*Amelung*, § 97 Rn. 10, und LR/*Schäfer*, § 97 Rn. 17, benennen bei juristischen Personen die Geschäftsführer als Gewahrsamsinhaber. Bei Gesamthandsgesellschaften, wie der GbR oder Partnerschaft, dürften dementsprechend nur die Gesellschafter Gewahrsam haben.

[877] Zum Beschlagnahmeschutz nach Ende des Mandats siehe die in Fn. 815 zitierten Nachweise.

§ 97 Abs. 2 S. 2 StPO analog auf den institutionalisierten Besitz von Rechtsanwaltskanzleien angewandt werden.[878]

b) Gewahrsamsmittler

Vom institutionalisierten Gewahrsam in größeren Kanzleien ist der sog. abgeleitete Gewahrsam zu unterscheiden: Einige lassen ihn für § 97 Abs. 2 S. 1 StPO ausreichen.[879] Betrachtet man jedoch die zitierten Beispiele, Krankenakten werden bei der Ärztekammer für unabsehbare Zeit hinterlegt,[880] drängt sich die Befürchtung auf, daß abgeleiteter Gewahrsam als Form des Mitgewahrsams hier mit dem Gewahrsam von Berufshelfern nach § 97 Abs. 4 i. V. m. § 53 a StPO vermengt wird. Dies dürfte sogar das hinter dieser Ansicht stehende Motiv sein. Die h. M. definiert den Gehilfenbegriff in § 53 a StPO sehr eng. Um hier Abhilfe zu schaffen, sollte jedoch nicht die Definition des Gewahrsams überdehnt werden.[881]

Ein gestufter Gewahrsam kann nur dann angenommen werden, wenn die Überlassung für eine begrenzte Zeit erfolgt und der Empfänger keine selbständige Verfügungsmacht über die Gegenstände erhalten soll. Dies wird bei Personen, die in den organisatorischen Apparat der Kanzlei integriert und weisungsgebunden sind, in der Regel zutreffen.

c) Mitgewahrsam des Beschuldigten

Nach herrschender Ansicht gilt das Beschlagnahmeverbot nicht, wenn der Beschuldigte Mitgewahrsam hat.[882] Zöge sie hier dieselben Maßstäbe heran wie beim abgeleiteten Gewahrsam, so hätte der Mandant wohl so gut wie immer Mitgewahrsam an Unterlagen, die er dem Verteidiger übergeben hat; diese wären dann fast nie vor Beschlagnahme geschützt. So konsequent sind die Vertreter dieser Auffassung jedoch nicht. Um dieses mit dem Gesetzeszweck schwer vereinbare Ergebnis zu vermeiden, orientieren sie sich bei der Frage des Mitgewahrsams streng an der tatsächlichen Sachherrschaft:

So verschafft z. B. der Anspruch des Beschuldigten auf Herausgabe von Unterlagen, die er dem Strafverteidiger übergeben hat, ihm noch keinen Mitgewahr-

---

[878] Vgl. BVerfGE 32, 373, 381 f. sowie LR/*Schäfer*, § 97 Rn. 20 a, zum vergleichbaren Problem der Beschlagnahmefreiheit nach Praxis- bzw. Kanzleiübergabe.

[879] OLG Celle, MDR 1952, 376, 377 m. Anm. *Maasen*; *Kohlhaas*, NJW 1964, 1162, 1165; LR/*Schäfer*, § 97 Rn. 20 a.

[880] LR/*Schäfer*, § 97 Rn. 20 a.

[881] Einzelheiten zu § 97 Abs. 4 i. V. m. § 53 a StPO siehe unter § 11 E. II. S. 205 ff.

[882] BGHSt 19, 374; KG, JR 1967, 192; LG Aachen, MDR 1981, 603; *Amelung*, DNotZ 1984, 195, 198; weitere Nachweise bei LR/*Schäfer*, § 97 Rn. 19.

sam.[883] Dem ist in vollem Umfang zuzustimmen. Die Vertreter der gegenteiligen Ansicht[884] übersehen, daß ein Herausgabeanspruch noch nicht die tatsächliche Verfügungsgewalt begründet:[885] Weigert sich der Verteidiger, der Aufforderung des Klienten Folge zu leisten, so muß der Klient mittels einer Klage sein Begehren durchsetzen.

Nach einer anderen Meinung soll der Mitgewahrsam des Beschuldigten nicht immer zur Beschlagnahmefähigkeit führen. *Rolf Schmidt* spricht sich dafür aus, bei Mitgewahrsam des Beschuldigten nur dann die Beschlagnahme zuzulassen, wenn dieser die Dispositionsbefugnis über die Gegenstände besitzt.[886] Dabei übersieht er, daß § 97 Abs. 2 S. 1 StPO gerade nicht auf normative Merkmale wie das Eigentum abstellt, sondern auf die tatsächliche Sachherrschaft. In dem von ihm zitierten Beispiel geht es um die Beschlagnahme von Briefen in der ehelichen Wohnung des Beschuldigten.[887] *Schmidt* irrt, wenn er die Beschlagnahmefreiheit davon abhängig machen will, ob der Beschuldigte oder der Angehörige hinsichtlich des Briefes dispositionsbefugt ist. Es kommt zwar nicht darauf an, ob der Beschuldigte auf die Sache notfalls gewaltsam zugreifen kann, sondern darauf, ob der zu beschlagnahmende Gegenstand sich in einem Teil der Wohnung befindet, der von beiden gemeinsam genutzt wird. Befindet sich der Brief in einer Schatulle oder dem (unverschlossenen) Schreibtisch der Ehefrau, hat sie Alleingewahrsam, liegt er auf dem Küchen- oder Wohnzimmertisch, ist von Mitgewahrsam beider Partner auszugehen.

Für die formelle Verteidigung spielt die Frage naturgemäß eine geringere Rolle als für den Beschlagnahmeschutz gem. §§ 97 Abs. 1 Nr. 1, 52 StPO. Ganz untergeordnet ist sie jedoch nicht. Die Frage des Mitgewahrsams stellt sich nicht nur bei Eheleuten, von denen einer dem anderen als Strafverteidiger beisteht. Die Problemstellung ist keine andere, wenn ein Mitglied einer Sozietät ein anderes verteidigt oder wenn ein Rechtsanwalt einen Steuerberater, mit dem er eine Bürogemeinschaft bildet, in einer Strafsache vertritt.

---

[883] LG Stade, NStZ 1987, 38, 40; AK-StPO/*Amelung*, § 97 Rn. 10; *ders.*, DNotZ 1984, 195, 198; *Höser*, MDR 1982, 535, 536; LR/*Schäfer*, § 97 Rn. 19.

[884] LG Aachen, MDR 1981, 603; LG Aachen, NJW 1985, 338; *Birmanns*, MDR 1981, 102, 103.

[885] Vgl. die in Fn. 883 Zitierten.

[886] *Rolf Schmidt*, Die Ausnahme vom Beschlagnahmeverbot gemäß § 97 Absatz 2 Satz 3 1. HS StPO, S. 45 ff.

[887] *Rolf Schmidt*, Die Ausnahme vom Beschlagnahmeverbot gemäß § 97 Absatz 2 Satz 3 1. HS StPO, S. 46 f.

d) Gewahrsamsverlust

§ 97 Abs. 2 S. 1 StPO verhindert die Beschlagnahme nur, sofern die Gegenstände sich im Gewahrsam der Vertrauensperson befinden. Verliert diese den Gewahrsam, kann nach dem Wortlaut problemlos beschlagnahmt werden.[888]

Ein Beispiel: Setzt sich das Opfer oder eine sonstige dritte Person gegen den Willen des Zeugnisverweigerungsberechtigten in den Besitz der Unterlagen, könnten diese nun von den Strafverfolgungsbehörden beschlagnahmt und gegen den Beschuldigten verwendet werden. Das gleiche gilt, wenn der Dritte sie Staatsanwaltschaft oder Polizei aushändigt.

Eine solche – abgesehen von eventuellen Strafverfolgungsmaßnahmen gegen den Dritten - sanktionslose private Beweisbeschaffung kann eine effektive Strafverteidigung gefährden oder sogar unmöglich machen. Die notwendigen Korrekturen an diesem Ergebnis sind aber nicht über eine Auslegung von § 97 Abs. 2 S. 1 StPO möglich. Sein eindeutiger Wortlaut steht dem entgegen.[889]

Wenn also in den Fällen unfreiwilligen Gewahrsamsverlusts ein Beschlagnahmeverbot die Verteidigung schützen soll, muß dies außerhalb von § 97 StPO begründet werden.[890]

4. Entbindung von der Schweigepflicht

§ 53 Abs. 2 StPO macht u. a. für die Rechtsanwälte und Verteidiger das Zeugnisverweigerungsrecht vom Fehlen einer Entbindung von der Verschwiegenheitspflicht abhängig. Da § 97 Abs. 1 StPO an die Existenz eines Zeugnisverweigerungsrecht nach § 53 StPO anknüpft, wird überwiegend vertreten, die Beschlagnahme entfalle mit der Entbindung nach § 53 Abs. 2 StPO.[891] Die Gegenauffassung wendet sich hiergegen mit der Begründung, namentlich der Patient könne nicht wissen, worauf er sich mit der Freigabe einlasse; er habe keine

---

[888] KK/*Nack*, § 97 Rn. 8; Kleinknecht/*Meyer-Goßner*, § 97 Rn. 13; KMR/*Müller*, § 97 Rn. 6; LR/*Schäfer*, § 97 Rn. 22; a. A. *Eb. Schmidt*, Lehrkommentar, Nachtragsband I, § 97 Rn. 6 a. E.; *Beulke*, Der Verteidiger im Strafverfahren, S. 210.

[889] A. A. u. a. *Rolf Schmidt*, Die Ausnahme vom Beschlagnahmeverbot gemäß § 97 Absatz 2 Satz 3 1. HS StPO, S. 50.

[890] So auch beispielsweise *Welp*, FS-Gallas, S. 391, 416 f.; vgl. § 14 A. I. S. 241 f.

[891] BGHSt 38, 144, 145 f.; HansOLG Hamburg, NJW 1962, 689 ff.; OLG Nürnberg, NJW 1958, 272 ff. m. abl. Anm. *A. Kaufmann*; *Becker*, MDR 1974, 888, 890; KK/*Nack*, § 97 Rn. 5; Kleinknecht/*Meyer-Goßner*, § 97 Rn. 24; KMR/*Müller*, § 97 Rn. 23; LR/*Schäfer*, § 97 Rn. 75 f.; *Kohlhaas*, JR 1958, 328 f. (nur noch mit Einschränkungen in NJW 1964, 1162, 1164 f.); *Peters*, Strafprozeß, S. 444; *Roxin*, Strafverfahrensrecht, § 34 Rn. 12; SK-StPO/*Rudolphi*, S 97 Rn. 22.

Kenntnis davon, was alles in den Papieren enthalten sei.[892] Die Anknüpfung in § 97 Abs. 1 StPO sei abstrakt zu verstehen.[893] Wenn aber § 97 Abs. 1 StPO nur zur Bestimmung des privilegierten Personenkreises diente, wäre schwer verständlich, warum Nr. 2 und 3 ausdrücklich auf die materielle Reichweite des Zeugnisverweigerungsrecht Bezug nehmen.[894] Zudem muß der Geheimnisträger nach Entbindung von der Schweigepflicht umfassend und vollständig aussagen. Mit Ausnahme von Röntgenbildern und anderen Augenscheinsobjekten erhielten die Strafverfolgungsbehörden im Idealfall auch beim Arzt keine zusätzlichen Informationen. Ein schutzwürdiges Interesse des Beschuldigten an Gedächtnislücken des Geheimnisträgers wäre – nachdem er ihn selbst von der Schweigepflicht entbunden hat - schwer begründbar.[895]

Neben der Entbindung nach § 53 Abs. 2 StPO ist auch eine Einwilligung des Beschuldigten in die Beschlagnahme selbst möglich, obgleich sie in § 97 StPO nicht erwähnt wird.[896] Abgesehen vom argumentum a maiore ad minus, wird dies auch durch den Lehrsatz „volenti not fit iniuria" gestützt. *Eb. Schmidt* lehnt dies ab: Nach seiner Ansicht kann der Beschuldigte nicht die Beschlagnahmefreiheit durch ein Einverständnis beseitigen, da die Beschlagnahmefreiheit vornehmlich im öffentlichen Interesse besteht.[897]

Wollte der Beschuldigte also, daß die Unterlagen zu seiner Entlastung verwertet werden, müßte er sie vom Zeugnisverweigerungsberechtigten herausverlangen bzw. sogar auf Herausgabe klagen. Dies steht im klaren Widerspruch zum Schutzzweck von § 53 Abs. 1 Nr. 2, 3 i. V. m. § 97 StPO: Anders als bei Geist-

---

[892] *Göppinger*, NJW 1958, 241, 244 f.; *Gülzow*, NJW 1981, 265, 267; *A. Kaufmann*, NJW 1958, 272 ff.

[893] *Bringewat*, NJW 1974, 1740 f.; *Eb. Schmidt*, Lehrkommentar, Nachtragsband I, § 97 Rn. 11.

[894] Dazu siehe oben § 11 E. I. 2. S. 178 ff.

[895] Umgekehrt *Eb. Schmidt*, Lehrkommentar, Nachtragsband I, § 97 Rn. 11. Da das Gericht Krankenakten ohnehin nur mit Hilfe der Aussage des Arztes verstehen könne, sei die Beschlagnahme unnötig. Er verkennt dabei folgendes: Erstens tritt das Problem nicht nur bei ärztlichen Berufen auf, sondern auch bei juristischen. Hier ist in den allermeisten Fällen davon auszugehen, daß das Gericht über die notwendigen Fachkenntnisse verfügt. Wenn dies nicht der Fall ist, kann es sich jederzeit eines Sachverständigen bedienen, der ihm die erforderliche Sachkunde vermittelt. *Schmidts* zweites Argument, § 250 StPO stünde der gerichtlichen Verwertung entgegen, überzeugt genausowenig. § 250 StPO gilt nur in der Hauptverhandlung, ob ein Verlesungsverbot eingreifen wird, ist bei Beschlagnahme noch nicht vorauszusehen. Zudem betrifft er nicht Augenscheinsgegenstände (Röntgenbilder usw.).

[896] Vgl. LR/*Schäfer*, § 97 Rn. 78; SK-StPO/*Rudolphi*, § 97 Rn. 23.

[897] *Eb. Schmidt*, Lehrkommentar, Nachtragsband I, § 97 Rn. 12.

lichen soll die Verfügungsmacht über die Information beim Mandanten liegen. Das zeigt sich schon in der Existenz des vertraglichen Herausgabeanspruchs.[898]

Diese Einwilligung in die Beschlagnahme durch den Beschuldigten darf nicht mit der freiwilligen Herausgabe der Gegenstände durch den Zeugnisverweigerungsberechtigten verwechselt werden. In diesem Fall geht es in der Sache um das gleiche Problem wie beim Verzicht auf das Zeugnisverweigerungsrecht durch den Geheimnisträger, der sich dadurch eventuell sogar strafbar macht.[899] Es ist dies kein Problem der Beschlagnahme, deren Wesen gerade darin liegt, gegen den Willen des Gewahrsamsträgers Hand an den Gegenstand zu legen.

5. Beteiligungsverdacht

Hinter § 97 Abs. 2 S. 3 HS. 1 StPO steht die Vorstellung, ein Vertrauensverhältnis zwischen Straftätern sei nicht schutzwürdig.[900] Die Vorschrift läßt deshalb das Beschlagnahmeprivileg entfallen, wenn der Zeugnisverweigerungsberechtigte „einer Teilnahme oder einer Begünstigung, Strafvereitelung oder Hehlerei verdächtig" ist. Abgesehen von ihrer unschönen Formulierung, der Gesetzgeber verwendet die Konjunktion „oder" im Satz 3 insgesamt sechsmal, ist die Vorschrift auch inhaltlich nicht eindeutig.

Beim Strafverteidiger konzentriert sich das Interesse auf den Wegfall der Beschlagnahmefreiheit wegen Verdachts der Strafvereitelung, da oft nur ein schmaler Grad zwischen gerade noch zulässigem Verteidigerverhalten und strafbarer Vereitelungshandlung liegt. Manchmal stehe der Verteidiger „mit einem Fuß im Gefängnis".[901] Selbst wenn sich der Verteidiger völlig ordnungsgemäß verhält,

---

[898] Dies übersieht *Schäfer*, FS-Hanack, S. 77, 90, 97: Der Mandant soll den Verteidiger nicht von der Schweigepflicht entbinden und damit die Beschlagnahme ermöglichen können, soweit es um eigene Recherchen des Strafverteidigers geht.

[899] Ausführlich zu diesem Thema etwa *Beulke*, Der Verteidiger im Strafverfahren, S. 45 f., 209; *Welp*, FS-Gallas, S. 391, 401 ff.

[900] *Amelung*, DNotZ 1984, 195, 211; LR/*Schäfer*, § 97 Rn. 23.

[901] Es kann nicht Ziel dieser Arbeit sein, darzustellen, wann ein Verhalten des Verteidigers den Tatbestand der Strafvereitelung erfüllt. Hierzu sind Spezialwerke erschienen (z. B. *Beulke*, Die Strafbarkeit des Verteidigers). Auch die einschlägigen Kommentierungen zu § 258 StGB und vor § 137 StPO sowie *Krekeler*, NStZ 1989, 146 ff., *Liemersdorf*, MDR 1989, 204 ff., und *Otto*, Jura 1987, 329 ff., geben wichtige Hinweise. Eine Extremansicht vertritt *Lüderssen* (LR/ *Lüderssen*, vor § 137 Rn. 100 ff.). Folgt man den von ihm aufgestellten Grundsätzen, hätte der Verteidiger eines erwachsenen und gesunden Klienten viele Freiheiten, er machte sich aber etwa bei der Verteidigung eines geistig zurückgebliebenen schuldigen Mandanten auch dann strafbar, wenn er völlig prozeßordnungsgemäß handelt (vgl. a.a.O. Rn. 111). Für die versuchte Strafvereitelung (§§ 258 Abs. 1, 4, 22, 23 Abs. 1 StGB) kommt es nicht einmal darauf an, ob der Mandant wirklich schuldig ist, es genügt, daß der Verteidiger davon überzeugt ist.

gehört es zum typischen Berufsrisiko, der Strafvereitelung von der Öffentlichkeit bezichtigt oder sogar von den Ermittlungsbehörden verdächtigt zu werden.

Es sind daher immer wieder Sonderregeln für den Verteidiger gefordert worden. Zunächst ist es jedoch nötig, das Prinzip herauszuarbeiten, bevor man sich den Ausnahmen zuwendet.[902] § 97 Abs. 2 S. 3 StPO gilt seinem Wortlaut nach für den Strafverteidiger genauso wie für die übrigen nach §§ 52, 53 Abs. 1 Nr. 1 bis 3 b StPO Privilegierten.

Im übrigen ist es keinesfalls ausgeschlossen, daß auch ein Verteidiger der Teilnahme an der Tat des Beschuldigten bzw. einer Begünstigung oder Hehlerei verdächtigt wird.

a) § 97 Abs. 2 S. 3 HS. 1 Alt. 1 StPO

Nur die Teilnahme an der Tat im prozessualen Sinn (§ 264 StPO), deretwegen das Verfahren gegen den Beschuldigten geführt wird, kann den Ausschluß gem. § 97 Abs. 2 S. 3 StPO rechtfertigen.[903] Es bleibt aber die Frage, was „Teilnahme" in diesem Zusammenhang bedeuten soll. Verstünde man darunter dasselbe wie unter Teilnahme im Sinne des § 28 Abs. 1 StGB, wäre das „Vertrauensverhältnis" zwischen Mittätern geschützt, während dann, wenn der Verteidiger nur im Verdacht steht, Anstifter oder Gehilfe gewesen zu sein, beschlagnahmt werden dürfte.

Man ist sich jedoch einig, daß der strafprozessuale Begriff der Teilnahme in § 97 Abs. 2 S. 3 HS. 1 StPO mit dem strafrechtlichen des StGB nicht identisch ist.[904] Nur darüber, was er denn eigentlich erfaßt, wird weiterhin gestritten. Dabei liegt dem hier geführten Streit die gleiche Problemstellung zugrunde wie dem bei der zweiten Deliktsgruppe, den Anschlußtaten. Die Frage lautet: Bedarf es eines kollusiven Zusammenwirkens zwischen Zeugnisverweigerungsberechtigten und Beschuldigten?

Mittäterschaft und Anstiftung im Sinne von §§ 25 Abs. 2, 26 StGB sind unproblematisch, da es hier stets einen gemeinsamen Tatplan bzw. einen geistigen

---

Die ebenfalls von *Lüderssen* zitierte Theorie vom animus socci (Geist der Komödie) dürfte aber auf einem Druckfehler beruhen (a. a. O. Rn. 107).

[902] Siehe dazu unten § 14 S. 241 ff.

[903] Mittlerweile unstrittig, vgl. BGHSt 18, 227, 229; AK-StPO/*Amelung*, § 97 Rn. 18; Kleinknecht/*Meyer-Goßner*, § 97 Rn. 19; LR/*Schäfer*, § 97 Rn. 25; abweichend *Creifelds*, GA 1960, 65, 74. Seiner Ansicht nach führt die Verstrickung des Zeugnisverweigerungsberechtigten in eine Tat des Klienten dazu, daß die beschlagnahmten Unterlagen wegen einer beliebigen Tat verwandt werden können.

[904] Schon *Eb. Schmidt*, Lehrkommentar, Nachtragsband I, § 97 Rn. 13.

Kontakt zwischen Anstifter und Haupttäter geben muß.[905] Schwierigkeiten bereitet dagegen die Beihilfe, da der Haupttäter nicht wissen muß, daß er unterstützt wird.[906] Einige Autoren wollen darüber hinaus auch die Nebentäterschaft ausreichen lassen.[907]

Besonders letzteres kann zu einer doppelten Benachteiligung des Mandanten führen. Beauftragt dieser einen Strafverteidiger, der an der verfolgten Tat als Nebentäter beteiligt war, in Unkenntnis dieser Tatsache, so kann es nicht nur sein, daß sein „Beistand" ihn bewußt schlecht verteidigt, um von der eigenen Tatbeteiligung abzulenken, indem er den Behörden einen Täter „liefert".[908] Der Klient wird zusätzlich dadurch belastet, daß alles, was er seinem Verteidiger anvertraut, beschlagnahmt und nach h. M. gegen ihn verwertet werden kann.[909] Eine Ausnahme der Beschlagnahmefreiheit ist nur sinnvoll, wenn der Beschuldigte vom rechtswidrigen Verhalten des Mandatsträgers zumindest potentiell einen Vorteil haben konnte bzw. wenn zwischen beiden – wie bei der Beteiligung i. S. v. § 28 Abs. 2 StGB - zumindest eine Interessenübereinstimmung gegeben war. Aus diesem Grund dürfte der Gesetzgeber auch darauf verzichtet haben, (Anschluß)Straftaten des Zeugnisverweigerungsberechtigten in § 97 Abs. 2 S. 3 HS. 1 Alt. 2 StPO aufzunehmen, die gegen den beschuldigten Mandanten gerichtet sind (z. B. § 246 StGB).[910]

Nebentäterschaft könnte allein beim bewußten Zusammenwirken bei einer fahrlässig begangenen Tat genügen.[911] Allein, wie der Vergleich mit § 97 Abs. 2 S. 3 HS. 1 Alt. 2 StPO zeigt, reicht Fahrlässigkeit nicht aus. Alle dort aufgezählten Anschlußtaten setzen eine vorsätzliche Begehung voraus. Zwar wird dort vereinzelt vertreten, eine bloße „objektive" Verstrickung hebe die Beschlagnahmefreiheit auf.[912] Da sonst aber jede Entgegennahme von Gegenständen i. S. v. § 97 Abs. 1 Nr. 3 StPO zum Verdacht der Strafvereitelung und damit zum Wegfall des Beschlagnahmeprivilegs nach § 97 Abs. 2 S. 3 HS. 1 Alt. 2 StPO führen könnte, ist dies jedoch mit der überwiegenden Meinung abzulehnen: Voraussetzung ist

---

[905] Letzteres ist nicht unumstritten, aber mittlerweile h. M., siehe Wessels/*Beulke*, AT, Rn. 568 m. w. N.; a. A. Tröndle/Fischer/*Tröndle*, StGB, § 26 Rn. 3; Lackner/Kühl/*Lackner*, StGB, § 26 Rn. 2.

[906] Schönke/Schröder/*Cramer*, StGB, § 27 Rn. 14; Tröndle/Fischer/*Tröndle*, StGB, § 27 Rn. 2.

[907] SK-StPO/*Rudolphi*, § 97 Rn. 32; *Krekeler*, NJW 1977, 1417, 1418.

[908] Vgl. BVerfGE 34, 293, 300 f. = NJW 1973, 696, 697 = JZ 1973, 311, 312 m. Anm. *Schumann*.

[909] Zur Verwertbarkeit und möglichen Beweisverwertungsverboten siehe unter § 11 F. S. 215 ff.

[910] Siehe dazu sogleich unter § 11 E. I. 5. b) S. 197 f.

[911] AK-StPO/*Amelung*, § 97 Rn. 19.

[912] LR/*Schäfer*, § 97 Rn. 25 unter Verweis auf BGHSt 25, 168, 169.

eine vorsätzliche, rechtswidrige Beteiligung i. S. v. § 11 Abs. 1 Nr. 5 StGB.[913] Nicht nötig ist dagegen, daß sich der Zeugnisverweigerungsberechtigte strafbar macht.[914]

Die Frage, ob auch die ohne Kenntnis des Beschuldigten begangene Beihilfe des Zeugnisverweigerungsberechtigten für den Wegfall des Beschlagnahmeprivilegs genügt, kann nicht anders beantwortet werden als die, ob eine ohne Beteiligung des Beschuldigten begangene Strafvereitelung oder Begünstigung ausreicht. Ihre Beantwortung muß daher noch zurückgestellt werden. Die Gemeinsamkeit beider Fälle liegt darin, daß der Zeugnisverweigerungsberechtigte „zugunsten" des Mandanten handelt. Der Hauptunterschied zwischen den Konstellationen ist der Zeitpunkt der begünstigenden Handlung des Zeugnisverweigerungsberechtigten.[915]

b) § 97 Abs. 2 S. 3 HS. 1 Alt. 2 StPO

§ 97 Abs. 2 S. 3 HS. 1 Alt. 2 StPO sieht nur für bestimmte Anschlußtaten eine Ausnahme vom Beschlagnahmeschutz vor, für Begünstigung, Strafvereitelung und Hehlerei. Diese müssen – wie die Teilnahme – im Zusammenhang mit dem gegen den Beschuldigten geführten Verfahren stehen.[916]

Als 1992 der Geldwäscheparagraph in das StGB eingefügt wurde,[917] wurde anders als 1974[918] § 97 Abs. 2 StPO nicht angepaßt. Zwar kann die Annahme des Honorars auch den Verdacht der Hehlerei begründen.[919] Der Fall, daß das Geld direkt aus der Beute des Delikts stammt, dessentwegen er den Mandanten verteidigt, dürfte sehr viel seltener sein, als daß es sich um „infiziertes" Vermögen handelt, was für § 261 StGB ausreicht.[920] Selbst die Aufnahme der vorsätzlichen Geldwäsche hätte also die Struktur des § 97 Abs. 2 S. 3 HS. 1 StPO grundlegend

---

[913] *Rolf Schmidt*, Die Ausnahme vom Beschlagnahmeverbot gemäß § 97 Absatz 2 Satz 3 1. HS StPO, S. 58 f.; auch KK/*Nack*, § 97 Rn. 35; Kleinknecht/*Meyer-Goßner*, § 97 Rn. 19; SK-StPO/*Rudolphi*, § 97 Rn. 32; *Volk*, DStR 1989, 338, 343.

[914] Allg. M. im Anschluß an BGHSt 25, 167, 169.

[915] Auf die Problematik der Beihilfe zwischen Vollendung und Beendigung der Haupttat und die Abgrenzung zur Begünstigung bzw. Strafvereitelung kann hier nicht eingegangen werden, siehe hierzu Wessels/*Beulke*, AT, Rn. 583, sowie Wessels/*Hettinger*, BT/1, Rn. 723, und Wessels/*Hillenkamp*, BT/2, Rn. 804, jeweils m. w. N.

[916] BGHSt 25, 168, 169; weitere Nachweise u. a. bei SK-StPO/*Rudolphi*, § 97 Rn. 33.

[917] Durch Art. 1 Nr. 19 OrgKG vom 15. Juli 1992, BGBl. I 1992, 1302, 1304.

[918] Art. 21 Nr. 17 EGStGB vom 2. März 1974, BGBl. I 1974, 469, 503, fügte das Wort „Strafvereitelung" ein und paßte die StPO an die Neuregelung im StGB an, vgl. *Haffke*, NJW 1975, 808, 811 Fn. 39.

[919] *Creifelds*, GA 1960, 65, 69.

[920] Vgl. Schönke/Schröder/*Stree*, StGB, § 261 Rn. 9; Tröndle/Fischer/*Fischer*, StGB, § 261 Rn. 5.

verändert. Denn anders als bei den §§ 257 ff. StGB ist die Verknüpfung zwischen der ursprünglichen Tat und der Anschlußtat bei § 261 StGB äußerst lose. Es wäre nicht mehr zu gewährleisten, daß sich die Anschlußtat des Zeugnisverweigerungsberechtigten auf die Tat bezieht, hinsichtlich derer das Mandat besteht.

c) Kollusionsverdacht

Von den drei in § 98 Abs. 2 S. 3 HS. 1 Alt. 2 StPO aufgeführten Tatbeständen können zwei, die Strafvereitelung und – was häufig vergessen wird – die Begünstigung, ohne Einbeziehung des Beschuldigten begangen werden, das gleiche gilt für die Beihilfe zur Haupttat.

Aus dem Wortlaut des § 97 Abs. 2 S. 3 HS. 1 StPO ist keine Begrenzung auf den Verdacht kollusiven Zusammenwirkens zu entnehmen. Trotzdem wird dies von einer beachtlichen Anzahl von Autoren gefordert.[921] Es ist kaum möglich, diesen Streit zu entscheiden, ohne sich darüber klar zu sein, weshalb hierüber überhaupt eine derart erbitterte Kontroverse geführt wird. Der Grund liegt weniger in der Beschlagnahme als in der Verwertung der gewonnenen Informationen.

Soll im Verfahren gegen den Vertrauensträger beschlagnahmt werden, genügt dabei ein (einseitiger) Verdacht wegen einer beliebigen Straftat. Werden die gewonnenen Informationen nicht gegen den Klienten verwendet, ist dieser nur durch den Akt der Beschlagnahme und gegebenenfalls durch das Bekanntwerden der Information in der öffentlichen Hauptverhandlung, nicht aber durch ihre Verwertung als Beweismittel beschwert. § 97 StPO, der vor der Gewinnung von Beweismitteln gegen den Mandanten schützen will, ist hier nicht einschlägig. Ein Beschlagnahmeverbot kann sich allenfalls aus Art. 2 Abs. 1, 1 GG ergeben.

Führte § 97 Abs. 2 S. 3 HS. 1 StPO nur zur Verwertbarkeit gegen den Mandatsträger, würde ein nur gegen ihn gerichteter Verdacht zweifellos ausreichen. Nur wäre dann die Existenz der Vorschrift nicht zu erklären. Sollen ausschließlich Beweismittel gegen die Vertrauensperson gewonnen werden, wäre eine Beschlagnahme im Verfahren gegen den Klienten unsinnig. Im Verfahren gegen den Rechtsanwalt oder Verteidiger gilt aber § 97 Abs. 1 StPO ohnehin nicht, so daß es der Ausnahme in Abs. 2 S. 3 HS. 1 gar nicht bedürfte.

Sie macht nur Sinn, wenn auch eine Verwertung gegen den Mandanten möglich ist. Nach h. M. ist die Verwertbarkeit nicht nur im Hinblick auf eine eventuell strafbare Beteiligung des Beschuldigten an der Tat des Zeugnisverweigerungsberechtigten begrenzt (vgl. § 257 Abs. 3 S. 2 StGB). Mit dem Rechtsgedanken der

---

[921] U. a. *Bandisch*, AnwBl. 1987, 436, 440; *Rolf Schmidt*, Die Ausnahme vom Beschlagnahmeverbot gemäß § 97 Absatz 2 Satz 3 1. HS. StPO, S. 60 ff.; *Waldowski*, AnwBl. 1975, 106, 108; *Welp*, JZ 1974, 423, 425.

Verwirkung wird die Verwertbarkeit aller sonst privilegierten Gegenstände begründet.[922]

Ließe man die Beschlagnahme ohne Kollusionsverdacht zu, würde also der Mandant dafür bestraft, daß er sich unglücklicherweise einen unredlich handelnden Verteidiger ausgesucht hat. Geht es um das Vertrauensverhältnis zwischen Verteidiger und Mandant, ist man versucht, sofort mit der Verpflichtung des Staates zu argumentieren, er dürfe eine effektive Verteidigung nicht gefährden. Die Problematik taucht jedoch auch bei anderen Zeugnisverweigerungsberechtigten auf.

Welp hat dies in einer Urteilsanmerkung als archaische Kollektivhaftung gegeißelt.[923] In der Tat ist der Beschuldigte nicht Hüter des Priesters, Arztes oder Rechtsanwalts, den er um Hilfe ersucht.[924] Es besteht materiell-strafrechtlich keine Garantenpflicht. Umsoweniger kann der Beschuldigte dafür im Strafprozeß „verantwortlich" gemacht werden, wenn der Vertrauensträger ohne sein Wissen strafrechtlich relevant handelt. Dem steht die Einheit der Rechtsordnung entgegen. Etwas anderes könnte nur gelten, wenn strafprozessuale Vorschriften eine „Haftung" für das Verhalten der Zeugnisverweigerungsberechtigten vorsähen. Dies ist nicht der Fall. Namentlich für den Verteidiger fehlt es – anders als im Zivilprozeß - an einer Zurechnungsnorm für Verschulden.[925]

Diese einschränkende Interpretation ist auch mit dem Wortlaut vereinbar: Die Beteiligungsformen in § 97 Abs. 2 S. 3 HS. 1 StPO orientieren sich zwar an den materiell strafrechtlichen, stimmen mit ihnen jedoch nicht in allen Einzelheiten überein.[926]

Es bleibt also übrig, zu klären, wann eine Kollusion vorliegt. Der Bezug der Handlung zur Tat des Beschuldigten kann dabei freilich nicht ausreichen, da er eine vom Verdacht der Kollusion selbständige und diesem sogar vorgelagerte Voraussetzung für den Wegfall der Beschlagnahmefreiheit ist.

Genausowenig, wie die „objektive Verstrickung" des Mandatsträgers für § 97 Abs. 2 S. 3 HS. 1 StPO genügt, reicht sie für die Kollusion. Ansonsten wäre wohl schon dann von einem kollusiven Verhalten auszugehen, wenn der Mandatsträger die nötigen Informationen zur Begehung einer Strafvereitelung oder Begünstigung, etwa das Versteck der Beute, im Mandantengespräch erfahren hat.

---

[922] *Creifelds*, GA 1960, 65, 69.

[923] *Welp*, JZ 1974, 423, 425.

[924] Man wird dies wahrscheinlich nicht einmal beim Angehörigen fordern können, vgl. Tröndle/ Fischer/*Tröndle*, StGB, § 13 Rn. 6.

[925] Ausführlich *Beulke*, Der Verteidiger im Strafverfahren, S. 202 ff., 236; vgl. auch *ders.*, Jura 1986, 642, 646.

[926] Für den Begriff der „Teilnahme" allgemeine Ansicht siehe § 11 E. I. 5. a) S. 195 ff.

Erforderlich ist vielmehr eine „Beteiligung" i. w. S. an der Tat des Zeugnisverweigerungsberechtigten. Man wird hier darüber streiten können, ob neben der subjektiven Seite auch Beteiligungshandlungen zu fordern sind. Mit anderen Worten: Reicht Vorsatz, u. U. sogar dolus eventualis, des Beschuldigten, oder muß es einen objektiven Tatbestand der Kollusion geben? Verzichtete man auf letzteres, so würde der Verdacht der Kollusion auf Beschuldigtenseite im Ergebnis auf den schlechten Leumund des Mandanten gestützt, oder es würden Deliktsklassen herausgefiltert, deren Täter erfahrungsgemäß illegaler Verteidigung nicht allzu skeptisch gegenüberstehen. Schon im Interesse der Rechtssicherheit ist daher auch Verdacht hinsichtlich der äußeren „Tatseite" erforderlich. Es muß zumindest gegen den Beschuldigten der Verdacht einer psychischen Beihilfe an der Tat, deretwegen der Mandatar verdächtigt wird, begründet sein. Ob sich der Beschuldigte dabei strafbar macht, ist – wie beim Geheimnisträger auch – irrelevant.

d) Verdachtsgrad

Bereits dem Wortlaut von § 97 Abs. 2 S. 3 HS. 1 StPO – „verdächtig sind" – ist zu entnehmen, daß das Beschlagnahmeprivileg nur dann wegfällt, wenn der Verdacht bereits besteht. Es genügt nicht, daß der Verdacht der Komplizenschaft erst mittels der zu beschlagnahmenden Gegenstände gewonnen werden soll.[927] Im übrigen stellt die Vorschrift jedoch keine besonderen Anforderungen an den Verdachtsgrad: Ein auf Tatsachen basierender einfacher Tatverdacht, nicht aber bloße Vermutungen, genügen daher.[928]

Namentlich beim Strafverteidiger, aber auch bei anderen Zeugnisverweigerungsberechtigten wird gefordert, aus Gründen der Verhältnismäßigkeit den Verdachtsgrad anzuheben.[929] Dies ist methodisch falsch: Die Verhältnismäßigkeit ist eine eigenständige Eingriffsbegrenzung der Beschlagnahme überhaupt. Sie ist als Schranken-Schranke auch dort zu beachten, wo § 97 StPO ratione personae überhaupt nicht einschlägig ist. Zwar kann ein niedriger Verdachtsgrad, wie auch mangelnde Schwere des Tatvorwurfs, zur Unverhältnismäßigkeit der Beschlagnahme führen, mit der Auslegung von § 97 Abs. 2 S. 3 HS. 1 StPO hat dies nichts zu tun.

---

[927] Von BGH, NStZ 1983, 85 als selbstverständlich vorausgesetzt, ausdrücklich LG Koblenz, StV 1985, 8, 9 f.; LG Köln, NJW 1960, 1874, 1875; Kleinknecht/*Meyer-Goßner*, § 97 Rn. 20; LR/*Schäfer*, § 97 Rn. 26; SK-StPO/*Rudolphi*, § 97 Rn. 31; *Schiller*, StV 1985, 169; a. A. KMR/*Müller*, § 97 Rn. 22.

[928] *Creifelds*, GA 1960, 65, 69; Kleinknecht/*Meyer-Goßner*, § 97 Rn. 20; SK-StPO/*Rudolphi*, § 97 Rn. 31.

[929] Z. B. *Krekeler*, NJW 1977, 1417, 1424; LR/*Schäfer*, § 97 Rn. 27; *Rolf Schmidt*, Die Ausnahme vom Beschlagnahmeverbot gemäß § 97 Absatz 2 Satz 3 1. HS. StPO, S. 54 ff.; unklar *Amelung*, DNotZ 1984, 195, 212.

Weitere Gründe für die Anhebung des Verdachtsgrades werden aus der besonderen Schutzbedürftigkeit bestimmter Berufsgruppen und ihrer Klienten herausgelesen.[930] Nur findet sich auch hierfür in § 97 Abs. 2 S. 3 HS. 1 StPO keine Stütze. § 97 StPO enthält nur in Absatz 3 für Parlamentsmitglieder ein verdachtsunabhängiges Beschlagnahmeverbot. Privilegien für andere Gruppen, wie etwa die Strafverteidiger, können sich aus sonstigen Vorschriften der StPO oder aus übergeordnetem Recht ergeben, nicht aber aus § 97 StPO selbst.[931]

e) Einschränkung durch den Mißbrauchsgedanken?

Mitte der 1970er Jahre befürwortete *Bringewat* eine zusätzliche Kategorie für den Wegfall des Beschlagnahmeverbots: Das Privileg des Strafverteidigers sei durch ein allgemeines Mißbrauchsverbot begrenzt. Mißbrauche der Verteidiger die von § 97 Abs. 1 StPO geschützte Sphäre dazu, Beweismittel zu verbergen, entfalle der Beschlagnahmeschutz aufgrund seiner immanenten Schranken.[932]

Haffke ist dem entgegengetreten.[933] Er weist u. a. auf die Entscheidung des BVerfG zum Verteidigerausschluß ohne gesetzliche Grundlage (Schily-Beschluß) hin.[934] Die Beschlagnahme ist wie der Verteidigerausschluß ein Eingriff in Rechte des Strafverteidigers (Art. 12, 13, 14 GG) wie auch des Mandanten:[935] Ohne gesetzliche Eingriffsgrundlage kann, außerhalb von § 97 Abs. 2 S. 3 StPO, eine Ausnahme vom Beschlagnahmeverbot nicht begründet werden. Die in § 97 Abs. 2 S. 3 HS. 1 StPO enthaltene Aufzählung ist abschließend. Genausowenig wie der Verdacht der Geldwäsche kann ein Mißbrauchsverdacht die Beschlagnahme rechtfertigen.

Auch de lege ferenda wäre die Aufnahme einer Mißbrauchsalternative in § 97 Abs. 2 S. 3 StPO bedenklich, da sie die Eingriffsvoraussetzungen nicht mit der von Verfassungs wegen gebotenen Schärfe bestimmte.[936]

Auch die Berücksichtigung des Mißbrauchsgedanken innerhalb von § 97 Abs. 2 S. 3 StPO ist nicht unproblematisch: Es erscheint zweifelhaft, ob mangels Editionspflicht des Verteidigers und, wenn ja, wann die Aufbewahrung von Akten

---

930 KK/*Nack*, § 97 Rn. 33; *Schiller*, StV 1985, 169, 172; siehe auch *Amelung*, DNotZ 1984, 195, 212; *Krekeler*, NJW 1977, 1417, 1424.

931 Vgl. AK-StPO/*Amelung*, § 97 Rn. 21; SK-StPO/*Rudolphi*, § 97 Rn. 51 m. w. N. Einzelheiten siehe unter § 14 S. 241 ff.

932 *Bringewat*, NJW 1974, 1740, 1742 f.

933 *Haffke*, NJW 1975, 808 ff.

934 BVerfGE 34, 293 ff. = NJW 1973, 696 ff. = JZ 1973, 311 ff. m. Anm. *Schumann*; vgl. auch BVerfGE 22, 114, 120 = NJW 1967, 2051, 2052.

935 Zum Grundrecht auf Verteidigung siehe unter § 14 B. S. 250 ff.

936 Vgl. *Haffke*, NJW 1975, 808, 809 f., 813.

durch den Verteidiger in eine Strafvereitelung umschlägt.[937] Dies und die Frage, ob es im übrigen einen in der StPO verwurzelten allgemeinen Mißbrauchsvorbehalt gibt, zu diskutieren, ist jedoch nicht Aufgabe dieser Arbeit.[938]

6. Instrumenta ac producta sceleris

Nicht den kompletten Wegfall des Beschlagnahmeprivilegs betrifft der zweite Halbsatz von § 97 Abs. 2 S. 3 StPO. Er knüpft an die kriminelle Verstrickung des Beweisgegenstandes selbst an und greift auch dann ein, wenn an der Rechtstreue des Gewahrsamsinhabers keinerlei Zweifel bestehen. Gegenstände, „die durch eine Straftat hervorgebracht oder zur Begehung einer Straftat gebraucht oder bestimmt sind oder die aus einer Straftat herrühren" sollen beschlagnahmefähig bleiben.[939]

Was bedeutet nun diese nicht sehr elegante, aber dafür um so kryptischere Formulierung?

a) Bezug zum Anlaßverfahren

Merkwürdig erscheint zunächst, daß auf „eine" Straftat abgestellt wird. Bedeutet dies etwa, daß der Deliktsgegenstand keinen Bezug zum Anlaßverfahren zu haben braucht? Der zweite Halbsatz ist jedoch im Zusammenhang mit dem ersten zu sehen.[940] Dort genügt nur die Teilnahme an der verfolgten Tat bzw. eine auf sie bezogene Anschlußtat.[941] Auch teleologische Erwägungen sprechen für den engen Bezug zur verfolgten Tat. Anders läßt sich eine sichere Abgrenzung zwischen beschlagnahmefähigen und –freien Gegenständen kaum verwirklichen. Unklarheiten wären nicht nur für den Beschuldigten, sondern auch und gerade für den

---

[937] *Haffke*, NJW 1975, 808, 811 ff. Um eine ähnliche Problemstellung geht es, wenn sich der Verteidiger weigert, bei der Rekonstruktion einer verlorengegangenen Ermittlungsakte mitzuwirken (dazu *Waldowski*, NStZ 1984, 448 ff. gegen *Rösmann*, NStZ 1983, 446 ff.; vgl. RG, JW 1923, 17 f. m. Anm. *Mittermaier*).

[938] Zur Strafbarkeit des Verteidigers nach § 258 StGB siehe die in Fn. 901 Zitierten. Zum Rechtsmißbrauch im Strafprozeß auch *Kröpil*, JuS 1999, 681 ff.; speziell zum Widerruf der Pflichtverteidigerbestellung wegen Rechtsmißbrauch durch den Verteidiger vgl. HansOLG Hamburg, NJW 1998, 621 ff. = NStZ 1998, 586 ff. m. Anm. *Kudlich*; *Kühne*, NJW 1998, 3027 f. jeweils m. w. N.

[939] A. A. *Creifelds*, GA 1960, 64, 74 f. Die gesamte Handakte des Verteidigers sei beschlagnahmefähig, wenn sie auch Deliktsgegenstände enthält. Eine solche „Infektionstheorie" ist aber mit dem Gesetzeswortlaut nicht in Einklang zu bringen. Zudem widerspricht sich *Creifelds*. Nur wenige Seiten zuvor geht er von einem sachlich beschränkten Wegfall des Beschlagnahmeverbots nur hinsichtlich der instrumenta vel producta sceleris aus (a. a. O. S. 69).

[940] KMR/*Müller*, § 97 Rn. 15; *Krekeler*, NStZ 1987, 199, 203; LR/*Schäfer*, § 97 Rn. 29; *Eb. Schmidt*, Lehrkommentar, Nachtragsband I, § 97 Rn. 14.

[941] Siehe § 11 E. I. 5. a) S. 195 und § 11 E. I. 5. b) S. 197 f.

Zeugnisverweigerungsberechtigten, der, um eine Durchsuchung zu vermeiden, sicherstellen will, daß derartige Gegenstände sich nicht in seinem Gewahrsam befinden, sowie für von einer solchen Durchsuchung mitbetroffene andere Klienten von Nachteil. Alle Gegenstände, die mit irgendeiner Straftat, möglicherweise sogar mit der eines Dritten, im Zusammenhang stehen, vom Beschlagnahmeprivileg auszunehmen, öffnete für Eingriffe nach dem „Staubsaugerprinzip"[942] Tür und Tor. Werden bei einer Durchsuchung Deliktsgegenstände gefunden, die im Zusammenhang mit einer anderen Straftat stehen, sind sie im Anlaßverfahren nur dann verwertbar, wenn kein unabhängig von § 97 Abs. 2 S. 3 HS. 2 StPO bestehendes Beschlagnahmeverbot eingreift.[943]

b) § 97 Abs. 2 S. 3 HS. 2 Var. 1 bis 3 StPO

Jedoch nicht alle primären Beweisgegenstände sind vom Beschlagnahmeverbot ausgenommen. § 97 Abs. 2 S. 3 HS. 2 StPO betrifft nur bestimmte Gegenstände, die mit der verfolgten Tat in engstem Zusammenhang stehen.

Die ersten drei Varianten nehmen auf § 74 StGB Bezug und betreffen Einziehungsgegenstände. Anders als für die materiell-strafrechtliche Vorschrift genügen auch die zur Begehung einer fahrlässigen Tat gebrauchten bzw. dafür bestimmten oder die aus einem solchen Vergehen stammenden Objekte.[944] Im Gegensatz zu § 74 StGB erwähnt § 97 Abs. 2 S. 3 HS. 2 StPO nicht jene Gegenstände, die zur Vorbereitung der Tat gebraucht oder bestimmt waren. Ihre Beschlagnahmefähigkeit ist deswegen umstritten. Problemlos zu bejahen ist die Beschlagnahmemöglichkeit dann, wenn die Vorbereitungshandlung selbst Gegenstand des gegen den Beschuldigten geführten Verfahrens, also „Straftat" i. S. v. § 97 Abs. 2 S. 3 HS. 2 StPO ist. Die Kontroverse bezieht sich nur auf solche Gegenstände, die im Zusammenhang mit der Vorbereitung der verfolgten Tat stehen (die natürlich ihrerseits eine strafbare Vorbereitungshandlung sein kann), die aber selbst nicht Gegenstand des Verfahrens ist.

Einigen Autoren zufolge steht der Wortlaut von § 97 Abs. 2 S. 3 HS. 2 StPO einer Einbeziehung dieser Gegenstände entgegen.[945] Nach *Amelungs* Auffassung verstößt die gegenteilige Meinung gegen ein hinsichtlich staatlicher Eingriffsmaßnahmen geltendes Analogieverbot.[946] Bei näherer Betrachtung ist dies jedoch nicht haltbar. Anders als § 74 StGB ist „Straftat" in § 97 Abs. 2 S. 3 HS. 2 StPO

---

[942] *Bandisch*, NJW 1987, 2200, 2205.

[943] Mißverständlich insoweit *Krekeler*, NStZ 1987, 199, 203.

[944] *Creifelds*, GA 1960, 65, 69.

[945] AK-StPO/*Amelung*, § 97 Rn. 23; *ders.*, DNotZ 1984, 195, 210 f.; SK-StPO/*Rudolphi*, § 97 Rn. 25 m. w. N.

[946] *Amelung*, DNotZ 1984, 195, 211.

die Tat im prozessualen Sinn, nicht aber die Erfüllung eines bestimmten materiell-strafrechtlichen Tatbestandes. Während die Vorbereitung, die entweder unter einen anderen Tatbestand fällt oder sogar straflos ist, bei § 74 StGB eigens aufgeführt werden mußte, konnte bei § 97 StPO darauf verzichtet werden: Die Vorbereitungsphase ist Teil der Tat im prozessualen Sinn.[947]

c) § 97 Abs. 2 S. 3 HS. 2 Var. 4 StPO

Die letzte Variante, „aus einer Straftat herrühren", soll auf § 73 StGB hinweisen.[948] Erfaßt werden Gegenstände, die nicht durch die Tat selbst hervorgebracht worden sind, aber mittelbar aus ihr hervorgehen. Wird also das Honorar des Verteidigers nicht mit beim Raub erbeutetem Geld bezahlt, sondern mit den Erträgen aus dem Verkauf der Beute, kann das Beschlagnahmeprivileg zwar nicht nach § 97 Abs. 2 S. 3 HS. 1 StPO wegfallen, da die hier - möglicherweise - vom Verteidiger begangene Geldwäsche nicht erfaßt wird. Der zweite Halbsatz ermöglicht jedoch eine Beschlagnahme der Geldmittel, und nur dieser.

Strittig ist, inwiefern auch Gegenstände ohne Vermögenswert aus der Tat herrühren können, da diese nicht unter § 73 StGB fallen.[949] Da es anders als beim Verfall nicht um den wirtschaftlichen Wert, sondern um den Beweiswert der Gegenstände geht, wird man auf materielle Gesichtspunkte nicht abstellen dürfen.[950] [951]

d) Das Verhältnis zur Beschlagnahme zur Sicherung von Einziehung und Verfall – Doppelfunktionelle Maßnahmen?

Es stellt sich die Frage, inwieweit Gegenstände, die zum Zweck der Sicherung nach § 94 Abs. 3 StPO bzw. §§ 111 b ff. StPO beschlagnahmt worden sind, zu Beweiszwecken verwertet werden können. Nach richtiger Ansicht ist eine Verwertung nur dann möglich, wenn die Gegenstände auch nach §§ 94 ff. StPO hätten beschlagnahmt werden können.[952] Da die Voraussetzungen der §§ 111 b StPO

---

[947] Im Ergebnis auch HansOLG Hamburg, MDR 1981, 603; *Freund*, NJW 1976, 2002, 2003; Kleinknecht/*Meyer-Goßner*, § 97 Rn. 22; LR/*Schäfer*, § 97 Rn. 31.

[948] AK-StPO/*Amelung*, § 97 Rn. 23; *ders.*, DNotZ 1984, 195, 208; *Haffke*, NJW 1975, 808, 811; LR/*Schäfer*, § 97 Rn. 32.

[949] *Haffke*, NJW 1975, 808, 811.

[950] Kleinknecht/*Meyer-Goßner*, § 97 Rn. 23; vgl. *Rebmann*, FS-Pfeiffer, S. 225, 236 Fn. 57.

[951] Eine Darstellung aller Einzelfälle kann nicht Aufgabe dieser Arbeit sein, siehe dazu die einschlägigen Kommentierungen zu § 97 StPO sowie die zu §§ 73, 74 StGB.

[952] AK-StPO/*Amelung*, § 94 Rn. 44; SK-StPO/*Rudolphi*, § 94 Rn. 4. Ausführlich auch *Achenbach*, NJW 1976, 1068, 1070. *Schäfers* Standpunkt zu dieser Frage ist unklar, während er sich in LR/*Schäfer*, § 97 Rn. 13, für eine Verwertbarkeit trotz Beschlagnahmeverbot nach § 97 StPO ausspricht, fordert er in der Kommentierung zu § 94 StPO unter Bezugnahme auf *Achenbach*

enger sind als bei § 94 Abs. 1, 2 StPO, treten Probleme bei der Beschlagnahme**fähigkeit** kaum in Erscheinung. Kern des Streits ist, ob dann, wenn nach §§ 111 b ff. StPO beschlagnahmt wird, zusätzlich auch eine Beschlagnahme nach §§ 94 ff. StPO erfolgen muß. Dies hat Auswirkungen vor allem im Hinblick auf das Akteneinsichtsrecht nach § 147 StPO,[953] das zu den essentialia einer effektiven Strafverteidigung gehört. Es ist kein schutzwürdiges Interesse der Strafverfolgungsbehörden zu erkennen, **keine** Beschlagnahme nach §§ 94 ff. StPO vorzunehmen: § 147 StPO regelt die Ausnahmen vom Akteneinsichtsrecht des Verteidigers abschließend. Sollen Einziehungsgegenstände daher zu Beweiszwecken verwendet werden, ist eine Beweisgewinnung nach § 94 Abs. 1, 2 StPO geboten.

II. §§ 97 Abs. 4, 53 a StPO

Zur ordnungsgemäßen Berufsausübung bedarf der Zeugnisverweigerungsberechtigte in der Regel der Hilfe weiterer Personen. Aus diesem Grund gewährt § 53 a StPO diesen Hilfspersonen ein abgeleitetes Zeugnisverweigerungsrecht, das in § 97 Abs. 4 StPO sein Pendant im Beschlagnahmerecht findet.

1. Personeller Anwendungsbereich

Traditionell werden als Berufshelfer Personen wie Anwaltsgehilfen, Sprechstundenhilfen usw. verstanden. Aber auch Familienangehörige, die den Zeugnisverweigerungsberechtigten nur gelegentlich bei seiner Berufstätigkeit unterstützten, sollen Berufshelfer i. S. v. § 53 a StPO sein. Die Vorschrift setze kein arbeitsrechtliches Beschäftigungsverhältnis voraus.[954] „Selbständige Gewerbetreibende", die fallweise für den Verteidiger tätig werden, sollen dagegen nicht erfaßt sein.[955]

Gründe dafür werden in der Regel nicht angegeben.[956] Im übrigen könnten, nähme man diese Definition ernst, was die Vertreter der Ansicht augenscheinlich nicht realisieren, die meisten Privatgutachter unter § 53 a StPO subsumiert werden: Sie üben zumeist einen Freien Beruf und kein Gewerbe aus (vgl. § 1 Abs. 2 PartGG). Viele von ihnen, wie z. B. die Chefärzte großer Kliniken oder Universitäts-

---

für eine Verwertbarkeit, daß auch die Voraussetzungen von § 97 StPO erfüllt sein müssen (LR/*Schäfer*, § 94 Rn. 5).

[953] Siehe dazu die in Fn. 952 sowie Kleinknecht/*Meyer-Goßner*, § 94 Rn. 2.

[954] Allg. M. zahlreiche Nachweise bei LR/*Dahs*, 25. A., § 53 a Rn. 2.

[955] KK/*Senge*, § 53 a Rn. 3; Kleinknecht/*Meyer-Goßner*, § 53 a Rn. 2; LR/*Dahs*, 25. A., § 53 a Rn. 3; *Starke*, Rudolphi-Symposium, S. 81, 86. Zu den Anderkonten der Rechtsanwälte vgl. aber KG, Beschluß vom 19. Juni 1998, 2 AR 72/95 – 5 Ws 355/98; AG Münster, StV 1998, 181 f. = NStZ-RR 1998, 283 f. = wistra 1998, 237 f. m. Anm. *Vogelberg* m. w. N.

[956] So auch *Oster*, StraFo 1996, 92; *Schäfer*, FS-Hanack, S. 77, 91.

professoren, sind zudem nicht Selbständige, sondern Angestellte, oft des öffentlichen Dienstes, oder sogar Beamte.

Wenn überhaupt der Versuch einer Begründung unternommen wird, so verweisen die Vertreter der h. M. auf die Gesetzesbegründung zu § 53 a StPO von 1953. Es sei nötig, die Berufshelfer einzubeziehen, weil

> „es sich im modernen Betrieb der Praxis der Geheimnisträger ... erfahrungsgemäß in der Regel nicht vermeiden läßt, daß auch die Hilfspersonen von dem Geheimnis Kenntnis erlangen. ... Anderen Personen, die nicht in unmittelbarem Zusammenhang mit der Tätigkeit des Geheimnisträgers **bei diesem beschäftigt sind** ... soll ein Zeugnisverweigerungsrecht nicht zustehen."[957]

Der Inhalt der letzten Auslassung wird dabei in der Regel unterschlagen. Die Begründung gibt ein Beispiel, wer nicht unter § 53 a StPO fallen soll: „Hauspersonal"[958], das bei der beruflichen Tätigkeit des Hausherrn nicht unmittelbar mitwirkt. Es geht in der zitierten Stelle also überhaupt nicht um den Unterschied zwischen abhängig beschäftigten und selbständigen Hilfspersonen.

Beschränkte man den Gehilfenbegriff aber wirklich auf Personen, die in den organisatorischen Verband der Kanzlei oder Praxis eingegliedert sind, hätte man auf § 97 Abs. 4 StPO verzichten können: Bei abhängigen und weisungsgebundenen Hilfspersonen läßt sich abgeleiteter Gewahrsam des Berufsgeheimnisträgers problemlos bejahen. Eine Akte in den Händen der Sekretärin befindet sich weiter im Gewahrsam des Berufsgeheimnisträgers, selbst wenn die Schreibkraft sie über Nacht mit nach Hause genommen haben sollte, um dort einen Schriftsatz zu beenden.[959]

§ 97 Abs. 4 StPO hat nur dort eigenständige Bedeutung, wo kein (Mit-)Gewahrsam des Zeugnisverweigerungsberechtigten besteht, etwa bei Sachverständigen, die mit der Anfertigung eines Privatgutachtens beauftragt sind, oder Detektiven.

Seit 1953 hat sich die Praxis der Strafverteidigung gewandelt. Zwar machen noch immer viele Verteidiger von ihrem Recht, eigene Ermittlungen anzustellen, nur zaghaft Gebrauch,[960] in manchen Bereichen, wie zum Beispiel im Arztstrafrecht,

---

[957] BT DS 1/3713, S. 48 (Hervorhebung durch die *Verfasserin*).

[958] BT DS 1/3713, S. 48.

[959] Vgl. oben unter § 11 E. I. 3. b) S. 190 f.

[960] Dazu *Jungfer*, StV 1989, 495; *ders.*, StV 1981, 100 ff.

wäre es aber fast schon ein Kunstfehler, keinen eigenen Sachverständigen zu beauftragen.[961]

Auch der Schutzzweck von §§ 53, 53 a StPO spricht gegen die Auslegung der h. M.: Sinn dieser Vorschriften ist es, das Vertrauensverhältnis zwischen dem nach § 53 StPO zur Verweigerung des Zeugnisses Befugten und dessen Klienten zu schützen und so – auch im öffentlichen Interesse – eine ordnungsgemäße Berufsausübung sicherzustellen.[962] § 53 a StPO soll gewährleisten, daß weitere Personen, die vom Hauptberufsträger zur Erfüllung seiner berufliche Tätigkeit eingesetzt werden, als Informationsquelle nicht zur Verfügung stehen.[963] Genauso wie § 53 Abs. 1 StPO stets auf den inneren Zusammenhang mit der Berufstätigkeit abstellt („in dieser Eigenschaft", Nr. 1 bis 4, „im Hinblick auf ihre Tätigkeit, Nr. 5), ist auch bei § 53 a StPO eine funktionelle Betrachtungsweise angezeigt. Ein rein organisatorisch-personaltechnischer Gehilfenbegriff erfaßt den Sinn der Vorschrift nicht.

Welche Kriterien können nun sinnvollerweise herangezogen werden?

a) Dauer und Umfang der Beschäftigung?

Das OLG Köln hält es entgegen der überwiegend in den Kommentaren vertretenen Ansicht für möglich, auch Selbständige unter § 53 a StPO zu fassen. Voraussetzung sei aber, daß sie nicht nur Einzelaufträge ausführen.[964] Dem als Zeuge geladenen Unternehmensberater war im entschiedenen Fall ein umfassender Beratungsvertrag erteilt worden, in dessen Erfüllung er auch der Verteidigung zugearbeitet hatte.

Allein, wenn die Dauer und Häufigkeit der Mitarbeit eine Rolle spielte, wäre nicht einzusehen, warum die h. M. zeitweilig in der Kanzlei oder Praxis helfende Angehörige des Berufsgeheimnisträger als Gehilfen im Sinne von § 53 a StPO anerkennt. Zudem lassen sich keine objektiven Kriterien ablesen, wann der Umfang der Mitarbeit des Gehilfen genügen soll und wann nicht.

b) Einbindung in die Vertrauensbeziehung?

Das LG Essen hat die Einbeziehung in § 53 a StPO davon abhängig gemacht, daß dem Gehilfen „Anteil an dem Vertrauen eingeräumt ist, das dem Hauptberufs-

---

[961] *Dahs*, NStZ 1991, 354, 355; *Starke*, Rudolphi-Symposium, S. 81, 91; gegen eine über das Stellen von Beweisanträgen hinausgehende Ermittlungspflicht *Beulke*, Der Verteidiger im Strafverfahren, S. 45 Fn. 52. Zur Bedeutung von Privatgutachten bei Verfahren wegen ärztlicher Behandlungsfehler *Ulsenheimer*, Arztstrafrecht in der Praxis, Rn. 463 ff.

[962] Vgl. BVerfGE 33, 367, 377 f.; *Krause*, StraFo 1998, 1, 3 f.

[963] *Krekeler/Schonard*, wistra 1998, 137, 138.

[964] OLG Köln, StV 1991, 506 m. Anm. *Münchhalffen*.

träger in typischer Weise entgegengebracht wird".[965] Versteht man unter dem „typischen Vertrauen" Vertrauen in die Diskretion und Kompetenz der Person, die die Verteidigung unterstützt, so müßte das LG in dem von ihm entschiedenen Fall, der Beauftragung eines Sachverständigen, § 53 a StPO bejahen. So könnte man meinen. Aber im Gegenteil: Der Beschuldigte soll dem Sachverständigen, von dessen Gutachten er sich möglicherweise seine Entlastung erhoffte, kein „Vertrauen wie einem Verteidiger entgegengebracht"[966] haben.

Zugegeben, hier ging es um die Begutachtung von Tatspuren, nicht um eine der Person des Beschuldigten, so daß kein persönlicher Kontakt vonnöten war, bei dem „Vertrauen" hätte aufgebaut werden können.

Darauf kann es jedoch aus zwei Gründen nicht ankommen: Zum einen ist persönliches „Vertrauen" keine Voraussetzung dafür, daß ein Schweigerecht und ein Beschlagnahmeverbot entstehen. Auch der aufgezwungene Pflichtverteidiger fällt unter das Verteidigerprivileg. Ein weiteres Beispiel: Erteilt der Beschuldigte drei Rechtsanwälten einer Kanzlei das Mandat, so fallen alle drei unter §§ 53, 97 StPO, auch dann wenn der Beschuldigte nur mit einem jemals Kontakt hatte. Das gleiche gilt bei der unstrittig unter § 53 a StPO subsumierbaren Anwaltsgehilfin. Es ist nicht nötig, daß der Beschuldigte sie je gesehen oder auch nur von ihrer Existenz Kenntnis hatte. Die §§ 53, 97 StPO schützen bestimmte Verhältnisse, weil der Klient auf Diskretion vertrauen können soll. Ob er seinem Beichtvater oder Verteidiger tatsächlich Vertrauen entgegenbringt, ist seine Sache. Ohne eine derartige Typisierung müßte jede einzelne Beziehung darauf untersucht werden, ob sie auf Vertrauen gründet, was nur durch einen Einbruch in die Innensphäre möglich wäre, ein solcher soll aber gerade verhindert werden.

Zum anderen weisen *Krekeler* und *Schonard* zu Recht daraufhin, daß anders als bei § 53 StPO bei § 53 a StPO gerade keine **eigene** Vertrauensbeziehung geschützt wird.[967] Der Berufsgeheimnisträger bedient sich des Gehilfen bei Erfüllung seiner Pflichten. Aus diesem Grund soll der Klient so gestellt werden, als ließe sich der Hauptberufsträger nicht vertreten. Es geht also in der Sache um den Schutz der Geheimnissphäre, die Verteidiger und Mandanten umgibt. Auf ein „Vertrauen" zum Berufshelfer kommt es nicht an.

c) Besondere Sachkunde als Merkmal?

Für *Krause* ist es essentiell, daß der Berufsgeheimnisträger den Gehilfen deshalb heranzieht, weil dieser über besondere Sachkunde verfügt.[968] Beim Sachverständi-

---

[965] LG Essen, StraFo 1996, 92 m. Anm. *Oster*.

[966] LG Essen, StraFo 1996, 92 m. Anm. *Oster*. Orthographie wurde von der *Verfasserin* berichtigt.

[967] *Krekeler/Schonard*, wistra 1998, 137, 138.

[968] *Krause*, StraFo 1998, 1, 6.

gen und - eingeschränkt – auch beim Detektiv ist dies der Fall. Wie steht es aber mit Schreibkräften oder Telephonistinnen beim Rechtsanwalt und Krankenschwestern oder Arzthelferinnen beim Mediziner? Sie alle fallen auch nach traditioneller Auffassung unter § 53 a StPO, verfügen aber nicht über eine dem Hauptberufsträger überlegene Sachkunde.

Will man nicht auch diese Personen von § 53 a StPO ausnehmen und damit eine zweckmäßige arbeitsteilige Organisation in Praxen und Kanzleien unmöglich machen, muß man auf das Merkmal überlegener Sachkunde verzichten.

d) Weisungsrecht als Voraussetzung?

Krause schlägt u. a. vor, das abgeleitete Zeugnisverweigerungsrecht und damit das Beschlagnahmeprivileg nach § 97 Abs. 4 StPO davon abhängig zu machen, daß der Verteidiger ein Weisungsrecht gegenüber dem Berufshelfer behält.[969] Nur so könne der Verzicht darauf, die Gehilfen in die gegenüber dem Hauptzeugnisverweigerungsberechtigten bestehende Standeskontrolle einzubinden, aufgefangen werden.[970]

Bei Beauftragung eines Detektivs spricht vieles für und nichts gegen ein Weisungsrecht des Auftraggebers. Das genaue Gegenteil gilt bei Sachverständigen: Der medizinische oder sonstige Sachverständige soll sein Gutachten selbständig und objektiv anfertigen, der Beitrag des Verteidigers sich auf die Stellung des Gutachtenthemas beschränken.[971] Könnte der Beschuldigte als Gutachtenbesteller oder der Verteidiger weitergehenden inhaltlichen Einfluß nehmen, wäre der Wert eines solche „Gefälligkeitsgutachtens“ gering: Die Bedeutung eines Gutachtens verhält sich proportional zum guten Ruf und zur Integrität des Sachverständigen. Abgesehen davon wäre ein solches Vorgehen mit Sicherheit für einen beteiligten Rechtsanwalt genauso standeswidrig wie für einen Standesregeln unterliegenden Gutachter.

Ein fachliches Weisungsrecht scheitert ohnehin aus praktischen Gründen, wenn der Gehilfe hinzugezogen wird, um fehlende Sachkenntnis des Verteidigers auszugleichen: Selbst ein auf Verteidigungen in Umwelt- oder Arztsachen spezialisierter Rechtsanwalt wäre kaum in der Lage, inhaltliche Weisungen sachgerecht zu erteilen.

Will man nicht die wichtigste Gruppe der Berufshelfer, die Fachgutachter, ausklammern, darf man am inhaltlichen Weisungsrecht als zwingendes Merkmal nicht festhalten. Umgekehrt ist seine Existenz ein Indiz dafür, daß die Hilfsperson funktionell für die Verteidigung tätig wird.

---

[969] *Krause*, StraFo 1998, 1, 6.

[970] *Krause*, StraFo 1998, 1, 6.

[971] Dazu *Ulsenheimer*, Arztstrafrecht in der Praxis, Rn. 466 ff.

e) Erfüllung mandatsbezogener Tätigkeiten

Der gerichtlich beauftragte Gutachter wird als „Gehilfe" des Gerichts bezeichnet,[972] warum sollte der Privatgutachter nicht Gehilfe des Verteidigers sein?

Ein Blick über den Tellerrand des Strafprozeßrechts lohnt sich: Im Zivilprozeß ist das Privatgutachten Teil des Parteivorbringens, also des Kläger- oder Beklagtenvortrags, und kein Beweismittel im engeren Sinn.[973] Dies ist zwar im Strafverfahren anders (vgl. § 245 Abs. 2 StPO). Der Rechtsgedanke, daß das Gutachten zum „Verteidigungsmaterial" gehört und seine Erstellung Teil der Verteidigungsaktivität ist, gilt auch hier.

Noch besser paßt aber der Vergleich mit § 278 S. 1 BGB, da dieser nicht nur die kleine, aber wichtige Gruppe der Privatgutachter erfaßt. Bei § 278 BGB ist anerkannt, daß der Erfüllungsgehilfe im Gegensatz zum Verrichtungsgehilfen nach § 831 Abs. 1 BGB weder im Einzelnen weisungsgebunden noch sonst abhängig sein muß.[974] Erfüllungsgehilfe kann auch der selbständige Unternehmer sein.[975]

Ein praktisches Beispiel: Der Arzt, der eine Blutuntersuchung anordnet, kann sie entweder durch eigenes Personal vornehmen lassen oder an ein Großlabor delegieren. Kontrahiert der behandelnde Arzt selbst mit dem Labor, ist letzteres Erfüllungsgehilfe des Behandlungsvertrages zwischen Patient und Arzt. Nicht nur im Interesse der Einheit der Rechtsordnung ist es sinnvoll, dies im Strafprozeß entsprechend zu bewerten und § 53 a StPO anzuwenden. Darauf, zwischen welchen Personen der zivilrechtliche Vertrag besteht, kann es nicht ankommen. Auch dann, wenn – wie bei Privatversicherten üblich – der Vertrag über die Untersuchungen zwischen Patient und Labor (nur vermittelt durch den Hausarzt) zustande kommt, ändert dies nichts an der strafprozessualen Bewertung. Mit der beschriebenen zivilrechtlichen Konstruktion soll vor allem das Insolvenzrisiko des Hausarztes verringert und die Abrechnung vereinfacht werden, daran, daß die Untersuchung dem Behandlungserfolg dient und sich der Hausarzt des Labors als Gehilfen bedient, ändert sich nichts.[976]

Dies gilt auch für den Verteidiger und zwar auch dann, wenn man hinsichtlich seiner Rechtsstellung nicht der Vertragstheorie, sondern der Organtheorie folgt.[977]

---

[972] Dies ist allgemein anerkannt, siehe nur *Krekeler/Schonard*, wistra 1998, 137, 139 m. zahlr. N.

[973] Stein/Jonas/*Leipold*, ZPO, vor § 402 ZPO Rn. 57.

[974] Für alle Palandt/*Heinrichs*, BGB, § 278 Rn. 7.

[975] Palandt/*Heinrichs*, BGB, § 278 Rn. 7 m. w. N.

[976] Daß zusätzlich oft auch ein selbständiges Zeugnisverweigerungsrecht besteht, nämlich wenn das Labor, wie in der Praxis üblich, von einem Arzt geführt wird, spielt keine Rolle. A. A. BT DS 1/3713, S. 48: Das Zeugnisverweigerungsrecht, das dem beigezogenen oder untergeordneten Arzt zur eigenverantwortlichen Ausübung zusteht, geht vor (vgl. § 11 E. II. 3. a) S. 212).

[977] *Krause*, StrafFo 1998, 1, 5 f.; vgl. *Schäfer*, FS-Hanack, S. 77, 91.

Maßgeblich ist, daß die Person im konkreten Fall funktionell als Gehilfe der Verteidigung tätig wird[978] und in den „informationellen Schutzbereich“ einbezogen ist.[979] Er darf also die relevanten Informationen nicht nur bei „Gelegenheit“ erfahren, sondern im Rahmen seiner bestimmungsgemäßen Tätigkeit.[980]

Zwar können die Angehörigen verschiedenster Berufe im Einzelfall Berufshelfer des Verteidigers sein, eine Ausweitung der Schar der Berufshelfer ad infinitum, wie sie einige Autoren befürchten,[981] tritt dadurch nicht ein. Die durch die Tätigkeit im Rahmen der Verteidigung geschaffene „besonders enge Beziehung“ des Berufshelfers „zur berufsmäßigen Tätigkeit des Verteidigers“, auf die das LG Frankfurt schon 1958 abgestellt hat,[982] erlaubt eine klare Abgrenzung.

2. Wegfall des Beschlagnahmeverbots

§ 97 Abs. 4 StPO verweist auf die Absätze 1 bis 3 der Vorschrift. So ist auch das abgeleitete Beschlagnahmeverbot davon abhängig, daß sein Inhaber, also hier der Gehilfe, Gewahrsam hat und es sich bei den Gegenständen nicht um instrumenta aut producta sceleris handelt. Nach § 97 Abs. 4 i. V. m. Abs. 2 S. 3 HS. 1 StPO fällt das Beschlagnahmeprivileg schon dann weg, wenn der Gehilfe selbst der Beteiligung i. w. S. verdächtig ist.[983]

Wird der Zeugnisverweigerungsberechtigte von seiner Schweigepflicht entbunden, endet nicht nur das Zeugnisverweigerungsrecht der Hilfsperson (§ 53 a StPO), sondern auch das Verbot der Beschlagnahme von Gegenständen, die sich in ihrem Gewahrsam befinden.[984]

Wie ist aber folgende Situation zu bewerten: Der nach § 53 StPO Zeugnisverweigerungsberechtigte wird verdächtig, in Kollusion mit seinem Klienten eine Strafvereitelung begangen zu haben. Gegen den Berufshelfer besteht dagegen keinerlei Verdacht unredlichen Handelns. Führt die kriminelle Verstrickung des selbständig zur Aussageverweigerung Berechtigten dazu, daß nun auch bei der Hilfsperson beschlagnahmt werden kann? Für die typischerweise als Gehilfen angesehenen,

---

[978] KMR/*Paulus*, § 53 a Rn. 4; LR/*Dahs*, 25. A., § 53 a Rn. 5; *Schäfer*, FS-Hanack, S. 77, 91 f.

[979] LR/*Dahs*, 25. A., § 53 a Rn. 3.

[980] *Krekeler/Schonard*, wistra 1998, 137, 139.

[981] Z. B. *Starke*, Rudolphi-Symposium, S. 81, 86.

[982] LG Frankfurt, NJW 1959, 589, 590.

[983] Allg. M., vgl. AK-StPO/*Amelung*, § 97 Rn. 44; KK/*Nack*, § 97 Rn. 27; Kleinknecht/*Meyer-Goßner*, § 97 Rn. 44; LR/*Schäfer*, § 97 Rn. 10; SK-StPO/*Rudolphi*, § 97 Rn. 62. Umstritten ist dies nur bei Hilfspersonen der Abgeordneten, da beim Hauptberufsträger eine Beschlagnahme trotz Beteiligungsverdacht ausgeschlossen wäre. *Müller* (KMR/*Müller*, § 97 Rn. 17) überträgt dies auf die Beschlagnahme bei deren Gehilfen.

[984] Vgl. dazu § 11 E. I. 4. S. 192 f.

weisungsgebundenen Personen, wie Sekretärinnen usw., läßt sich die Frage leicht bejahen. Betrachtet man aber die nur fallweise Tätigen und insbesondere die Sachverständigen, fällt dies schwerer. Die aus einer solchen Betrachtungsweise resultierende Gefahr, daß die Ermittlungsbehörden das Institut oder die Praxis eines renommierten Wissenschaftlers nach dem – selbständig erstellten – Gutachten und zu diesem Zweck übergebenen Unterlagen durchsuchen, könnte noch mehr qualifizierte Sachverständige davon abhalten, Aufträge für Privatgutachten anzunehmen.[985] Andererseits sollen Beschuldigter und Zeugnisverweigerungsberechtigter nicht Unterlagen durch Übergabe an den Gehilfen beiseite schaffen können.

Dem Wortlaut von § 97 Abs. 4 i. V. m. Abs. 2 S. 3 StPO läßt sich keine eindeutige Lösung entnehmen. Eine § 53 a Abs. 1 S. 2, Abs. 2 StPO vergleichbare Norm für die kriminelle Verstrickung des Hauptzeugnisverweigerungsberechtigten sucht man vergebens. Der Gesetzgeber hat jedoch mit § 53 a Abs. 1 S. 2, Abs. 2 StPO gezeigt, daß er ein Zeugnisverweigerungsrecht des Berufshelfers nur in Abhängigkeit vom Hauptzeugnisverweigerungsberechtigten anerkennen will. § 97 Abs. 4 StPO sollte Abs. 2 S. 1 abmildern: Der Zeugnisverweigerungsberechtigte soll sich eines Gehilfen bedienen können, ohne befürchten zu müssen, daß dann, wenn die Hilfstätigkeit den Alleingewahrsam des Helfers mit sich bringt, eine Beschlagnahme erfolgen kann. Daß neben dem Hauptzeugnisverweigerungsberechtigten und dem Beschuldigten auch der Berufshelfer kriminell verstrickt sein muß, damit eine Beschlagnahme möglich ist, kann daraus nicht gefolgert werden.[986]

3. Spezialfälle

a) Konkurrenz mit einem selbständigen Zeugnisverweigerungsrecht des Berufshelfers

Gehört der Berufshelfer selbst zu einer der in § 53 StPO privilegierten Gruppen, verliert der oben dargestellte Streit viel von seiner Schärfe: Der ärztliche Gutachter, der z. B. den Geisteszustand des Beschuldigten beurteilen soll, hat ein eigenes, selbständiges Zeugnisverweigerungsrecht gem. § 53 Abs. 1 Nr. 3 StPO, das ein Beschlagnahmeverbot nach sich zieht. Das gleiche gilt etwa auch für den Steuerberater, den der Strafverteidiger hinzuzieht, damit der die Buchführungsunterlagen des Beschuldigten in einer Wirtschaftsstrafsache durchsieht.

---

985 *Ulsenheimer*, Arztstrafrecht in der Praxis, Rn. 466 f.

986 So im Ergebnis auch SK-StPO/*Rudolphi*, § 97 Rn. 62.

b) Sperrwirkung des § 81 c Abs. 3 StPO?

Problematischer ist die Situation, wenn der Gutachter zwar einen der in § 53 StPO genannten Berufe ausübt, aber der Gutachtenbesteller mit dem Partner der Vertrauensbeziehung nicht identisch ist. Ein Beispiel: In einem Verfahren wegen Mißhandlung der Ehefrau beauftragt der Beschuldigte, vertreten durch seinen Rechtsanwalt, einen medizinischen Sachverständigen mit der Untersuchung der Ehefrau. Die von § 53 StPO geschützte Geheimnissphäre besteht hier zwischen dem Gutachter und der Ehefrau. In der Hauptverhandlung könnte zwar sowohl die Patientin nach § 52 StPO als auch der Arzt nach § 53 Abs. 1 Nr. 3 StPO (vorbehaltlich einer Entbindung von der Schweigepflicht durch die Patientin) die Aussage verweigern. Die Untersuchungsergebnisse wären jedoch außerhalb des Gewahrsams des Verteidigers beschlagnahmefähig. Anders als § 53 StPO schützt § 97 StPO in der Regel nicht in Drittverfahren.[987]

Im gerade geschilderten Spezialfall ließe sich allerdings daran denken, auch außerhalb von §§ 97 Abs. 4, 53 a StPO ein Beschlagnahmeverbot zu konstruieren, etwa mittels einer systematischen Auslegung von § 97 StPO in Verbindung mit § 81 c Abs. 3 StPO. Nach § 81 c Abs. 3 StPO kann die Ehefrau eine nach Abs. 5 angeordnete Untersuchung verweigern. Darin könnte der verallgemeinerungsfähige Rechtsgedanke zum Ausdruck kommen, daß der Körper eines Angehörigen nicht gegen dessen Willen als Beweismittel verwandt werden darf.[988]

§ 81 c Abs. 1 und 2 StPO verlangen genau wie § 81 a StPO keine aktive Mitwirkung (facere), sondern nur ein Dulden (pati) der Untersuchungsmaßnahmen. Dies rückt § 81 c StPO in die Nähe der Beschlagnahme, die ebenfalls keine aktive Beteiligung verlangt. Daß § 81 c Abs. 6 StPO wie § 95 Abs. 2 StPO auf § 70 StPO verweist, ändert daran nichts: De facto geht es nämlich nicht um die Erzwingung einer notwendigen aktiven Teilnahme wie bei § 95 StPO, sondern um eine wegen der Eingriffsintensität gebotene Konzession an den Verhältnismäßigkeitsgrundsatz. Die Würde des Menschen verlangt, daß die zwangsweise Vorführung zur Untersuchung vom „Eingriffsobjekt" abgewendet werden können muß.

Wäre eine Untersuchung gegen den Willen der Zeugin unzulässig, so ließe sich daraus schließen, daß die Ergebnisse einer freiwilligen Untersuchung nicht ohne ihr Einverständnis verwertet werden dürfen. § 81 c Abs. 3 StPO würde hier eine Sperrwirkung entfalten.[989] Zwingend ist dieser Schluß allerdings nicht: Eine von

[987] Siehe dazu oben § 11 E. I. 2. c) bb) (2) § 11 E. I. 2. c) bb) (3) S. 184 ff.

[988] Daß § 87 StPO kein Angehörigenprivileg normiert, dürfte daran liegen, daß ein „Obduktionsverweigerungsrecht" nur von theoretischer Bedeutung ist. Es wird kaum vorkommen, daß das sterbende Opfer eine solche Weigerung noch mitteilt. Die „Lücke" bei § 87 StPO wird man mitnichten als planvoll bezeichnen und daraus Rückschlüsse auf § 97 StPO ziehen dürfen.

[989] Abzugrenzen ist dieses Szenario von dem Sachverhalt, der dem zu Recht bekämpften Urteil des OLG Zweibrücken (NJW 1994, 810 f. = NStZ 1995, 98 [LS]; schon vorher: OLG Celle, NStZ

den Ermittlungsbehörden erzwungene Untersuchung stellt unabhängig von der späteren Verwertung der Ergebnisse schon einen gravierenden Eingriff dar, da sich der Untersuchte in die Hände eines Arztes oder sogar einer nicht-approbierten Person (arg. e contrario § 81 d StPO) begeben muß, die ihm fremd ist und auf deren Auswahl er keinen Einfluß hat. Es besteht ein qualitativer Unterschied, ob Tagebücher oder Krankenakten einer Person beschlagnahmt werden oder ob die Person selbst zur Untersuchung „vorgeführt" wird. Das abgeleitete Zeugnisverweigerungsrecht und Beschlagnahmeverbot spielt also auch in dieser Konstellation eine Rolle.

c) Gutachten auf Basis der Ermittlungsakte

Bei Gutachten, die auf Basis der Ermittlungsakte erstellt werden, dürfte die Beschlagnahme zudem meist aus Gründen der Verhältnismäßigkeit nicht in Frage kommen. Anders als bei mündlicher Exploration ist die Begutachtung auf Basis der Ermittlungsakte in der Regel beliebig wiederholbar.

III. Verhältnismäßigkeit

Die Beschlagnahme, zumal wenn dabei in eine Vertrauensbeziehung eingegriffen wird, führt zu einer nicht unerheblichen Beeinträchtigung von Beschuldigtem und Zeugnisverweigerungsberechtigtem. Trotzdem ist sie prinzipiell in allen Strafverfahren möglich. Die §§ 94 ff. StPO enthalten keine Begrenzung auf einen Katalog besonders schwerwiegender Straftatbestände. Bei der Verhältnismäßigkeit ist die Schwere des Tatvorwurfes dennoch zu berücksichtigen. In der Praxis sieht dies oft leider anders aus: Anlaß für die Durchsuchung der Kanzlei im Fall Niemietz war ein Verfahren wegen Beleidigung. Zugegeben, Opfer der Beleidigung war ein Richter in seiner beruflichen Funktion.[990]

Wie bereits angedeutet, spielen auch die Bedeutung des Beweismittels und die Notwendigkeit der Informationsgewinnung eine Rolle. Zwar fehlt, anders als z. B. bei §§ 100 a Abs. 1 S. 1, 100 c Abs. 1 und 110 a Abs. 1 S. 3 StPO, ein ausdrücklicher Hinweis, dennoch ist der Einbruch in eine Vertrauensbeziehung nur dann zu rechtfertigen, wenn dies wirklich unabdingbar ist. Dies gilt vor allem für die Beschlagnahme von privilegierten Unterlagen in Drittverfahren, aber auch – wenn man § 53 a StPO enger auslegt als hier vertreten – für Privatgutachten. Im

---

1989, 385 f. = JZ 1989, 906 ff. m. Anm. *Mayer*; vgl. oben S. 184) zugrunde liegt. Hier geht es um den umgekehrten Fall: Die Untersuchung nach § 81 c StPO wäre unzulässig, während die Beschlagnahme vom Wortlaut des § 97 Abs. 1 StPO her grundsätzlich gestattet wäre.

[990] EGMR, Urteil vom 16. Dezember 1992, Nr. 13710/88, Niemietz / D, Série A, Bd. 251-B, S. 27 ff., Ziff. 6 ff., S. 29, Ziff. 11; vgl. EKMR, Bericht vom 29. Mai 1991, Nr. 13710/88, Niemietz / D, Ziff. 19 ff. (insoweit nicht abgedruckt in Série A, Bd. 251-B). Zum Fall Niemietz siehe auch oben § 6 D. II. 3. S. 73 und Fn. 995.

Gegensatz dazu ist bei Deliktsgegenständen wegen ihrer hohen Beweisbedeutung eine Beschlagnahme kaum unverhältnismäßig.

Ist die Beschlagnahme wegen des Verdachts der kriminellen Verstrickung gestattet, muß der Grad des Beteiligungsverdachts mit in die Abwägung einbezogen werden.

Aber nicht nur bei der Anordnung, bei der das Merkmal „Gefahr im Verzug" so restriktiv wie möglich gehandhabt werden sollte,[991] muß die Verhältnismäßigkeit beachtet werden, sondern auch bei der Ausgestaltung des Eingriffs. Geht es nicht um die Beschlagnahme in Redaktionsräumen, wirkt sich eine Vorabinformation an Presseorgane negativ auf die Bewertung des Eingriffes aus.[992] Die Belastung durch den Eingriff muß auf das unbedingt Notwendige beschränkt werden.[993]

Aus diesem Grund hat *Waldowski* schon Mitte der 1970er Jahre gefordert, die Durchsuchung nur von Beamten der Staatsanwaltschaft durchführen zu lassen, eine Berichtspflicht gegenüber der vorgesetzten Behörde einzuführen sowie die Rechtsanwaltskammer vor Durchführung der Maßnahme zu benachrichtigen und einem Vorstandsmitglied die Anwesenheit zu gestatten.[994] Für letzteres haben sich auch *Krekeler* und *Bandisch* ausgesprochen.[995] Auch nach gegenwärtiger Rechtslage wären diese Vorschläge zu verwirklichen, vorausgesetzt, daß die Kammer nicht das betroffene Mitglied warnt. So viel Vertrauen nicht nur in die Redlichkeit der Standesvertretung, sondern auch in deren Fähigkeit, den eigenen Vorteil zu erkennen, darf wohl verlangt werden: Die Vertreter der Rechtsanwaltskammer werden wohl ein ihnen – vielleicht sogar zunächst nur im Rahmen eines Pilotversuchs - eingeräumtes Anwesenheitsrecht kaum aufs Spiel setzen wollen.

F. Umfang der Verwertbarkeit im Verfahren

Die Verwertung beschlagnahmter Verteidigungsunterlagen zum Nachweis einer im Zusammenhang oder auch nur bei Gelegenheit der Verteidigung begangenen Straftat des Beschuldigten spielt eine vergleichsweise geringe Rolle. Der Beteiligungsverdacht nach § 97 Abs. 2 S. 3 HS. 1 StPO bezieht sich in den meisten

---

991 Dazu § 11 B. II. S. 150.

992 Ein Beispiel für solche „Kooperation" mit den Medien bei *Bandisch*, NJW 1987, 2200 (sein zweites, anonymisiertes Beispiel betrifft den Fall Niemietz).

993 Das Prinzip verkennt *Lüderssen*, NStZ 1987, 249, 259 f. § 97 Abs. 1 StPO ist keine „Ausnahme", die unbedingt eng ausgelegt werden muß. Das Beschlagnahmeprivileg ist keine Gnade, sondern eine Rechtsposition, vor der jeder Eingriff mit guten Gründen gerechtfertigt werden muß.

994 *Waldowski*, AnwBl. 1974, 106, 109.

995 *Bandisch*, NJW 1987, 2200, 2205 f.; *Krekeler*, NJW 1977, 1417, 1425 f. Auch der EGMR befürwortet dies, EGMR, Urteil vom 16. Dezember 1992, Nr. 13710/88, Niemietz / D, Série A, Bd. 251-B, S. 36, Ziff. 37 = EuGRZ 1993, 65, 67; vgl. § 6 E. III. S. 103 f.

Fällen auf eine Strafvereitelung, die aber gemäß § 258 Abs. 5 StGB für den Vortäter nicht strafbar ist.

Das Hauptinteresse der Strafverfolgungsbehörden gilt der Verwertung im ursprünglichen Verfahren gegen den Beschuldigten.

I. Verwertbarkeit bei rechtmäßiger Beschlagnahme

Greift das Beschlagnahmeverbot des § 97 StPO nicht ein, so ist – vorbehaltlich eines unabhängig von § 97 StPO bestehenden Beschlagnahme- oder Beweisverwertungsverbots – die Verwertung der gewonnenen Informationen auch bezüglich der Tat, deretwegen das Verteidigungsverhältnis begründet wurde, möglich.[996] Dies ergibt sich, mangels einer ausdrücklichen Regelung, schon aus der Zweckrichtung des Eingriffstatbestandes: Mit Ausnahme von § 94 Abs. 3 StPO zielen die §§ 94 ff. StPO auf die Gewinnung von Beweismaterial. Daran ändert sich auch nichts, wenn auf Grund eines Ausnahmetatbestandes die Beschlagnahme eigentlich privilegierten Materials zulässig ist.

Es erscheint aber bedenklich, daß nach h. M. nicht nur Material verwandt werden kann, das mit dem Kollusionsvorwurf in Zusammenhang steht.[997] Ein einziger „Fehler" kann also den Erfolg einer ansonsten ordnungsgemäßen Verteidigung „vereiteln". § 97 StPO selbst enthält in Abs. 2 S. 3 HS. 1 jedoch keine Begrenzung des Wegfalls des Beschlagnahmeprivilegs auf bestimmte inkriminierte Objekte. Durch Auslegung ist eine Korrektur auch nicht möglich. Die hinter ihm stehende (etwas archaische) ratio heißt: Kein Schutz des Vertrauensverhältnisses unter kriminell Verstrickten. Die ihrer ursprünglichen Fassung noch recht ähnliche Vorschrift begreift das Beschlagnahmeverbot noch nicht wirklich als Recht des Beschuldigten und Pflicht des Staates, sondern macht es vom „Wohlverhalten" der Betroffenen abhängig. Ein Beschlagnahme- und / oder Verwertungsverbot kann daher nur aus übergeordneten Prinzipien, wie dem Recht auf Verteidigung, abgeleitet werden.[998]

1. Wegfall der Voraussetzungen von § 97 Abs. 3 S. 2 StPO

Der Wegfall des Beschlagnahmeverbots nach § 97 Abs. 2 S. 3 HS. 1 StPO wird gerne unter dem Gesichtspunkt der Verwirkung gesehen.[999] Akzeptiert man dies,

---

[996] Sind mehrere Taten i. S. v. § 264 StPO Gegenstand des Verfahrens, darf die Information nur für den Nachweis derjenigen verwandt werden, hinsichtlich der die Voraussetzung von § 97 StPO **nicht** vorlagen. Bei Teilnahmeverdacht also nur für die Tat im prozessualen Sinn, auf die sich die Anschlußtat des Zeugnisverweigerungsberechtigten bezieht (BGHSt 18, 227, 229; weitere Nachweise bei LR/*Schäfer*, § 97 Rn. 108).

[997] Dies kritisierte schon *Welp*, JZ 1974, 423, 425.

[998] Siehe dazu unter § 14 S. 241 ff.

[999] Z. B. *Creifelds*, GA 1960, 65, 69.

fällt es schwer, der h. M. zu folgen, die die Verwertung auch dann zuläßt, wenn sich der Verdacht als unbegründet herausstellt.[1000] Ja, nicht einmal dann, wenn Verteidiger und Mandant gänzlich schuldlos in den Verdacht mißbräuchlichen Handelns gekommen sind, etwa weil ein Dritter Beweise manipuliert hatte, befürwortet sie ein Beweisverwertungsverbot. Es schadet nicht nur die Verwirkung, sondern bereits deren (unverschuldeter) Anschein.

Dagegen bestehen, selbst wenn man von der Gefahr des Mißbrauchs durch die Ermittlungsbehörden absieht,[1001] gewichtige Bedenken: Aus praktischen Gründen muß für die Beschlagnahme an den Verdacht der Beteiligung angeknüpft werden. Verlangte man den Nachweis einer Verstrickung, wäre eine Beschlagnahme so gut wie nie möglich. Ließe man aber die Verwertung zu, wenn sich die Befürchtungen der Strafverfolgungsbehörden als gegenstandslos erweisen, würden sie im Ergebnis besser gestellt, als wenn sie die wahre Sachlage gleich erkannt hätten. Daß der Beschuldigte wegen eines, wenn auch unverschuldeten, Erkenntnisdefizits der Ermittlungsbehörden Nachteile erleiden soll, war mit § 97 Abs. 2 S. 3 StPO wohl nicht bezweckt. Stellt sich der Verdacht als falsch heraus, war die Vertrauensbeziehung zwischen Mandanten und Verteidiger von Anfang an schutzwürdig, so daß für die Verwertung als „Folgeeingriff" keine Grundlage besteht.[1002]

Bei § 97 Abs. 2 S. 3 HS. 2 StPO stellt sich die gleiche Frage: Können beschlagnahmte Gegenstände verwertet werden, wenn sich herausstellt, daß sie nec instrumenta nec producta sceleris sind, aber trotzdem Bedeutung für die Beweisführung haben können? Hier fällt die Entscheidung zugunsten eines Beweisverwertungsverbots noch leichter. Der Gesetzeswortlaut erlaubt ausdrücklich nur die Beschlagnahme von Gegenständen, die tatsächlich in dem inkriminierten Zusammenhang mit der Tat stehen, er knüpft anders als HS. 1 an keinerlei Art von Verdacht an. „Scheindeliktsgegenstände" sind folglich nicht verwertbar.

[1000] BGH, NStZ 1983, 85; KK/*Nack*, § 97 Rn. 10; Kleinknecht/*Meyer-Goßner*, § 97 Rn. 47; eingeschränkt auch LR/*Schäfer*, § 97 Rn. 107.

[1001] AK/*Amelung*, § 97 Rn. 35; SK-StPO/*Rudolphi*, § 97 Rn. 38. Ist ein Mißbrauch der Strafverfolgungsorgane nachweisbar, wäre die Beschlagnahme ohnehin rechtswidrig (zur Verwertung bei Rechtswidrigkeit siehe § 11 F. II. S. 220).

[1002] So im Ergebnis auch z. B. AK/*Amelung*, § 97 Rn. 35; *Fezer*, Strafprozeßrecht I, Fall 7 Rn. 45; *ders.*, JuS 1978, 765, 768; *Herdegen*, GA 1963, 141, 143; *Mitsch*, FS-Lencker, 721, 737 f.; SK-StPO/*Rudolphi*, § 97 Rn. 38.

2. Wirkung eines später entstehenden Beschlagnahmeverbots

a) Erwerb der Beschuldigteneigenschaft

Der Schutz des § 97 StPO wirkt nur in Verfahren, die gegen den Klienten (usw.) als Beschuldigten geführt werden.[1003] Es sind aber Fälle denkbar, in denen „das Beschlagnahmeverbot erst nach Beschlagnahme entsteht", weil das Verfahren ohne Rechtsmißbrauch durch die Behörden zunächst gegen „unbekannt" geführt, aber später gegen den Mandanten gerichtet wird.

Könnten die beschlagnahmten Gegenstände als Beweismittel herangezogen werden, würde es dem nunmehr auch formell Beschuldigten zum Nachteil gereichen, daß er sich bereits um seine Verteidigung gekümmert hat. Die Frage ist also: Muß der Täter, der ja in der Regel weiß oder zumindest befürchtet, daß man früher oder später auf seine Spur kommen wird, warten, bis die Strafverfolgungsbehörden seinen Informationsvorsprung aufgeholt und ihn ins Visier genommen haben? Darf der, der befürchtet, unschuldig von den Ermittlungsorganen beschuldigt zu werden, sich nicht im Vorfeld dagegen wehren, ohne daß ihm daraus Nachteile erwachsen?

Das Ergebnis ist klar: Natürlich darf ordnungsgemäße Rechtsverteidigung dem Betroffenen nicht schaden. Problematisch ist die Begründung, da § 97 StPO der formelle Beschuldigtenbegriff zugrunde liegt und somit sein Schutz erst ex nunc eingreift.[1004] Eine „Vorwirkung" der Beschuldigteneigenschaft ist schwer zu erklären. Da es jedoch im vorliegenden Fall nur um die Beschlagnahme von Verteidigungsunterlagen geht, kann ein Verwertungsverbot unabhängig von einer solchen Konstruktion begründet werden. Es resultiert aber nicht aus § 97 StPO, sondern aus dem verfassungsrechtlich abgesicherten Recht auf effektive Defension, auch wenn es hierzu, soweit ersichtlich, bislang keine obergerichtlichen Entscheidungen gibt.[1005]

b) Nachträglicher Erwerb eines Zeugnisverweigerungsrechts durch den von der Beschlagnahme unmittelbar Betroffenen

Anders ist zu entscheiden, wenn das Zeugnisverweigerungsrecht erst nach der Beschlagnahme entsteht. Hier hat die h. M. recht, wenn sie ein Beschlagnahmeverbot nur ex nunc, also für nachfolgende Beschlagnahmen anerkennt.[1006] Nachteile für die Vorbereitung der Verteidigung könnten nur entstehen, wenn man

---

[1003] Siehe § 11 E. I. 2. c) bb) S. 183 ff.

[1004] Vgl. § 11 E. I. 2. c) bb) (2) S. 184 ff.

[1005] Einzelheiten zur Rechtsgrundlage siehe unten § 14 B. S. 250 ff.

[1006] Kleinknecht/*Meyer-Goßner*, § 97 Rn. 47; LR/*Schäfer*, § 97 Rn. 107; SK-StPO/*Rudolphi*, § 97 Rn. 38; a. A. *Fezer*, Strafprozeßrecht I, Fall 7 Rn. 45.

das Anbahnungsverhältnis aus dem Schutzbereich von § 97 StPO ausklammert, da bereits in diesem Stadium verteidigungsrelevante Informationen übergeben werden können. Wenn man allerdings, wie oben ausgeführt, auch beim nichtanwaltlichen Verteidiger die Anbahnung einbezieht,[1007] bestehen gegen die ex-nunc-Wirkung keine Bedenken: Ist der (zukünftige) Verteidiger kein Rechtsanwalt, ist kaum ein schutzwürdiges Interesse erkennbar, warum der Beschuldigte ihm außerhalb eines Verteidigungsverhältnisses oder dessen Anbahnung vertrauliche Unterlagen übergeben sollte. Der Beschuldigte soll nicht dadurch, daß er den von der Beschlagnahme Betroffenen zum (Zweit-)Verteidiger macht, die Verwertung verhindern können. Ist der Betroffene Rechtsanwalt, so greift bei Zusammenhang mit der beruflichen Tätigkeit ohnehin unabhängig von der Verteidigung das Beschlagnahmeverbot nach § 97 i. V. m. § 53 Abs. 1 Nr. 3 StPO ein.

3. Widerruf eines Einverständnisses oder einer Entbindungserklärung

Oben wurde festgehalten,[1008] daß das Beschlagnahmeverbot nicht gegen den Willen des Beschuldigten besteht: Entbindet er den Verteidiger oder stimmt dem Eingriff selbst zu, ist die Beschlagnahme rechtmäßig. Nun kann es jedoch geschehen, daß der Beschuldigte, eventuell nach einem Verteidigerwechsel, seine Entscheidung überdenkt.

Nach h. M. hat der Widerruf keine Wirkung auf die erfolgte Beschlagnahme.[1009] Z. T. wird vertreten, die beschlagnahmten Gegenstände seien zurückzugeben, während die gewonnenen Informationen verwertbar blieben.[1010] Dies erscheint inkonsequent: Entweder muß man eine Verwertung auch der Unterlagen selbst zulassen oder, wenn man dem Widerruf Rückwirkung zuerkennen will, ein umfassendes Beweisverwertungsverbot anerkennen.

Amelung steht deshalb der h. M. kritisch gegenüber und verweist auf § 252 StPO.[1011] Bei strenger Anwendung ergäbe sich hieraus ein Beweisverwertungsverbot.[1012]

[1007] Siehe oben unter § 11 E. I. 1. b) S. 174 ff.

[1008] § 11 E. I. 4. S. 192 f.

[1009] *Herdegen*, GA 1963, 141, 145 f.; HK/*Lemke*, § 97 Rn. 32; Kleinknecht/*Meyer-Goßner*, § 97 Rn. 25.

[1010] LR/*Schäfer*, § 97 Rn. 84.

[1011] AK-StPO/*Amelung*, § 97 Rn. 32; auch HansOLG Hamburg, NJW 1962, 689, 691; OLG Nürnberg, NJW 1958, 272, 274 m. Anm. *A. Kaufmann*.

[1012] Die Variante, nur der „richterliche Leser oder Betrachter" dürfe über den Inhalt der Unterlagen oder mittels Augenschein gewonnener Erkenntnisse vernommen werden, wird, anders als bei der richterlichen Vernehmungsperson, zum Glück nicht vertreten (zur Einschränkung von § 252 StPO bei Vernehmung des Zeugen durch einen Richter siehe *Beulke*, StPO, Rn. 420, 465).

Die Situation bei der Beschlagnahme ist jedoch mit der beim Zeugenbeweis nicht vergleichbar: Zum einen sind die Personen verschieden. Bei § 252 StPO geht es darum, daß der Zeugnisverweigerungsberechtigte die Aussage verweigert. Beim Widerruf des Einverständnisses oder der Entbindungserklärung durch den Beschuldigten, ist es der Mandant des Zeugnisverweigerungsberechtigten.[1013]

Hat der Beschuldigte der Beschlagnahme zugestimmt oder sie durch Entbindung seines Verteidigers von der Schweigepflicht ermöglicht, ist eine Verwertung der Gegenstände unbeschränkt möglich.

II. Verwertbarkeit bei rechtswidriger Beschlagnahme

Die Problematik der Verwertung rechtswidrig beschlagnahmter Gegenstände unterscheidet sich nur wenig von der bei anderen Beweismitteln. Auch hier werden die bekannten Theorien, wie z. B. die Schwere-, Abwägungs-, Schutzzweck- und Rechtskreislehre oder auch die von den Beweisverwertungsverboten als Prozeßhandlungshindernissen, vertreten.[1014] Besondere Bedeutung hat, neben der Lehre vom Schutzzweck der Norm, die Theorie vom hypothetischen Ersatzeingriff, wegen ihrer Wurzeln im US-amerikanischen Recht auch in Deutschland zum Teil „hypothetical clean path doctrine" genannt.[1015]

Nach dieser Lehre sollen rechtswidrig gewonnene Beweismittel dann verwertbar sein, wenn sie auch auf rechtmäßige Weise hätten gewonnen werden können. Daß dies in der Praxis nicht immer zu vertretbaren Ergebnissen führt, zeigt ein Beispiel aus der deutschen Rechtsprechung. Im Fall Weimar hatte die Polizei die Wohnung der Beschuldigten nach Abschluß einer ersten Hausdurchsuchung erneut durchsucht. Für diesen zweiten Eingriff fehlte es an einer richterlichen Anordnung, Gefahr im Verzug lag nicht vor. Er war somit rechtswidrig. Trotzdem hat der BGH

[1013] Nicht diskutiert wird hier der Fall, daß der Zeugnisverweigerungsberechtigte ohne Absprache mit dem Mandanten der Beschlagnahme zugestimmt hat, da es in der vorliegenden Arbeit um den Schutz der Verteidigung gegen die Behörden, aber nicht um den Schutz des Mandanten gegen den Verteidiger geht. Aber auch hier erscheint eine Analogie zu § 252 StPO fragwürdig: Der Zeuge, der im Vorverfahren Angaben macht, geht davon aus, daß er seine Aussage, wenn sie von Belang ist, in der Hauptverhandlung wiederholen muß. Derjenige, der einer Beschlagnahme zustimmt, hat das Seinige getan. Die Verwertung der Gegenstände kann ohne eine weitere Mitwirkung des Betroffenen erfolgen.

[1014] Das Problem kann an dieser Stelle nicht vertieft werden. Einzelheiten und weitere Ansätze bei *Mörlein*, Der Schutz des Vertrauensverhältnisses zwischen Verteidiger und Beschuldigtem im Rahmen von § 100 a StPO, S. 224 ff.; *Schröder*, Beweisverwertungsverbote und die Hypothese rechtmäßiger Beweiserlangung im Strafprozeß, S. 37 ff.; *Schroth*, JuS 1998, 969 ff.; SK-StPO/*Wolter*, vor § 151 Rn. 194 ff.; aus rechtsvergleichender Sicht interessant *Bradley*, GA 1985, 99 ff.

[1015] *Beulke*, ZStW 103 (1991), 657, 667; *Schröder*, Beweisverwertungsverbote und die Hypothese rechtmäßiger Beweiserlangung im Strafprozeß, S. 18 m. zahlr. N. zur Terminologie.

die Verwertung der bei der zweiten Durchsuchung gefundenen Beweismittel zugelassen. Die Ermittlungsbehörden hätten ja eine richterliche Anordnung jederzeit erreichen können.[1016] „Wozu dann noch Richtervorbehalte?", ist man hier versucht zu fragen.[1017] Wenigstens kann jedoch mit dieser Theorie erreicht werden, daß die Rechtswidrigkeit der Beschlagnahme bei Nichtvorliegen materieller Voraussetzungen mit einem Beweisverwertungsverbot sanktioniert wird. In diesem Fall hätte auch bei Einhaltung aller Verfahrensgarantien keine Beschlagnahme erfolgen dürfen.

Bei der Beschlagnahme kommt es aber nicht immer auf die Rechtslage zum Zeitpunkt des Eingriffs an: War eine Beschlagnahme mangels Beteiligungsverdacht rechtswidrig, tauchen aber später Verdachtsgründe auf, so sind die Objekte verwertbar, da jetzt eine Beschlagnahme möglich wäre.[1018] Nur dann, wenn sich der Beteiligungsverdacht aus den rechtswidrig beschlagnahmten Gegenständen ergibt, resultiert daraus die Unverwertbarkeit der Erkenntnisse.[1019] Anders als eine Blutprobe ist die Beschlagnahme beliebig nachholbar, solange der Gegenstand noch existiert. Entsteht der Beteiligungsverdacht nachträglich, kann jetzt die Beschlagnahme rechtmäßig wiederholt werden.[1020] Dies ist nicht zu beanstanden. Allerdings ist die generelle Schlußforderung, eine Verwertung sei immer dann gestattet, wenn zum gegenwärtigen Zeitpunkt die Beschlagnahme rechtmäßig wäre, unhaltbar: Nach der ersten (rechtswidrigen) Beschlagnahme befindet sich der Gegenstand in der Regel im Gewahrsam der Ermittlungsorgane. § 97 StPO würde mangels Gewahrsam des Zeugnisverweigerungsberechtigten nie zu einem Beschlagnahmeverbot führen. Richtig ist, die Verwertung nur dann zuzulassen, wenn nach einer Rückgabe der Sache an den von der Beschlagnahme unmittelbar Betroffenen eine erneute Beschlagnahme gestattet wäre. Auf die reale Durchführung der Rückgabe kann allerdings verzichtet werden, zumal wenn die Gefahr besteht, daß der Gegenstand zerstört und den Behörden somit endgültig entzogen werden soll.

[1016] BGH, NStZ 1989, 375, 376 m. Anm. *Roxin* = StV 1989, 289, 290 m. Anm. *Fezer* = JR 1990, 385, 388 f. m. Anm. *Meurer* (insoweit nicht abgedruckt in BGHSt 36, 119 ff.).

[1017] Zur Kritik an der BGH-Entscheidung siehe u. a. *Beulke*, ZStW 103 (1991), 657, 673 ff. sowie die in Fn. 1016 genannten Anmerkungen.

[1018] H. M., u. a. BGHSt 25, 168, 169 f.; *Fezer*, JuS 1978, 765, 768; *ders.*, Strafprozeßrecht, Fall 7 Rn. 45; LR/*Schäfer*, § 97 Rn. 106 m. w. N.

[1019] LG Koblenz, StV 1985, 8, 9 f.; LG Köln, NJW 1960, 1874, 1875; LG Saarbrücken, NStZ 1988, 424, 425; Kleinknecht/*Meyer-Goßner*, § 97 Rn. 48; LR/*Schäfer*, § 97 Rn. 106; a. A. KMR/*Müller*, § 97 Rn. 22.

[1020] *Fezer*, Strafprozeßrecht, Fall 7 Rn. 45.

G. Zusammenfassung

Voraussetzungen und Ablauf der Beschlagnahme sind im deutschen Recht detailliert geregelt. Zuständig für die Anordnung ist grundsätzlich der Richter, in Eilfällen auch die Staatsanwaltschaft und ihre Hilfsbeamten.[1021] Die Rechtssprechung des BVerfG zur zeitlichen Geltung von Beschlagnahmebeschlüssen hat die richterliche Kontrolle verstärkt. Defizite bestehen in der Praxis aber noch bei der Begründung von Beschlagnahmeanordnungen sowie hinsichtlich der Handhabung des periculum in mora durch Polizei und Staatsanwaltschaft.[1022]

Die Rechtsschutzmöglichkeiten bei erledigten Zwangsmaßnahmen haben sich nach der Entscheidung des BVerfG vom 30. April 1997 signifikant verbessert, obwohl immer noch nach Erledigung ein „besonderes Rechtsschutzinteresse" gefordert wird.[1023] Am Ausschluß der Beschwerde gegen Beschlagnahmeanordnungen eines BGH-Senats hat sich jedoch nichts geändert.

Die Beschlagnahme nach §§ 94 ff. StPO dient - mit Ausnahme von § 94 Abs. 3 StPO - ausschließlich der Beschaffung von Beweismaterial. Zum Schutz der Zeugnisverweigerungsrechte und insbesondere zum Schutz des Verhältnisses zwischen Beschuldigtem und Strafverteidiger einschließlich des Anbahnungsverhältnisses[1024] nimmt § 97 StPO Gegenstände von der Beschlagnahme aus, die in Zusammenhang mit dem berufsbezogenen Zeugnisverweigerungsrecht stehen.[1025] Dieser Schutz gilt in allen gegen den Beschuldigten gerichteten Verfahren, in Einzelfällen sogar darüber hinaus.[1026] Da eine ordnungsgemäße Strafverteidigung oft nur möglich ist, wenn sich der Verteidiger Dritter als Hilfspersonen bedient, ist eine funktionelle Auslegung des Gehilfenbegriffes in § 53 a StPO notwendig.[1027]

Das Beschlagnahmeprivileg unterliegt ausschließlich den gesetzlich geregelten Einschränkungen.[1028] Es greift nach § 97 Abs. 2 S. 1 StPO nur ein, sofern sich der Gegenstand im Gewahrsam des Zeugnisverweigerungsberechtigten befindet,[1029] und entfällt bei Entbindung von der Schweigepflicht[1030] sowie dann, wenn ein Verdacht nach § 97 Abs. 2 S. 3 Alt. 1 StPO besteht. Im Widerspruch zur h. M.

[1021] § 11 B. II. S. 150.

[1022] § 11 B. III. S. 151 ff.; § 11 B. II. S. 150 f.

[1023] § 11 C. I. 2. S. 156 ff.

[1024] § 11 E. I. 1. b) S. 174 ff.

[1025] § 11 E. I. 2. S. 178 ff.

[1026] § 11 E. I. 2. c) bb) S. 183 ff.

[1027] § 11 E. II. S. 205 ff.

[1028] § 11 E. I. 5. e) S. 201 f.

[1029] § 11 E. I. 3. S. 189 ff.

[1030] § 11 E. I. 4. S. 192 f.

wird hier vertreten, daß es des Verdachts einer Kollusion zwischen Verteidiger und Mandanten bedarf.[1031] Die Beschlagnahme der instrumenta ac producta sceleris ist auch ohne Mißbrauchsverdacht möglich.[1032]

Als Grundrechtseingriff ist die Beschlagnahme nur unter strikter Einhaltung des Verhältnismäßigkeitsprinzips gestattet.[1033]

Rechtmäßig beschlagnahmte Gegenstände können nach der hier vertretenen Ansicht nicht verwertet werden, wenn die Gründe für die Ausnahme vom Beschlagnahmeverbot entfallen oder wenn die Beschuldigteneigenschaft erst nach der Beschlagnahme erworben wird.[1034] Die nachträgliche Bestellung des von der Beschlagnahme unmittelbar Betroffenen zum Verteidiger oder eine sonstige Mandatserteilung sowie der Widerruf eines Einverständnisses oder der Entbindung von der Verschwiegenheit haben dagegen keinen Einfluß auf die Verwertbarkeit.

Bei Rechtswidrigkeit der Beschlagnahme werden die bekannten Theorien vertreten. Als Besonderheit der Beschlagnahme ist die Verwertung auch dann zulässig, wenn zu deren Zeitpunkt eine erneute Beschlagnahme möglich wäre. Bei dieser Prüfung ist aber von der Prämisse auszugehen, daß der Zeugnisverweigerungsberechtigte Gewahrsam hat.[1035]

[1031] § 11 E. I. 5. c) S. 198 ff.

[1032] § 11 E. I. 6. S. 202 f.

[1033] § 11 E. III. S. 214 ff.

[1034] § 11 F. I. 1. § 11 F. I. 2. a) S. 216 ff.

[1035] § 11 F. II. S. 220 ff.

§ 12 Die gesetzliche Regelung der Postbeschlagnahme in §§ 99 ff. StPO

A. Historischer Hintergrund

Der Hintergrund dafür, daß die Postbeschlagnahme einer gesonderten Eingriffsgrundlage bedurfte, liegt in der Geschichte des Postwesens in Deutschland. Anders als in anderen europäischen Ländern, wie zum Beispiel Italien, ging die Post nicht aus dem privaten Botenwesen hervor, sondern entstand durch Öffnung staatlicher Kommunikationssysteme für Privatleute.[1036] In einem Übereinkommen vom 18. Januar 1505 wurde das Verhältnis zwischen staatlicher Verwaltung und Franz Taxis grundlegend geändert: Aus einer reinstaatlichen Behörde wurde ein „delegierter Staatsbetrieb“[1037], der von der **niederländischen** Rechnungskammer mit jährlich 12.000 Livres finanziert wurde. Die Beförderung von Privatpost ist seit dem Jahre 1506 nachgewiesen.[1038] In einem weiteren Abkommen vom 12. November 1516 wurde in Art. 13 den inzwischen in den Adelsstand erhobenen Taxis eine Monopolstellung eingeräumt.[1039] Am 15. September 1596 verlieh Kaiser Rudolph II. an Leonard von Taxis dann das Postgeneralat im Deutschen Reich als Lehen.[1040]

Das Postwesen lag also mehr oder weniger bei der öffentlichen Hand, was deren Zugriffsmöglichkeiten erleichterte. Auch vor diesem historischen Hintergrund ist der besondere verfassungsrechtliche Schutz in Art. 10 GG zu sehen.

Vor der Privatisierung des Postwesens war eine spezielle Regelung nötig, um die Postorgane zur Aussonderung und Herausgabe von Sendungen zu veranlassen. Theoretisch ließe sich diese Pflicht jetzt aus § 95 StPO herleiten. Aus Gründen der besonderen Gefährdungslage und wegen des hohen Verfassungsranges des Grundrechts aus Art. 10 GG paßte das Gesetz vom 17. Dezember 1997[1041] die §§ 99 ff. StPO nur an die geänderten Verhältnisse an. Es blieb bei der gegenüber § 95 StPO strengeren Regelung.

[1036] *Kalmus*, Weltgeschichte der Post, S. 58.

[1037] *Kalmus*, Weltgeschichte der Post, S. 63.

[1038] *Kalmus*, Weltgeschichte der Post, S. 63 f. m. w. N.

[1039] *Kalmus*, Weltgeschichte der Post, S. 84.

[1040] Die Urkunde befindet sich im Thurn und Taxis'schen Zentralarchiv Regensburg, Abbildung bei *Kalmus*, Weltgeschichte der Post, nach S. 160.

[1041] Art. 2 Abs. 9 BegleitG vom 17. Dezember 1997, BGBl. I 1997, 3108, 3113.

B. Anordnung und Ablauf der Postbeschlagnahme

Der Wortlaut von § 99 StPO erweckt den Eindruck, die Postbeschlagnahme sei eine Beschlagnahme. Dem ist jedoch nicht so. § 99 StPO regelt eine Vorstufe zur eigentlichen Beschlagnahme: Die „Postbeschlagnahme" besteht in der Anordnung an ein Postunternehmen (vgl. § 4 Nr. 1 – 5 PostG), bestimmte Sendungen auszusondern und an die Ermittlungsbehörden zu übergeben.[1042] Im Anschluß daran findet eine Durchsicht der Gegenstände statt. Erst danach kann eine Beschlagnahme gem. § 94 ff. StPO erfolgen. Da diese selbst zweistufig ist (Anordnung und Vollzug),[1043] ergibt sich ein insgesamt vierstufiges Verfahren mit jeweils verschiedenen Zuständigkeiten.

Die Weisung an die Postunternehmen nach § 99 StPO kann vom Richter und in Eilfällen vom Staatsanwalt erteilt werden (§ 100 Abs. 1 StPO); Hilfsbeamte der Staatsanwaltschaft oder sonstige Polizeikräfte sind dazu nicht befugt.[1044] Eine nicht-richterliche Anordnung tritt nach drei Tagen außer Kraft (§ 100 Abs. 2 StPO).[1045]

Sobald die betreffenden Gegenstände den Ermittlungsbehörden ausgehändigt worden sind, muß eine Durchsicht erfolgen, bei der die beweisbedeutsamen von den irrelevanten getrennnt werden. Diese Durchsicht obliegt – anders als bei § 110 StPO [1046]- dem Richter, der sie an die Staatsanwaltschaft delegieren kann (§ 100 Abs. 3 StPO).

Werden bei dieser Durchsicht beweiserhebliche Gegenstände gefunden, können diese nun nach §§ 94, 98 StPO beschlagnahmt werden. Zuständig ist hierfür in der Regel der Richter: Gefahr im Verzug kommt kaum in Betracht, da sich die Gegenstände bereits im „sicheren Gewahrsam" der Ermittlungsbehörden befinden.[1047] Erscheint eine Beschlagnahme nicht erforderlich, ist nach § 101 Abs. 2, 3 StPO zu verfahren.

[1042] Unstreitig vgl. LR/*Schäfer*, § 99 Rn. 24.

[1043] Siehe oben § 11 B. I. S. 149.

[1044] Einen Ausnahmefall regelt das G 10 (Gesetz vom 13. August 1968, BGBl. I 1968, 949 ff., zuletzt geändert durch Art. 2 des Gesetzes zur Änderung von Vorschriften über parlamentarische Gremien vom 17. Juni 1999, BGBl. I, 1334, 1335). Erkenntnisse können für die Strafverfolgung unter den Voraussetzungen von Art. 1 § 7 Abs. 3 G 10 verwertet werden. Jedoch ordnet Art. 1 § 8 Abs. 1 G 10 an, daß geöffnete Sendungen dem Postverkehr unverzüglich (und unauffällig) wieder zugeführt werden müssen. Sollen sie als Beweismittel dauerhaft zur Verfügung stehen, muß nach den Regeln der StPO vorgegangen werden, Art. 1 § 8 Abs. 2 G 10.

[1045] Zur Fristberechnung u. a. KK/*Nack*, § 100 Rn. 4.

[1046] Hierzu § 11 B. I. S. 149 f.

[1047] So auch die h. M. LR/*Schäfer*, § 100 Rn. 27; a. A. nur KMR/*Müller*, § 100 Rn. 10 ohne Begründung.

C. Rechtsschutzmöglichkeiten

Ausdrücklich ist der Rechtschutz nur in § 100 Abs. 2 S. 3 StPO erwähnt: Die Übertragung des Rechts zur Durchsicht der ausgesonderten Sendungen ist nicht anfechtbar.

Wie steht es aber im übrigen mit dem Rechtsschutz? Daß gegen die Beschlagnahme im Sinn des § 94 StPO auch die regulären Rechtsschutzmöglichkeiten bestehen, ergibt sich von selbst.[1048] Schwieriger ist die Frage, wie gegen die Postbeschlagnahme selbst, also gegen die Aufforderung an das Postunternehmen, bzw. gegen die Durchsicht vorgegangen werden kann und wer antragsberechtigt ist.

I. Die Anordnung der Aussonderung und Übergabe

1. Rechtsbehelf

Wenden wir uns zunächst der Weisung an das Postunternehmen zu. Ergeht diese mittels richterlichen Beschlusses oder wird die staatsanwaltliche Anordnung vom Richter bestätigt, ist hiergegen Beschwerde nach § 304 StPO möglich. Obwohl es sich dem Wesen nach bei der Weisung nicht um eine „Beschlagnahme" handelt, fällt auch der Eingriff nach § 99 StPO unter §§ 304 Abs. 5, 305 S. 2 StPO:[1049] Die Postbeschlagnahme wird vom Gesetz als Beschlagnahme bezeichnet.

Ist die Maßnahme wegen Gefahr im Verzug von einem Staatsanwalt angeordnet worden, kommt vor Erledigung § 98 Abs. 2 S. 2 StPO analog zur Anwendung. *Meyer-Goßner* bezweifelt dies, da die Anordnung der Staatsanwaltschaft ohnehin nur bis zu ihrer richterlichen Bestätigung wirksam bleibt.[1050] Dabei verkennt er, daß der Unterschied zwischen dem Erfordernis der richterlichen Bestätigung nach § 100 Abs. 2 StPO und dem nach § 98 Abs. 2 S. 1 StPO darin liegt, daß bei §§ 99 f. StPO die Bestätigung zwingend angeordnet und mit der „Drohung" des Außerkrafttretens bewehrt ist. Es mag über den Antrag nach § 98 Abs. 2 S. 2 StPO analog gegen die staatsanwaltliche Anordnung in der Praxis kaum je rechtzeitig (also innerhalb der drei Tage und vor der Bestätigung durch den Richter) entschieden werden können. Diese typischerweise eintretende Erledigung steht der grundsätzlichen Statthaftigkeit des Rechtsbehelfs **vor** Erledigung nicht entgegen.

Der ebenfalls von *Meyer-Goßner* vertretene Ausschluß der Anfechtung nach Erledigung ist mit dem bereits besprochenen Beschluß des BVerfG vom

---

[1048] Zu den Rechtsbehelfen ausführlich oben unter § 11 C. S. 154 ff.

[1049] Zur Ausnahme nach § 304 Abs. 4 S. 1 StPO siehe oben unter § 11 C. I. 1. S. 154 f.

[1050] Kleinknecht/*Meyer-Goßner*, § 100 Rn. 7.

30. April 1997 nicht in Einklang zu bringen.[1051] Die für die Beschlagnahme dargestellten Grundsätze gelten auch hier.[1052] Gerade wenn es sich um Sendungen handelt, die mit der Verteidigung in Zusammenhang stehen, kann bereits die Aussonderung und Aushändigung einen tiefgreifenden Grundrechtrechtseingriff konstituieren, da z. B. durch die Adressenangabe Rückschlüsse auf den Aufenthaltsort des Beschuldigten gezogen werden können. Auf diese Weise ist auch die erledigte Aufforderung an das Postunternehmen gem. § 304 StPO bei richterlicher und § 98 Abs. 2 S. 2 StPO analog bei staatsanwaltlicher Anordnung anfechtbar. Der Antrag nach § 98 Abs. 2 S. 2 StPO analog ist jedoch entbehrlich, wenn die richterliche Bestätigung eingeholt wird. Als Anwendungsbereich bleiben für ihn de facto die Fälle übrig, in denen die staatsanwaltliche Anordnung außer Kraft tritt, ohne daß es zu einer Auslieferung von Sendungen gekommen ist. Hier wird in der Regel keine Bestätigung der vorangegangenen staatsanwaltlichen Anordnung eingeholt, sondern allenfalls eine „neue", d. h. in die Zukunft gerichtete, richterliche Anordnung beantragt.

2. Antragsberechtigung

Mindestens drei Personengruppen sind von diesem Teil der Maßnahme betroffen. Zum einen die Partner des Briefwechsels, Absender und Empfänger, zum zweiten der Beschuldigte selbst, sofern er nicht unter die erste Kategorie fällt, weil er weder Sender noch Adressat ist, die Sendung aber gleichwohl für ihn bestimmt ist, und zum dritten das Postunternehmen.

Zu Zeiten da das Postwesen noch in öffentlicher Hand lag, wurde ein Antragsrecht der Bundespost abgelehnt:[1053] Als Behörde fehle es bei ihr an einer Betroffenheit.[1054] Seit der Reform des Postwesens ist diese Argumentation jedoch nicht mehr aufrechtzuerhalten. Die Postunternehmen sind nicht nur im Hinblick auf Art. 12 GG, sondern auch bzgl. Art. 10 GG grundrechtsberechtigt.[1055]

Bedenkt man, welchen Schaden das Vertrauen der Kunden in das Unternehmen bei einer Kooperationspflicht mit rechtswidrigen Aussonderungsweisungen nehmen kann und welche wirtschaftlichen Nachteile daraus entstehen können, fällt es nicht schwer, ein reales Interesse bei den Unternehmen zu erkennen. Wichtig ist

---

[1051] BVerfGE 96, 27 ff. = JZ 1997, 1060 ff. = StV 1997, 393 f.

[1052] Siehe oben § 11 C. I. 2. S. 156 ff.

[1053] LR/*Schäfer*, § 100 Rn. 39.

[1054] Vgl. von Münch/Kunig/*Löwer*, GG, Art. 10 Rn. 14. Allerdings war dies schon damals umstritten. BVerfGE 67, 157, 172 sowie BVerwGE 6, 299, 301 sahen die Bundespost als von Art. 10 GG geschützt an.

[1055] Vgl. Sachs/*Krüger*, GG, Art. 10 Rn. 11; a. A. Dreier/*Hermes*, GG, Art. 10 Rn. 25 (nur Art. 12 bzw. Art. 2 Abs. 1 GG).

aber, zu beachten, daß es um eine Antragsbefugnis kraft einer Betroffenheit geht. Das Unternehmen wird nicht als Prozeßstandschafter seiner Kunden aktiv.

Die Antragsberechtigung der Kommunikationspartner ergibt sich primär aus Art. 10 GG, daneben kommen weitere Grundrechte in Frage. Problematischer ist die Antragsberechtigung des Beschuldigten, wenn dieser nur mittelbarer Empfänger sein soll (§ 99 S. 2 Alt. 2 StPO). Letztlich ist aber auch hier die Befugnis anzunehmen: Der unmittelbare Adressat wird als (auch selbst grundrechtsgeschützter) Bote tätig. Der Beförderungsweg verläuft also zum Teil über das Postunternehmen und zum anderen Teil über einen nicht professionellen Beförderer. Auch der letzte Teil ist grundrechtlich geschützt, da Art. 10 Abs. 1 GG nicht nur den über die „Post" laufenden (Alt. 2), sondern auch den übrigen Briefverkehr (Alt. 1) erfaßt.[1056] Auch die Position des mittelbaren Empfängers vermittelt daher eine Antragsberechtigung.

II. Durchsicht

Zwar ist die Übertragung der Durchsicht an die Staatsanwaltschaft nicht anfechtbar, daraus kann jedoch nicht geschlossen werden, daß die Durchsicht selbst bzw. andere Modalitäten ihrer Durchführung der Nachprüfung entzogen sind.

1. Rechtsbehelf

Über die Anordnung der Öffnung entscheidet gem. § 100 Abs. 3 S. 1, Abs. 4 S. 1 StPO der Richter. Dieser Beschluß kann grundsätzlich mit der Beschwerde angefochten werden. Die Frage ist nur, ob dies auch in den Fällen von § 304 Abs. 5 und § 305 StPO gilt. Der 3. und der 5. Strafsenat des BGH haben sich dagegen ausgesprochen, die Durchführung der Durchsuchung unter „Durchsuchung" i. S. v. §§ 304 Abs. 5, 305 S. 2 StPO zu subsumieren.[1057] Dem war jedoch nur insoweit zuzustimmen, als das Verhalten von Staatsanwaltschaft und Polizei nicht mit dem auf richterliche Beschlüsse zugeschnittenen Rechtsmittel der Beschwerde bekämpft werden kann.[1058] Bei der Anordnung der Durchsicht nach § 100 Abs. 3, 4 StPO sind die Akzente anders gesetzt: Es geht hier um einen richterlichen Beschluß, der die zweite Phase der Postbeschlagnahme einleitet. Er ist auf eine (Post-)Beschlagnahme i. S. v. §§ 304 Abs. 5, 305 S. 2 StPO bezogen.

Es bleibt zu klären, ob und wie gegen Fehler beim Vollzug der Durchsicht vorgegangen werden kann. Hat der Richter die Durchführung der Staatsanwaltschaft

---

[1056] Unstr., vgl. BVerfGE 33, 1, 11; Dreier/*Hermes*, GG, Art. 10 Rn. 30.

[1057] BGH, NJW 1999, 730, 732 = NStZ 1999, 200, 203 = StV 1999, 72, 74 (weitere Fundstellen in Fn. 761).

[1058] Siehe oben unter § 11 C. I. 2. b) aa) S. 162 ff.

übertragen, kann gegen deren Verhalten nach § 98 Abs. 2 S. 2 StPO analog vorgegangen werden.

Problematisch ist der letzte Fall: Was ist zu tun, wenn der Richter selbst die Durchsicht vornimmt und u. U. rechtswidrig handelt. Das Öffnen ist äußerlich ein Realakt. Hier ist zu differenzieren. Entscheidet sich der Richter, einen bestimmten Brief zu öffnen, so ist dies eine Frage des „Ob". Es handelt sich bei dieser Einzelentscheidung um einen Beschluß, der beschwerdefähig ist. Übrig bleiben also nur Fehler, die beim „Vorgang des Öffnens" stattfinden, aber auch sie bilden keine homogene Gruppe. Dazu zwei Beispiele:

- Der Richter bedient sich der Hilfe eines Polizisten (Verstoß gegen § 100 Abs. 3 StPO). Das Hinzuziehen eines Dritten kann zumindest als richterliche Verfügung angesehen werden. Der statthafte Rechtsbehelf ist dann die Beschwerde. Die Voraussetzung von §§ 304 Abs. 4 S. 2, 305 S. 2 StPO sind allerdings nicht gegeben.
- Der Richter fügt versehentlich der Sendung beim Öffnen mehr Schaden zu als unbedingt nötig oder beschädigt die Gegenstände in anderer Weise. Darin wird man keine Verfügung sehen können, auch die Annahme eines Justizverwaltungsakts scheitert am fehlenden Regelungsinhalt. Damit steht weder die Beschwerde noch der Antrag nach §§ 23 ff. EGGVG offen.

Es ist also zwischen Verfügungen des Richters und Verhalten ohne Regelungsgehalt zu differenzieren. Im ersteren Fall ist die Beschwerde statthaft. Im zweiten kann nur versucht werden, das materielle Interesse an Schadensersatz im Amtshaftungsprozeß zu befriedigen bzw. nach dem StrEG[1059] Entschädigung zu erhalten. Ein weitergehendes Rechtschutzbedürfnis besteht nicht.

Nach Erledigung hängt der Anspruch auf Rechtsschutz wie bei der Beschlagnahme nach § 94 StPO vom besonderen Rechtsschutzinteresse ab.[1060]

2. Antragsberechtigung

Antragsberechtigt sind auch hier die direkten und mittelbaren Partner der Kommunikation.[1061] Beim Postunternehmen dürfte es hingegen an der nötigen eigenen Betroffenheit fehlen: Seine Beschwer erschöpft sich mit der Aushändigung der Sendungen an die Ermittlungsbehörden. Etwaige Regreßansprüche seitens seiner Kunden wegen Schäden, die durch die (eventuell unsachgemäße) Öffnung durch Richter oder Staatsanwalt entstehen, braucht es nicht zu fürchten.

[1059] Gesetz vom 8. März 1971, BGBl. I 1971, 157 ff.

[1060] Siehe unter § 11 C. I. 2. a) S. 157 ff.

[1061] Siehe oben § 12 C. I. 2. S. 228 f.

Im übrigen verhülfen selbst solche Ansprüche dem Unternehmen nicht zu einem Antragsrecht.

D. Materielle Voraussetzungen der Postbeschlagnahme

Von der Postbeschlagnahme nach § 99 StPO werden nur solche Gegenstände erfaßt, die sich im Gewahrsam der Postunternehmen befinden.[1062] Zum einem sind dies die an den Beschuldigten gerichteten - verschlossenen und unverschlossenen - Postsendungen sowie Telegramme (§ 99 HS. 1 StPO).[1063] Der zweite Halbsatz ermöglicht die Beschlagnahme von Sendungen und Telegrammen, die vom Beschuldigten herrühren oder für ihn bestimmt sind, ohne an ihn adressiert zu sein, etwa bei Verwendung eines Pseudonyms oder eines Dritten als Strohmann.[1064]

Dies zeigt, daß die Ermittlungsorgane bereits ihre Bemühungen auf einen bestimmten Tatverdächtigen konzentriert haben müssen.[1065]

Streitig ist, ob der letzte Teil des zweiten Halbsatzes („und daß ihr Inhalt für die Untersuchung Bedeutung hat") nur auf Satz 2 oder auf § 99 StPO insgesamt angewandt werden muß. Besonders *Amelung* und *Welp* sprechen sich dafür aus, dieses Erfordernis für alle Alternativen der Postbeschlagnahme zur Voraussetzung zu machen.[1066]

Neben der Syntax sprechen aber auch sachliche Gründe dafür, dies nicht zu tun. Die Eingrenzung dient nämlich in erster Linie dem Schutz Dritter. Bei S. 2 Alt. 2 wird Post ausgesondert, die an einen solchen Dritten gerichtet ist. Eingriffe in das Grundrecht auf Privatheit des Postverkehrs einer eventuell völlig unbeteiligten Person sind nur unter engen Voraussetzungen möglich. Aus diesem Grund müssen Tatsachen vorliegen, die darauf schließen lassen, daß die Sendung für den Beschuldigten bestimmt ist.[1067] Entsprechende Regelungen finden sich in § 100 a S. 2 Alt. 2 StPO für die Telephonüberwachung, der gleichfalls einen Eingriff in

---

[1062] Allg. M. siehe nur LR/*Schäfer*, § 99 Rn. 28 ff. oder *Welp*, Die strafprozessuale Überwachung des Post- und Fernmeldeverkehrs, S. 195, jeweils m. w. N.

[1063] Vgl. § 4 PostG. Strittig ist die Anwendung von § 99 StPO u. a. bei Nachsendeformularen usw. Einzelheiten hierzu bei LR/*Schäfer*, § 99 Rn. 34. Zur Streitfrage der Anwendbarkeit bei elektronischer Nachrichtenübermittlung siehe KK/*Nack*, § 99 Rn. 7.

[1064] AK-StPO/*Amelung*, § 99 Rn. 6; LR/*Schäfer*, § 99 Rn. 35.

[1065] KMR/*Müller*, § 99 Rn. 7; LR/*Schäfer*, § 99 Rn. 25 m. w. N.; SK-StPO/*Rudolphi*, § 99 Rn. 10 f. Selbst das G 10 ermöglicht – mit Ausnahme der Kontrolle nach Art. 1 § 3 G 10 - nur eine auf bestimmte Personen bezogene Überwachung (Art. 1 § 2 Abs. 2 S. 2 G 10).

[1066] AK-StPO/*Amelung*, § 99 Rn. 7; *Welp*, Die strafprozessuale Überwachung des Post- und Fernmeldeverkehrs, S. 85 ff.; vgl. auch SK-StPO/*Rudolphi*, § 99 Rn. 13.

[1067] So auch KK/*Nack*, § 99 Rn. 8.

Art. 10 GG regelt, sowie in § 103 Abs. 1 S. 1 StPO für die Durchsuchung und in § 100 c Abs. 2 S. 2 StPO.[1068]

Seit Privatisierung des Postverkehrs geht es auch in S. 2 Alt. 1 um den Schutz weiterer Privatrechtssubjekte. Die Arbeitsbelastung der Unternehmen muß begrenzt bleiben, damit - übrigens auch im Interesse der Öffentlichkeit - der Postverkehr nicht zum Erliegen kommt: Man stelle sich nur vor, wie viele Briefkästen in einer Großstadt dem Beschuldigten zur Verfügung stehen, um seine Sendungen aufzugeben, und welche Unmengen von Briefen auf ein Herrühren vom Beschuldigten zu untersuchen wären.[1069]

Das heißt aber nicht, daß in jedem Verfahren die gesamte Post eines Beschuldigten einer Maßnahme nach § 99 StPO unterworfen werden darf, ohne Rücksicht darauf, ob davon Vorteile für die Ermittlungen zu erwarten sind. Das generelle Korrektiv der Verhältnismäßigkeit sorgt hier für Einschränkungen. Steht von vornherein fest, daß die auszusondernden Nachrichten keine Beweisbedeutung für das Verfahren hätten und folglich nach Durchsicht nicht gem. § 94 StPO beschlagnahmt werden dürften, wäre die Postbeschlagnahme unzulässig.[1070] Auch im übrigen ist – wie letztlich bei jedem Grundrechtseingriff - der zu erwartende Nutzen gegen die möglichen Schäden abzuwägen. Eine Rolle spielt dabei insbesondere auch das Gewicht der verfolgten Tat: Dies gilt für die beeinträchtigte Grundrechtssphäre der Kommunikationspartner genauso wie für das Postunternehmen. Wie *Schäfer* plastisch formuliert, ist der zumutbare Arbeitsaufwand „in einer staatswichtigen Hochverratssache“[1071] höher anzusetzen als bei einem Verfahren, das ein Antragsdelikt zum Gegenstand hat.

E. Anwendbarkeit von § 97 StPO auf die Postbeschlagnahme?

Eine § 97 StPO entsprechende Regelung fehlt bei der Postbeschlagnahme.[1072] Da diese eine Beschlagnahme nach § 94 StPO nur vorbereiten soll, scheidet sie aus, wenn jener ein Verbot entgegensteht. Im Zeitpunkt der eigentlichen Beschlagnahme, d. h. nach der Durchsicht, befinden sich die Gegenstände im Gewahrsam der Ermittlungsbehörden. § 97 StPO stellt aber – von Abs. 3 abgesehen - gerade auf den Gewahrsam des Zeugnisverweigerungsberechtigten ab. Er hilft hier also nicht.

[1068] Vgl. auch Art. 1 § 2 Abs. 2 S. 2 G 10.

[1069] So LR/*Schäfer*, § 100 Rn. 9.

[1070] Dies vertritt – ohne Bezugnahme auf den Verhältnismäßigkeitsgrundsatz – auch *Nack*, KK/*Nack*, § 99 Rn. 8. Im Ergebnis nähert sich die hier vertretene Ansicht der von *Amelung* und *Welp* (Fn. 1066) verfochtenen wieder an.

[1071] LR/*Schäfer*, § 100 Rn. 10.

[1072] Zum entstehungsgeschichtlichen Hintergrund siehe *Werle*, JZ 1991, 482, 485 f.

Eine zweite Möglichkeit wäre es, § 97 StPO analog auf die Maßnahme nach § 99 StPO anzuwenden. Die Postunternehmen sind zwar materiell strafrechtlich schweigepflichtig (§ 206 StGB i. V. m. § 39 PostG), aber nicht prozessual zeugnisverweigerungsberechtigt. Ein Beschlagnahmeprivileg könnte nur über § 97 Abs. 4 i. V. m. § 53 a StPO konstruiert werden. Es fehlt hier jedoch am notwendigen Mandatsbezug.[1073] Selbst eine analoge Anwendung von § 97 StPO führte also nicht weiter.[1074]

Nur solche Beschlagnahmeverbote, die von der Gewahrsamssituation unabhängig sind, können die Postbeschlagnahme ausschließen.[1075] Allein ist es in diesen Fällen nicht nötig, die Unzulässigkeit der Postbeschlagnahme mit einer „Vorwirkung" oder „Ausstrahlung" zu begründen: Sie können direkt auf den Eingriff nach § 99 StPO wirken und ihn unzulässig machen.

F. Probleme der Verwertbarkeit

Die Postbeschlagnahme geht der Beschlagnahme nach §§ 94 ff. StPO nur voraus und fördert damit selbst – mit Ausnahme äußerer Umstände der Kommunikation – keine beweisrelevanten Daten zutage. Das Hauptproblem besteht daher nicht darin, ob erlangte Beweismittel verwertet werden können, sondern ob im Anschluß an eine rechtswidrige Postbeschlagnahme eine Beschlagnahme nach §§ 94 ff. StPO angeordnet werden darf. Auch hier läßt sich der bereits oben bei der Beschlagnahme nach §§ 94 ff. StPO erwähnte Streit führen.[1076]

G. Zusammenfassung

Die Postbeschlagnahme ist keine Beschlagnahme im eigentlichen Sinn, sondern bereitet eine solche nur vor. Sie kann in Eilfällen auch von der Staatsanwaltschaft angeordnet werden, bedarf aber dann richterlicher Bestätigung.[1077]

Gegen die Postbeschlagnahme selbst kann bei richterlicher Anordnung oder Bestätigung Beschwerde eingelegt werden, bei staatsanwaltschaftlicher steht der Rechtsbehelf nach § 98 Abs. 2 S. 2 StPO analog zur Verfügung. Dies gilt auch nach Erledigung, für den Antrag nach § 98 Abs. 2 S. 2 StPO analog allerdings nur insofern, als er nicht durch eine richterliche Bestätigung entbehrlich geworden ist.

[1073] Siehe hierzu § 11 E. II. 1. e) S. 210 f.

[1074] So, mit anderer Begründung, im Ergebnis auch *Welp*, Die strafprozessuale Überwachung des Post- und Fernmeldeverkehrs, S. 195 f.

[1075] Zu diesen siehe unten unter § 14 S. 241 ff.

[1076] § 11 F. II. S. 220 ff.

[1077] § 12 B. S. 226.

Antragsberechtigt sind das Postunternehmen, die Kommunikationspartner sowie der vom Adressaten eventuell verschiedene Empfänger der Sendung.[1078]

Die Anordnung der Durchsicht ist mit der Beschwerde anfechtbar, desgleichen Regelungen bezüglich der Modalitäten, nicht aber die Delegation der Durchsicht an die Staatsanwaltschaft (§ 100 Abs. 3 S. 3 StPO). Antragsberechtigt sind die oben Genannten mit Ausnahme des Postunternehmens.[1079]

Das Erfordernis potentieller Beweisbedeutung in § 99 S. 2 StPO ist direkt nur auf Satz 2 anwendbar. Bei Sendungen nach Satz 1 ist die Beweisbedeutung nur im Rahmen der Verhältnismäßigkeitsprüfung zu beachten.[1080]

§ 97 StPO gilt für die Postbeschlagnahme weder direkt noch analog.[1081]

[1078] § 12 C. I. S. 227 ff.

[1079] § 12 C. II. S. 229 ff.

[1080] § 12 D. S. 231 f.

[1081] § 12 E. S. 232.

§ 13 Die Kontrolle der Verteidigerpost nach § 148 Abs. 2 StPO

A. Gesetzgebungsgeschichte

Die Gesetzgebungsgeschichte des § 148 StPO ist Spiegel des Bildes des Strafverteidigers in der Öffentlichkeit:[1082] Während noch die sogenannte Kleine Strafprozeßreform von 1964 das Verkehrsrecht von jeglicher Kontrolle befreit hatte,[1083] schlug das Pendel unter dem Eindruck der RAF-Prozesse in die entgegengesetzte Richtung aus. 1976 wurde mit §§ 148 Abs. 2, 148 a StPO[1084] erneut eine Möglichkeit zur Überwachung geschaffen. Sie erfaßt nur den schriftlichen Kontakt, zu dem auch die Übergabe von Schriftstücken bei Verteidigerbesuchen zählt (vgl. § 148 Abs. 2 S. 3 StPO).

B. Anordnungskompetenz

Die Überwachung des Schriftverkehrs geht der eigentlichen Beschlagnahme voraus, wie § 148 a Abs. 1 S. 2 HS. 2 StPO zeigt. Sie wird mangels Spezialzuweisung bei Untersuchungshaft und in den Fällen des § 122 StVollzG vom gemäß §§ 119 Abs. 6, 126 Abs. 1 StPO zuständigen Richter getroffen.[1085] Dies ist in der Regel der Ermittlungsrichter beim BGH (§ 169 Abs. 1 S. 2 StPO i. V. m. § 142 a GVG). Nach Erhebung der öffentlichen Klage entscheidet der Vorsitzende des mit der Sache befaßten Gerichts (§ 126 Abs. 2 S. 3 StPO). Ein auf § 129 a StGB gestützter Haftbefehl enthält bereits die Anordnung der Überwachung.[1086] Ist § 148 StPO gemäß § 29 Abs. 1 StVollzG nur entsprechend anwendbar, fällt die Entscheidung in den Zuständigkeitsbereich des Anstaltsleiters der JVA (§ 156 Abs. 2 StVollzG).[1087] [1088]

[1082] Einzelheiten zur Gesetzgebungsgeschichte u. a. bei *Beulke*, Der Verteidiger im Strafverfahren, S. 195 ff., 208, 237 f.; LR/*Lüderssen*, § 148 Rn. 21 ff.; vgl. auch unten unter § 14 A. II. S. 242 ff.

[1083] Art. 3 Nr. 6 StPÄG vom 19. Dezember 1964, BGBl. I, 1067, 1073.

[1084] Art. 2 Nr. 4 des Gesetzes vom 18. August 1976, BGBl. I 1976, 2181, 2182, geändert durch Art. 1 Nr. 9 des Gesetzes vom 14. April 1978, BGBl. I 1978, 497.

[1085] Vgl. BGHSt 36, 205, 206 f. = BGHR StPO § 148 Überwachung 2 = NJW 1989, 2827= StV 1989, 285 = MDR 1989, 925 f. = JZ 1989, 959 f. m. Anm. *Müller-Dietz* = ZfStrVo 1990, 116. Ob es einer Anordnung bedarf, war zunächst umstritten (Nachweise bei BGH, loc. cit.).

[1086] BGH, Beschluß vom 6. März 1981, StB 13/81, zitiert nach BGH (Fn. 1085).

[1087] Vgl. *Neufeld*, NStZ 1984, 154.

[1088] Weitere Einzelheiten bei KK/*Laufhütte*, § 148 Rn. 18 und LR/*Lüderssen*, § 148 Rn. 42 ff.

C. Rechtsbehelf

Vergleichsweise unproblematisch sind die Fälle, in denen die Überwachung vom Anstaltsleiter angeordnet worden ist, hiergegen kann mit dem Antrag nach §§ 109 ff. StVollzG vorgegangen werden. Der Verteidiger ist auch im eigenen Namen antragsberechtigt, da das Kontaktrecht auch ihm selbst als eigene prozessuale Rechtsposition zusteht.[1089]

Ansonsten kann zwar grundsätzlich gegen die Entscheidung eines Richters Beschwerde erhoben werden. Dies ist jedoch bei der Anordnung der Kontrolle nach §§ 148 Abs. 2, 148 a StPO nur im Ausnahmefall möglich, wenn nämlich der Generalbundesanwalt wegen minderer Bedeutung des Falles gem. § 142 a Abs. 2 Nr. 2 GVG die Sache an die Landesstaatsanwaltschaft abgegeben hat und zudem nicht der Ermittlungsrichter beim OLG gem. § 169 Abs. 1 S. 1 StPO tätig geworden ist.[1090] Ansonsten ist während des Ermittlungsverfahrens die Beschwerde gem. § 304 Abs. 5 StPO bzw. nach Klageerhebung gem. § 304 Abs. 4 S. 2 StPO ausgeschlossen. Die Anordnung selbst kann also zumeist nicht gesondert bekämpft werden. Anfechtbar ist allenfalls der Haftbefehl, mit dem sie verbunden sein kann.[1091]

Wie sich zeigen wird, ist dies nicht unproblematisch.[1092]

D. Voraussetzungen und Ablauf

§ 148 Abs. 2 StPO setzt voraus, daß gegen den Beschuldigten wegen einer Straftat gem. § 129 a StGB[1093] ermittelt wird oder § 29 Abs 1 S. 2, 3 StVollzG eingreift. Er ist nicht analogiefähig.[1094] Umstritten ist dagegen, ob ein gesteigerter Verdacht erforderlich ist. Dem Wortlaut der Vorschrift nach müßte ein einfacher Anfangsverdacht genügen. Unter dem Eindruck heftiger Kritik aus dem Schrifttum[1095] hat der Ermittlungsrichter beim BGH jedoch in einem Beschluß vom 23. Mai 1989 entschieden, daß die Überwachung nur dann in Frage kommt, wenn dringender

---

[1089] Allg. M., vgl. BGHSt 33, 347, 349; weitere Nachweise bei Kleinknecht/*Meyer-Goßner*, § 148 Rn. 2.

[1090] Vgl. BGH, Beschluß vom 18. April 1983, StB 13/83, zitiert nach *H. W. Schmidt*, MDR 1984, 183, 187 Fn. 35.

[1091] HK/*Julius*, § 148 Rn. 6; LR/*Lüderssen*, § 148 Rn. 47.

[1092] Siehe § 15 S. 263 ff.

[1093] Zuletzt geändert durch 6. StRG vom 26. Januar 1998, BGBl. I 1998, 164, 171.

[1094] BGHSt 30, 38, 40 f. = NJW 1981, 1222 = StV 1981, 241 m. Anm. *Wächtler*; weitere Nachweise bei KK/*Laufhütte*, § 148 Rn. 12.

[1095] Nachweise bei AK/*Stern*, § 148 Rn. 30; LR/*Lüderssen*, § 148 Rn. 37 f.

Tatverdacht gegen den Beschuldigten besteht.[1096] Zum Tragen kommt die vom BGH angemahnte Steigerung des Verdachtsgrades jedoch nur, wenn der Beschuldigte sich nicht auf Grund eines (auch) auf § 129 a StGB gestützten Haftbefehls in Gewahrsam befindet. Nicht erforderlich ist ein irgendwie gearteter Verdacht gegen den Verteidiger. Letzteres erscheint problematisch: Zumindest, wenn zweifelsfrei feststeht, daß keinerlei Mißbrauchsgefahr besteht, ist die Anordnung unverhältnismäßig.[1097]

Eine weitere Voraussetzung für die Überwachung ist, daß sich der Beschuldigte nicht auf freiem Fuß befindet. Damit ist bei offenem Strafvollzug oder Vollzugslockerungen gem. §§ 11 Abs. 1 Nr. 1 HS. 2, Nr. 2 HS. 2, 13, 15 Abs. 3 StVollzG die Überwachung ausgeschlossen (vgl. § 29 Abs 1 S. 2 HS. 2 StVollzG).

Die Folge der Anordnung ist, daß Sendungen des Verteidigers in diesem wie in anderen Verfahren (§ 148 Abs. 2 S. 2 StPO) an den Beschuldigten erst dann weitergeleitet werden, nachdem sie dem nach § 148 a Abs. 1 S. 1 StPO zuständigen Richter vorgelegt worden sind. Dies ist nur mit Einverständnis des Absenders möglich. Fehlt es, sind die Objekte zurückzuweisen (§ 148 Abs 2 S. 1 StPO). In diesem Zusammenhang wird gestritten, ob eine Zurückweisung auch dann möglich ist, wenn der Überwachungsrichter bei der Durchsicht einen Mißbrauch des Verkehrsrechts zu verteidigungsfremden Zwecken erkennt. Mit der Verschwiegenheitspflicht nach § 148 a Abs 2 S. 2 StPO geriete er nicht in Konflikt. Es geht nur um die Frage, ob § 148 Abs. 2 S. 1 StPO die Nichtweiterleitung abschließend regelt. § 148 Abs. 2 StPO soll einen Zustand herstellen, der dem bei fehlender Überwachung möglichst nahe kommt. Auch vermag der Überwachungsrichter oft nicht zu beurteilen, ob etwa der Briefwechsel in einer Zivilsache nicht doch „zum Zwecke der Verteidigung" geführt wird (z. B. um die entsprechenden Mittel für die Entlohnung des Wahlverteidigers oder für eine bei der Strafzumessung relevante Entschädigung des Verletzten zu gewinnen). Andererseits fällt es schwer, vom Richter zu verlangen, Briefe weiterzuleiten, die Fluchtpläne oder gefährliche Gegenstände enthalten. Ratio legis der §§ 148 Abs. 2, 148 a StPO ist der Schutz vor Gefahren, die von unkontrolliertem schriftlichen Verteidigerkontakt ausgehen können. In Fällen grob mißbräuchlichen Verhaltens, in denen eine Zurückweisung

---

[1096] BGHSt 36, 205, 208 ff. = BGHR StPO § 148 Überwachung 2 = NJW 1989, 2827 f. = StV 1989, 285, 286 = MDR 1989, 925, 926 = JZ 1989, 959, 960 f. m. Anm. *Müller-Dietz* = ZfStrVo 1990, 116 f.; anders noch BGH, StV 1984, 211 m. Anm. *Sauer*.

[1097] Ähnlich LR/*Lüderssen*, § 148 Rn. 27, der die Regelung allerdings wegen Verstoßes gegen den Verhältnismäßigkeitsgrundsatz für verfassungswidrig zu halten scheint.

Auch eine zweite Fallgestaltung, in der die Überwachung unverhältnismäßig wäre, ist theoretisch denkbar: Zumal dann, wenn zwischen Tatbegehung und Anordnung der Überwachung ein beträchtlicher Zeitabstand liegt, kann es sein, daß die terroristische Vereinigung aufgehört hat zu existieren. Es dürfte jedoch extrem schwer sein, dies mit genügender Sicherheit festzustellen.

aus präventiven Gründen erforderlich ist, wird man daher ein Recht zur Zurückweisung anerkennen können.[1098] Der Wortlaut von § 148 Abs 2 StPO steht dem nicht entgegen.

Wie bereits angedeutet, ist der Richter, dem die Überwachung obliegt, grundsätzlich zu strengstem Stillschweigen verpflichtet. Allein die Anzeigepflicht nach § 138 StGB geht vor (§ 148 a Abs 2 S. 2 StPO). In diesem Fall hat der Richter nicht nur Anzeige zu erstatten, sondern auch die betreffenden Gegenstände vorläufig in Verwahrung zu nehmen, um eine anschließende Beschlagnahme zu ermöglichen. Für diese gelten keine Besonderheiten, insbesondere greift § 97 StPO auch dann nicht ein, wenn kein Fall des Abs. 2 S. 3 vorliegt, da es am gem. § 97 Abs. 2 S. 1 StPO notwendigen Gewahrsam des Zeugnisverweigerungsberechtigten fehlt. § 97 Abs. 2 S. 1 StPO kann bei Eingriffen, die auf §§ 148 Abs. 2, 148 a StPO zurückgehen, schon aus gesetzessystematischen Gründen nämlich gerade nicht mit Hinweis auf § 148 Abs. 1 StPO überspielt werden.[1099] Die anschließende Beschlagnahme muß mangels Gefahr im Verzug vom gem. § 98 StPO zuständigen Richter angeordnet werden, dieser darf nicht personenidentisch mit dem Überwachungsrichter sein (§ 148 a Abs 2 S. 1 StPO).

Als problematisch wird empfunden, daß der Katalog von § 138 StGB in Absatz 2 seinerseits § 129 a StGB enthält. Ist eine Tat nach § 129 a StGB Grund für die Anzeige des Überwachungsrichters und für die vorläufige Zurückhaltung der Sendung, dürfte es sich zumeist um dieselbe Tat im prozessualen Sinn handeln, deretwegen die Überwachung nach § 148 Abs. 2 StPO ursprünglich angeordnet worden ist, so daß es zu einer Verwertung inkriminierter Verteidigerpost im Anlaßverfahren kommt.

Zudem, so wird vertreten, bewege sich die Verteidigung in Terroristenverfahren oft auf einem schmalen Grad zwischen engagierter Vertretung der Interessen des Mandanten und Unterstützung der Vereinigung.[1100] Das letzte Argument vermag nicht zu überzeugen. Es hieße nämlich, einen Generalverdacht gegen sämtliche Verteidiger in § 129 a StGB-Verfahren auszusprechen und ihnen zu unterstellen, sie identifizierten sich mit den politischen Zielen ihrer Mandanten und führten deren „Kampf“ weiter. Man kann wohl nicht davon ausgehen, daß die Quote

---

[1098] Vgl. *Welp*, GA 1977, 138. Großzügiger offenbar die Rspr.: Erkennbares, eindeutiges bzw. offensichtlich verteidigungsfremdes Verhalten genügt, LG Stuttgart StV 1985, 67, 68; LG Baden-Baden, StV 1982, 80; LG Regensburg, StV 1988. 538; LG Stuttgart, StV 1987, 540; weitere Nachweise bei *Beulke*, Der Verteidiger im Strafverfahren, S. 196; Kleinknecht/*Meyer-Goßner*, § 148 Rn. 3; LR/*Lüderssen*, § 148 a Rn. 6.

[1099] Der BGH kommt zum gleichen Ergebnis, beruft sich allerdings auf ein „Redaktionsversehen“ des Gesetzgebers (BGH, NStZ 1990, 93 = StV 1990, 146); zum Einfluß von § 148 StPO auf §§ 94, 97 und § 99 StPO siehe unten unter § 14 A. S. 241 ff.

[1100] So LR/*Lüderssen*, § 148 a Rn. 7.

„schwarzer Schafe“ bei „Terroristen-Anwälten“ größer ist als etwa bei Verteidigern, die sich auf andere Felder organisierter Kriminalität spezialisiert haben.

Im übrigen ist das Risiko für den Verteidiger de facto nicht einmal im Bereich des Strafmaßes größer: Sowohl § 129 a Abs. 3 StGB als auch § 258 Abs. 1 StGB sehen als Höchstmaß eine Freiheitsstrafe von fünf Jahren vor. Zwar ist bei der Strafvereitelung ihr Mindestmaß nicht erhöht und auch Geldstrafe kann verhängt werden, jedoch enthält § 129 a StGB in Absatz 4 eine Milderungsmöglichkeit nach § 49 Abs. 2 StGB, so daß sich die Risiken in etwa gleichen.

Was das erste Argument angeht, so ist dazu folgendes zu sagen. In der Tat erscheint es nicht unbedenklich, Verteidigungskorrespondenz im Anlaßverfahren zu verwerten. Es handelt sich hier jedoch um einen ganz besonderen Fall der Verwirkung, da jene Handlung, die die Verwirkung auslöst, Teil **derselben** Tat ist, für die die Unterlagen zum Beweis herangezogen werden. Auch dürfte es sich nicht um ein Versehen des Gesetzgebers handeln, der ja gerade die Fortführung der Vereinigung aus der Haft heraus verhindern wollte.[1101] Nur die Verwertung hinsichtlich **beendeter** Betätigungen im Sinne von § 129 a StGB soll unterbleiben.[1102] Ist also die Tat, die Gegenstand des ursprünglichen Verfahrens ist, mit der neuen nicht identisch, können die zurückgehaltenen und im Anschluß daran beschlagnahmten Objekte nur hinsichtlich letzterer verwertet werden, nicht aber im Anlaßverfahren.

Ein andere Frage ist natürlich, ob im Einzelfall tatsächlich eine Anzeigepflicht nach § 138 StGB besteht und deshalb die Sendung vom Überwachungsrichter zurückgehalten und anschließend beschlagnahmt werden kann.[1103]

1101 Vgl. die vom Gesetzgeber vorgefundene Rechtsprechung vor Einführung von §§ 148 Abs. 2, 148 a StPO: BGH, NJW 1973, 2035, 2036 = JZ 1973, 421= AnwBl. 1973, 314, 315 = MDR 1973, 945, 946 = BGH LM § 148 StPO Nr. 1 = JR 1974, 115, 117 m. Anm. *Roxin* = NJW 1974, 65 (LS) m. Anm. *Specht* („Aufrechterhaltung des organisatorischen Zusammenhalts der Rote-Armee-Fraktion als einer kriminellen Vereinigung“). Zudem dürfte der Fall, daß ein Beschuldigter zwei völlig von einander unabhängigen Terrorgruppen gleichzeitig oder nacheinander angehört, nur von theoretischer Bedeutung sein.

1102 Vgl. Entwurf der Bundesregierung, BT DS 7/4005, S. 10; BGH, NStZ 1990, 93, 94 = StV 1990, 146.

1103 Vgl. dazu u. a. die kritische Anmerkung von *Nestler-Tremel* zu BGH, NStZ 1990, 93 ff. = StV 1990, 146 f., *Nestler-Tremel*, StV 1990, 147 ff.

E. Zusammenfassung

Die Überwachung nach § 148 Abs. 2 StPO ist nur bei „Terrorismus-Verfahren" möglich. Sie dient primär der Gefahrenabwehr.

Ihre Anordnung geht in der Regel vom Ermittlungsrichter des BGH aus.[1104] Damit mag eine besonders sorgfältige Prüfung ihrer Voraussetzungen gewährleistet sein, zugleich resultieren daraus schwerwiegende Nachteile beim Rechtsschutz.[1105]

Im übrigen bemüht sich die Regelung, eine effektive Verteidigung des Beschuldigten so wenig wie möglich zu beeinträchtigen: Eine Verwertung der Erkenntnisse im Anlaßverfahren ist nur gestattet, wenn das Verhalten, daß eine Anzeigepflicht nach § 138 StGB auslöst und damit die Inverwahrungnahme nach § 148 a Abs. 1 S. 2 StPO und die spätere Beschlagnahme ermöglicht, Teil der ursprünglich verfolgten Tat ist.[1106]

[1104] § 13 B. S. 235.

[1105] § 13 C. S. 236.

[1106] § 13 D. S. 238 ff.

§ 14 Der besondere Schutz der Verteidigung nach Ansicht von Literatur und Rechtsprechung

Daß die Rechte der Strafverteidigung durch die Regelung der Beschlagnahme in der StPO nicht ausreichend gewahrt werden, ist in Literatur und Rechtsprechung seit langem Allgemeingut. Es sind zahlreiche Versuche unternommen worden, hier Abhilfe zu schaffen.

A. Einfluß von § 148 StPO

Man ist sich inzwischen einig, daß § 148 StPO nicht nur das Verkehrsrecht des inhaftierten Beschuldigten regelt, sondern auf alle Kontakte des Beschuldigten mit seinem Verteidiger anzuwenden ist.[1107] Dies ergibt sich allein schon aus der Verwendung des Wortes „auch“ in § 148 Abs. 1 StPO.[1108] Da § 148 Abs. 1 StPO nicht nur den mündlichen Verkehr, sondern auch den schriftlichen erfaßt, muß es geradezu zu Wechselwirkungen mit dem Beschlagnahmerecht kommen.

I. Überlagerung des Gewahrsamserfordernisses

Einer der Kritikpunkte ist, daß § 97 StPO nur dann einer Beschlagnahme entgegensteht, wenn die Objekte im Gewahrsam des Zeugnisverweigerungsberechtigten sind. Befinden sie sich beim Beschuldigten, auf dem Postweg oder gar bei Dritten, denen kein eigenes oder wenigstens vom Verteidiger abhängiges Zeugnisverweigerungsrecht zusteht, unterliegen sie - nach dieser Vorschrift - dem Zugriff der Ermittlungsorgane, und zwar auch dann, wenn der Gewahrsamsverlust gegen den Willen des Zeugnisverweigerungsberechtigten eingetreten ist.[1109]

Ein freier Kontakt mit dem Verteidiger ist bei dieser Rechtslage auf dem Schriftweg schlicht unmöglich: Droht nämlich eine Beschlagnahme des Briefverkehrs, unterbände dies die schriftliche Kommunikation fast ebenso effektiv wie eine „Kontaktsperre“.

Aus diesem Grund geht nach allgemeiner Ansicht § 148 Abs. 1 StPO dem Abs. 2 S. 1 von § 97 als lex specialis und posterior vor.[1110] Im Anwendungsbereich von § 148 StPO kommt es auf die Gewahrsamslage nicht an.[1111]

[1107] BGHSt 33, 347, 349; LG Mainz, NStZ 1986, 473; AK/*Stern*, § 148 Rn. 1; *Beulke*, Jura 1986, 642, 644; Kleinknecht/*Meyer-Goßner*, § 148 Rn. 2; *Rolf Schmidt*, StV 1989, 421 f.; *Welp*, FS-Gallas, S. 391, 417, *Werle*, JZ 1991, 482, 487.

[1108] Vgl. LR/*Dünnebier*, 23. A., § 148 Rn. 3, der allerdings die „obrigkeitsstaatliche“ Formulierung kritisiert.

[1109] Zum Gewahrsamserfordernis siehe oben unter § 11 E. I. 3. S. 189 ff.

[1110] BGH, NJW 1973, 2035 = AnwBl. 1973, 314 = MDR 1973, 945 = BGH LM § 148 StPO Nr. 1 = JZ 1974, 421, 422 m. Anm. *Welp* = JR 1974, 115, 116 m. Anm. *Roxin* = NJW 1974, 65 (LS) m. Anm. *Specht*; BGH, NJW 1998, 1963, 1964 = NStZ 1998 309, 310 = StV 1998, 246, 247 =

II. Einfluß auf § 97 Abs. 2 S. 3 HS. 1 StPO

Umstrittener ist die Frage, ob § 148 StPO sich auch gegenüber § 97 Abs. 2 S. 3 StPO durchsetzt. In derselben Entscheidung aus dem Jahr 1973, in der sich der BGH für den Vorrang von § 148 StPO gegenüber § 97 Abs. 2 S. 1 StPO ausgesprochen hatte, wandte er sich dagegen, dies auch für den Ausschluß des Beschlagnahmeprivilegs gem. § 97 Abs. 2 S. 3 StPO gelten zu lassen. In der Entscheidung heißt es, der Verkehr sei „nur eben für die Zwecke der Verteidigung frei".[1112] § 148 StPO sei nach dem objektiven Willen des Gesetzgebers auszulegen. Seine Ausstrahlungswirkung schließe deshalb die Anwendung von § 97 Abs. 2 S. 3 StPO auf Strafverteidiger nicht aus.[1113]

Diese Entscheidung des BGH kann nicht herausgelöst aus ihrem historischen Kontext betrachtet werden: Die sogenannte Kleine Strafprozeßreform von 1964 hatte das Kontaktrecht von allen Beschränkungen freigestellt. § 148 StPO bestand nur noch aus dem heutigen Absatz 1 der Vorschrift.[1114] Diese Novelle stammt aus einer Zeit gegenseitigen Vertrauens von Anwaltschaft und Justiz. Es bestanden keine Zweifel an der Integrität der professionellen Strafverteidiger. Später, in der z. T. für die Rechtsanwaltschaft unrühmlichen Ära der RAF-Prozesse, behalf sich die Justiz damit, Verteidiger, die im Verdacht standen, mit ihren Mandanten gemeinsame Sache zu machen, auszuschließen. Sie berief sich hierbei auf ein prozessuales Gewohnheitsrecht. Dieser Praxis hat das BVerfG in seinem Beschluß vom 14. Februar 1973 ein Ende gesetzt:[1115] Die Organstellung des Rechtsanwalts gem. § 1 BRAO begründe keinen Eingriffstatbestand,[1116] ein entsprechendes vorkonstitutionelles Gewohnheitsrecht existiere nicht,[1117] ohne eine explizite Regelung des Verteidigerausschlusses, für den auch nach Auffassung des BVerfG ein

---

JA 1998, 632, 634 (Aufbereitung durch *Satzger*) = JuS 1998, 850, 851 (aufbereitet von *Martin*); weitere zahlreiche Nachweise bei *Dahs*, GS-Meyer, S. 61, 62 f.; *Schäfer*, FS-Hanack, S. 77, 83; *Welp*, FS-Gallas, S. 391, 417; sowie in den Kommentierungen zu § 97 StPO, z. B. AK/*Amelung*, § 97 Rn. 38; KK/*Nack*, § 97 Rn. 24; Kleinknecht/*Meyer-Goßner*, § 97 Rn. 37; LR/*Schäfer*, § 97 Rn. 57.

1111 Einzelheiten siehe u. a. bei *Rolf Schmidt*, Die Ausnahme vom Beschlagnahmeverbot gemäß § 97 Absatz 2 Satz 3 1. HS StPO, S. 84 ff.

1112 BGH, NJW 1973, 2035, 2036 (für weitere Fundstellen siehe Fn. 1110).

1113 BGH, NJW 1973, 2035, 2036 (für weitere Fundstellen siehe Fn. 1110). § 97 Abs. 2 S. 2 StPO damaliger Gesetzesfassung entspricht S. 3 der heute geltenden (vgl. LR/*Schäfer*, Entstehungsgeschichte von § 97).

1114 Art. 3 Nr. 6 StPÄG vom 19. Dezember 1964, BGBl. I, 1067, 1073.

1115 BVerfGE 34, 293 ff. = NJW 1973, 696 ff. = JZ 1973, 311 ff. m. Anm. *Schumann*.

1116 BVerfGE 34, 293, 300 = NJW 1973, 696 f. = JZ 1973, 311, 312.

1117 BVerfGE 34, 293, 303 ff. = NJW 1973, 696, 697 f. = JZ 1973, 311, 313 f.

Bedürfnis bestand, dürfe es einen derartigen Eingriff in die Berufsfreiheit des Strafverteidigers (und in die Rechte des Beschuldigten)[1118] nicht geben.[1119]

Um Gefahren zu begegnen, die aus einem unkontrollierten schriftlichen Kontakt zwischen Verteidiger und (inhaftierten) Mandanten erwuchsen, blieb dem BGH fast nichts anderes übrig, als § 148 StPO der Schranke des § 97 Abs. 2 S. 2 StPO damaliger Fassung (S. 3 der geltenden) zu unterwerfen: Laut Sachverhalt standen einige Verteidiger im dringenden Verdacht, an einem illegalen Info-System beteiligt zu sein, das der Aufrechterhaltung der Terror-Gruppe Rote-Armee-Fraktion diente.[1120]

Inzwischen haben sich nicht nur die gesellschaftlichen Rahmenbedingungen geändert: Mit der Einführung der §§ 138 a ff. StPO als gesetzlicher Regelung des Verteidigerausschlusses,[1121] der Normierung der Kontaktsperre in §§ 31 ff. EGGVG[1122] und der Verkehrskontrolle in §§ 148 Abs. 2, 148 a StPO[1123] hat der Gesetzgeber ein abschließendes System zur Bekämpfung derartiger Gefahrenlagen geschaffen. Der Rückgriff auf § 97 Abs. 2 S. 2 StPO damaliger Fassung, den der BGH für nötig hielt, um eine unbewußte Gesetzeslücke zu schließen, ist nunmehr weder nötig noch zulässig.[1124]

Hinzu kommt, daß die zitierte Entscheidung selbst § 97 Abs. 2 S. 2 StPO (a. F.) nur in ganz beschränktem Maße heranzog, was von den Literaturvertretern, die auch heute noch § 148 StPO nach Maßgabe von § 97 Abs. 2 S. 3 StPO einschränken wollen,[1125] gerne übersehen wird: Dem Verfahren gegen die Mandanten des

---

1118 Implizit auf S. 302 f. der Entscheidung.

1119 BVerfGE 34, 293, 300 ff. = NJW 1973, 696 ff. = JZ 1973, 311, 312 ff.

1120 BGH, NJW 1973, 2035, 2036 (weitere Fundstellen in Fn. 1110).

1121 Gesetz vom 20. Dezember 1974, BGBl. I 1974, 3686 f.; geändert und erweitert durch Art. 2 des Gesetzes vom 18. August 1976, BGBl. I 1976, 2181, 2182, und Art. 1 Nr. 6 ff. des Gesetzes vom 14. April 1978, BGBl. I 1978, 497, 498.

1122 Gesetz vom 30. September 1977, BGBl. I 1977, 1877 ff., zuletzt geändert durch Art. 1 des Gesetzes vom 4. Dezember 1985, BGBl. I, 2141.

1123 Einzelheiten zu §§ 148 Abs. 2, 148 a StPO wurden unter § 13 S. 235 ff. bereits besprochen.

1124 So auch *Krekeler*, AnwBl. 1989, 470, 471 f.; LR/*Schäfer*, § 97 Rn. 60; *ders.*, FS-Hanack, S. 77, 100; vgl. dazu *Beulke*, Jura 1986, 642, 644 f.; HK/*Lemke*, § 97 Rn. 20. Neuere Entscheidungen, wie z. B. AG Hanau, NJW 1989, 1493, 1494, zitieren zwar noch immer in obiter dicta die genannte Entscheidung des BGH in NJW 1973, 2035 (weitere Fundstellen siehe in Fn. 1110) oder wiederholen, daß Teilnahmeverdacht gegen den Verteidiger das Privileg entfallen läßt (BGH, Beschluß des Ermittlungsrichters vom 13. November 1989, NStZ 1990, 93 = StV 1990, 146), es werden jedoch keine Entscheidungen zitiert, bei denen die Frage wirklich eine Rolle gespielt hätte. Das gilt auch für BGHSt 33, 347, 351 f. = JR 1987, 75, 76 m. Anm. *Rieß*.

1125 Kleinknecht/*Meyer-Goßner*, § 97 Rn. 38, § 148 Rn. 8; KK/*Nack*, § 97 Rn. 24, 33; KMR/*Müller*, § 97 Rn. 14. Die von den Genannten zitierte Entscheidung BGH, NJW 1982,

Verteidigers lag der Vorwurf der Beteiligung an einer Terrorgruppe zugrunde (damals § 129 StGB, heute eigener Tatbestand), die Verteidiger standen im Verdacht an dieser – nicht beendeten – Tat mitzuwirken. Dem BGH ging es in seiner Entscheidung darum, einen laufenden Mißbrauch des Kontaktrechts zu unterbinden. Die Beschlagnahme diente hier also primär präventiven Zwecken, die Verwertung war nur beschränkt möglich.[1126] Die Beschlagnahme nach §§ 94, 97 Abs. 2 S. 3 StPO bezweckt dagegen allein die Gewinnung von Beweismaterial unter dem Gesichtspunkt der Verwirkung, sie ist tendenziell vergangenheitsbezogen und dient repressiven Zwecken.[1127]

Mit anderen Worten: Legt man die Maßstäbe der zitierten BGH-Entscheidung zugrunde, entfiele das Beschlagnahmeprivileg dann nicht, wenn der Verteidiger zwar verdächtigt wird, an der beendeten Tat des Mandanten beteiligt gewesen zu sein, aber zugleich feststeht, daß er die Verteidigung durch und durch lege artis führen wird.

III. Einfluß auf § 97 Abs. 3 S. 3 HS. 2 StPO?

Kaum diskutiert wird die Frage, ob § 148 StPO auch § 97 Abs. 2 S. 3 HS. 2 StPO auszuschalten vermag. Dagegen spricht, daß ein schutzwürdiges Interesse an der Geheimhaltung dieser Gegenstände nicht erkennbar ist. Demgemäß befürwortet auch *Rudolphi* die Möglichkeit der Beschlagnahme.[1128] Nur, so muß man fragen, wie können die Strafverfolgungsbehörden auf solche Gegenstände in der Verteidigerkorrespondenz zugreifen, ohne auch die übrige zu beeinträchtigen? Dies hieße, daß unabhängig von § 148 Abs. 2 StPO eine Durchsicht von Verteidigerpost möglich sein müßte. § 148 Abs. 2 StPO ist jedoch abschließend: Im Anwendungsbereich von § 148 StPO ist auch die Beschlagnahme der instrumenta ac producta sceleris unzulässig.

2508 (insofern nicht in BGHSt 31, 16 ff.) bezieht sich auf einen Zeitraum zwischen Juni 1973 und Mai 1975 und kann daher nicht ohne weiteres auf die Rechtslage nach den beschriebenen Änderungen übertragen werden (dies verkennen auch *Schäfer*, FS-Hanack, S. 77, 100 Fn. 124 und *Rolf Schmidt*, Die Ausnahme vom Beschlagnahmeverbot gemäß § 97 Absatz 2 Satz 3 1. HS StPO, S. 120 f.). Zudem bezieht auch sie sich auf einen Sachverhalt, der heute eine Überwachung und eventuell eine Beschlagnahme der Korrespondenz nach § 148 Abs. 2, 148 a, 94 ff. StPO tragen könnte. Die Entscheidung ist auf den gewöhnlichen Anwendungsbereich von § 97 Abs. 2 S. 3 StPO auch aus diesem Grund nicht übertragbar, auch wenn die Vertreter dieser Ansicht z. T. den Verdachtsgrad anheben wollen (dazu Kleinknecht/*Meyer-Goßner* und KK/*Nack* loc. cit.).

[1126] Einzelheiten zur Verwertung auch unter § 13 D. S. 238 ff.

[1127] Vgl. hierzu im Hinblick auf die Zielsetzung von § 148 Abs. 2, 148 a StPO auch *Rieß*, JR 1987, 77, 78.

[1128] SK-StPO/*Rudolphi*, § 97 Rn. 52.

IV. Stellungnahme

Wandte man § 148 Abs. 1 StPO konsequent auf jegliches Verteidigungsmaterial an, wäre eine Beschlagnahme nur noch in „Terroristenverfahren“ möglich. Auch wenn ein Strafverteidiger wirklich einmal seine Kanzlei zum Asyl für Belastungsmaterial zweckentfremdet, wäre die Beschlagnahme ausgeschlossen. Selbst die instrumenta ac producta sceleris könnten dem Zugriff der Strafverfolgungsbehörden auf Dauer entzogen werden.

Eine derartige Übersteigerung des Verteidigerprivilegs ist in der Praxis nicht durchzusetzen. Aus diesem Grund wird vorgeschlagen, die Beschlagnahme dann zuzulassen, wenn der Verteidiger nach §§ 138 a ff. StPO ausgeschlossen worden[1129] oder zumindest das Ruhen des Rechts nach § 148 StPO gemäß §138 c Abs. 3 StPO[1130] angeordnet worden ist.

Die Vertreter dieser Ansicht übersehen aber den retroaktiven Charakter der Beschlagnahme: Beim Verteidigerausschluß oder der direkten Anwendung von § 138 c Abs. 3 S. 1 StPO kommt es zu einer Unterbindung des zukünftigen Verkehrs (Wirkung **ex nunc**). Bei der Beschlagnahme muß aber auf „altes“ Material zugegriffen werden, auf Unterlagen also, die zur Zeit des noch nicht beschränkten Kontakts entstanden sind. Die Zulassung der Beschlagnahme nach dem Ausschluß bzw. der Anordnung des Ruhens bedeutet einen Wegfall des Verkehrsrechts **ex tunc**. Etwas derartiges sieht die StPO auch nicht in § 148 Abs. 2 StPO vor. Mit einer Analogie, bei der es, wenn nicht schon an der Regelungslücke, so doch zumindest an der Vergleichbarkeit der Fälle fehlt, würde mehr Schaden angerichtet, als Nutzen zu erwarten wäre.[1131]

Eine Inhaltskontrolle von Verteidigerpost ist daher nur in dem von §§ 148 Abs. 2, 148 a StPO gesteckten Rahmen möglich. Dies zwingt dazu, den Anwendungsbereich von § 148 Abs. 1 StPO besonders sorgfältig zu bestimmen.

1. Sachlicher Anwendungsbereich

§ 148 Abs. 1 StPO schützt den mündlichen und schriftlichen Verkehr zwischen Beschuldigtem und Verteidiger. Eine Sperrwirkung gegenüber § 97 Abs. 2 S. 1, 3 StPO kann er nur soweit haben, als es sich bei den zu beschlagnahmenden Gegenständen im weitesten Sinne um „Verteidigerpost“ handelt. Dazu muß ein Bezug zur Kommunikation zwischen Verteidiger und Beschuldigtem vorhanden sein. Kontakte des Beschuldigten oder des Verteidigers mit dritten Personen,

---

[1129] *Krekeler*, AnwBl. 1989, 470, 472.

[1130] *Fezer*, Strafprozeßrecht I, Fall 4 Rn. 69; LR/*Schäfer*, § 97 Rn. 58.

[1131] Zum gleichen Ergebnis kommt mit anderer Begründung (nemo-tenetur-Prinzip) *Rolf Schmidt*, Die Ausnahme vom Beschlagnahmeverbot gemäß § 97 Absatz 2 Satz 3 1. HS StPO, S. 145 ff.; auch SK-StPO/*Rudolphi*, § 97 Rn. 51, allerdings ohne Begründung.

einschließlich der Verteidigungsgehilfen nach § 53 a StPO, können mit dieser Vorschrift nicht erfaßt werden, auch wenn sie inhaltlich zum Zweck der Verteidigung erfolgen.[1132]

a) Der schriftliche Verkehr

Man hat sich allerdings zu fragen, was das Wesen des „kommunikativen Elements" ausmacht. Käme es allein auf den Gewahrsamswechsel an, würde ein beliebiger Gegenstand dadurch zur Verteidigerpost, daß der Beschuldigte ihn dem Verteidiger übergibt bzw. umgekehrt ihn von ihm erhält. Für diese Definition spricht, daß sie eine recht einfache Unterscheidung ermöglicht, andererseits wären alle Objekte einschließlich der instrumenta ac producta sceleris nach § 148 Abs. 1 StPO geschützt, sobald der Beschuldigte sie dem Verteidiger übergeben hat. Dies wäre ein idealer Anreiz dafür, die Kanzlei zum Depot für Belastungsgegenstände zu machen. Allein diese Möglichkeit wäre Grund genug, die Aussichten dieser Ansicht, sich auch in der Rechtspraxis durchzusetzen, auf Null zu reduzieren.

Gedankenäußerungen des einen Kommunikationspartners mit Richtung auf den anderen, also im Ergebnis die „Mitteilungen" des § 97 Abs. 1 Nr. 1 StPO, lassen sich zwanglos unter das Verkehrsrecht subsumieren. Da der gesamte Kommunikationsvorgang unter dem Schutz von § 148 Abs. 1 StPO steht, werden Entwürfe oder Absender-Kopien der Verteidigerpost ebenfalls geschützt.

Allerdings würde eine derart enge Auslegung dem Schutzzweck von § 148 StPO nicht gerecht. Legt der Verteidiger seinem Brief an den Mandanten für die Verteidigung angefertigte Unterlagen, etwa die Kopie eines Privatgutachtens oder den Entwurf einer Schutzschrift, mit der Bitte um Stellungnahme bei, sind diese auch nach Abschluß des Übermittlungsvorgangs beim Mandanten beschlagnahmefrei, da sie inhaltlich als Teil der Nachricht zu werten sind.[1133] Dies gilt jedoch nicht für die Originale der „Anlagen", also etwa das Gutachten oder die Schutzschrift, die **nicht** zur Versendung an den Beschuldigten bestimmt sind. Zur Verteidiger**post** werden diese Dokumente nämlich allein durch die Versandbestimmung.

Primäre Beweisdokumente oder sonstige Beweisgegenstände, insbesondere die instrumenta ac producta sceleris, werden andererseits aber auch dadurch nicht zur Verteidigungskorrespondenz, daß sie verschickt werden und im Begleitschreiben auf sie Bezug genommen wird. Sie stehen nicht unter dem fast absoluten Schutz von § 148 Abs. 1 StPO, sondern gegebenenfalls unter dem von § 97 StPO.

[1132] So auch *Mörlein*, Der Schutz des Vertrauensverhältnisses zwischen Verteidiger und Beschuldigtem im Rahmen von § 100 a StPO, S. 73 f.

[1133] Enger wohl *Bringewat*, BB 1974, 1559, 1561 f.

Handelt es sich aber nur um Duplikate, die für die Versendung hergestellt worden sind, stehen sie den sonstigen „Anlagen“ gleich.

b) Der mündliche Kontakt

§ 148 Abs. 1 StPO schützt aber nicht nur den schriftlichen Verteidigerverkehr. Stehen die betroffenen Objekte mit dem mündlichen Verteidigerkontakt in Zusammenhang, kann es auf den äußeren Vorgang des Versendens eines körperlichen Gegenstandes nicht ankommen.

Betrachtet man den Katalog beschlagnahmefreier Gegenstände in § 97 Abs. 1 StPO, so ist der Zusammenhang mit dem Recht zu mündlichem Verteidigerkontakt bei den Aufzeichnungen nach Nr. 2 Alt. 1 evident.[1134] Auch sie fallen nach der hier vertretenen Ansicht unter den Schutzbereich von § 148 Abs. 1 StPO.

c) Zusammenfassung

Produkte des mündlichen Verteidigerkontakts, wie zum Beispiel Gesprächsnotizen, werden von § 148 Abs. 1 StPO genauso geschützt wie schriftliche Mitteilungen zwischen Beschuldigtem und Verteidiger. Problematisch war, inwiefern die „Anlagen“ zu Briefen bzw. andere Gegenstände unter die Vorschrift subsumierbar sind. Dokumente also, die formal nicht als Korrespondenz zwischen Verteidiger und Klienten entstanden sind. Es hat sich herausgestellt, daß sie nur dann als Teil der Verteidigerkommunikation anzusehen sind, wenn abgesehen vom Akt des Versendens auch ein inhaltlicher Bezug zur Kommunikation besteht. Primäre Beweisgegenstände lassen sich jedoch nicht zu „Verteidigerpost“ umdeklarieren.

Gleichfalls nicht erfaßt von § 148 Abs. 1 StPO wird die Korrespondenz von Verteidiger oder Mandant mit Dritten sowie Gegenstände zum Zweck der Verteidigung ohne Drittbezug, wie die Gutachten oder nur für die eigene Person bestimmte Notizen des Verteidiger etc.

In der Praxis folgt aus dieser Anknüpfung an inhaltliche Merkmale ein Dilemma: Wie, wenn nicht durch vorläufige Ingewahrsamnahme und Durchsicht, läßt sich eine Auslese treffen? Man muß hier zwischen zwei Zeitpunkten unterscheiden: Während des Kommunikationsvorgangs, also solange der Brief „unterwegs“ ist, reicht es, allein an das Element des Versendens anzuknüpfen. Rechtfertigen läßt sich dies u. a. mit der besonderen Schutzbedürftigkeit des Briefverkehrs. Befinden sich die Gegenstände aber beim Verteidiger oder beim Mandanten, muß vom Gewahrsamsträger verlangt werden, nach § 148 Abs. 1 StPO besonders privilegierte von den übrigen Gegenständen zu trennen. Für den Verteidiger dürfte dies auch kaum ein Problem darstellen. Beim Mandanten wird man einen entsprechenden professionellen Umgang mit dem Material nicht erwarten können, jedoch hat

---

[1134] Zum Kommunikationsbezug siehe auch oben § 11 E. I. 2. a) S. 178 f., vgl. § 6 E. I. S. 93 ff.

er auch weniger schwierige Entscheidungen zu treffen: Der Weg des Belastungsmaterials führt vom Mandanten zum Verteidiger. Sofern nicht Belastungsmaterial an den Mandanten zurückgeschickt wird, nachdem es etwa einem Gutachter vorgelegt worden ist, fällt in der Regel alles, was vom Strafverteidiger an den Klienten gesandt wird, unter § 148 Abs. 1 StPO. Für den Beschuldigten genügt es zu wissen, daß er alles, was er von seinem Verteidiger erhält, in einem separaten Ordner abzulegen hat. Es sei denn, sein Verteidiger erteilt ihm im Einzelfall, wie eben bei der Rückgabe von primären Beweisgegenständen, gegenteilige Weisungen.

2. Anwendbarkeit im Anbahnungsverhältnis

Der zweite große Streitpunkt bei § 148 Abs. 1 StPO ist seine Anwendbarkeit im Anbahnungsverhältnis. Bei der Untersuchung von § 97 StPO haben wir zwei Konstellationen unterschieden, die Beschlagnahme während der Anbahnung und die Beschlagnahme von Material, das während der Anbahnung entstanden ist, nachdem ein Verteidigungsverhältnis zustande gekommen ist. Die zweite Alternative ließ sich als Problem des sachlichen Anwendungsbereiches von § 97 Abs. 1 Nr. 3 StPO relativ leicht lösen. Bei § 148 StPO ist dies nicht möglich, da nur Gegenstände als „Verteidigerpost" im weitesten Sinne verstanden werden können, die innerhalb einer nach § 148 StPO privilegierten Beziehung entstanden sind. Entscheidend ist also, ob § 148 Abs. 1 StPO schon vor Beginn des eigentlichen Verteidigungsverhältnisses gilt.

Als Gegenargument wird gerne auf Risiken und Probleme verwiesen, die entstehen, wenn einem Beschuldigten, der sich nicht auf freiem Fuß befindet, schriftlicher Kontakt mit diversen möglichen Verteidigern oder eine Vielzahl unüberwachter Anbahnungsgespräche gewährt werden müßte, wodurch die Begrenzung auf maximal drei Verteidiger in § 137 Abs. 1 S. 2 StPO oder das Verbot der Mehrfachverteidigung in § 146 StPO unterlaufen werden könnte.[1135]

Das letzte Argument erscheint im Hinblick auf § 146 a StPO etwas zweifelhaft:[1136] Hängt die Zurückweisung eines Verteidigers wegen Verstoßes gegen § 137 Abs. 1 S. 2 oder § 146 StPO von einer richterlichen Entscheidung ab (§ 146 a Abs. 1 S. 3 StPO) und entfaltet diese nach dem Gesetz ausdrücklich nur **ex nunc** Wirksamkeit (§ 146 a Abs. 2 StPO), ist es vor Entscheidung des Richters nicht zu verhindern, daß der Beschuldigte Gespräche mit einer Vielzahl von bereits beauftragten Verteidigern führt.

[1135] KG, JR 1979, 40; KG, StV 1985, 405 m. Anm. *Hassemer* = JR 1985, 74; Kleinknecht/*Meyer-Goßner*, § 148 Rn. 4; vgl. KG, StV 1991, 307; KG, StV 1991, 524.

[1136] So HK/*Julius*, § 148 Rn. 5; vgl. OLG Düsseldorf, StV 1984, 106.

Wichtiger ist aber ein anderer Aspekt. Selbst die Vertreter der gerade dargestellten Ansicht sind davon überzeugt, daß dann, wenn im Einzelfall ein Gespräch zur Vorbereitung der Mandatsübernahme gestattet worden ist, dieses nicht überwacht werden darf.[1137] Mit anderen Worten, die Strafverfolgungsorgane sollen zwar befugt sein, aus Sicherheitsgründen vor Mandatserteilung unüberwachte Besuche abzulehnen, aber aus einer nicht angekündigten Überwachung der Mandatsvorbereitung keine Erkenntnisse gewinnen dürfen.

Wendet man § 148 Abs. 1 StPO auf das Anbahnungsverhältnis beim inhaftierten Beschuldigten nicht an, hat dies beim mündlichen Verkehr nur zur Folge, daß ein vertrauliches Gespräch unterbleibt. Der Beschuldigte behält die Informationsherrschaft, anders dagegen beim schriftlichen Kontakt des Beschuldigten, ob er sich nun im Gewahrsam der Behörden befindet oder nicht.[1138] Bei der Bitte um Mandatsübernahme wird ein Beschuldigter in Unkenntnis der Tatsache, daß das Verteidigerprivileg noch nicht gilt, oft nicht nur die gegen ihn erhobenen Vorwürfe mitteilen, sondern womöglich auch Umstände, die den Behörden bisher unbekannt sind.[1139] Ist der Beschuldigte in Freiheit, ist er paradoxerweise sogar einem größeren Risiko ausgesetzt: Der Inhaftierte nämlich ist, sofern er nicht vom Anstaltspersonal ohnehin belehrt worden ist, allein schon durch den Umstand der Haft „gewarnt".

Auf den ersten Blick scheint also vieles für eine Einbeziehung des Anbahnungsverhältnisses in den Schutzbereich von § 148 StPO zu sprechen. Auf den zweiten erkennt man aber, daß die Befürworter sich in Wahrheit nicht auf § 148 StPO stützen, sondern auf übergeordnete Grundsätze.[1140] Man sollte daher so ehrlich sein, die Lösung in diesem Grundsätzen selbst, nicht aber in § 148 StPO zu suchen, dessen Wortlaut eben nur den „Verteidiger", nicht aber den „Noch-Nicht-Verteidiger" nennt. Eine Korrektur im Wege der systematischen Auslegung, wie sie hier bei § 97 i. V. m. § 53 Abs. 1 Nr. 2 und Nr. 3 StPO zur Gleichstellung des nicht-anwaltlichen Verteidigers mit dem als Rechtsanwalt tätigen befürwortet wird,[1141] ist bei § 148 StPO nicht möglich.[1142] Zuzugeben ist, daß eine ausdrückliche einfachrechtliche Regelung dem Rückgriff auf allgemeine Grundsätze

[1137] KK/*Laufhütte*, § 148 Rn. 5; vgl. auch KG, StV 1991, 307; KG, StV 1991, 524; Kleinknecht/*Meyer-Goßner*, § 148 Rn. 4; KMR/*Müller*, § 148 Rn. 2.

[1138] Bei der mündlichen Mandatsanbahnung steht § 100 d Abs. 3 S. 1 StPO einer Überwachung entgegen, wenn der Beschuldigte auf freiem Fuß ist.

[1139] LR/*Lüderssen*, § 148 Rn. 7 a; vgl. LR/*Dünnebier*, 23. A., § 148 Rn. 6.

[1140] *Lüderssen* verweist sogar ausdrücklich auf den nemo-tenetur-Satz, LR/*Lüderssen*, § 148 Rn. 7 a, 4.

[1141] Siehe unter § 11 E. I. 1. b) bb) S. 175 ff.

[1142] So im Ergebnis auch *Beulke*, Der Verteidiger im Strafverfahren, S. 237 Fn. 133 a unter Verweis auf KG, JR 1979, 40.

vorzuziehen wäre. Eine solche Lösung kann hier jedoch nur der Gesetzgeber schaffen, der Rechtsanwender muß mit dem Vorhandenen auskommen.

3. Ergebnis

Mit Hilfe von § 148 Abs. 1 StPO läßt sich die Situation der Verteidigung nur in begrenztem Maße verbessern.

B. Verfassungsrechtliche Beschlagnahmeverbote

Nach allgemeiner Auffassung regelt § 97 StPO die Beschlagnahmeverbote nicht abschließend und kann insbesondere durch verfassungsunmittelbare Verbote ergänzt werden.[1143]

Es ist unstreitig, daß eine effektive Strafverteidigung nicht nur im öffentlichen Interesse liegt, sondern daß der Beschuldigte ein subjektives, verfassungsrechtlich abgesichertes Recht darauf hat.[1144] Es muß allerdings zwischen dem Recht auf materielle Verteidigung und dem auf formelle, also auf den Beistand eines Verteidigers, unterschieden werden.[1145]

I. Der Anspruch auf rechtliches Gehör, Art. 103 Abs. 1 GG

1. Recht auf materielle Verteidigung

Ein vom Grundgesetz ausdrücklich normierter Aspekt materieller Verteidigung ist der Anspruch auf rechtliches Gehör in Art. 103 Abs. 1 GG. Die Vorschrift enthält nicht nur einen objektiven Verfahrensgrundsatz, sondern nach allgemeiner Anschauung auch ein subjektives Recht des Einzelnen.[1146] Ob es sich hier um ein Grundrecht[1147], Prozeßgrundrecht[1148], grundrechtsähnliches Recht[1149] oder eine grundrechtsgleiche Gewährleistung[1150] handelt, spielt für den Schutz des Beschuldigten keine wesentliche Rolle.

[1143] BVerfGE 25, 296, 305; BVerfGE 33, 367, 374 f. = JZ 1973, 780 f.; BVerfGE 36, 193, 211; BVerfGE 38, 103, 105; BGHSt 19, 325 ff. = NJW 1964, 1139 ff. m. Anm. *Händel*; BGHR GG Art. 2 Persönlichkeitsrecht 2; w. N. u. a. bei AK/*Amelung*, § 97 Rn. 45; LR/*Schäfer*, § 97 Rn. 7 ff.

[1144] Allgemeine Auffassung, Nachweise bei *Spaniol*, Das Recht auf Verteidigerbeistand, S. 199 ff.

[1145] Zur Terminologie siehe *Schroeder*, NJW 1987, 301 ff.

[1146] *Knemeyer*, HbStR VI, § 155 Rn. 13 f., 20 ff.

[1147] BVerfGE 1, 332, 347; BVerfGE 7, 275, 278.

[1148] BVerfGE 53, 205, 206; BVerfGE 60, 247, 249.

[1149] BVerfGE 61, 82, 104 = NJW 1982, 2173, 2174.

[1150] *Arndt*, NJW 1959, 6.

Es genügt nicht, daß dem Betroffenen rein formal die Gelegenheit zur Äußerung gegeben wird.[1151] Der Schutzbereich wird herkömmlich in drei Verwirklichungsstufen beschrieben: Als Recht auf Information durch das Gericht über die relevanten Fragen, das Recht auf Äußerung und das Recht auf Berücksichtigung des Vorgebrachten durch das Gericht,[1152] im Ergebnis also die essentialia der Eigenverteidigung.

a) Eigenverteidigungsunterlagen

Das Recht auf Äußerung kann nur wirksam wahrgenommen werden, wenn dem Betroffenen zugestanden wird, sich auf seine Äußerung ungestört vorbereiten zu können. Dies wäre praktisch nicht möglich, wenn die Strafverfolgungsbehörden gegen seinen Willen Einblick in die Unterlagen nehmen könnten, die der Beschuldigte zum Zweck seiner Verteidigung anfertigt. Die Beschlagnahmefreiheit von Eigenverteidigungsunterlagen kann als notwendige Voraussetzung der Wahrnehmung des Rechts auf Gehör auf Art. 103 Abs. 1 GG gestützt werden. Dem steht nicht entgegen, daß Art. 103 Abs. 1 GG nach verbreiteter Ansicht im Vorverfahren nicht gilt.[1153] Die Vertreter dieser Ansicht behaupten nur, Art. 103 Abs. 1 GG gewähre kein Recht darauf, vor belastenden Entscheidungen **im** Vorverfahren gehört zu werden. Davon, daß sich der Beschuldigte nicht während des Vorverfahrens auf die Wahrnehmung seines Äußerungsrechts in der Hauptverhandlung vorbereiten dürfe, ist nicht die Rede.

Die Nähe zum - nicht in Art. 103 Abs. 1 GG enthaltenen -[1154] nemo-tenetur-Satz ist unverkennbar. Sie hat einige Autoren dazu verleitet, die Beschlagnahmefreiheit der Eigenverteidigungsunterlagen aus diesem Prinzip abzuleiten.[1155] Wie bereits oben ausgeführt, geht es beim Schutz der Vorbereitung jedoch nicht um die negative Freiheit zu schweigen, sondern darum, möglichst effektiv zu „reden".[1156]

[1151] St. Rspr.; vgl. BVerfGE 70, 288, 293.

[1152] Vgl. BK/*Rüping*, GG, Art. 103 Abs. 1 Rn. 23 ff.; Maunz/Dürig/*Schmidt-Aßmann*, Art. 103 Abs. 1 Rn. 66 ff. m. w. N.

[1153] Z. B. OLG Schleswig, NJW 1963, 455 f. m. Anm. *Arndt*; einschränkend OLG Celle, NJW 1963, 1320; LR/*Rieß*, 25. A., Einl. H. Rn. 76 (anders noch LR/*Schäfer*, 24. A., Einl. Kap. 13 Rn. 93); für ein Recht auf Gehör im Vorverfahren unabhängig von Art. 103 Abs. 1 GG *Knemeyer*, HbStR VI, § 155 Rn. 39.

[1154] *Rogall*, Der Beschuldigte als Beweismittel gegen sich selbst, S. 124 f.

[1155] *Welp*, FS-Gallas, S. 391, 404 f.; *ders.*, JZ 1974, 423, 424; *Dahs*, GS-Meyer, S. 61, 66 ff., 70; auch BGH, NJW 1998, 1963, 1964 = NStZ 1998 309, 310 = StV 1998, 246, 247 = JA 1998, 632, 634 (Aufbereitung durch *Satzger*) = JuS 1998, 850, 851 (aufbereitet von *Martin*); *Niese*, Doppelfunktionelle Prozeßhandlungen, S. 142; vgl. dazu *H. Schneider*, Jura 1999, 411 ff.

[1156] § 6 A. II. S. 60 ff.

b) Sonstige Verteidigungsaktivitäten des Beschuldigten

Es stellt sich die Frage, ob über die unmittelbare Vorbereitung des Sachvortrags hinaus auch weitere Verteidigungsaktivitäten des Beschuldigten, wie Kontakte mit Dritten oder sonstige Ermittlungsmaßnahmen, unter Art. 103 Abs. 1 GG subsumiert werden können. Die gerichtsorientierte Struktur von Art. 103 Abs. 1 GG steht dem jedoch entgegen. Art. 103 Abs. 1 GG beruht auf dem alten Grundsatz audiatur et altera pars.[1157] Ein Recht auf Eigenermittlungen, das die Voraussetzung für die Beschlagnahmefreiheit der Kommunikation mit Dritten wäre, ist aus dieser Vorschrift nicht abzuleiten.

2. Recht auf formelle Verteidigung

Nicht wenige Stimmen im Schrifttum leiten aus Art. 103 Abs. 1 GG auch das Recht auf Beistand eines Verteidigers ab,[1158] während dies das BVerfG in ständiger Rechtsprechung ablehnt.[1159] Nach dessen Ansicht gewährleistet Art. 103 Abs. 1 GG nur „das rechtliche Gehör als solches, nicht rechtliches Gehör durch die Vermittlung eines Anwalts“[1160].

Die Vertreter der Gegenmeinung weisen besonders darauf hin, daß der Beschuldigte mangels juristischer Vorbildung im modernen Strafprozeß oft nicht in der Lage ist, sich wirksam „Gehör zu verschaffen“.[1161] Zudem behalte die StPO in § 147 StPO dem Verteidiger die Möglichkeit zur Akteneinsicht vor, die Bestandteil des von Art. 103 Abs. 1 GG garantierten Informationsrechts ist.[1162]

Das zweite Argument überzeugt schon aus systematischen Gründen nicht: Selbst wenn man bei Beschränkung des Aktenseinsichtsrechts als Ausgleich dafür das Recht auf einen Verteidiger fordert, bedeutet dies nicht, daß Art. 103 Abs. 1 GG ein selbständiges Recht auf formelle Verteidigung gewährt. Die Versagung des Rechtes auf Akteneinsicht gegenüber dem Beschuldigten ist ein Eingriff in das in Art. 103 Abs. 1 GG normierte Recht auf Information bzw. eine einschränkende

---

[1157] *Rogall*, Der Beschuldigte als Beweismittel gegen sich selbst, S. 125; vgl. oben § 3 A. II. S. 7 f.

[1158] *Arndt*, NJW 1959, 6, 7 f.; *ders.*, NJW 1959, 1297, 1300; *ders.*, NJW 1965, 147 f.; *Gusy*, AnwBl. 1984, 225 f.; Maunz/Dürig/*Schmidt-Aßmann*, Art. 103 Abs. 1 Rn. 103; *R. Schneider*, NJW 1977, 873 f.; *Spaniol*, Das Recht auf Verteidigerbeistand, S. 219 ff.

[1159] BVerfGE 9, 124, 132; BVerfGE 31, 297, 301; BVerfGE 38, 105, 118; BVerfGE 39, 156, 168; BVerfG, NJW 1965, 147; BVerfG, NJW 1984, 862, 863.

[1160] BVerfGE 9, 124, 132.

[1161] Maunz/Dürig/*Schmidt-Aßmann*, Art. 103 Abs. 1 Rn. 103 m. w. N.; vgl. auch *Arndt*, NJW 1959, 6, 8; *ders.*, NJW 1959, 1297, 1300.

[1162] *Spaniol*, Das Recht auf Verteidigerbeistand, S. 222 f.

Ausgestaltung des Schutzbereiches.[1163] Diese Beschränkung muß dann aus Gründen der Verhältnismäßigkeit durch das Recht auf Beiziehung eines Verteidigers aufgefangen werden. Das Recht auf Beistand ergibt sich dann nicht unmittelbar aus Art. 103 Abs. 1 GG, sondern nur mittelbar.[1164]

Überzeugender ist das erste Argument. Es ist unbestreitbar, daß der Beschuldigte ohne „juristischen" Beistand oft nicht in der Lage ist, seine Interessen zu vertreten. Hinter Art. 103 Abs. 1 GG steht aber vor allem die Vorstellung vom Beschuldigten als Verfahrenssubjekt. Das Recht auf Gehör soll ihn, aus Respekt vor seiner Würde als Individuum, davor schützen, zum **Objekt** herabgewürdigt zu werden.[1165] Leitbild ist der „mündige" Beschuldigte. Das Argument der Literaturvertreter läßt auf ein diametral entgegengesetztes Beschuldigtenbild schließen: Der Beschuldigte ist allein unfähig, als Verfahrenssubjekt zu handeln, er bedarf dazu der Hilfe eines Dritten. Es geht mehr um die sozialstaatlichen Aspekte.[1166] Es ist jedoch nicht ausgeschlossen, diese bei Art. 103 Abs. 1 GG mitzuberücksichtigen. Damit gäbe aber Art. 103 Abs. 1 GG nur dann ein Recht auf Beiziehung eines Wahlverteidigers, wenn der Beschuldigte nicht fähig ist, sich selbst angemessen zu verteidigen, in Fällen also, in denen man wohl zugleich eine verfassungsrechtlich notwendige Verteidigung postulieren muß.[1167]

Ein umfassendes, in allen Strafverfahren geltendes Recht auf Hinzuziehung eines Verteidigers läßt sich auf Art. 103 Abs. 1 GG nicht gründen.

II. Das Grundrecht auf effektive Verteidigung

Das BVerfG, wie auch die Fachgerichte und die meisten Literaturvertreter, leitet das Grundrecht auf Verteidigung aus dem Rechtsstaatsprinzip in Verbindung mit Art. 2 Abs. 1 GG ab.[1168] Es ist ein Aspekt des Rechts auf ein faires Verfahren[1169]

[1163] Da Art. 103 Abs. 1 GG ein normgeprägtes Grundrecht ist, läßt sich darüber streiten, ob es sich hier um eine „Inhalts- oder Schrankenbestimmung" handelt. Nach der Rechtsprechung des BVerfG obliegt dem Gesetzgeber die verfahrensrechtliche Ausgestaltung des Anspruchs, BVerfGE 9, 89, 95 f.; BVerfGE 18, 399, 405.

[1164] Vgl. die Problematik der ausgleichspflichtigen Inhaltsbestimmung bei Art. 14 GG, BVerfGE 58, 137, 144, 150 ff.; siehe auch BVerwGE 94, 1, 4 ff. = DVBl. 1993, 1141 ff. = DVBl. 1993, 1355 f. (LS) m. Anm. *Götz*; BGHZ 121, 73, 79 ff. = DVBl. 1993, 840 m. Anm. *Schwabe*; von Münch/Kunig/*Bryde*, GG, Art. 14 Rn. 65.

[1165] So schon *Arndt*, NJW 1959, 6.

[1166] Zur sozialstaatlichen Grundrechtstheorie vgl. *Böckenförde*, NJW 1974, 1529, 1535 f.

[1167] Einzelheiten zum Grundrecht auf Beiordnung eines Verteidigers beim mittellosen Beschuldigten u. a. *Spaniol*, Das Recht auf Verteidigerbeistand, S. 315 ff.

[1168] St. Rspr., vgl. BVerfGE 38, 105, 111 ff. = NJW 1975, 103 ff.; BVerfGE 39, 238, 243; BVerfGE 46, 202, 210; BVerfGE 63, 380, 390 f. = NJW 1983, 1599; BVerfGE 65, 171, 174 f. = NJW 1984, 113 = NStZ 1984, 82 m. Anm. *Pikart*; BVerfGE 66, 313, 318 f. = NJW 1984, 2403 = NStZ 1984, 561 m. Anm. *Senge*; BVerfGE 70, 297, 322 f.; BVerfG, NStZ 1984, 176;

und hat, da es den Beschuldigten davor schützen soll, zum bloßen Objekt des Strafverfahrens zu werden, auch einen engen Bezug zur Menschenwürde.[1170] [1171]

1. Das Recht auf materielle Verteidigung

Der Anspruch auf effektive Strafverteidigung wird leider zumeist auf das Recht, einen Verteidiger beizuziehen, reduziert. Dabei wird vergessen, daß jede Verteidigungsaktivität ihren Ursprung beim Beschuldigten selbst hat. Auch die Beauftragung eines Strafverteidigers ist im Kern Eigenverteidigung. Die Variationsbreite möglicher Verteidigungsaktivitäten ist deshalb groß:

Die Vorbereitung der eigenen Einlassung ist oben unter Art. 103 Abs. 1 GG subsumiert worden. Der BGH ordnet dagegen das Verbot der Beschlagnahme von Unterlagen, die der Beschuldigte zu seiner Verteidigung anfertigt, dem Recht auf Verteidigung nach Art. 20 Abs. 3 i. V. m. 2 Abs. 1 GG zu.[1172]

Auch die Beteiligungsrechte, die die StPO dem Beschuldigten zugesteht,[1173] wurzeln in diesem Grundrecht. Jedoch muß sich die Aktivität der Verteidigung nicht hierin erschöpfen: Nicht nur durch Beweisanträge, auch durch eigene Ermittlungen, wie das Ausfindigmachen eines Alibizeugen oder die Beauftragung eines Privatgutachters, kann das Verfahren mitgestaltet werden.[1174] Diese Tätigkeiten können, was häufig nicht gesehen wird, nicht nur dann gestattet sein, wenn sich der Beschuldigte der Vermittlung eines Verteidigers bedient.

In den Schutzbereich von Art. 20 Abs. 3, 2 Abs. 1 GG fällt jedes ansonsten erlaubte Verhalten mit dem Zweck, sich gegen den Schuldvorwurf zu verteidigen. Inwieweit er bei diesen Unternehmungen vor Beschlagnahme geschützt ist, kann allerdings nur im Zusammenhang mit den Grundrechtsschranken geklärt werden.

BGHSt 8, 194, 198 f.; BGHSt 29, 99, 103; BGH, NJW 1998, 1963, 1964 = NStZ 1998, 309, 310 = JA 1998, 632, 634 (aufbereitet von *Satzger*) = JuS 1998, 850, 851 (aufbereitet von *Martin*); *Dahs*, NJW 1975, 1385, 1386; *ders.*, NJW 1978, 140; *ders.*, GS-Meyer, S. 61, 67, 70.

1169 SK-StPO/*Rogall*, vor § 133 Rn. 104.

1170 *Stürner*, NJW 1981, 1757 f.

1171 Einzelheiten zur Herleitung bei *Spaniol*, Das Recht auf Verteidigerbeistand, S. 199 ff., auch S. 7 ff., 33 ff.

1172 BGHR StPO § 97 Verteidigungsunterlagen 1 = StV 1988, 468 (LS) = StV 1989, 421 (LS) m. Anm. *Rolf Schmidt*; BGH, NJW 1998, 1963, 1964 = NStZ 1998, 309, 310 = JA 1998, 632, 634 (aufbereitet von *Satzger*) = JuS 1998, 850, 851 (aufbereitet von *Martin*) zitiert zusätzlich Art. 6 Abs. 3 MRK, dazu jedoch § 16 B. II. S. 274.

1173 Eine Aufstellung der Wichtigsten findet sich bei *Schroeder*, NJW 1987, 301, 302.

1174 Dies ergibt sich auf der Ebene einfachen Rechts zum Teil schon aus den Anforderungen, die an einen ordnungsgemäßen Beweisantrag im Gegensatz zu einem Beweisermittlungsantrag gestellt werden (hierzu vgl. *Beulke*, StPO, Rn. 435 ff.), sowie inzident aus §§ 220, 245 Abs. 2 StPO .

2. Das Recht auf formelle Verteidigung

Einige Länderverfassungen enthalten das ausdrückliche Recht auf den Beistand eines Verteidigers, eine entsprechende Vorschrift aus dem Herrenchiemseer Entwurf wurde jedoch nicht ins Grundgesetz übernommen.[1175]

Nach der Ansicht, die das Recht auf einen Verteidiger nicht an Art. 103 Abs. 1 GG festmacht, also insbesondere nach der Auffassung der Rechtsprechung, ist es ein Teilaspekt des Rechts auf ein faires Verfahren.[1176]

Das Recht des Beschuldigten beschränkt sich nicht darauf, einen Verteidiger zu „haben", dieser muß auch die Gelegenheit haben, seinem Auftrag gemäß tätig zu werden. Art. 20 Abs. 3, 2 Abs. 1 GG schützt daher – wie bei der Eigenverteidigung - umfassend die vom Verteidiger unternommenen Bemühungen.

Träger des Grundrechts aus Art. 20 Abs. 3, 2 Abs. 1 GG ist jedoch der Beschuldigte und, wie sich aus dem Beschluß des BVerfG vom 8. Oktober 1974 schließen läßt, auch der potentiell Beschuldigte,[1177] nicht aber der Verteidiger. Auch dann, wenn man postuliert, Art. 20 Abs. 3, 2 Abs. 1 GG oder auch Art. 103 Abs. 1 GG enthielte eine Einrichtungsgarantie zugunsten der Strafverteidigung, führt diese nicht zur Grundrechtsinhaberschaft.[1178] Sie kann nur als Schranken-Schranke Eingriffe in die Berufsfreiheit des Verteidigers begrenzen.[1179]

[1175] Art. 135 Abs. 2 des Entwurfes von Herrenchiemsee lautete: „Jeder Angeklagte kann sich eines Verteidigers bedienen.", zit. nach Maunz/Dürig/*Schmidt-Aßmann*, Art. 103 Abs. 1 Rn. 103 Fn. 176; siehe auch *Dahs*, NJW 1975, 1385, 1386 Fn. 13 und *Spaniol*, Das Recht auf Verteidigerbeistand, S. 211.

Ein Grundrecht auf Verteidigung enthalten die Verfassungen von Bayern in der Fassung der Bekanntmachung vom 15. Dezember 1998, GVBl. 1998, 991 ff. (Art. 91 Abs. 2 BV), Berlin von 1. September 1950, VOBl. I, 433, 438 (Art. 65 Abs. 1), Brandenburg vom 20. August 1992, GVBl. I 1992, 298, 306 (Art. 53 Abs. 4), Bremen vom 21. Oktober 1947, GBl. 1947, 251 (Art. 5 Abs. 6); Hessen vom 1. Dezember 1946, GVBl. 1946, 229, 230 (Art. 20 Abs. 2 S. 2), vom Saarland vom 15. Dezember 1947, BS Saar 100-1 (Art. 14 Abs. 3) und Thüringens vom 25. Oktober 1993, GVBl. 1993, 625, 636 (Art. 88 Abs. 1 S. 2, 3). Zum Verhältnis dieser Ländergrundrechte zum Bundesrecht u. a. *Meder*, Die Verfassung des Freistaates Bayern, Art. 91 Rn. 25; Nawiasky/*Schweiger*, Die Verfassung des Freistaates Bayern, Art. 91 Rn. 4 sowie die Kommentierungen zu Art. 142 GG, z. B. Maunz/Dürig/*Maunz*, Art. 142 insb. Rn. 3.

[1176] BVerfGE 38, 105, 111 ff. = NJW 1975, 103 ff.; BVerfGE 39, 238, 243; BVerfGE 46, 202, 210; BVerfGE 63, 380, 390 f. = NJW 1983, 1599; BVerfGE 65, 171, 174 f. = NJW 1984, 113 = NStZ 1984, 82 m. Anm. *Pikart*; BVerfGE 66, 313, 318 f. = NJW 1984, 2403 = NStZ 1984, 561; BVerfGE 70, 297, 322 f.; BVerfG, NStZ 1984, 176; BGHSt 8, 194, 198; 29, 99, 103; *Dahs*, NJW 1975, 1385, 1386; *ders.*, NJW 1978, 140; *ders.*, GS-Meyer, S. 61, 67.

[1177] BVerfGE 38, 105, 111, 113 (Zeugenbeistand).

[1178] Für eine institutionelle Garantie sprechen sich *Arndt*, NJW 1959, 6, 8; *ders.*, NJW 1959, 1297, 1300; *ders.*, NJW 1965, 147 und *Krämer*, AnwBl. 1995, 422, 426 = NJW 1995, 2313, 2316 f. m. w. N. aus; zu Recht für eine Institutsgarantie wohl *Kolb*, Das rechtliche Gehör als

III. Der nemo-tenetur-Grundsatz

Der Beschlagnahmeschutz für Verteidigungsunterlagen wird bisweilen auch mit dem Verbot des Zwangs zur Selbstbezichtigung begründet.[1180]

Bereits oben wurde jedoch ausgeführt, daß das nemo-tenetur-Prinzip mit seinem Recht auf Passivität zur Begründung einer Sphäre geschützter Aktivität für die Verteidigung nicht taugt.[1181]

IV. Zeitlicher Anwendungsbereich

Anders als Art. 6 MRK besteht der Anspruch auf ein faires Verfahren auch für andere Verfahrensbeteiligte, wie Zeugen.[1182] In seiner Leitentscheidung vom 8. Oktober 1974 zu diesem Thema geht das BVerfG explizit auf die Problematik des Zeugen ein, der Gefahr läuft, sich selbst zu belasten, im Ergebnis also auf die Zwangslage des „nondum inculpatus".[1183]

Wird diesem das Recht auf anwaltlichen Beistand gewährt, so muß er auch in der Lage sein, dieses Recht effektiv wahrnehmen zu können. Dies ist nur gewährleistet, wenn Informationen aus diesem Vertrauensverhältnis nicht zur Verfolgung des Klienten verwandt werden können. Dazu ist aber kein Beschlagnahmeverbot in Drittverfahren nötig, ausreichender Schutz ließe sich über ein relatives Beweisverwertungsverbot im Verfahren gegenüber dem nunmehr beschuldigten, ehemaligen Zeugen erreichen

V. Schranken

Betrachtet man den Schutzbereich der Grundrechte, ließe sich daraus ein umfassendes Beschlagnahme- bzw. Verwertungsverbot für sämtliche Verteidigungsunterlagen ableiten. In der Praxis ist ein solches Beschlagnahmeverbot jedoch nur in sehr geringem Maße, nämlich für die Dokumente, die der Beschuldigte für sich selbst oder für seinen Verteidiger anfertigt, anerkannt.[1184]

---

verfassungsmäßiges Recht, S. 44 ff. Zum Unterschied zwischen den verschiedenen Einrichtungsgarantien *Stern*, HbStR V, § 109 Rn. 51.

[1179] Vgl. u. a. BVerfGE 34, 293, 302 f., 307 = NJW 1973, 696, 697, 698 = JZ 1973, 311, 313, 314 m. Anm. *Schumann* (Schily-Beschluß).

[1180] *Dahs*, GS-Meyer, S. 61, 66 ff.; *Welp*, FS-Gallas, S. 391, 404 f.; *ders.*, JZ 1974, 423, 424, 70; vgl. auch BGH, NJW 1998, 1963, 1964 = NStZ 1998 309, 310 = StV 1998, 246, 247 = JA 1998, 632, 634 (Aufbereitung durch *Satzger*) = JuS 1998, 850, 851 (aufbereitet von *Martin*).

[1181] Siehe oben unter § 6 A. II. S. 60 ff.

[1182] BVerfGE 38, 105, 111 ff.

[1183] BVerfGE 38, 105, 112 f.

[1184] BGH, Beschluß vom 12. April 1978, StB 92/78; BGHR StPO § 97 Verteidigungsunterlagen 1 = StV 1988, 468 (LS) = StV 1989, 421 (LS) m. Anm. *Rolf Schmidt*; BGHR StPO § 97

Dies liegt vor allem daran, daß die Möglichkeiten von Eingriffen sehr großzügig gesehen werden, was seinen Grund in der speziellen Konstruktion des Grundrechts hat. Die h. M. bedient sich der sogenannten Elfes-Konstruktion[1185] und begründet das Recht auf Verteidigung mit Art. 2 Abs. 1 GG i. V. m. dem Rechtstaatsprinzip.

Die Allgemeine Handlungsfreiheit des Art. 2 Abs. 1 GG kann nur im Rahmen der verfassungsmäßigen Ordnung wahrgenommen werden, wobei hierunter die gesamte Rechtsordnung, gleich welchen Ranges, verstanden wird.[1186] Daß solche Eingriffstatbestände mit dem Rechtsstaatsprinzip in Einklang stehen müssen, ist eigentlich nichts Neues, da es als Schranken-Schranke für alle Grundrechte gilt. Die Aufnahme von Art. 20 GG in den „Grundrechtstitel" ändert hieran nichts.

Das Besondere am Grundrecht auf Strafverteidigung ist, daß ein Element des von Art. 20 Abs. 3 GG garantierten fair-trial-Prinzip die effektive Verteidigung als objektiver Verfahrensgrundsatz ist. Der spezifische Inhalt des Grundrechts ergibt sich damit erst aus der Schranken-Schranke. Noch interessanter wird diese Konstruktion, wenn man daran denkt, daß auch bei der Eingriffsrechtfertigung auf Art. 20 Abs. 3 GG zurückgegriffen wird. Die h. M. setzt nämlich das Interesse an wirksamer Verteidigung in Relation zu dem an der „Funktionsfähigkeit der Rechtspflege". Es handelt sich also um eine Abwägung innerhalb des Rechtsstaatsprinzips.[1187]

1. Der Begriff der Funktionsfähigkeit der Rechtspflege

Bevor man sich der Frage zuwenden kann, ob die Funktionsfähigkeit der Strafrechtspflege als Eingriffsrechtfertigung taugt, muß man sich damit auseinandersetzen, was inhaltlich gemeint ist.

Verteidigungsunterlagen 2; BGH, NJW 1998, 1963, 1964 = NStZ 1998, 309, 310 = JA 1998, 632, 634 (aufbereitet von *Satzger*) = JuS 1998, 850, 851 (aufbereitet von *Martin*).

[1185] BVerfGE 6, 32, 36 ff., 41.; Einzelheiten auch bei *Spaniol*, Das Recht auf Verteidigerbeistand, S. 200 ff.

[1186] BVerfGE 6, 32, 37 ff. Art. 2 Abs. 1 GG enthält eine Schrankentrias. Die Rechte Dritter und das Sittengesetz spielen wegen der weiten Auslegung des Merkmals „verfassungsmäßige Ordnung" jedoch traditionell eine untergeordnete Rolle.

[1187] Beim Recht auf Verteidigung ist die dogmatische Struktur anders als etwa bei Art. 103 Abs. 1 GG, bei dem der „Inhalt" des Grundrechts durch seinen Schutzbereich ausreichend definiert ist, oder etwa bei Art. 2 Abs. 1 i. V. m. 1 GG.

In der sog. Suchtberatungsstellen-Entscheidung trat das Prinzip der Funktionstüchtigkeit der Strafrechtspflege im Konkurrenz mit dem Allgemeinen Persönlichkeitsrecht und dem öffentlichen Interesse an einer leistungsfähigen Gesundheitsfürsorge, die eben nicht in Art. 20 Abs. 3 GG wurzeln, BVerfG, NJW 1977, 1489, 1490 ff. (vgl. die sog. Sozialarbeiter-Entscheidung, BVerfGE 33, 367, 383 = JZ 1973, 780, 783 m. Anm. *Würtenberger*).

a) Effizienz der Rechtspflege

Dem Begriff der Effizienz liegt eine verfahrensorientierte Anschauung zugrunde. Überspitzt formuliert: Die Urteilsfindung soll möglichst rasch und reibungslos vonstatten gehen.

Beteiligungsrechte der Verteidigung, wie das Beweisantragsrecht, sind oft geeignet, das Verfahren zu verzögern. Die in § 244 Abs. 2 S. 2 Alt. 5 StPO vorgesehene Möglichkeit, Beweisanträge wegen Verschleppungsabsicht abzulehnen, dient der Effizienz des Verfahrens. Bei der Beschlagnahme spielt dieser Gesichtspunkt jedoch kaum eine Rolle, es sei denn, man meint, bereits die Vorbereitung eines Beweisantrages verhindern zu müssen, was, soweit ersichtlich, nicht vertreten wird.[1188]

Ein anderer Aspekt der Effizienz erscheint weniger problematisch: Der Verfahrensablauf kann nicht nur durch die Wahrnehmung von Beteiligungsrechten (verfahrensimmanente „Störung“)[1189], sondern auch durch verfahrensfremde Verhaltensweisen (verfahrensexterne Störungen) beeinträchtigt werden. Auf Gefahrenabwehr können nicht nur Maßnahmen der Sitzungspolizei nach §§ 176 ff. GVG, sondern auch Beschlagnahmen gerichtet sein, wenn zum Beispiel die Bestechung oder Bedrohung eines Zeugen verhindert werden soll, aber nicht die Gewinnung von Beweismitteln für das Anlaßverfahren bezweckt wird.

b) Effektivität der Rechtspflege

Hier geht es um das Ergebnis, nicht den Prozeß der Urteilsfindung.

Daher kommen vor allem Ermittlungsinteressen zur Eingriffsrechtfertigung in Frage. Wird ein potentielles Beweismittel den Behörden vorenthalten, kann dies die Suche nach der materiellen Wahrheit erschweren und damit die Chancen mindern, „der Gerechtigkeit zum Durchbruch“[1190] zu verhelfen.

Insofern ist der Wunsch nach Effektivität mit dem „Strafverfolgungsinteresse“ gleichzusetzen.[1191]

In diese Kategorie fallen auch jene Eingriffstatbestände, die wie § 94 i. V. m. § 97 Abs. 2 S. 3 HS. 1 StPO zwar an ein Fehlverhalten anknüpfen, aber nicht der Sicherung des Verfahrens, sondern der Gewinnung von Beweismaterial dienen.

[1188] Zur Ablehnung von Beweisanträgen wegen Verschleppungsabsicht siehe BGHSt 29, 149, 151; BGH, StV 1990, 391 f. m. Anm. *Strate*; BGH, NJW 1992, 2711, 2712 f.

[1189] *Niemöller/Schuppert*, AöR 107 (1982), 387, 401, halten es mit Recht für bedenklich, denjenigen als „Störer“ zu betrachten, der lediglich von Verfahrensrechten Gebrauch macht.

[1190] BVerfGE 33, 367, 383 = JZ 1973, 780, 783.

[1191] So auch *Hassemer*, StV 1982, 275, 276.

2. Die Funktionsfähigkeit der Strafrechtspflege als Eingriffsrechtfertigung

Trotz Kritik seitens des Schrifttums[1192] berücksichtigt die Rechtsprechung bei der Frage, ob aus Verfassungsgründen ein Beweisverbot gefordert ist, das gegenläufige Interesse an einer leistungsfähigen Strafrechtspflege.[1193]

Für Unterlagen, die der Beschuldigte zu seiner Verteidigung anfertigt, geht der BGH von einem Vorrang der Interessen des Beschuldigten aus.[1194] Entsprechende Entscheidungen im Hinblick auf andere Verteidigungsunterlagen fehlen. Dies ist auch nicht verwunderlich. In der jüngsten BGH-Entscheidung zu diesem Thema ging es darum, Verteidigungsunterlagen auch in der Hand des nicht formell verteidigten Beschuldigten zu schützen. Der BGH bemüht die Hilfe des Grundgesetzes, eine den §§ 97, 148 StPO entsprechende Situation herzustellen. Er geht soweit, die Beschlagnahmefreiheit auf „§ 97 I StPO i. V. mit Art. 2 I, Art. 20 III GG“[1195] zu stützen, später spricht er von einer analogen Anwendung von § 97 StPO.[1196] Es ging also gar nicht darum, über den inhaltlichen Schutzumfang von §§ 97, 148 StPO auszudehnen. Möglicherweise ist hier eine generelle Tendenz zu erkennen, den verfassungsrechtlichen Schutz der Verteidigung den Beschlagnahmeverboten der StPO nachzubilden.

Bedauerlicherweise bestand in dem vom BGH zu entscheidenden Fall kein „Mißbrauchsverdacht“ gegen den Beschuldigten. Es wäre interessant gewesen zu erfahren, ob parallel zu § 97 Abs. 2 S. 3 StPO auch hier der Gedanke der Verwirkung zur Beschlagnahmefähigkeit und Verwertbarkeit als Beweismittel geführt hätte oder ob das Recht zur Vorbereitung der eigenen Einlassung gewissermaßen „unveräußerlich“ ist.

Hartmut Schneider sieht in der zitierten Entscheidung Ansätze für eine modifizierte Variante der bei Art. 2 Abs. 1, 1 GG vertretenen Sphärentheorie.[1197] Danach sind nicht alle Verteidigungsaktivitäten in gleichem Maße schutzbedürftig:

[1192] U. a. *Hassemer*, StV 1982, 275 ff.; *ders.*, FS-Maihofer, S. 183 ff.; *Niemöller/Schuppert*, AöR 107 (1982), 387, 398 ff.; auch *Renzikowski*, JZ 1999, 605, 613.

[1193] BGHR GG Art. 2 Persönlichkeitsrecht 2; BGHSt 36, 167, 173 = NJW 1989, 2760, 2761; BGH, NJW 1998, 1963, 1964 = NStZ 1998, 309, 310 = JA 1998, 632, 635 (aufbereitet von *Satzger*) = JuS 1998, 850, 851 (aufbereitet von *Martin*).

[1194] St. Rspr., zuletzt BGH, NJW 1998, 1963, 1964 = NStZ 1998, 309, 310 = JA 1998, 632, 634 (aufbereitet von *Satzger*) = JuS 1998, 850, 851 (aufbereitet von *Martin*) m. w. N.

[1195] BGH, NJW 1998, 1963 = NStZ 1998, 309, 310.

[1196] BGH, NJW 1998, 1963, 1964 = NStZ 1998, 309, 310 = JA 1998, 632, 634 (aufbereitet von *Satzger*) = JuS 1998, 850, 851 (aufbereitet von *Martin*). Darauf, daß hier die Grenzen der Analogie gesprengt werden, weisen mit Recht *Satzger* in seiner Bearbeitung sowie *H. Schneider*, Jura 1999, 411, 414, hin.

[1197] *H. Schneider*, Jura 1999, 411, 417 f.

Während im Kernbereich, zu dem er die schriftlichen „Selbstreflexionen“ [1198] zählt, Eingriffe, außer zu Verifikationszwecken, stets zu unterbleiben haben, seien außerhalb dieser Sphäre Eingriffe bei Berücksichtigung der Verhältnismäßigkeit möglich.[1199] Dieser Ansatz vermag zu erklären, warum bisher ein umfassender verfassungsrechtlicher Schutz der Strafverteidigung weder in den Fällen des Beteiligungsverdachts noch bei den Eigenermittlungen erreicht worden ist, vom Schutz des nondum inculpatus einmal ganz zu schweigen.

VI. Weitere Grundrechte

Bei einer Beschlagnahme können eine Vielzahl von Grundrechten beeinträchtigt sein, unabhängig davon, ob es sich um Verteidigungsunterlagen handelt.[1200] Neben Art. 14 Abs. 1 GG kommen hier u. a. Art. 4 GG und Art. 5 GG in Betracht. Am wohl bekanntesten ist die sog. Tagebuch-Rechtsprechung.[1201] Auch hier kann im konkreten Einzelfall der Grundrechtsschutz ein Beschlagnahmeverbot fordern.[1202]

VII. Stellungnahme

Das deutsche Verfassungsrecht verfügt über das Instrumentarium, die Verteidigung ausreichend vor Beschlagnahme zu schützen. Die Rechtsprechung des BVerfG und des BGH machen von den gegebenen Möglichkeiten nur sehr restriktiv Gebrauch. Bedenklich erscheint vor allem, daß der Grundsatz der „Funktionsfähigkeit der Rechtspflege“ nicht nur zur Rechtfertigung von Eingriffen zur Gefahrenabwehr herangezogen wird. Noch immer können Ermittlungsinteressen Zwangsmaßnahmen tragen.

[1198] *H. Schneider*, Jura 1999, 411, 414.

[1199] *H. Schneider*, Jura 1999, 411, 417.

[1200] Für die Durchsuchung vgl. BVerfGE 20, 162, 186 f.

[1201] BVerfGE 80, 367 ff. = NJW 1990, 563 ff. = NStZ 1990, 89 ff. = NStZ 1990, 397 (LS) m. Anm. *Störmer* = StV 1990, 1 ff.; BGHSt 19, 325 ff.; BGHSt 34, 397 ff. = JR 1988, 469 ff.; BGH, JR 1994, 430 m. Anm. *Lorenz*.

[1202] Diesem Thema, dem der verteidigungsspezifische Bezug fehlt, nachzugehen, ist hier kein Raum. Weiterführende Hinweise u. a. bei AK/*Amelung*, § 97 Rn. 45 ff.; *H. Schneider*, Jura 1999, 411, 416 f.

3. Teil: Vereinbarkeit des deutschen Rechts mit der Menschenrechtskonvention

Im 1. Teil hat sich gezeigt, daß die Europäische Menschenrechtskonvention das stärkste unter den betrachteten Instrumenten zum Schutz der Menschenrechte ist. Auch an Hand der umfangreichen Straßburger Judikatur sind präzise Vorgaben für nationale Beschlagnahmeregelungen herausgearbeitet worden. Die Frage ist nun, ob das deutsche Recht den Anforderungen genügt und, falls die Antwort negativ ausfällt, wie Abhilfe möglich ist.

§ 15 Menschenrechtliche Situation beim Rechtsschutz

A. Bestandsaufnahme

StPO und EGGVG enthalten ein ausdifferenziertes System von Rechtsbehelfen. Trotzdem ist das deutsche Rechtsschutzsystem in zwei Punkten angreifbar: Beim Rechtsschutz gegen erledigte Zwangsmaßnahmen und beim Ausschluß der Beschwerde nach §§ 304 Abs. 4, Abs. 5 StPO.

I. Rechtsschutz gegen erledigte Zwangsmaßnahmen

Seit dem Beschluß des BVerfG vom 30. April 1997[1203] haben sich die Möglichkeiten, bei erledigten Zwangsmaßnahmen Rechtsschutz zu erlangen, entscheidend verbessert. Der Grundsatz, gegen erledigte richterlich angeordnete Zwangsmittel sei die Beschwerde kraft prozessualer Überholung ausgeschlossen, gilt nicht mehr.

Einige Literaturvertreter, namentlich *Bachmann*, zeigten sich von der plötzlichen Kehrtwende des BVerfG überrascht.[1204] Denkbar, jedoch nicht nachzuweisen, ist, daß der Anstoß zu diesem Wandel aus Straßburg kam, obgleich das BVerfG die entsprechenden Entscheidungen nicht erwähnt, was angesichts seines Bekenntnisses zu einer „menschenrechtskonformen Auslegung" des Grundgesetzes überrascht: Die EKMR hatte bereits im Fall Niemietz eine deutliche Warnung an die Bundesrepublik ausgesprochen. Die Kommission hatte dort zu erkennen gegeben, daß die deutsche Rechtsprechung zur prozessualen Überholung im Hinblick auf Art. 13 MRK bedenklich war.[1205] Der Bericht der Kommission im Fall Camenzind vom 3. September 1996 hat die entsprechende Rechtslage in der Schweiz für menschenrechtswidrig erkannt.[1206] Der Beschluß des BVerfG liegt zeitlich genau zwischen dem Bericht der Kommission im Verfahren Camenzind / CH und dem Urteil vom 16. Dezember 1997.[1207]

Allerdings ist das BVerfG auf halbem Wege stehengeblieben: Es hält daran fest, daß der Beschwerdeführer nach Erledigung ein besonderes Feststellungsinteresse

---

[1203] BVerfGE 96, 27 ff. = JZ 1997, 1060 ff. = StV 1997, 393 f. m. zahlr. N.

[1204] *Bachmann*, NJW 1999, 2414 f.

[1205] EKMR, Zulässigkeitsentscheidung vom 5. April 1990, Nr. 13710/88, Niemietz / D, The Law, Ziff. 2, siehe oben Fn. 542.

[1206] EKMR, Bericht vom 3. September 1996, Nr. 21353/93, Camenzind / CH, Reports 1997-VIII, S. 2908 ff., Ziff. 57 ff. (im Urteil bestätigt).

[1207] EGMR, Urteil vom 16. Dezember 1997, Nr. 21353/93, Camenzind / CH, Reports 1997-VIII, S. 2883 ff. Als kurioses Detail sei vermerkt, daß sich die vom EGMR und vom BVerfG entschiedenen Sachverhalte sogar hinsichtlich des Gegenstandes, nach dem gesucht wurde, gleichen. In beiden Fällen ging es um ein nicht zugelassenes Fernmeldegerät.

dartun muß, es hat lediglich eine neue Variante, die des besonders tiefgreifenden Grundrechtseingriffes, geschaffen.

Die Konventionsorgane legen Art. 13 MRK jedoch eng am Wort aus: In **jedem** Fall ist auch nach Erledigung Rechtsschutz zu gewähren, auf ein besonderes Fortsetzungsfeststellungsinteresse kommt es nicht an. Der Umweg über einen Amtshaftungsprozeß führt nach Ansicht des Gerichtshofs nicht zu einer ausreichenden Überprüfung.

II. Rechtsschutz bei Anordnung des Zwangsmittels durch OLG- oder BGH-Spruchkörper

Bei der Beschlagnahme wird vor Erledigung Rechtsschutz gegen die richterliche Anordnung nur in einem seltenen Ausnahmefall verweigert: Bei Anordnung durch einen BGH-Senat (§ 304 Abs. 4 S. 1 StPO).

Geht es um die Überwachung der Verteidigerkommunikation nach §§ 148 Abs. 2, 148 a StPO, wird die Ausnahme dagegen zur Regel. Der Betroffene kann, wenn die Anordnung nicht mit dem Haftbefehl verbunden ist, nur sehr selten dagegen vorgehen, da § 304 Abs. 4 S. 2, Abs. 5 StPO diese Maßnahme nicht privilegiert.

Die MRK macht jedoch keine Unterschiede, ob ein Polizeibeamter, Staatsanwalt oder Richter die Zwangsmaßnahme verantwortet hat. In allen Fällen verlangt Art. 13 MRK, daß dem Betroffenen Rechtsschutz gewährt wird.

Man ist versucht, wenigstens § 304 Abs. 4 S. 1 StPO zu „retten". § 304 Abs. 4 S. 1 StPO beruht auf der Erwägung, daß die fachliche Qualifikation und Erfahrung der berufenen Richter für eine ausreichende Richtigkeitsgewähr sorgen. Zudem, so die Vorstellung, müsse es eine Instanz geben, die endgültig entscheidet: Der Rechtsweg mutiere andernfalls zur Endlosschleife.[1208]

In der Tat scheint Art. 2 Abs. 2 des 7. Protokolls zur MRK vom 22. November 1984[1209] einen ähnlichen Gedanken zu enthalten: Gegen erstinstanzliche Entscheidungen eines obersten nationalen Gerichts ist kein Rechtsbehelf notwendig. Eine Übertragung auf den vorliegenden Fall ist jedoch trotzdem ausgeschlossen. Abgesehen davon, daß das Protokoll von der Bundesrepublik zwar unterzeichnet,[1210] aber bisher noch nicht ratifiziert worden ist, ist Art. 2 Abs. 2 inhaltlich nicht mit § 304 Abs. 4 S. 1 StPO vergleichbar. Bei der Verurteilung eines Straftäters handelt es sich um eine richterliche Entscheidung (judicial nature). Die

---

[1208] Vgl. BVerfGE 1, 433, 437.

[1209] Protokoll Nr. 7 zur Konvention zum Schutze der Menschenrechte und Grundfreiheiten vom 22. November 1984, in Kraft seit dem 1. November 1988, abgedruckt in Sartorius II, Nr. 135.

[1210] Vgl. die Erklärung bei Unterzeichnung vom 19. März 1985, abgedruckt bei Frowein/Peukert, EMRK, S. 917.

Anordnung einer Beschlagnahme oder der Überwachung nach § 148 Abs. 2 StPO ist aber administrativer Natur. Nach der ständigen Rechtsprechung des EGMR bleibt die Entscheidung auch bei Anordnung durch einen Richter Justizverwaltungsakt. Dies gilt auch, wenn ein Senat des BGH sie erlassen hat und sich dann die Frage stellt, wer zur Entscheidung über den geforderten Rechtsbehelf berufen wäre.

Der Ausschluß der Beschwerde durch die StPO verletzt Art. 13 MRK.

B. Lösungsmöglichkeiten auf dem Boden der herrschenden Meinung

Teilt man die Auffassung, Art. 19 Abs. 4 GG gewähre keinen Anspruch auf Rechtsschutz gegen den Richter, läßt sich auf dem Boden des deutschen Verfassungsrechts nur für die unter I. geschilderte Fallgruppe eine Lösung finden. Dazu müßte die Rechtsprechung ihre restriktive Praxis beim Rechtsschutz gegen erledigte Zwangsmaßnahmen aufgeben. Die Chancen, daß das BVerfG zum zweiten Mal innerhalb kürzester Zeit seine Rechtsprechung ändert, stehen jedoch schlecht. Auf fachgerichtlicher Ebene könnte eine extensive Auslegung des Merkmals „tiefgreifender Grundrechtseingriff“ Individualbeschwerden nach Art. 34 MRK (n. F.) und eine zu befürchtende Verurteilung der Bundesrepublik Deutschland in Straßburg verhindern helfen.

Für die unter II. dargestellte Problematik läßt sich mit Art. 19 Abs. 4 GG nach herkömmlicher Auslegung keine Lösung finden.

§ 16 Vereinbarkeit der Beschlagnahmeregelungen mit der Konvention

A. Bestandsaufnahme

I. Vereinbarkeit der deutschen Eingriffstatbestände mit der Konvention

1. Gesetzesqualität

Daran, daß §§ 94 ff., 99 ff. und §§ 148 f. StPO nach nationaler, also deutscher Definition Gesetzesqualität besitzen, besteht wohl kein Zweifel, genausowenig wie daran, daß der Rechtsunterworfene ausreichend Zugang zu den Gesetzestexten hat, um sich zu informieren (accessibility). Auch hinsichtlich der Bestimmtheit der Eingriffsvoraussetzungen wird man von einer Erfüllung der menschenrechtlichen Anforderungen ausgehen müssen: Daß in Literatur und Rechtsprechung in Detailfragen, wie etwa über die genaue Auslegung von § 97 Abs. 2 S. 3 HS. 1 StPO, gestritten wird, reicht nicht aus, um den Vorschriften die „qualité de la loi" abzusprechen. Auch die Verwendung unbestimmter Rechtsbegriffe ist, sofern notwendig, nicht zu beanstanden. Selbst wenn man an strafprozessuale Eingriffstatbestände schärfere Anforderungen als an zivilrechtliche Normen stellt, spricht der Vergleich der StPO-Regelungen mit § 1 UWG, der vom Gerichtshof als menschenrechtsmäßig anerkannt worden ist,[1211] eindeutig für eine ausreichende „foreseeability".

2. Die einzelnen Eingriffstatbestände

a) Die Beschlagnahme nach §§ 94 ff. StPO und ihre Grenzen in § 97 StPO

Die Beschlagnahme nach § 94 Abs. 1, 2 StPO dient, wie gesehen, der Gewinnung von Beweismaterial. Im Bereich der Verteidigung läßt die Konvention, abgesehen von den Fällen, in denen der Mandant seinen Verteidiger von der Schweigepflicht entbindet oder sich freiwillig mit der Beschlagnahme einverstanden erklärt, Ermittlungsinteressen zur Eingriffsrechtfertigung nur für bestimmte Gegenstände gelten.

Es kommt also darauf an, ob die Beschlagnahmeverbote in § 97 StPO dem genügend Rechnung tragen.

[1211] EGMR, Urteil vom 25. März 1985, Nr. 8734/79, Barthold / D, Série A, Bd. 90, S. 22, Ziff. 47 m. w. N. = EuGRZ 1985, 170, 173.

aa) Zeitlicher Anwendungsbereich

Es hat sich gezeigt, daß der Beschlagnahmeschutz bereits vor Mandatsübernahme gilt, nicht aber dann, wenn die Beschuldigteneigenschaft erst im Nachhinein entsteht.

Bei der Einbeziehung des Anbahnungsverhältnisses, das von der MRK über Art. 8 Abs. 1 MRK geschützt wird, ist die deutsche Rechtsordnung auf dem richtigen Weg. Problematisch erscheint, daß der „nondum inculpatus“ bei der Vorbereitung seiner Verteidigung keinerlei einfachrechtlichen Schutz vor Beschlagnahme genießt. Zwar kann er nach § 55 StPO die Auskunft verweigern, während sein „Verteidiger“ sogar ein Zeugnisverweigerungsrecht hat; eine Absicherung im gegenständlichen Bereich fehlt jedoch. Die Frage, ob hier ein Konventionsverstoß vorliegt, läßt sich aber nur im Zusammenhang mit der Verwertbarkeit der Erkenntnisse gegen den nunmehr Beschuldigten beantworten. Zur Zeit des Eingriffs erscheint der Betroffene, sofern kein Mißbrauch der Behörden vorliegt, wie ein gewöhnlicher Zeuge, bei dem auch die MRK einer Beschlagnahme zu Ermittlungszwecken in der Regel nicht entgegensteht.[1212]

bb) Persönlicher Anwendungsbereich

§ 97 StPO ist nur in Verfahren gegen den Mandanten anwendbar. Letzteres ist im Hinblick auf Art. 6 MRK, dessen Träger nur der Beschuldigte ist, nicht zu beanstanden.

Hat der Beschuldigte dagegen keinen Verteidiger, gilt § 97 StPO, der nur die formelle Verteidigung betrifft, nicht. Da auch im übrigen die StPO für den Schutz des nicht formell verteidigten Beschuldigten kein Beschlagnahmeprivileg vorsieht und damit Eingriffe nach § 94 Abs. 1, 2 StPO nur unter dem Vorbehalt der Verhältnismäßigkeit stehen, ist das Menschenrecht auf effektive Verteidigung hier nicht ausreichend geschützt und die MRK insoweit verletzt.

cc) Sachlicher Anwendungsbereich

(1) § 97 Abs. 1 Nr. 1, 2 StPO

Bei Mitteilungen zwischen Beschuldigtem und Strafverteidiger sowie bei verteidigungsbezogenen Aufzeichnungen erlaubt die Menschenrechtskonvention nur Eingriffe zum Zweck der Mißbrauchsabwehr. Dagegen läßt die StPO nach § 97 Abs. 2 S. 3 StPO die Beschlagnahme unter dem Gesichtspunkt der Verwirkung zu. Zudem macht sie den Beschlagnahmeschutz vom Gewahrsam des Zeugnis-

---

[1212] Siehe § 6 F. III. S. 109, vgl. § 6 C. I. S. 66 f.

verweigerungsberechtigten abhängig, ein Aspekt, an den die MRK bei den Eingriffszwecken nicht anknüpft.

§ 97 Abs. 1 Nr. 1 und Nr. 2 StPO i. V. m. Abs. 2 verstoßen gegen die Konvention.

(2) § 97 Abs. 1 Nr. 3 StPO

(a) Außerhalb der Vertrauenssphäre entstandene Dokumente

Bei außerhalb der Vertrauenssphäre entstandenen Unterlagen, die nicht zum Zweck der Verteidigung hergestellt worden sind, erlaubt die MRK ausnahmsweise die Beschlagnahme zu Ermittlungszwecken. Die Beschlagnahme beim Beschuldigten erscheint dabei unproblematisch. Im Gewahrsamsbereich des Verteidigers muß allerdings sichergestellt werden, daß Belastungsmaterial in seiner Kanzlei, in der es sich zur Vorbereitung der Verteidigung vorübergehend befindet und deshalb für die Strafverfolgungsorgane leicht erreichbar ist, nicht „abgeschöpft" werden kann. § 97 Abs. 2 S. 3 HS. 1 StPO, der eine Beschlagnahme nur bei Beteiligungsverdacht gestattet, scheint geeignet, dies zu verhindern.

Beim zweiten Halbsatz kommt es dagegen auf weitere Voraussetzungen nicht an: Die Beschlagnahme von instrumenta atque producta sceleris ist stets möglich. Angesichts der Tatsache, daß es sich um einen eng abgegrenzten Kreis von besonders beweisrelevanten Gegenständen handelt, dürfte dennoch keine Konventionsverletzung anzunehmen sein. Ihre Beschlagnahme ist aber noch in einem zweiten Punkt heikel: Nach § 147 Abs. 4 S. 1 StPO werden dem Verteidiger Beweisstücke bei der Akteneinsicht nicht mitgegeben, ein Umstand, der eine Weitergabe an den Privatgutachter erschwert und die Verteidigungsbemühungen behindert. Die bloße Inaugenscheinnahme durch den Experten im Gebäude der Behörde genügt in der Regel für die Erstellung eines Gutachtens nicht. Jedoch hat sich in der Praxis eingebürgert, sofern nicht wie etwa bei Röntgenbildern Kopien ausreichen,[1213] die benötigten Spurenträger etc. direkt an den von der Verteidigung benannten Wissenschaftler zu versenden, um die Erstellung eines Privatgutachtens zu ermöglichen.[1214] Auch insoweit ist kein Konventionsverstoß ersichtlich.

(b) Kommunikation mit Dritten

Entsprechendes wie für die Beschlagnahme von primären Beweisgegenständen gilt für die schriftliche Kommunikation mit Dritten, die über kein eigenes oder abgeleitetes[1215] Zeugnisverweigerungsrecht verfügen und für die die MRK auch

---

[1213] Vgl. *Ulsenheimer*, Arztstrafrecht in der Praxis, Rn. 455.

[1214] Vgl. LG Essen, StraFo 1996, 92 m. Anm. Oster; *Krause*, StraFo 1998, 1.

[1215] Dazu unter § 16 A. I. 2. a) ee) S. 270.

keines fordert, sofern sich die Gegenstände im Besitz des Verteidigers befinden. Wann die Objekte entstanden sind, spielt dabei keine Rolle.

Bei dem Dritten besteht, wiederum vorbehaltlich eines selbstständigen oder vom Verteidiger abgeleiteten Beschlagnahmeprivilegs des Gewahrsamsinhabers, dagegen kein Beschlagnahmeschutz. Sofern die Person kein Zeugnisverweigerungsrecht hat und die MRK auch keines für die Personengruppe, der er angehört, fordert, verletzt dies die Konvention nicht.

(c) Sonstige innerhalb der Vertrauensbeziehung entstandene Unterlagen

Im Widerspruch zur Konvention erlaubt die StPO die Beschlagnahme der übrigen in der Verteidigungsbeziehung entstandenen Unterlagen zur Informationsgewinnung, sofern der Verteidiger keinen Gewahrsam hat oder ein Beteiligungsverdacht besteht.

Insoweit verletzt § 97 Abs. 1 Nr. 3, Abs. 2 StPO die Konvention.

dd) Wegfall des Beschlagnahmeprivilegs bei Einverständnis des Beschuldigten

Nach der Konvention ist ein Verzicht auf die schützenden Vorschriften nur möglich, wenn der Betroffene frei entscheidet und sich der Tragweite dieser Entscheidung voll bewußt ist. Im deutschen Recht führt die Entbindung von der Schweigepflicht auch dann zum Wegfall des Beschlagnahmeverbots, wenn der Beschuldigte sich über den Inhalt der Dokumente nicht im klaren ist.[1216] Dennoch verstößt die deutsche Rechtsordnung damit nicht gegen die Konvention: Dem Betroffenen ist zuzumuten, sich vorher über den Inhalt zu informieren. Gewährt ihm das nationale Recht diese Möglichkeit, wie das deutsche im Hinblick auf den Kontakt mit dem Verteidiger, und nimmt der Beschuldigte diese Gelegenheit nicht wahr, so trägt er auch das Risiko unangenehmer Überraschungen.

ee) § 97 Abs. 4 i. V. m. § 53 a StPO

Wird der Gehilfenbegriff, wie hier vorgeschlagen, funktionell definiert, ermöglicht § 97 Abs. 4 i. V. m. § 53 a StPO eine deutliche Verbesserung des Schutzes der Verteidigung.

Da das Gewahrsamsprinzip, nun bezogen auf den Gehilfen, auch hier zum Tragen kommt und das Risiko einer Beschlagnahme wegen Beteiligungsverdachts sich sogar verdoppelt hat,[1217] gilt auch das für § 97 Abs. 1 und Abs. 2 Gesagte:

[1216] HansOLG Hamburg, NJW 1962, 689, 690; LR/*Schäfer*, § 97 Rn. 73; siehe auch AK-StPO/*Amelung*, § 97 Rn. 27 m. w. N.; *Kohlhaas*, NJW 1964, 1162, 1164.

[1217] Siehe § 11 E. II. 2. S. 211 f.

§ 97 Abs. 1 Nr. 3, Abs. 2 i. V. m. Abs. 4 StPO ist teilweise, die Nummern 1 und 2 i. V. m. Abs. 2, 4 sind in vollem Umfang konventionswidrig.

b) Die Postbeschlagnahme

Bei der Postbeschlagnahme sieht die StPO keine speziellen Beschlagnahmeverbote vor. Sofern keine Korrektur über § 148 StPO erfolgt, ist, wenn der Briefverkehr Bezug zu einer Strafverteidigung hat, in den meisten Fällen ein Verstoß anzunehmen. Da keine Vorsorge gegen ein „Abschöpfen" getroffen worden ist, auch in den Fällen, in denen Eingriffe zu Ermittlungszwecken grundsätzlich gestattet wären. Die allgemeine Schranken-Schranke der Verhältnismäßigkeit genügt als Korrektiv nicht.

Nur dann, wenn die Sendung im Gewahrsam des Empfängers unbeschränkt beschlagnahmefähig wäre, ist auch das Abfangen auf dem Postweg unbedenklich. Es findet hier nur eine zeitliche „Vorverlagerung" des Eingriffes statt. Im umgekehrten Fall - beim Absender dürfte beschlagnahmt werden, beim Empfänger wäre das Material privilegiert - wird man dies nicht sagen können. Der Beschlagnahmeschutz der Kanzlei könnte nämlich leicht umgangen werden, wenn die Korrespondenz den Verteidiger gar nicht erreicht, weil sie vorher durch die Strafverfolgungsorgane „gefiltert" wird.

c) Die Kontrolle nach §§ 148 Abs. 2, 148a StPO

Als einziger der untersuchten Eingriffstatbestände dient die Kontrolle der schriftlichen Verteidigerkommunikation mit dem inhaftierten Mandanten präventiven Zwecken. Angesichts der strengen Begrenzung der Überwachung auf schwerste Straftaten und der auf äußerste Schonung bedachten Ausgestaltung gibt es aus menschenrechtlicher Sicht keinerlei Bedenken gegen die Eingriffsnorm.

3. Verhältnismäßigkeit

Im Rahmen der deutschen Verhältnismäßigkeitsprüfung werden im Wesentlichen die gleichen Aspekte wie bei der Konvention herangezogen. Allein die oben aufgezeigten Lücken beim Rechtsschutz wirken sich negativ auf die Bewertung aus. Steht im konkreten Einzelfall kein Rechtsbehelf zur Verfügung, kann dies die Unverhältnismäßigkeit und damit die Menschenrechtswidrigkeit des materiellen Eingriffs zur Folge haben.

II. Grundsätze der Verwertbarkeit

1. Die Verwertbarkeit bei Beschlagnahme nach § 94 Abs. 1, 2 StPO

a) Bei Zulässigkeit von Ermittlungseingriffen nach der Konvention

Gegenstände, die im Einklang mit der StPO beschlagnahmt worden sind, sind dem Eingriffszweck entsprechend grundsätzlich auch im Anlaßverfahren verwertbar. Sofern es um Eingriffe geht, die auch nach der MRK zu Ermittlungszwecken zulässig und auch sonst rechtmäßig sind, wird man dies nicht beanstanden können.

b) Bei Unzulässigkeit von Ermittlungseingriffen nach der MRK

In den meisten Fällen sind jedoch die Eingriffe zu Ermittlungszwecken, die nach §§ 94, 97 StPO **rechtmäßig** sind, **menschenrechtswidrig**, da sie ein unzulässiges Eingriffsziel verfolgen. Die Verwertbarkeit der ermittelten Informationen richtet sich also nach den auf Konventionsebene für **rechtswidrig** gewonnene Beweismittel geltenden Regeln. Hier ist einerseits auf die von den Straßburger Organen gebilligten, auch in Deutschland vertretenen Lehren abzustellen, wobei insbesondere nach der „hypothetical clean path doctrine" zu fragen ist, ob die Informationen rechtmäßig hätten gewonnen werden können.

Diese Theorie vom hypothetischen Ersatzeingriff leitet zum zweiten zu beachtenden Aspekt über: Menschenrechtswidrig gewonnene Informationen können nicht in weiterem Umfang verwertbar sein als rechtmäßig - also bei Eingriffen zur Mißbrauchsabwehr - gewonnene.

Danach scheidet die Verwertung zur Gänze aus, wenn sich der Mißbrauchsverdacht als unbegründet herausstellt. Ansonsten ist sie in erster Linie zur Verfolgung des Mißbrauches gestattet, sofern jener nach nationalem Recht für den Verteidiger und / oder den Mandanten strafbar ist. In dem Verfahren, auf das sich die Verteidigung bezieht, ist sie nur bei Identität von Mißbrauchshandlung und ursprünglicher Tat möglich. Dabei ist der Umfang der verwertbaren Unterlagen auch in gegenständlicher Hinsicht begrenzt. Verwendet werden darf nur inkriminiertes Material, solches also, das mit dem Mißbrauch in direktem Zusammenhang steht.

c) Nachträglicher Erwerb des Verteidigungsprivilegs

aa) Beschlagnahme vor Inkulpation

Die Menschenrechtskonvention verbietet, daß im zeitlichen Anwendungsbereich von Art. 8 MRK rechtmäßig beschlagnahmtes Material gegen den inzwischen Beschuldigten unbeschränkt verwertet wird. Für die nach Inkulpation erfolgende

Verwertung ist darauf abzustellen, ob nunmehr eine erneute Beschlagnahme gestattet wäre.

Im deutschen Recht gilt vor Erwerb der Beschuldigteneigenschaft § 97 Abs. 1 StPO nicht, da er nur Vertrauensverhältnisse schützt, an denen der Beschuldigte beteiligt ist. Die Beschlagnahme ist also möglich und steht in der Regel sogar im Einklang mit der MRK. § 97 StPO enthält keine Angaben zur Verwertung, so daß nach Maßgabe der StPO einer Verwertung nichts entgegensteht. Beweisverwertungsverbot kann allenfalls aus dem Grundgesetz hergeleitet werden. Eine unbeschränkte Verwertung würde gegen die Konvention verstoßen.

bb) Beschlagnahme nach Inkulpation vor Anbahnung eines Verteidigungsverhältnisses

Weitgehend unbedenklich erscheint dagegen, daß Material, das noch vor Beginn der Anbahnung eines Verteidigungsverhältnisses entstanden ist, auch dann verwertbar bleibt, wenn nach Beschlagnahme ein Zeugnisverweigerungsrecht und damit ein Beschlagnahmeprivileg begründet wird.

2. Die Verwertbarkeit bei Postbeschlagnahme

Die Postbeschlagnahme bereitet die Gewinnung von Beweismaterial durch Beschlagnahme nur vor. Verwertbares Material liefert sie nur insofern, als die Strafverfolgungsbehörden bei „Gelegenheit" der Postbeschlagnahme Informationen erhalten. Die bei der Beschlagnahme nach § 94 StPO geschilderten Grundsätze gelten – mutatis mutandis – auch für diese Erkenntnisse.

3. Die Verwertbarkeit bei Kontrolle der Verteidigerpost nach §§ 148 Abs. 2, 148 a StPO

Als einziger der untersuchten Eingriffstatbestände enthält § 148 a Abs. 1 S. 2, Abs. 2 S. 2 StPO Maßgaben für die Verwertung. Jene ist im Wesentlichen zur Verfolgung von Mißbrauchstaten und auch hier nur im Rahmen des von § 138 StGB definierten Kataloges besonders schwerwiegender Straftaten möglich. Im ursprünglichen Verfahren ist die Verwertung nur dann gestattet, wenn die Verteidigungskontakte zur Fortführung der Tat „genutzt" werden, also bei Tatidentität.

Diese Regelung erfüllt in vorbildlicher Weise die menschenrechtlichen Vorgaben.

B. Bewertung der Lösungsvorschläge von Literatur und Rechtsprechung zum Beschlagnahmeschutz

I. Korrektur mittels § 148 StPO

§ 148 Abs. 1 StPO ermöglicht einen umfassenden Schutz der Verteidigungskommunikation. Eingriffe sind, wenn sich der Mandant in Freiheit befindet, nach der hier vertretenen Auffassung vollständig ausgeschlossen, auch sonst ist die Überwachung nur in „Terrorismusverfahren" (§ 148 Abs. 2 , 148 a StPO gegebenenfalls i. V. m. § 29 Abs. 1 S. 2, 3 StVollzG) möglich.

Die Vorschrift deckt jedoch nicht alle im Hinblick auf Art. 6 Abs. 3 MRK beanstandeten Beschlagnahmefälle ab. Hat der Beschuldigte keinen Verteidiger, ist § 148 StPO nicht anwendbar, Eigenverteidigungsunterlagen werden daher nicht geschützt. Aber auch im Bereich der formellen Verteidigung bleiben Lücken. Verteidigungsmaterial, das nicht Verteidigerpost ist, wird nicht erfaßt. Dies betrifft den Anwendungsbereich von § 97 Abs. 1 Nr. 2 Alt. 2 StPO und Teile desjenigen von § 97 Abs. 1 Nr. 3 StPO, nämlich Unterlagen, die zum Zweck der Verteidigung hergestellt worden, aber selbst nicht zur Versendung an den Beschuldigten bestimmt sind, sowie die Kommunikation mit Verteidigungsgehilfen. Insofern vermag § 148 StPO keinen konventionsmäßigen Zustand herzustellen. Daß § 148 StPO die primären Beweisgegenstände weitgehend ausklammert, ist dagegen unbedenklich.

II. Verfassungsrechtlicher Ansatz

Betrachtet man lediglich den Schutzbereich von Art. 103 Abs. 1 GG und insbesondere von Art. 2 Abs. 1 i. V. m. 20 GG, möchte man meinen, die menschenrechtlichen Standards seien im deutschen Recht erfüllt, zumal wenn man an die Möglichkeit denkt, das in Art. 20 Abs. 3 GG enthaltene Rechtsstaatsprinzip nach Maßgabe von Art. 6 MRK auszulegen.

Bei der Analyse der wenigen Urteile, die - wie zum Beispiel das des BGH vom 25. Februar 1998[1218] - Art. 6 MRK erwähnen, erweist sich der Hinweis auf die Konvention schnell als „Begründungskosmetik". Die deutsche Rechtsprechung hält daran fest, die Funktionstüchtigkeit der Rechtspflege auch unter dem Aspekt des Strafverfolgungsinteresses als Schranke des Rechtes auf Verteidigung heranzuziehen. Es verwundert daher nicht, daß bisher nur Eigenverteidigungsunterlagen im engsten Sinn von der Beschlagnahme ausgenommen wurden.

Solange die Grundrechtsschranken wie bisher gehandhabt werden, ist mit grundgesetzlichen Mitteln kein befriedigendes Ergebnis zu erzielen.

[1218] BGH, NJW 1998, 1963 ff. = NStZ 1998, 309 ff. = JA 1998, 632 ff. (aufbereitet von *Satzger*) = JuS 1998, 850 f. (aufbereitet von *Martin*).

§ 17 Eigener Lösungsvorschlag

Das deutsche Recht steht in seiner Gesamtheit auf dem Prüfstand der Menschenrechtskonvention. Zwischen Konvention und nationalem Recht besteht kein Verhältnis wie zwischen deutschem Bundes- und Landesrecht (Art. 31 GG). Nationales Recht, das inhaltlich mit der Menschenrechtskonvention übereinstimmt oder noch hinausgeht, wird natürlich nicht „gebrochen“ (vgl. Art. 53 MRK n. F.). Im Gegenteil, die Menschenrechtskonvention erteilt den Unterzeichnerstaaten den Auftrag, im nationalen Recht die garantierten Rechte durchzusetzen (Art. 1, 52 n. F. MRK). Vorrangig ist daher zu untersuchen, inwiefern mit Mitteln des innerstaatlichen Rechts, also ohne Berufung auf den Anwendungs- und Geltungsvorrang der Konvention, ein wirksamer Schutz der Verteidigung erreicht werden kann. Erst wenn dies scheitert, muß direkt auf die MRK zurückgegriffen werden.

A. Lösungsvorschläge auf Basis des nationalen Rechts

Von den vorgestellten Hauptwirkmechanismen der Konventionsrechte beruhen zwei auf nationalem Recht: Zum einen die Geltung der MRK als transformiertes, einfaches Bundesrecht und zum zweiten die Heranziehung des Inhalts der Konvention zur Auslegung des deutschen Verfassungsrechts.

I. Die MRK als transformiertes Recht

Der erste Weg führt dazu, daß älteres entgegenstehendes Recht nach der lex-posterior-Regel außer Kraft tritt. Es handelt sich dabei nicht nur um einen Anwendungs- oder Geltungsvorrang, sondern eine „echte“ Derogation. Hierin liegt die Stärke dieses Lösungsweges. Stellt man sich auf den Standpunkt, durch die Einführung von Überschriften durch das 11. Protokoll seien auch die materiellen Vorschriften erneut in den Willen des transformierenden Gesetzgebers aufgenommen worden, hieße dies, daß der deutsche Gesetzgeber mit seinem Zustimmungs- und Transformationsgesetz vom 24. Juli 1995 auch entgegenstehende StPO-Vorschriften abgeschafft hat. Seit dem 1. November 1998 gilt nach dieser Konstruktion die StPO nur noch in der veränderten Fassung. Gleichzeitig zeigt sich jedoch auch die Schwäche dieser Konstruktion: § 304 und § 97 StPO wurden im Januar bzw. im Juni des Jahres 1998 geändert.[1219] Vertritt man auch hier, daß der Gesetzgeber den gesamten Paragraphen in seinen Willen aufgenommen hat, wäre der konventionsmäßige Zustand bereits vor dessen Wirksamwerden wieder beseitigt worden.

[1219] Art. 6 des Gesetzes vom 26. Januar 1998, BGBl. I 1998, 160, 162; Art. 5 des Gesetzes vom 16. Juni 1998, BGBl. I 1998, 1311, 1319.

Es bliebe nur der Ausweg, die beiden Änderungsgesetze völkerrechtsfreundlich auszulegen und nur die tatsächlich inhaltlich veränderten Bestandteile, § 97 Abs. 2 S. 2 und § 304 Abs. 4 S. 2 HS. 2 Nr. 5 StPO, als leges posteriores anzusehen. Damit läßt sich für den Moment ein Vorrang der MRK begründen.

Die Beschlagnahme ist also nur im „menschenrechtlichen" Rahmen möglich, Rechtsschutz muß entgegen der bisherigen Rechtsprechung des BVerfG gewährt werden. § 304 Abs. 4 und Abs. 5 StPO sind, soweit mit Art. 13 MRK unvereinbar, außer Kraft getreten.

Dies gilt auf dem Boden der herrschenden Meinung, auch wenn diese davon bisher noch keine Notiz genommen zu haben scheint.

II. Die MRK als „Auslegungshilfe"

Nach der Rechtsprechung des BVerfG kann der Inhalt der Konvention zur Auslegung deutschen Verfassungsrechts herangezogen werden. Das Recht auf Verteidigung in Art. 2 Abs. 1, 20 GG bzw. Art. 103 Abs. 1 GG ließe sich - auch im Hinblick auf die Grundrechtsschranken - nach der Vorlage von Art. 6 Abs. 3 der Konvention bilden, Art. 19 Abs. 4 GG an Hand von Art. 13 MRK auslegen. Rechtsgrundlage blieben die deutschen Grundrechte: Inhaltlich MRK-widrige einfachrechtliche Vorschriften würden grundgesetzwidrig oder im Bereich der Beschlagnahmeverbote durch verfassungsunmittelbare Beschlagnahme- und Beweisverwertungsverbote ergänzt.

Ein Beispiel hierzu: Das Haupthindernis bei der Herstellung menschenrechtsmäßiger Zustände beim Rechtsschutz ist die Auslegung von Art. 19 Abs. 4 GG nach formellen Gesichtspunkten, die in dem Merksatz „kein Rechtsschutz gegen den Richter"[1220] gipfelt.

Der Wortlaut von Art. 19 Abs. 4 GG verbietet jedoch eine an Art. 13 MRK orientierte, materielle Auslegung nicht. Selbst wenn man mit der herrschenden Meinung unter der öffentlichen Gewalt nur die Exekutive versteht,[1221] schließt dies eine materiell-funktionelle Sichtweise, im Gegensatz zur institutionellen, nicht aus: Nicht **„kein Rechtsschutz gegen den Richter"**, sondern **„kein Rechtsschutz gegen richterliche Entscheidungen."** Maßgeblich ist nicht, daß der Entscheidungsträger die Richterrobe trägt, sondern daß er eine richterliche Streitentscheidung trifft. Bei der Anordnung von Zwangsmitteln ist dies auch dann nicht der Fall, wenn der Richter nach § 162 Abs. 3 StPO nur über die Rechtmäßigkeit zu befinden hat: Er muß sich die Zweckmäßigkeitsentscheidung der Staatsanwaltschaft als Antragstellerin quasi „zu eigen" machen und kann zudem

---

[1220] Maunz/*Dürig* (Erstbearbeitung), Art. 19 Abs. 4 Rn. 17, zitiert nach Maunz/Dürig/*Schmidt-Aßmann*, GG, Art. 19 Abs. 4 Rn. 96.

[1221] Nachweise bei Maunz/Dürig/*Schmidt-Aßmann*, GG, Art. 19 Abs. 4 Rn. 90 ff.

in der Regel nur eine der beteiligten Parteien zu Wort kommen lassen (vgl. § 33 Abs. 4 StPO). Hier geht es nicht um Streitentscheidung, sondern um eine rechtliche „Unbedenklichkeitsbescheinigung".[1222] Ordnet der Richter nach § 165, § 202, § 243 Abs. 2 oder § 308 Abs. 2 StPO ohne Antrag der Staatsanwaltschaft ein Zwangsmittel an, ist der Unterschied zwischen dem „Eingriffsrichter"[1223] und dem Richter als Urteilsfinder evident.[1224]

Die Anordnung eines Zwangsmittels ändert ihre Rechtsqualität nicht dadurch, daß ein Richter sie anordnet, sie bleibt Justizverwaltungsakt.[1225] Im Staatshaftungsrecht entspricht die hier vertretene Zuordnung sogar der dort herrschenden Ansicht: Die richterliche Anordnung von Ermittlungs- und Zwangsmaßnahmen fällt nicht unter das Richterprivileg in § 839 Abs. 2 BGB. Der Begriff des „Urteils" wird nach materiellen Gesichtspunkten bestimmt: Maßgeblich ist auch hier, ob es sich um eine richterliche Streitentscheidung handelt.[1226]

Wie *Ress* zutreffend bemerkt hat, wird auf elegante Weise der MRK in das Grundgesetz integriert, ohne ihr selbst Verfassungsrang zu verleihen.[1227] Das BVerfG bekennt sich dazu, die Konvention zur Auslegung heranzuziehen. Es hat sich nicht nur bei der Feuerwehrabgabe,[1228] sondern auch, sofern die hier geäußerte Vermutung über die Hintergründe des Beschlusses vom 30. April 1997[1229] zutrifft, beim Rechtsschutz gegen erledigte Zwangsmaßnahmen darum bemüht.[1230] Ob

---

[1222] A. A. BVerfGE 49, 329, 341; vgl. auch BVerfGE 96, 27, 39 = JZ 1997, 1060 = StV 1997, 393 m. zahlr. N.

[1223] *Lisken/Mokros*, NVwZ 1991, 609, 612.

[1224] So auch *Köster*, Der Rechtsschutz gegen die vom Ermittlungsrichter angeordneten und erledigten strafprozessualen Grundrechtseingriffe, S. 120 f. Eine umfassende Auseinandersetzung mit diesem Thema kann hier leider nicht erfolgen, deshalb siehe hierzu die umfangreichen Spezialuntersuchungen (neben der von *Köster* auch *Lin*, Richtervorbehalt und Rechtsschutz gegen strafprozessuale Grundrechtseingriffe, *Voßkuhle*, Rechtsschutz gegen den Richter, sowie die demnächst erscheinende Dissertation von *Rabe von Kühlewein*, vgl. NStZ 1998, 580, 581).

[1225] So auch *Lisken*, StV 1997, 396, 397; *Lisken/Mokros*, NVwZ 1991, 609, 610, 612; *Rabe von Kühlewein*, NStZ 1998, 580, 581; *Voßkuhle*, Rechtsschutz gegen den Richter, insb. S. 332, vgl. auch S. 14 m. w. N.; vgl. Maunz/Dürig/*Dürig*, GG, Art. 104 Rn. 25.

[1226] Vgl. Palandt/*Thomas*, BGB, § 839 Rn. 68 ff.; BGH, NJW 1964, 2402, 2403 für die vorläufige Entziehung der Fahrerlaubnis im Strafverfahren und BGHZ 27, 338, 348 ff. für die Anordnung eines Haftbefehls.

[1227] *Ress*, FS-Zeidler, Bd. 2, S. 1775, 1796.

[1228] BVerfG, NJW 1995, 1733 ff. im Anschluß an EGMR, Urteil vom 18. Juli 1994, Nr. 13580/88, Schmidt / D, Série A, Bd. 291-B, S. 24 ff. = EuGRZ 1995, 392 ff. = NVwZ 1995, 365 ff. = NJW 1995, 1733 (LS); anders noch BVerfGE 13, 167 ff.; vgl. *Bleckmann*, EuGRZ 1995, 387 ff.

[1229] BVerfGE 96, 27 ff. = JZ 1997, 1060 ff. = StV 1997, 393 f.

[1230] Bei der Frage des Lockspitzeleinsatzes hat sich erst jüngst der BGH um einen Gleichklang mit der EGMR-Rechtsprechung bemüht. Ob ihm dies gelungen ist, darf bezweifelt werden (BGH,

dies auch bei kritischeren Fragen so sein wird, darf durchaus bezweifelt werden. Das Problem an dieser Lösung ist also, daß es letztlich beim BVerfG liegt, ob ein menschenrechtswidriger Zustand behoben wird, da es die endgültige Auslegungshoheit über das Grundgesetz besitzt. Ein Kooperationsverhältnis wie mit dem EuGH liegt auf dieser Basis nicht in greifbarer Nähe.[1231] Der verfassungsändernde Gesetzgeber könnte überdies alle menschenrechtlichen Erfolge durch eine (konventionswidrige) Grundgesetzänderung zunichte machen.

B. Lösung unter Beachtung der Supranationalität der Konvention

Die meisten der geschilderten Probleme lassen sich lösen, wenn die Konvention, wie hier vertreten, als supranationale Regelung begriffen wird: Die Durchsetzung der Menschenrechte hängt nicht mehr allein vom BVerfG ab. Nicht einmal der verfassungsändernde Gesetzgeber vermag sich, vorbehaltlich einer fristgebundenen und nur ex nunc wirksamen Kündigung der Mitgliedschaft in der MRK (Art. 58 MRK), über sie hinwegzusetzen.

Der MRK widersprechendes Recht ist im Kollisionsfall nicht anwendbar.

Für die Beschlagnahme heißt das: Es wird kein zusätzliches Beschlagnahme- und Beweisverwertungsverbot postuliert, wie dies im Hinblick auf das Grundgesetz geschieht,[1232] sondern die Befugnisnorm (§§ 94, 99 StPO) partiell verdrängt. „Beschlagnahmeverbote", die ihren Grund in der MRK haben, wirken nicht auf der Ebene des § 97 StPO, sondern begrenzen den Tatbestand der Eingriffsnormen §§ 94, 99 StPO.

Fachgerichtlicher Rechtsschutz muß im von Art. 13 MRK geforderten Rahmen gewährt werden. Hier kann es, da es beim Rechtsschutz einer „Leistung" des Mitgliedsstaates bedarf, die über den bloßen Verzicht auf Eingriffe hinausgeht, Probleme geben. In einem Staat ohne eine funktionstüchtige Rechtspflege, dem deshalb die entsprechenden personellen und institutionellen Voraussetzungen fehlen, hilft der Anwendungs- und Geltungsvorrang allein oft nicht weiter. Da die Bundesrepublik aber nicht nur über eine leistungsfähige Justiz, sondern auch über die entsprechenden Verfahrenvorschriften verfügt, ist ein menschenrechtsmäßiger Zustand recht einfach zu erreichen: Lediglich die MRK-widrigen Einschränkungen des Rechtsschutzes gelten wegen des Vorranges der Konvention nicht.

Urteil vom 18. November 1999, 1 StR 221/99, zitiert nach Pressemitteilung der Pressestelle des BGH vom selben Tag, vgl. BayObLG, NStZ 1999, 527 f.; siehe aber EGMR, Urteil vom 9. Juni 1998, Nr. 25829/94, Teixeira de Castro / Portugal, Reports 1998-IV, S. 1424 ff., Ziff. 32 ff. = StV 1999, 127 f. m. Anm. *Kempf*, vgl. *Kinzig*, StV 1999, 288 ff.).

[1231] Gegenteiliges kann wohl auch aus dem Interview mit der Präsidentin des BVerfG, *Limbach*, in: DER SPIEGEL 45/1999 vom 8. November 1999, S. 72, 77, nicht geschlossen werden.

[1232] Vgl. *Schroth*, JuS 1998, 969, 979 f. mit zahlreichen Beispielen aus der verfassungsgerichtlichen Judikatur.

§ 18 Schlußbetrachtung

Betrachtet man den Stand der Verwirklichung der MRK in den einzelnen Mitgliedsstaaten, so erscheinen die Mängel des deutschen Rechts wenig gravierend: Schließlich ist die Bundesrepublik, anders als einige unserer westlichen Nachbarn, noch nie wegen einer Verletzung von Art. 3 MRK verurteilt worden.[1233]

Wenn das 21. Jahrhundert jedoch das Jahrhundert der Menschenrechte sein soll, muß auch die Bundesrepublik Deutschland das Ihre hierzu beitragen:

Nicht nur im Rahmen der Europäischen Union, die demnächst eine Grundrechts-Charta erhalten soll,[1234] gilt es, den Individualschutz zu stärken. Die Gemeinschaft der Mitgliedsstaaten der Europäischen Menschenrechtskonvention umfaßt zur Zeit 41 Nationen, in denen zum Teil die Anwendung von Art. 15 MRK nicht nur als theoretische, aber fernliegende Möglichkeit betrachtet wird und in denen auch sonst die praktische Verwirklichung der Standards der MRK manchmal noch im Argen liegt.

In der Grundrechtstradition des Grundgesetzes ist die Bundesrepublik Deutschland aufgefordert, den Schutz der Menschenrechte als ein Prozeß ständiger Optimierung zu betrachten. Globalisierung beginnt zu Hause. Dies gilt auch für die Durchsetzung der Menschenrechte im deutschen Strafprozeß.

1233 EGMR, Urteil vom 28. Juli 1999, Nr. 25803/94, Selmouni / F (ergangen nach Inkrafttreten des 11. Protokolls). In den gegen das Vereinigte Königreich gerichteten Beschwerden ging es nicht um Fehlverhalten von Strafverfolgungsbehörden. Die (bisher) letzte Entscheidung nahm einen Verstoß gegen Art. 3 MRK wegen der Verletzung staatlicher Schutzpflichten an, EGMR, Urteil vom 23. September 1998, Nr. 25599/94, A. / UK, Reports 1998-VI, S. 2692 ff. m. w. N.

1234 Europäischer Rat, Köln, 3. und 4. Juni 1999, Schlußfolgerungen des Vorsitzes, Ziff. 44 f. und Anhang IV (letzterer nicht abgedruckt in wistra 1999, V ff.); Europäischer Rat, Tampere. 15. und 16. Oktober 1999, Schlußfolgerungen des Vorsitzes, Anlage - Zusammensetzung und Arbeitsverfahren des Gremiums zur Ausarbeitung des Entwurfs einer EU-Charta der Grundrechte sowie einschlägige praktische Vorkehrungen entsprechend den Schlußfolgerungen von Köln. Die Dokumente können über http://www.europa.eu.int abgerufen werden.

Literaturverzeichnis

***Abegg*, Julius Friedrich Heinrich,** Lehrbuch des gemeinen Criminal-Prozesses mit besonderer Berücksichtigung des preussischen Rechts, Mit einer Abhandlung über die wissenschaftliche Behandlung des Criminal-Prozesses, Königsberg 1833 (zit.: *Abegg*, Lehrbuch des gemeinen Criminal-Prozesses).

***Achenbach*, Hans,** Verfahrenssichernde und vollstreckungssichernde Beschlagnahme im Strafprozeß, NJW 1976, 1068 - 1072.

***Aischylos*,** Eumeniden, in: Tragödien, hrsg. von Bernhard Zimmermann, übers. von Oskar Werner, 5. Auflage, Zürich, Düsseldorf 1996.

Alternativkommentare, Reihe der, Kommentar zum Grundgesetz für die Bundesrepublik Deutschland in zwei Bänden, Rudolf Wassermann (Hrsg.), 2. Auflage, 1. Band (Art. 1 - 37 GG), Neuwied, Frankfurt 1989 (zit.: AK-GG/*Bearbeiter*).

Alternativkommentare, Reihe der, Kommentar zur Strafprozeßordnung in drei Bänden, Rudolf Wassermann (Hrsg.), 1. Band (§§ 1 - 93 StPO), Neuwied, Kriftel, Berlin 1988, 2. Band 1. Teilband (§§ 94 - 212 b StPO), Neuwied, Kriftel, Berlin 1992 (zit.: AK-StPO/*Bearbeiter*).

***Ambos*, Kai,** Zur Rechtsgrundlage des Internationalen Strafgerichtshofs – Eine Analyse des Rom-Statuts, ZStW 111 (1999), 175 – 211.

***Ambos*, Kai / *Ruegenberg*, Guido,** Rechtsprechung zum internationalen Straf- und Strafverfahrensrecht, NStZ-RR 1999, 193 – 207.

***Amelung*, Knut,** Grenzen der Beschlagnahme notarieller Unterlagen, DNotZ 1984, 195 – 225.

***Amelung*, Knut / *Schall*, Hero,** Zum Einsatz von Polizeispitzeln: Hausfriedensbruch und Notstandsrechtfertigung, Wohnungsgrundrecht und Durchsuchungsbefugnis – OLG München, DVBl. 1973, 221, JuS 1975, 565 – 572.

***Aristoteles*,** Athenaion Politeia, hrsg. von Hans Oppermann, Stuttgart 1968.

***Aristoteles*,** Ars Rhetorica, hrsg. von W. D. Ross, Oxford u. a. 1975 (Nachdruck der Ausgabe von 1959) (zit.: *Aristoteles*, Rhetorik).

***Armbrüster*, Klaus,** Die Entwicklung der Verteidigung in Strafsachen – Ein rechtsgeschichtlicher Beitrag von den Anfängen einer Verteidigertätigkeit in Deutschland bis zum Ende der Weimarer Zeit, iur. diss., Berlin 1980 (zit.: *Armbrüster*, Entwicklung der Verteidigung).

***Arndt*, Adolf,** Das rechtliche Gehör, NJW 1959, 6 – 8.

***Arndt*, Adolf,** Die Verfassungsbeschwerde wegen Verletzung des rechtlichen Gehörs, NJW 1959, 1297 – 1301.

***Arndt*, Adolf,** Anmerkung zu BVerfG, Beschluß vom 11. August 1964, 2 BvR 456/64, NJW 1965, 147 – 148.

***Asconius Pedianus*, Quintus,** Orationum Ciceronis quinque enarratio, hrsg. von Adolf Kießling und Rudolf Schoell, Berlin 1875 (zit.: *Asconius*, Name der Rede).

***Bachmann*, Gregor,** Probleme des Rechtsschutzes gegen Grundrechtseingriffe im strafrechtlichen Ermittlungsverfahren, iur. diss., Passau 1993, Berlin 1994.

***Bachmann*, Gregor,** Einheitlicher Rechtsschutz im Ermittlungsverfahren, NJW 1999, 2414 – 2416.

***Bandisch*, Günter,** Mandant und Patient – schutzlos bei Durchsuchung von Kanzlei und Praxis?, AnwBl. 1987, 436 – 442.

***Bandisch*, Günter,** Mandant und Patient – schutzlos bei Durchsuchung von Kanzlei und Praxis?, NJW 1987, 2200 – 2206.

***Bär*, Wolfgang,** Beschlagnahme von Computerdaten, CR 1996, 675 - 683; 744 – 752.

***Baumbach*, Adolf / *Lauterbach*, Wolfgang,** Zivilprozeßordnung mit Gerichtsverfassungsgesetz und anderen Nebengesetzen, 57. Auflage, München 1999 (zit.: Baumbach/Lauterbach/*Bearbeiter*, ZPO).

***Becker*, Walter,** Schutz des Privat-Geheimnisses im neuen Strafrecht, MDR 1974, 888 – 892.

***Benfer*, Jost,** Die Haussuchung im Strafprozeß, iur. diss., Bochum 1980.

***Benfer*, Jost,** Anordnung von Grundrechtseingriffen durch Richter und Staatsanwalt und die Verpflichtung zum Vollzug, NJW 1981, 1245 – 1247.

***Bernhardt*, Rudolf,** Encyclopedia of Public International Law, Amsterdam, Lausanne, New York, Oxford, Shannon, Tokio, 1. Band, 1992, 2. Band, 1995 (zit.: *Bearbeiter*, in: Encyclopedia of Public International Law, Bd.).

***Beulke*, Werner,** Der Verteidiger im Strafverfahren – Funktionen und Rechtsstellung, Frankfurt am Main 1980 (zit.: *Beulke*, Verteidiger im Strafverfahren).

***Beulke*, Werner,** Die Strafbarkeit des Verteidigers, Eine systematische Darstellung der Beistandspflicht und ihrer Grenzen, Heidelberg 1989 (zit.: *Beulke*, Die Strafbarkeit des Verteidigers).

***Beulke*, Werner,** Strafprozeßrecht, 3. Auflage, Heidelberg 1998 (zit.: *Beulke*, StPO, 3. A.).

***Beulke*, Werner,** Strafprozeßrecht, 4. Auflage, Heidelberg 1999 (zit.: *Beulke*, StPO).

***Beulke*, Werner,** Überwachung des Fernsprechanschlusses eines Verteidigers, Besprechung der Entscheidung BGHSt. 33, 347 ff, Jura 1986, 642 – 649.

***Beulke*, Werner,** Hypothetische Kausalverläufe im Strafverfahren bei rechtswidrigem Vorgehen von Ermittlungsorganen, ZStW 103 (1991), 657 – 680.

***Beutler*, Bengt /*Bieber*, Roland / *Pipkorn*, Jörn / *Streil*, Jochen,** Die Europäische Union, Rechtsordnung und Politik, 4. Auflage, Baden-Baden 1993 (zit.: *Beutler/Bieber/Pipkorn/Streil*, Die Europäische Union).

Bibel, Altes und Neues Testament, Einheitsübersetzung, Stuttgart 1980.

***Binding*, Karl,** Grundriss des Deutschen Strafprocessrechts , 2. Auflage, Leipzig 1886.

***Birkmeyer*, Karl,** Deutsches Strafprozeßrecht mit eingehender Bezugnahme auf die preußischen und bayerischen Ausführungsbestimmungen und unter Berücksichtigung des österreichischen Strafprozeßrechtes, Berlin 1898.

***Birmanns*, Martin,** Die Beschlagnahme von Buchführungsunterlagen bei dem Steuerberater, MDR 1981, 102 – 103.

***Bischofsberger*, Peter,** Die Verfahrensgarantien der Europäischen Konvention zum Schutze der Menschenrechte und Grundfreiheiten (Art. 5 und 6) in ihrer Einwirkung auf das schweizerische Strafprozessrecht, Zürich 1972 (zit.: *Bischofberger*, Die Verfahrensgarantien der Europäischen Konvention zum Schutze der Menschenrechte).

***Blackstone*, William,** Commentaries of the Laws of England, Book the Fourth, Oxford 1769 (zit.: *Blackstone*, Commentaries of the Laws of England, Book IV).

***Bleckmann*, Albert,** Grundgesetz und Völkerrecht, Ein Studienbuch, Berlin 1975 (zit.: *Bleckmann*, Grundgesetz und Völkerrecht).

***Bleckmann*, Albert,** Die Völkerrechtsfreundlichkeit der deutschen Rechtsordnung, DÖV 1979, 309 – 318.

***Bleckmann*, Albert,** Europäische Kommission für Menschenrechte – Rechtsprechungsbericht 1979 Nr. 1 – 61, EuGRZ 1981, 88 – 96.

***Bleckmann*, Albert,** Zur Funktion des Art. 24 Grundgesetz, in: Kay Hailbronner, Georg Ress, Torten Stein (Hrsg.), Staat und Völkerrechtsordnung – Festschrift für Karl Doehring, Berlin, Heidelberg u. a. 1989, S. 63 - 87 (zit.: *Bleckmann*, FS-Doehring).

***Bleckmann*, Albert,** Verfassungsrang der Europäischen Menschenrechtskonvention?, EuGRZ 1994, 149 – 155.

***Bleckmann*, Albert,** Bundesverfassungsgericht versus Europäischer Gerichtshof für Menschenrechte, EuGRZ 1995, 387 – 390.

***Böckenförde*, Ernst-Wolfgang,** Grundrechtstheorie und Grundrechtsinterpretation, NJW 1974, 1529 – 1538.

Bonner Kommentar zum Grundgesetz, Hrsg. von Rudolf Dolzer, Klaus Vogel, 91. Lieferung, Heidelberg 1999 (zit.: BK/*Bearbeiter*, GG).

***Bonner*, Robert J.,** Lawyers and Litigants – The Genesis of the Legal Profession, Rom, 1970, Nachdruck der Ausgabe Chicago 1927 (zit.: *Bonner*, Lawyers and Litigants).

***Bonner*, Robert J.,** Evidence in Athenian Courts, diss. in candidacy for the degree of PhD., New York 1979, Nachdruck der Ausgabe Chicago 1905 (zit.: *Bonner*, Evidence in Athenian Courts).

***Bonner*, Robert J. / *Smith*, Gertrude,** The Administration of Justice from Homer to Aristotle, Chicago, 1. Band 1930, 2. Band 1938 (zit.: *Bonner/Smith*, Administration of Justice, Bd.).

***Bradley*, Craig M.,** Beweisverbote in den USA und in Deutschland, GA 1985, 99 – 113.

***Bringewat*, Peter,** Grenzen der Beschlagnahmefreiheit im Ermittlungsverfahren nach dem GWB, BB 1974, 1559 - 1562.

***Bringewat*, Peter,** Zeugnisverweigerungsrecht und Beschlagnahmeprivileg des Verteidigers, NJW 1974, 1740 – 1743.

***Brüssow*, Rainer / *Krekeler*, Wilhelm / *Mehle*, Volkmar,** Strafverteidigung in der Praxis, Bonn 1998 (zit.: Brüssow/Krekeler/Mehle/*Bearbeiter*).

***Bülow*, E.,** Bemerkungen aus der Sicht des gegenwärtigen Verfahrensbeauftragten, HRJ 1975, 361 - 373.

***Byloff*, Fritz,** Das Verbrechen der Zauberei (crimen magiae) – Ein Beitrag zur Geschichte der Strafrechtspflege in Steiermark, Graz 1902 (zit.: *Byloff*, crimen magiae).

***Canaris*, Claus-Wilhelm,** Konsens und Verfahren als Grundelemente der Rechtsordnung —Gedanken vor dem Hintergrund der „Eumeniden“ des Aischylos, JuS 1996, 573 – 580.

***Carpzov*, Benedict,** Practica Nova Imperialis Saxonica Rerum Criminalium In partes III divisa, pars III, quaestionum ferè universarum in Materiâ Processus Criminalis tàm ordinarii, quàm inquisitorii, Torturae, Executionis & Remissionis ac mitigationis poenarum, Wittenberg 1635 (zit.: *Carpzov*, Practica Nova Imperialis Saxonica Rerum Criminalium, pars III, quaestio ... n.).

***Carstens*, Karl,** Das Recht des Europarats, Berlin 1956.

***Cassese*, Antonio,** Ex iniuria ius oritur: Are We Moving towards International Legitimation of Forcible Humanitarian Countermeasures in the World Community?, EJIL 10 (1999), 23 – 30.

Castberg, **Frede,** European Convention on Human Rights, Übersetzung des norwegischen Originals, Den europeiske konvensjon om menneskerettighetene, Oslo, Bergen, Tromsø 1971, von Gytte Borch, Leiden, Dobbs Ferry 1974.

Cicero, **Marcus** ***Tullius***, Letters to Atticus, hrsg. von D. R. Shackleton Bailey, 6. Band, Bücher XIV – XVI, Cambridge 1967 (zit.: *Cicero*, ad Atticum).

Cicero, **Marcus** ***Tullius***, Topik, übers. und hrsg. von Hans Günter Zekl, Hamburg 1983 (zit.: *Cicero*, Topica).

Cicero, **Marcus** ***Tullius***, De officiis – Vom pflichtgemäßen Handeln, übers. und hrsg. von Heinz Gunermann, Stuttgart 1984 (zit.: *Cicero*, de officiis).

Cicero, **Marcus** ***Tullius***, Pro Murena, hrsg. von Joachim Adamietz, Darmstadt 1989.

Cirener, **Gabriele,** Anmerkung zu BVerfG, Beschluß vom 27. Mai 1997, 2 BvR 1992/92, JR 1997, 389 – 391.

Clemens V., Constitutiones, in: Aemilius Friedberg (Hrsg.), Corpus Iuris Canonici, 2. Teil (Decretalium Collectiones), 2. Ausgabe, Graz 1959.

Corpus Iuris Civilis, 1. Band (Institutiones und Digesta), hrsg. von Paul Krueger, Theodor Mommsen, 24. Auflage, Hildesheim 1988, 2. Band, Codex Iustinianus, hrsg. von Paul Krueger, Nachdruck der 11. Auflage, Berlin 1965, Hildesheim 1989 (zit.: D. bzw. Cod.).

Creifelds, **Carl,** Die Beschlagnahme von Handakten des Verteidigers, GA 1960, 65 –76.

Crook, **J. A.,** Legal Advocacy in the Roman World, London 1995.

Dahs, **Hans,** Handbuch des Strafverteidigers, 6. Auflage, Köln 1999.

Dahs, **Hans,** Ausschließung und Überwachung des Verteidigers – Bilanz und Vorschau, NJW 1975, 1385 – 1392.

Dahs, **Hans,** Die Beschlagnahme von Verteidigungsmaterial und die Ausforschung der Verteidigung, in: Klaus Geppert, Diether Dehnicke (Hrsg.), Gedächtnisschrift für Karlheinz Meyer, Berlin, New York 1990, S. 61 – 79 (zit.: *Dahs*, GS-Meyer).

Dahs, **Hans,** Anmerkung zu OLG Düsseldorf, Beschluß vom 8. Januar 1990, 2 Ws 608/89, NStZ 1991, 354 – 355.

De Quadros, **Fausto,** La Convention Européenne des Droits de l'Homme: un cas de ius cogens régional?, in: Ulrich Beyerlin, Michael Bothe, Rainer Hofmann, Ernst-Ulrich Petersmann (Hrsg.), Recht zwischen Umbruch und Bewahrung, Festschrift für Rudolf Bernhardt, Berlin, Heidelberg, New York, London, Paris,

Tokio, Hongkong, Barcelona, Budapest 1995, S. 555 - 562 (zit.: *de Quadros*, FS-Bernhardt)

***Demosthenes*, **Orationes, hrsg. von W. Rennie, Oxford u. a., 2. Band, 2. Teil (Reden XXVII – XL), 1980 (Nachdruck der Ausgabe von 1921), 3. Band (Reden XLI – LXI, Προοίμια, Ἐπιστολαί), 1978 (Nachdruck der Ausgabe von 1931) (zit.: *Demosthenes*, Nummer der Rede).

***Denninger*, Erhard,** Die Wirksamkeit der Menschenrechte in der deutschen Verfassungsrechtsprechung – Zur Geltung der Menschenrechte jenseits von Naturrecht und Positivismus, JZ 1998, 1129 – 1135.

Der Kleine Pauly, Lexikon der Antike, hrsg. von Konrat Ziegler, Walther Sontheimer, München 1979 (zit.: *Bearbeiter*, in: Der Kleine Pauly, Bd., Sp. (Stichwort)).

***Dijk*, Pieter van,** The Right of the Accused to a Fair Trial under International Law, Utrecht 1983.

***Dijk*, Pieter van / *Hoof*, G. J. H. van,** Theory and Practice of the European Convention on Human Rights, 2. Auflage, Deventer, Boston 1990.

***Dingeldey*, Thomas,** Das Prinzip der Aussagefreiheit im Strafprozeßrecht, JA 1984, 407 – 414.

***Dörr*, Dieter,** Anmerkung zu EGMR, Urteil vom 21. Januar 1999, Nr. 29183/95, Fressoz, Roire / F; EGMR, Urteil vom 1. Juli 1997, Nr. 20834/92, Oberschlick / Österreich; EGMR, Urteil vom 21. Januar 1999, Nr. 25716/94, Janowski / Polen, JuS 1999, 1011 – 1013.

***Dreier*, Horst,** Grundgesetz – Kommentar, Tübingen, 1. Band (Art. 1 - 19 GG), 1996; 2. Band (Art. 20 - 82 GG), 1998 (zit.: Dreier/*Bearbeiter*, GG).

***Drzemczewski*, Andrew / *Meyer-Ladewig*, Jens,** Grundzüge des neuen EMRK-Kontrollmechanismus nach dem am 11. Mai 1994 unterzeichneten Reform-Protokoll (Nr. 11) – Ein ständiger Europäischer Gerichtshof für Menschenrechte wird als einziges EMRK-Kontrollorgan die gegenwärtige Europäische Kommission und den jetzigen Europäischen Gerichtshof für Menschrechte in Straßburg ersetzen, EuGRZ 1994, 317 – 322.

***Dünnebier*, Johannes,** Das Problem einer Sonderstellung der Presse im Strafverfahren, Verhandlungen der Fachgruppe Strafrechtsvergleichung anläßlich der Tagung für Rechtsvergleichung in Kiel vom 8. bis 11. September 1965, Frankfurt am Main, Berlin 1966, S. 39 - 64 (zit.: *Dünnebier*, in: Das Problem einer Sonderstellung der Presse im Strafverfahren).

***Echterhölter*, Rudolf,** Die Europäische Menschenrechtskonvention im Rahmen der verfassungsmäßigen Ordnung, JZ 1955, 689 – 693.

***Eiffler*, Sven-R.,** Die Überprüfung polizeilicher Maßnahmen durch den Europäischen Gerichtshof für Menschenrechte, NJW 1999, 762 – 763.

***Eisele*, Jörg,** Anmerkung zu BGH, Beschluß vom 7. Dezember 1998, 5 AR (VS) 2/98, StV 1999, 298 – 301.

***Eisenberg*, Ulrich,** Beweisrecht der StPO, Spezialkommentar, 3. Auflage, München 1999 (zit.: *Eisenberg*, Beweisrecht der StPO).

***Ernesti*, Günter,** Grenzen anwaltlicher Interessenvertretung im Ermittlungsverfahren, JR 1982, 221 – 229.

***Ernst*, Martina,** Die Haltung Deutschlands und Frankreichs zur EMRK unter besonderer Berücksichtigung der Anwendung des Art. 6 Abs. 3 in den beiden Staaten, iur. diss., Berlin 1993, Frankfurt am Main, Berlin, Bern, New York, Paris, Wien 1994 (zit.: *Ernst*, Die Haltung Deutschlands und Frankreichs zur EMRK).

***Eser*, Albin,** Aussagefreiheit und Beistand des Verteidigers im Ermittlungsverfahren, Rechtsvergleichende Beobachtungen zur Rechtsstellung des Beschuldigten, ZStW 79 (1967), 565 – 623.

***Eyermann*, Erich / *Fröhler*, Ludwig,** Verwaltungsgerichtsordnung, Kommentar, 10. Auflage, München 1998 (zit.: Eyermann/Fröhler/*J. Schmidt*, VwGO).

***Fastenrath*, Ulrich,** Der Internationale Strafgerichtshof, JuS 1999, 632 - 635.

***Fawcett*, James Edmund Sandford,** The Application of the European Convention on Human Rights, 2. Auslage, Oxford 1987.

***Feuerbach*, Paul Johann Anselm Ritter von,** Lehrbuch des gemeinen in Deutschland gültigen peinlichen Rechts, 14. Auflage, Gießen 1847.

***Fezer*, Gerhard,** Strafprozeßrecht, 2. Auflage, München 1995.

***Fezer*, Gerhard,** Grundfälle zum Verlesungs- und Verwertungsverbot im Strafprozeß, JuS 1978, 765 – 769.

***Fezer*, Gerhard,** Rechtsprechung des Bundesgerichtshofs zum Strafverfahrensrecht – Teil 1, JZ 1996, 602 – 614.

***Fezer*, Gerhard,** Anmerkung zu BVerfG, Beschluß vom 30. April 1997, 2 BvR 817/90, 728/92, 802/95, 1065/95, und LG Neuruppin, Beschluß 11. Juli 1997, 14 Qs 59 Js 315/96 (155/97), JZ 1997, 1062 – 1064.

***Fezer*, Gerhard,** Anmerkung zu BGH, Beschluß vom 5. August 1998, 5 ARs (VS) 2/98, NStZ 1999, 151 – 152.

***Fincke*, Martin,** Zum Begriff des Beschuldigten und den Verdachtsgraden, ZStW 95 (1983), 918 –972.

***Freund*, Herbert,** Wirtschaftskriminalität und Beschlagnahmeprivileg, NJW 1976, 2002 – 2004.

***Frisch*, Wolfgang,** Ausschluß und Ablehnung des Staatsanwalts, Möglichkeiten und Grenzen richterlicher Rechtsfortbildung und sachgerechter Gesetzgebung, in: Wolfgang Frisch, Werner Schmid (Hrsg.), Festschrift für Hans-Jürgen Bruns zum 70. Geburtstag, Köln, Berlin, Bonn, München 1978, S. 385 - 414 (zit.: *Frisch*, FS-Bruns).

***Frowein*, Jochen Abr.,** Anmerkung zu BVerfG, Beschluß vom 23. Juni 1981, 2 BvR 1107/77 u. a., EuGRZ 1982, 179 – 181.

***Frowein*, Jochen Abr.,** Anmerkung zur Pakelli-Entscheidung des Bundesverfassungsgerichts, ZaöRV 46 (1986), 286 - 294.

***Frowein*, Jochen Abr.,** Das Bundesverfassungsgericht und die Europäische Menschenrechtskonvention, in: Walther Fürst, Roman Herzog, Dieter C. Umbach (Hrsg.), Festschrift für Wolfgang Zeidler, Berlin, New York 1987, 2. Band, S. 1763 - 1774 (zit.: *Frowein*, FS-Zeidler, Bd. 2).

***Frowein*, Jochen Abr. / *Peukert*, Wolfgang,** Europäische Menschenrechtskonvention – EMRK-Kommentar, 2. Auflage, Kehl, Straßburg, Arlington 1996 (zit.: Frowein/Peukert/*Bearbeiter*, EMRK).

***Füllsack*, Markus,** Anmerkung zu LG Stuttgart, Beschluß vom 20. Februar 1997, 13 Qs 2/97, DStR 1997, 1450 - 1451.

***Geck*, Wilhelm Karl,** Das Bundesverfassungsgericht und die allgemeinen Regeln des Völkerrechts, in: Christian Starck, Bundesverfassungsgericht und Grundgesetz, Festgabe aus Anlaß des 25jährigen Bestehens des Bundesverfassungsgerichts, 2. Band, Tübingen 1976 (zit.: *Geck*, Festgabe-BVerfG).

***Geib*, Karl Gustav,** Geschichte des römischen Kriminalprozesses bis zum Tode Justinians, Leipzig 1842 (zit.: *Geib*, Geschichte des römischen Kriminalprozesses).

***Geib*, Karl Gustav,** Lehrbuch des Deutschen Strafrechts, 1. Band (Geschichte), Leipzig 1861.

***Geiger*, Rudolf,** Grundgesetz und Völkerrecht, Die Bezüge des Staatsrechts zum Völkerrecht und Europarecht, Ein Studienbuch, 2. Auflage, München 1994 (zit.: *Geiger*, Grundgesetz und Völkerrecht).

***Gemoll*, Wilhelm,** Schul- und Handwörterbuch, durchgesehen und erweitert von Karl Vretska, 9. Auflage, München, Wien 1988 (zit.: *Gemoll*, Handwörterbuch).

***Giegerich*, Thomas,** Die Verfassungsbeschwerde an der Schnittstelle von deutschem, internationalem und supranationalem Recht, in: Christoph Grabenwarter, Stefan Hammer, Alexander Pelzl, Eva Schulev-Steindl, Ewald Wiederin

(Hrsg.), Allgemeinheit der Grundrechte und Vielfalt der Gesellschaft, 34. Tagung der Wissenschaftlichen Mitarbeiterinnen und Mitarbeiter der Fachrichtung „Öffentliches Recht“, Stuttgart, München, Hannover, Berlin, Weimar, Dresden 1994, S. 101 - 128 (zit.: *Giegerich*, in: Allgemeinheit der Grundrechte, S.).

***Goethe*, Johann Wolfgang von,** Faust, Der Tragödie Erster Teil, Stuttgart 1993.

***Göldner*, Detlef Christoph,** Verfassungsprinzip und Privatrechtsnorm in der verfassungskonformen Auslegung und Rechtsfortbildung. Verfassungskonkretisierung als Methoden- und Kompetenzproblem, Berlin 1969.

***Goldschmidt*, James,** Der Prozeß als Rechtslage, Eine Kritik des prozessualen Denkens, Berlin 1925 (zit.: *Goldschmidt*, Der Prozeß als Rechtslage).

***Gollwitzer*, Walter,** Anmerkung zu BGH, Urteil vom 29. August 1990, 3 StR 184/90, JR 1991, 472 – 473.

***Golsong*, Heribert,** Das Rechtsschutzsystem der Europäischen Menschenrechtskonvention, Karlsruhe 1958.

***Goose*, Peter Ernst,** Der internationale Pakt über bürgerliche und politische Rechte, NJW 1974, 1305 – 1310.

***Göppinger*, Hans,** Die Entbindung von der Schweigepflicht und die Herausgabe oder Beschlagnahme von Krankenblättern, NJW 1958, 241 – 245.

***Graff*, E. G.,** Althochdeutscher Sprachschatz oder Wörterbuch der althochdeutschen Sprache, 6. Teil, Hildesheim 1969 (zit.: *Graff*, Althochdeutscher Sprachschatz, Bd. 6).

***Grebing*, Gerhardt,** Die Grenzen des rechtfertigenden Notstands im Strafrecht, Ein Beitrag zur dogmatischen Bedeutung der Angemessenheitsklausel des § 34 Satz 2 StGB, GA 1979, 81 – 106.

***Gülzow*, Hagen,** Beschlagnahme von Unterlagen der Mandanten bei deren Rechtsanwälten, Wirtschaftsprüfern und Steuerberatern, NJW 1981, 265 – 268.

***Guradze*, Heinz,** Die Europäische Menschenrechtskonvention, Konvention zum Schutz der Menschenrechte und Grundfreiheiten nebst Zusatzprotokollen, Kommentar, Berlin, Frankfurt am Main 1968 (zit.: *Guradze*, Die Europäische Menschenrechtskonvention).

***Guradze*, Heinz,** Die Menschenrechtskonventionen der Vereinten Nationen vom 16. Dezember 1966, Inhalt – Verfahren – Bedeutung, JIR 15 (1971), 242 – 273.

***Guradze*, Heinz,** Schweigerecht und Unschuldsvermutung im englisch-amerikanischen und bundesdeutschen Strafprozeß, in: Henry Steele Commager, Günther Doeker u. a. (Hrsg.), Festschrift für Karl Loewenstein aus Anlaß seines achtzigsten Geburtstages, Tübingen 1971, S. 151 - 165 (zit.: *Guradze*, FS-Loewenstein).

***Gusy*, Christoph,** Grundrechtsschutz der Strafverteidigung, AnwBl. 1984, 225 – 233.

***Haffke*, Bernhard,** Einschränkung des Beschlagnahmeprivilegs des Verteidigers durch den Rechtsgedanken der Verwirkung, NJW 1975, 808 – 813.

***Haffke*, Bernhard,** Zum Rechtsschutz bei bevorstehender richterlicher Durchsicht beschlagnahmefreier Papiere, NJW 1974, 1983 – 1985.

***Hahn*, C. (Hrsg.),** Die gesammten Materialien zur Strafprozeßordnung und dem Einführungsgesetz zu derselben vom 1. Februar 1877, 1. Abtheilung, Berlin 1880 (zit.: *C. Hahn*, Die gesamten Materialien zur Strafprozeßordnung).

***Hahn*, Manfred,** Die notwendige Verteidigung im Strafprozeß, Berlin 1975.

***Hamm*, Rainer,** Der Standort des Verteidigers im heutigen Strafprozeß, NJW 1993, 289 – 297.

***Hansen*, Joseph,** Quellen und Untersuchungen zur Geschichte des Hexenwahns mit einer Untersuchung der Geschichte des Wortes Hexe von Johannes Franck, Hildesheim 1963 (zit.: *Hansen*, Quellen und Untersuchungen zur Geschichte des Hexenwahns).

***Hassemer*, Winfried,** Die „Funktionsfähigkeit der Strafrechtspflege" – ein neuer Rechtsbegriff?, StV 1982, 275 – 280.

***Hassemer*, Winfried,** Unverfügbares im Strafprozeß, in: Arthur Kaufmann, Ernst-Joachim Mestmäcker, Hans F. Zacher, Festschrift für Werner Maihofer zum 70. Geburtstag, Frankfurt am Main 1988, S. 183 – 204 (zit.: *Hassemer*, FS-Maihofer).

Heidelberger Kommentar zur Strafprozeßordnung, Michael Lemke, Karl-Peter Julius u. a. (Hrsg.), 2. Auflage, Heidelberg 1999 (zit.: HK/*Bearbeiter*).

***Heine*, Günter / *Ronzani*, Marco / *Spaniol*, Margret,** Verteidiger und Strafverfahren, Eine rechtsvergleichende Skizze zu Funktion und Stellung des Strafverteidigers in den Bundesrepubliken Deutschland und Österreich sowie der Schweiz, StV 1987, 74 – 86.

***Henkel*, Heinrich,** Strafverfahrensrecht, 2. Auflage, Stuttgart, Berlin, Köln, Mainz 1968.

***Henssler*, Martin,** Die gesetzliche Regelung der Rechtsanwalts-GmbH, NJW 1999, 241 – 248.

***Herdegen*, Gerhard,** Zur Beschlagnahme und Verwertung schriftlicher Mitteilungen im Gewahrsam von Angehörigen des Beschuldigten (§§ 52, 97 Abs. 1 Nr. 1, Abs. 2 Satz 2 StPO), GA 1963, 141 – 146.

***Heubel*, Horst,** Der „fair trial" – Ein Grundrecht des Strafverfahrens?, Zugleich ein Beitrag zum Problem der „verfassungskonformen" Rechtsfortbildung im Strafprozeß, iur. diss., Mannheim 1980, Berlin 1981 (zit.: *Heubel*, Der „fair trial" – Ein Grundrecht des Strafverfahrens?).

***Hobe*, Stephan,** Stärkung des Menschenrechtsschutzes in Europa: Das 11. Zusatzprotokoll zur Europäischen Menschenrechtskonvention, JA 1998, 909 – 911.

***Hodler*, Christian,** Die Europäische Menschenrechtskonvention und das Bonner Grundgesetz, iur. diss., Göttingen 1953.

***Homer*,** Ilias, hrsg. von W. Nestle, übers. von Hans Rupé, Berlin, Leipzig.

***Hommel*, Hildebrecht,** Die Gerichtsszene auf dem Schild des Achilleus – Zur Pflege des Rechts in Homerischer Zeit, in: Politeia und Res Publica (Hrsg. Peter Steinmetz), Palingenesia, 4. Band, Wiesbaden 1969 (zit.: *Hommel*, in: Politeia und Res Publica).

***Höser*, Jürgen,** Nochmals: Die Beschlagnahme von Buchführungsunterlagen bei dem Steuerberater – Entgegnung auf den Beitrag von Birmanns, MDR 1981, S. 102 f., MDR 1982, 535 – 537.

***Huber*, Hans,** Das Zusammentreffen der Europäischen Konvention zum Schutze der Menschenrechte und Grundfreiheiten mit den Grundrechten der Verfassungen, in: H. Conrad, H. Jahrreiß, P. Mikat, H. Mosler, H. C. Nipperdey, J. Salzwedel (Hrsg.), Gedächtnisschrift Hans Peters, Berlin, Heidelberg, New York 1967, S. 375 – 392 (zit.: *Huber*, GS-Peters).

Internationaler Kommentar zur Europäischen Menschenrechtskonvention, Heribert Golsong, Wolfram Karl, Herbert Miehsler, Herbert Petzold, Eibe Riedel, Kersten Rogge, Theo Vogler, Luzius Wildhaber, Stephan Breitenmoser (Hrsg.), Köln, Berlin, Bonn, München, Grundwerk 1986, 3. Lieferung 1995 (zit.: IntKommMRK/*Bearbeiter*).

***Ipsen*, Hans Peter,** Europäisches Gemeinschaftsrecht, Tübingen 1972.

***Isensee*, Josef,** Vorrang des Europarechts und deutsche Verfassungsvorbehalte – offener Dissens, in: Joachim Burmeister (Hrsg.), Verfassungsstaatlichkeit, Festschrift für Klaus Stern zum 65. Geburtstag, München 1997, S. 1239 – 1269 (zit.: *Isensee*, FS-Stern).

***Isensee*, Josef / *Kirchhof*, Paul,** Handbuch des Staatsrechts der Bundesrepublik Deutschland, 5. Band (Allgemeine Grundrechtslehren), Heidelberg 1992, 6. Band (Freiheitsrechte), Heidelberg 1989, 7. Band (Normativität und Schutz der Verfassung, Internationale Beziehungen), Heidelberg 1992 (zit.: *Bearbeiter*, HbStR).

***Isokrates*,** In three volumes, hrsg. von E. H. Warmington, 2. Band, übers. von George Norlin, Cambridge (Mass.), London 1968 (Nachdruck der Ausgabe von 1929) (zit.: *Isokrates*, Nummer der Rede).

***Jahn*, Matthias,** „Konfliktverteidigung“ und Inquisitionsmaxime, iur. diss, Frankfurt am Main 1997, Baden-Baden 1998 (zit.: *Jahn*, „Konfliktverteidigung“).

***Jescheck*, Hans Heinrich,** Die europäische Konvention zum Schutze der Menschenrechte und Grundfreiheiten, NJW 1954, 783 - 786.

***Jescheck*, Hans-Heinrich,** Die Ausschließung des Strafverteidigers in rechtsvergleichender Sicht, Hans-Heinrich Jescheck, Hans Lüttger (Hrsg.), Festschrift für Eduard Dreher zum 70. Geburtstag, Berlin, New York 1977, S. 783 – 799 (zit.: *Jescheck*, FS-Dreher).

***Jung*, Heike,** Strafverteidigung in Europa, StV 1990, 509 – 517.

***Jungfer*, Gerhard,** Eigene Ermittlungstätigkeit des Strafverteidigers, Strafprozessuale und standesrechtliche Möglichkeiten und Grenzen, StV 1981, 100 - 105.

***Jungfer*, Gerhard,** Strafverteidiger und Detektiv, StV 1989, 495 – 505.

***Kadelbach*, Stefan,** Die Europäische Menschenrechtskonvention – Bedeutung und Wege der Durchsetzung im Strafverfahren, in: 21. Strafverteidigertag vom 11. – 13. April 1997 in Kassel, Reform oder Roll-Back?, Weichenstellung für das Straf- und Strafprozeßrecht, Köln 1997, S. 247 – 263 (zit.: *Kadelbach*, in: Reform oder Roll-Back?).

***Kalmus*, Ludwig,** Weltgeschichte der Post, Mit besonderer Berücksichtigung des deutschen Sprachgebiets, Wien 1937.

Karlsruher Kommentar zur Strafprozeßordnung, Gerd Pfeiffer (Hrsg.), 4. Auflage, München 1999 (zit.: KK/*Bearbeiter*).

***Kaspers*, Heinrich,** Vom Sachsenspiegel zum Code Napoléon, unter Mitarbeit von Wilhelm Schmidt-Thomé, Hans Gerig, Fritz Manstetten, 4. Auflage Köln 1978.

***Kaufmann*, Arthur,** Anmerkung zu OLG Nürnberg, Beschluß vom 17. August 1956, Ws 267/56, NJW 1958, 272 – 273.

***Kaufmann*, E.,** Rechtsgutachten zum Vertrage über die Gründung der Europäischen Verteidigungsgemeinschaft und zum Deutschlandvertrage vom 17. August 1952, in: Der Kampf um den Wehrbeitrag, 2. Halbband (Das Gutachtenverfahren, 30.7 – 15.12 1952), München 1953, S. 42 – 71 (zit.: *E. Kaufmann*, in: Der Kampf um den Wehrbeitrag, Halbbd. 2).

***Kleeberger*, Wolfgang,** Die Stellung der Rechte der Europäischen Menschenrechtskonvention in der Rechtsordnung der Bundesrepublik Deutschland, München 1992 (zit.: *Kleeberger*, Die Stellung der Rechte der Europäischen Menschenrechtskonvention).

***Kleinknecht*, Theodor / *Meyer*, Karlheinz,** Strafprozeßordnung, Gerichtsverfassungsgesetz, Nebengesetze und ergänzende Bestimmungen, 39. Auflage, München 1989 (zit.: Kleinknecht/*Meyer*).

***Kleinknecht*, Theodor / *Meyer-Goßner*, Lutz,** Strafprozeßordnung, Gerichtsverfassungsgesetz, Nebengesetze und ergänzende Bestimmungen, 44. Auflage, München 1999 (zit.: Kleinknecht/*Meyer-Goßner*).

***Klug*, Ulrich,** Das Verhältnis zwischen der Europäischen Menschenrechtskonvention und dem Grundgesetz, in: H. Conrad, H. Jahrreiß, P. Mikat, H. Mosler, H. C. Nipperdey, J. Salzwedel (Hrsg.), Gedächtnisschrift Hans Peters, Berlin, Heidelberg, New York 1967, S. 434 - 444 (zit.: *Klug*, GS-Peters).

***Kohlbacher*, Ursula,** Verteidigung und Verteidigungsrechte unter dem Aspekt der „Waffengleichheit“ (mit einer kritischen Analyse der geltenden Regelungen, insbesondere im Bund und im Kanton Zürich), Zürich 1979 (zit.: *Kohlbacher*, Verteidigung und Verteidigungsrechte).

***Kohler*, Josef,** Der Prozeß als Rechtsverhältnis, Prolegomena zu einem System des Zivilprozesses, Mannheim 1888 (zit.: *Kohler*, Der Prozeß als Rechtsverhältnis).

***Kohlhaas*, Max,** Strafrechtliche Schweigepflicht und prozessuales Schweigerecht, GA 1958, 65 – 76.

***Kohlhaas*, Max,** Zur Beschlagnahme von Arztkarteien nach Entbindung von der Schweigepflicht, JR 1958, 328 – 330.

***Kohlhaas*, Max,** Herausgabepflicht und Beschlagnahme ärztlicher Aufzeichnungen, NJW 1964, 1162 – 1166.

***Kohlhaas*, Max,** Anmerkung zu OLG Celle, Beschluß vom 30. September 1964, 3 Ws 362/64, JR 1965, 109 –110.

***Kokott*, Juliane,** Grund- und Menschenrechte als Inhalt eines internationalen ordre public, in: Dagmar Coester-Waltjen, Herbert Kronke, Juliane Kokott, Die Wirkungskraft der Grundrechte bei Fällen mit Auslandsbezug, Referate und Thesen mit Diskussion (The Effects of Fundamental Rights in Cases with Foreign Elements), Heidelberg 1998, S. 71 – 114 (zit.: *Kokott*, in: Die Wirkungskraft der Grundrechte bei Fällen mit Auslandsbezug).

***Kolb*, Hans-Ulrich,** Das rechtliche Gehör als verfassungsmäßiges Recht (Art. 103 Abs. 1 GG, Art. 91 Abs. 1 BV), München 1963 (zit.: *Kolb*, Das rechtliche Gehör als verfassungsmäßiges Recht).

Kommentar zur Strafprozeßordnung, Gerhard Fezer, Rainer Paulus (Hrsg.), Kleinknecht, Müller, Reitberger (Begr.), 20. Lieferung, Neuwied, Kriftler, Berlin 1999 (zit.: KMR/*Bearbeiter*).

***Kopp*, Ferdinand O. / *Schenke*, Wolf-Rüdiger,** Verwaltungsgerichtsordnung, 11. Auflage, München 1998 (zit.: Kopp/*Schenke*, VwGO).

***Köster*, Ingo,** Der Rechtsschutz gegen die vom Ermittlungsrichter angeordneten und erledigten strafprozessualen Grundrechtseingriffe, Zum verfassungsrechtlichen Erfordernis der Zulässigkeit eines Fortsetzungsfeststellungsbegehrens gegen ermittlungsrichterliche Grundrechtseingriffe, iur. diss., Tübingen 1991, Berlin 1992 (zit.: *Köster*, Der Rechtsschutz gegen die vom Ermittlungsrichter angeordneten und erledigten strafprozessualen Grundrechtseingriffe).

***Krattinger*, Peter Georg,** Die Strafverteidigung im Vorverfahren im deutschen, französischen und englischen Strafprozeß und ihre Reform, Bonn 1964 (zit.: *Krattinger*, Die Strafverteidigung im Vorverfahren).

***Krause*, Daniel,** Der „Gehilfe" der Verteidigung und sein Schweigerecht (§ 53 a StPO), StraFo 1998, 1 – 8.

***Krauß*, Detlef,** Richter und Sachverständiger im Strafverfahren, ZStW 85 (1973), 320 – 359.

***Krekeler*, Wilhelm,** Beeinträchtigungen der Rechte des Mandanten durch Strafverfolgungsmaßnahmen gegen den Rechtsanwalt, NJW 1977, 1417 – 1426.

***Krekeler*, Wilhelm,** Zufallsfunde bei Berufsgeheimnisträgern und ihre Verwertbarkeit, NStZ 1987, 199 – 203.

***Krekeler*, Wilhelm,** Diskussionsbeitrag, AnwBl. 1989, 470 – 472.

***Krekeler*, Wilhelm,** Strafrechtliche Grenzen der Verteidigung, NStZ 1989, 146 – 153.

***Krekeler*, Wilhelm / *Schonard*, Marcus,** Der Berufshelfer im Sinne des § 53 a StPO, wistra 1998, 137 –140.

***Kronisch*, Joachim,** Anmerkung zu LG Osnabrück, Beschluß vom 1. Oktober 1986, 22 Qs 101 c/86, NStZ 1987, 522 - 523.

***Kronisch*, Joachim,** Zur zeitlichen Geltung von Durchsuchungs- und Beschlagnahmebeschlüssen, AnwBl. 1988, 617 - 619.

***Kröpil*, Karl,** Lehre von den immanenten Schranken als rechtstheoretische Begründung eines allgemeinen Mißbrauchsverbots im Strafverfahren, JuS 1999, 681 - 684.

***Kühl*, Kristian,** Der Einfluß der Europäischen Menschenrechtskonvention auf das Strafrecht und Strafverfahrensrecht der Bundesrepublik Deutschland (Teil II), ZStW 100 (1988), 601 – 644.

***Kühne*, Hans-Heiner,** Rechtsmißbrauch des Strafverteidigers, NJW 1998, 3027 - 3028.

***Lackner*, Karl /*Kühl*, Kristian,** Strafgesetzbuch mit Erläuterungen, 23. Auflage, München 1999 (zit.: Lackner/Kühl/*Bearbeiter*, StGB).

***Lauff*, Werner,** Der Schutz bürgerlicher und politischer Rechte durch die Vereinten Nationen, NJW 1981, 2611 – 2614.

***Liemersdorf*, Thilo,** Grenzziehung zwischen zulässigem und unzulässigem Verhalten eines Strafverteidigers im Umgang mit seinem Mandanten, MDR 1989, 204 – 208.

***Liermann*, Hans,** Richter, Schreiber, Advokaten, München 1957.

***Lin*, Yu-hsiung,** Richtervorbehalt und Rechtsschutz gegen strafprozessuale Grundrechtseingriffe, Frankfurt am Main, Bern, New York, Paris, Wien 1998.

***Lincke*, Dieter,** Die Bedeutung der „Eingriffsintensität“ für den Umfang der Nachprüfung gerichtlicher Entscheidungen durch das Bundesverfassungsgericht, Ein Aspekt zur Abgrenzung einfachen Rechts von spezifischem Verfassungsrecht, EuGRZ 1986, 60 – 73.

***Lippart*, Hanns-Rudolf,** Grundrechte und Rechtsstaat, EuGRZ 1986, 149 - 162.

***Lipsius*, Justus Hermann,** Das Attische Recht und Rechtsverfahren mit Benutzung des Attischen Processes von M. H. E. Meier und G. F. Schömann, Leipzig, 2. Band, 2. Halbband, 1912, 3. Band, 1915 (zit. *Lipsius*, Attisches Recht, Bd.).

***Lisken*, Hans,** Anmerkung zu LG Bremen, Beschluß vom 4. November 1996, 14 Qs 356 und 387/96, StV 1997, 396 – 397.

***Lisken*, Hans / *Mokros*, Reinhard,** Richter- und Behördenleitervorbehalte im neuen Polizeirecht, NVwZ 1991, 609 – 614.

Löwe / Rosenberg, Die Strafprozeßordnung und das Gerichtsverfassungsgesetz – Großkommentar, Peter Rieß (Hrsg.), Berlin, New York, 24. Auflage, 1984 ff.; 1. Band (Einleitung, §§ 1 - 71 StPO), 25. Auflage, 1999; 10. Lieferung (§§ 1 - 38 EGGVG, §§ 1 - 21 GVGVO), 25. Auflage, 1999; 1. Band (Einleitung, §§ 1 - 111 n StPO), 23. Auflage, 1976; 2. Band (§§ 112 - 212 b StPO), 23. Auflage, 1978; Ergänzungsband und Gesamtregister, 21. Auflage, Berlin 1967 (zit.: LR/*Bearbeiter*. Die Zitate beziehen sich - sofern nicht anders gekennzeichnet - auf §§ der StPO und die 24. Auflage).

***Lüderssen*, Klaus,** Das Recht des Verletzten auf Einsicht in beschlagnahmte Akten – Zugleich eine Besprechung der Entscheidung des OLG Koblenz vom 30. 5 .1986 – 2 Vas 20/85 (NStZ 1987, 289), NStZ 1987, 249 – 260.

***Lüttger*, Hans / *Kaul*, Felix,** Ist die gerichtliche Beschlagnahme künftiger Ausgaben von erfahrungsgemäß staatsgefährdenden periodischen Schriften zulässig?, GA 1961, 74 – 82.

***Lykurg*,** Oratio in Leocratem cum ceterarum Lycurgi orationum fragmentis, hrsg. von N. C. Conomis, Stuttgart 1970 (zit.: *Lykurg*, in Leocratem).

***Maaß*, Max Peter,** Halsgericht, Kriminalität und Strafjustiz in alter Zeit, Darmstadt 1968 (zit.: *Maaß*, Halsgericht).

***Mangoldt*, Hermann von / *Klein*, Friedrich / *Starck*, Christian,** Das Bonner Grundgesetz, 4. Auflage, München 1999 (zit.: von Mangoldt/Klein/Starck/*Bearbeiter*, GG).

***Matzky*, Ralph,** Zugriff auf EDV im Strafprozeß, Rechtliche und technische Probleme der Beschlagnahme und Durchsuchung beim Zugriff auf das Beweismittel „EDV“, iur. diss., Berlin 1998, Berlin, Baden-Baden 1999 (zit.: *Matzky*, Zugriff auf EDV im Strafprozeß).

***Maunz*, Theodor / *Dürig*, Günter u. a.,** Grundgesetz, Kommentar, 2. Band (Art. 12 – 21 GG), 3. Band (Art. 22 – 69), 5. Band (Art. 92 – 146), 35. Lieferung, München 1999 (zit. Maunz/Dürig/*Bearbeiter*, GG).

***Meder*, Theodor,** Die Verfassung des Freistaates Bayern, Handkommentar, 4. Auflage, Stuttgart, München, Hannover, Berlin 1992.

***Meier*, Christian,** Caesar, 2. Auflage, Berlin 1982.

***Meier*, Christian,** Die politische Kunst der griechischen Tragödie, München 1988.

***Merzbacher*, Friedrich,** Die Hexenprozesse in Franken, 2. Auflage, München 1970.

***Meurer*, D.,** Anmerkung zu BGH, Urteil vom 17. Februar 1989, 2 StR 402/88, JR 1990, 389 – 392.

***Meyer*, K.,** Anmerkung zu BGH, Urteil vom 6. Juli 1983, 2 StR 222/83, JR 1984, 173 – 174.

***Meyer*, K.,** Anmerkung zu HansOLG Hamburg, Beschluß vom 11. Oktober 1984, 1 Ws 292/84, JR 1985, 300 – 301.

***Meyer-Ladewig*, Jens,** Die Zukunft des europäischen Menschenrechtsschutzsystems, EuGRZ 1996, 374 - 377.

***Meyer-Ladewig*, Jens,** Ständiger Europäischer Gerichtshof für Menschenrechte in Straßburg, NJW 1998, 512 – 513.

***Meyer-Ladewig*, Jens / *Petzold*, Herbert,** Der neue ständige Gerichtshof für Menschenrechte, NJW 1999, 1165 – 1166.

***Mitsch*, Wolfgang,** Mitbeschuldigter und Zeugnisverweigerungsrecht, in: Albin Eser, Ulrike Schittenhelm, Heribert Schumann (Hrsg.), Festschrift für Theodor Lencker zum 70. Geburtstag, München 1998, S. 721 – 738 (zit.: *Mitsch*, FS-Lencker).

***Mittermaier*, W.,** Anmerkung zu RG, Urteil vom 4. April 1922, 1 D 926/21, JW 1923, 17.

***Mommsen*, Theodor,** Römisches Strafrecht, Graz 1955.

***Mörlein*, Wolfgang,** Der Schutz des Vertrauensverhältnisses zwischen Verteidiger und Beschuldigtem im Rahmen von § 100 a StPO, iur. diss., München 1993.

***Mössner*, Jörg Manfred,** Rechtsvergleichung und Verfassungsrechtsprechung, AöR 99 (1974), 193 - 242.

***Müller*, Heinz-Rudolf,** Zur Aufklärungspflicht bei Wahrunterstellung, in: Klaus Geppert, Diether Dehnicke (Hrsg.), Gedächtnisschrift für Karlheinz Meyer, Berlin, New York 1990, S. 285 – 293 (zit.: *Müller*, GS-Meyer).

***Müller*, K. O.,** Aeschylos Eumeniden mit erläuternden Abhandlungen über die äußere Darstellung, [sic!] und über den Inhalt und die Composition dieser Tragödie, Göttingen 1833 (zit. *K. O. Müller*, Erläuternde Abhandlungen).

Münch, Ingo von, Grundgesetz-Kommentar, 2. Band (Art. 21 - 69 GG), 2. Auflage, München 1983 (zit.: von Münch/*Bearbeiter*, GG).

***Münch*, Ingo von / *Kunig*, Philip,** Grundgesetz-Kommentar, 1. Band (Präambel - Art. 20 GG), 4. Auflage, München 1992 (zit.: von Münch/Kunig/*Bearbeiter*, GG).

NATO, Office of Information and Press, The NATO Handbook, 50th Anniversary Edition, 1. Band, Brüssel 1998 (zit.: NATO-Handbook).

***Nawiasky*, Hans,** Die Verfassung des Freistaates Bayern, Kommentar, hrsg. von Karl Schweiger, Franz Knöpfle, 2. Auflage, Lieferungen 1 – 9, München 1998 (zit.: Nawiasky/*Bearbeiter*, Die Verfassung des Freistaates Bayern).

***Nelles*, Ursula,** Kompetenzen und Ausnahmekompetenzen in der Strafprozeßordnung, Zur organisationsrechtlichen Funktion des Begriffs „Gefahr im Verzug" im Strafverfahrensrecht, Berlin 1980 (zit.: *Nelles*, Kompetenzen und Ausnahmekompetenzen in der Strafprozeßordnung).

Nestler-Tremel, **Cornelius,** Anmerkung zu BGH, Beschluß des Ermittlungsrichters vom 13. November 1989, 1 BGs 351/89, GBA 1 BJs 33/89, StV 1990, 147 – 149.

Neufeld, **W.**, Die besonderen Überwachungsmaßnahmen nach § 148 II StPO – Voraussetzungen und Anordnungskompetenz, NStZ 1984, 154 – 158.

Niemöller, **Martin** / *Schuppert*, **Gunnar Folke,** Die Rechtsprechung des Bundesverfassungsgerichts zum Strafverfahrensrecht, AöR 107 (1982), 387 – 498.

Niese, **Werner,** Doppelfunktionelle Prozeßhandlungen, Ein Beitrag zur allgemeinen Prozeßrechtslehre, Göttingen (zit.: *Niese*, Doppelfunktionelle Prozeßhandlungen).

Noor Muhammad, **Haji N. A.,** Due Process of Law for Persons Accused of Crime, in: Louis Henkin (Hrsg.), The International Bill of Rights, The Covenant on Civil and Political Rights, New York 1981, 138 – 165 (zit.: *Noor Muhammad*, in: The International Bill of Rights).

Nowak, **Manfred,** U. N. Covenant on Civil and Political Rights – CCPR Commentary, Kehl, Straßburg, Arlington 1993 (zit.: *Nowak*, CCPR).

Nowak, **Manfred,** UN-Ausschuss für Menschenrechte – Rechtsprechungsbericht Oktober 1980 bis Juli 1981, EuGRZ 1981, 427 - 429.

Oster, **Silvia,** Anmerkung zu LG Essen, Beschluß vom 8. Dezember 1995, 22 a 11/95, StraFo 1996, 92 – 93.

Otto, **Harro,** Strafvereitelung durch Verteidigerhandeln, Jura 1987, 329 – 331.

Palandt, Bürgerliches Gesetzbuch mit Einführungsgesetz, u. a., 58. Auflage, München 1999 (zit.: Palandt/*Bearbeiter*, BGB).

Papadimitriu, **Georgios,** Die Stellung der allgemeinen Regeln des Völkerrechts im innerstaatlichen Recht, iur. diss., Heidelberg 1971/72, Berlin 1972.

Partsch, **Karl Josef,** Die Anwendung des Völkerrechts im innerstaatlichen Recht, Überprüfung der Transformationslehre, Karlsruhe 1964 (zit.: *Partsch*, Die Anwendung des Völkerrechts im innerstaatlichen Recht).

Partsch, **Karl Josef,** Die Rechte und Pflichten der europäischen Menschenrechtskonvention, in: Karl August Bettermann, Franz L. Neumann, Hans Carl Nipperdey, Die Grundrechte, Handbuch der Theorie und Praxis der Grundrechte, 1. Band, 1. Halbband, Berlin 1966, S. 235 –492 (zit.: *Partsch*, in: Die Grundrechte, Bd. 1, Halbbd. 1).

Partsch, **Karl Josef,** Die Entstehung der europäischen Menschenrechtskonvention, ZaöRV 15 (1953/54), 631 - 660.

***Partsch*, Karl Josef,** Die europäische Menschenrechtskonvention vor den nationalen Parlamenten, ZaöRV 17 (1956), 93 – 132.

Paulys Real-Encyclopädie der classischen Altertumswisenschaft, Neue Bearbeitung, hrsg. von Georg Wissowa, 4. Band (Claudius mons – Demodoros), Stuttgart 1901 (zit. *Bearbeiter*, in: Paulys Real-Encyclopädie, Bd. 4, Sp. (Stichwort)).

***Peters*, Karl,** Strafprozeß – Ein Lehrbuch, 4. Auflage, Heidelberg 1985.

***Peukert*, Wolfgang,** Die Garantie des „fair trial" in der Straßburger Rechtsprechung, Die Auslegung des Art. 6 EMRK durch die Organe der Europäischen Menschenrechtskonvention, EuGRZ 1980, 247 – 269.

***Pfeiffer*, Gerd,** Zulässiges und unzulässiges Verteidigerverhalten – Eine Darstellung der in Rechtsprechung und Schrifttum erörterten Fälle, DRiZ 1984, 341 – 349.

***Platon*,** In twelve volumes, hrsg. von G. P. Goold, 3. Band (Lysis, Symposium, Gorgias), übers. von W. R. M. Lamb, Cambridge (Mass.), London 1975 (Nachdruck der Ausgabe von 1925), 7. Band (Theaetetus, Sophist), übers. von Harold North Fowler, Cambridge (Mass.), London 1977 (Nachdruck der Ausgabe von 1921) (zit.: *Platon*, Name des Dialogs).

***Platon*,** Apologie des Sokrates, hrsg. von Franz Josef Weber, 4. Auflage, Paderborn 1986 (zit.: *Platon*, Apologie).

***Plinius Caecilius Secundus*, Caius,** Epistularum libri decem – Briefe, übers. und hrsg. von Helmut Kasten, 5. Auflage, München, Zürich 1984 (zit.: *Plinius minor*, epistulae).

***Poncet*, Dominique,** La protection de l'accusé par la convention européenne des droits de l'homme, étude de droit comparé, Genf 1977 (zit.: *Poncet*, La protection de l'accusé par la convention européenne des droits de l'homme).

***Poncet*, Dominique,** Le droit à l'assistance de l'avocat durant la procédure, in: Recueil des travaux suisses présentés au VIIIe congrès international de droit comparé, Basel 1970, S. 411 – 447 (zit.: *Poncet*, in: Recueil des travaux suisses présentés au VIIIe congrès international de droit comparé).

***Quintilianus*, Marcus *Fabius*,** Institutionis oratoriae libri duodecim, hrsg. von M. Winterbottom, 1. Band (libri I – VI), Oxford 1970 (zit.: *Quintilian*, Institutio oratoria).

***Rabe von Kühlewein*, Malte,** Anmerkung zu BVerfG, Beschluß vom 30. April 1997, 2 BvR 817/90, 728/92, 802/95, 1065/95, NStZ 1998, 580 - 583.

***Ranft*, Otfried,** Strafprozeßrecht, Systematische Lehrdarstellung für Studium und Praxis, Stuttgart, München, Hannover, Berlin 1991 (zit.: *Ranft*, Strafprozeßrecht).

***Rebmann*, Kurt,** Beschlagnahme von terroristischen „Bekennerschreiben“ bei Presseunternehmen, in: Otto Friedrich Freiherr von Gamm, Peter Raisch, Klaus Tiedemann (Hrsg.), Strafrecht, Unternehmensrecht, Anwaltsrecht, Festschrift für Gerd Pfeiffer zum Abschied aus dem Amt als Präsident des Bundesgerichtshofes, Köln, Berlin, Bonn, München 1988, S. 225 – 237 (zit.: *Rebmann*, FS-Pfeiffer).

***Renzikowski*, Joachim,** Fair trial und anonymer Zeuge, Die Drei-Stufen-Theorie des Zeugenschutzes im Lichte der Rechtsprechung des EuGHMR, JZ 1999, 605 – 613.

***Ress*, Georg,** Verfassungsrechtliche Auswirkungen der Fortentwicklung völkerrechtlicher Verträge – Überlegungen zum Verhältnis des Grundgesetzes zur Europäischen Wirtschaftsgemeinschaft und zur Europäischen Menschenrechtskonvention, in: Walther Fürst, Roman Herzog, Dieter C. Umbach (Hrsg.), Festschrift für Wolfgang Zeidler, Berlin, New York 1987, 2. Band, S. 1775 - 1797 (zit.: *Ress*, FS-Zeidler, Bd. 2).

***Ress*, Georg,** Wirkung und Beachtung der Urteile und Entscheidungen der Straßburger Konventionsorgane, EuGRZ 1996, 305 - 353.

***Rieß*, Peter,** Anmerkung zu BGH, Urteil vom 11. Juni 1980, 3 StR 9/80, NStZ 1981, 74 – 75.

***Rieß*, Peter,** Anmerkung zu BGH, Urteil vom 5. November 1985, 2 StR 279/85, JR 1987, 77 – 78 f.

***Rieß*, Peter / *Thym*, Jörg,** Rechtsschutz gegen strafprozessuale Zwangsmaßnahmen, GA 1981, 189 – 212.

***Rogall*, Klaus,** Der Beschuldigte als Beweismittel gegen sich selbst – Ein Beitrag zur Geltung des Satzes „Nemo tenetur seipsum prodere“ im Strafprozeß, iur. diss., Bonn 1976, Berlin 1977 (zit.: *Rogall*, Der Beschuldigte als Beweismittel gegen sich selbst).

***Rösmann*, H.-J.,** Mitwirkung des Verteidigers an der Rekonstruktion in Verlust gegangener Straf-(Ermittlungs-)Akten aus standesrechtlicher Sicht, NStZ 1983, 446 – 448.

***Roth*, Günter H. / *Altmeppen*, Holger,** Gesetz betreffend die Gesellschaften mit beschränkter Haftung (GmbHG), 3. Auflage, München 1997 (zit.: Roth/Altmeppen/*Bearbeiter*, GmbHG).

***Roxin*, Claus,** Strafverfahrensrecht, Ein Studienbuch, 25. Auflage, München 1998 (zit.: *Roxin*, Strafverfahrensrecht).

***Roxin*, Claus,** Zur Tatbestandsmäßigkeit und Rechtswidrigkeit der Entfernung von Leichenteilen (§ 168 StGB), insbesondere zum rechtfertigenden strafrechtlichen Notstand (§ 34 StGB) – OLG Frankfurt, NJW 1975, 271, JuS 1976, 505 – 511.

***Roxin*, Claus,** Zur richterlichen Kontrolle von Durchsuchungen und Beschlagnahmen – zugleich Anm. zu BVerfG StV 1997, 393/94; LG Neuruppin StV 1997, 506, StV 1997, 654 - 656.

***Rudolf*, Walter,** Völkerrecht und deutsches Recht, Theoretische und dogmatische Untersuchungen über die Anwendung völkerrechtlicher Normen in der Bundesrepublik Deutschland, Tübingen 1967 (zit.: *Rudolf*, Völkerrecht und deutsches Recht).

***Rudolf*, Walter,** Die innerstaatliche Anwendung partikulären Völkergewohnheitsrechts, in: René Marcic, Herman Mosler, Erik Suy, Karl Zemanek (Hrsg.), Internationale Festschrift für Alfred Verdross zum 80. Geburtstag, München, Salzburg 1971, S. 435 – 448 (zit.: *Rudolf*, FS-Verdross).

***Rudolphi*, Hans-Joachim,** Anmerkung zu BGH, Urteil vom 13. November 1997, 4 StR 404/97, NStZ 1998, 472 – 474.

***Rüping*, Hinrich,** Zur Mitwirkungspflicht des Beschuldigten und Angeklagten, JR 1974, 135 – 140.

***Sachs*, Michael,** Grundgesetz, Kommentar, 2. Auflage, München 1999 (zit.: Sachs/*Bearbeiter*, GG).

***Sandermann*, Almut,** „Waffengleichheit" im Strafprozeß – Zu den rechtlichen Grundlagen dieses Rechtsinstituts, Köln 1975 (zit.: *Sandermann*, „Waffengleichheit").

***Satzger*, Helmut,** Aufbereitung von BGH, Urteil vom 25. Februar 1988, 3 StR 490/97, JA 1998, 632 – 635.

***Sauer*, Wilhelm,** Allgemeine Prozeßrechtslehre, Zugleich eine systematische Schulung der zivilistischen und der kriminalistischen Praxis, Berlin, Detmold, Köln, München 1951 (zit.: *Sauer*, Allgemeine Prozeßrechtslehre).

***Scelle*, Georges,** Précis des droit de gens, principes et systématique, 1. Band, Paris 1932 (zit.: *Scelle*, Précis des droit de gens).

***Schachter*, Oscar / *Joyner*, Christopher C.,** United Nations Legal Order, Cambridge, New York, Oakleigh 1995 (zit.: *Bearbeiter*, in: United Nations Legal Order).

***Schäfer*, Gerhard,** Zum Schutz der Verteidigung gegen Zugriffe der Strafverfolgungsorgane, in: Udo Ebert, Claus Roxin, Peter Rieß, Eberhard Wahle (Hrsg.), Festschrift für Ernst-Walter Hanack zum 70. Geburtstag am 30. August 1999, Berlin, New York 1999, S. 77 - 103 (zit.: *Schäfer*, FS-Hanack).

***Schenke*, Wolf-Rüdiger,** Rechtsschutz gegen erledigtes Verwaltungshandeln, Jura 1980, 133 – 145.

***Schiller*, Wolf D.**, Unzulässige Einschränkungen des Anwaltsprivilegs bei der Beschlagnahme?, StV 1985, 169 – 172.

***Schmidt*, Eberhard**, Lehrkommentar zur Strafprozeßordnung und zum Gerichtsverfassungsgesetz, 2. Band, Göttingen 1957 (zit.: *Eb. Schmidt*, Lehrkommentar, Bd. 2).

***Schmidt*, Eberhard**, Einführung in die Geschichte der deutschen Strafrechtspflege, 3. Auflage, Göttingen 1965.

***Schmidt*, Eberhard**, Lehrkommentar zur Strafprozeßordnung und zum Gerichtsverfassungsgesetz, Nachträge und Ergänzungen zu Teil II (Strafprozeßordnung), Nachtragsband I (StPO), Göttingen 1967 (zit.: *Eb. Schmidt*, Lehrkommentar, Nachtragsband I, § ... Rn.).

***Schmidt*, Eberhard**, Sinn und Tragweite des Hinweises auf die Aussagefreiheit des Beschuldigten, NJW 1968, 1209 – 1219.

***Schmidt*, Hans Wolfgang**, Aus der Rechtsprechung des Bundesgerichtshof in Staatsschutzstrafsachen, MDR 1981, 89 – 95 (zit.: *H. W. Schmid*).

***Schmidt*, Hans Wolfgang**, Aus der Rechtsprechung des Bundesgerichtshof in Staatsschutzstrafsachen, MDR 1984, 183 - 187 (zit.: *H. W. Schmid*).

***Schmidt*, Rolf**, Die Ausnahme vom Beschlagnahmeverbot gemäß § 97 Absatz 2 Satz 3 1. HS StPO – Eine Untersuchung zum Recht der Beschlagnahme beim der strafrechtlichen Verstrickung verdächtigen Zeugnisverweigerungsberechtigten unter besonderer Berücksichtigung der Stellung des Strafverteidigers, Frankfurt am Main, Bern, New York, Paris 1989 (zit.: *Rolf Schmidt*, Die Ausnahme vom Beschlagnahmeverbot gemäß § 97 Absatz 2 Satz 3 1. HS StPO).

***Schmidt*, Rolf**, Anmerkung zu AG Frankfurt am Main, Beschluß vom 14. April 1988, 91 Js 32948/86, 931 Gs, BGH, Beschluß vom 4. Mai 1988, StB 15/88, StV 1989, 421 – 422.

***Schmidt*, Rolf**, Die Beschlagnahme von (Geschäfts-)Unterlagen beim Zeugnisverweigerungsberechtigten, zugleich eine Anmerkung zu der Entscheidung des LG Stuttgart, Beschl. v. 4. April 1990 – 14 Qs 53/90 – wistra 1990, 282, wistra 1991, 245 – 251.

***Schnarr*, Karl Heinz**, Zur Verknüpfung von Richtervorbehalt, staatsanwaltlicher Eilanordnung und richterlicher Bestätigung, NStZ 1991, 209 – 216.

***Schneider*, Hartmut**, Die strafprozessuale Beschlagnahmefreiheit von Verteidigungsunterlagen des sich selbst verteidigenden Beschuldigten, Jura 1999, 411 – 419 (zit. *H. Schneider*).

***Schneider*, Rolf**, Verfassungsrechtliche Grundlagen des Anwaltsberufs, NJW 1977, 873 – 877 (zit. *R. Schneider*).

***Schomburg*, Wolfgang,** Jugoslawien-Strafgerichtshof-Gesetz, NStZ 1995, 428 - 430.

***Schönke*, Adolf / *Schröder*, Horst,** Strafgesetzbuch, Kommentar, 25. Auflage, München 1997 (zit.: Schönke/Schröder/*Bearbeiter*, StGB).

***Schröder*, Svenja,** Beweisverwertungsverbote und die Hypothese rechtmäßiger Beweiserlangung im Strafprozeß, iur. diss., Passau 1991, Berlin 1992.

***Schroeder*, Friedrich-Christian,** Formelle und materielle Verteidigung, NJW 1987, 301 - 304.

***Schroth*, Ulrich,** Beweisverwertungsverbote im Strafverfahren – Überblick, Strukturen und Thesen zu einem umstrittenen Thema, JuS 1998, 969 – 980.

***Schubarth*, Martin,** Die Artikel 5 und 6 der Konvention, insbesondere im Hinblick auf das schweizerische Strafprozeßrecht, ZSR 94/I (1975), 465 – 510.

***Schuhmann*, Helmut,** Zur Beschlagnahme von Mandantenunterlagen bei den Angehörigen der rechts- und streuerberatenden Berufe, wistra 1995, 50 – 53.

***Schweitzer*, Michael,** Staatsrecht III – Staatsrecht, Völkerrecht, Europarecht, 6. Auflage, Heidelberg 1997 (zit.: *Schweitzer*, Staatsrecht III).

***Seibert*, Helga,** Europäische Menschenrechtskonvention und Bundesverfassungsgericht, in: Hans Jochen Vogel, Helmut Simon, Adalbert Podlech (Hrsg.), Die Freiheit des Anderen, Festschrift für Martin Hirsch, Baden-Baden 1981, S. 519 – 527 (zit.: *Seibert*, FS-Hirsch).

***Seidl-Hohenfeldern*, Ignaz,** Völkerrecht, 9. Auflage, Köln, Berlin, Bonn, München 1997.

***Siess-Scherz*, Ingrid,** Das neue Rechtsschutzsystem nach dem Protokoll Nr. 11 zur EMRK über die Umgestaltung des durch die Konvention eingeführten Kontrollmechanismus, in: Christoph Grabenwarter, Rudolf Thienel (Hrsg.), Kontinuität und Wandel der EMRK – Studien zur Europäischen Menschenrechtskonvention, Kehl, Straßburg, Arlington 1998 (zit.: *Siess-Scherz*, in: Kontiniutät und Wandel der EMRK, S.).

***Simma*, Bruno,** NATO, the UN and the Use of Force: Legal Aspects, EJIL 10 (1999), 1 – 22.

***Simon*, Oliver,** Die Beschuldigtenrechte nach Art. 6 Abs. 3 EMRK – Ein Vergleich zur StPO im Hinblick auf die Auswirkungen der Konventionsrechte auf die deutsche Strafrechtsprechung, iur. diss., Tübingen 1998 (zit.: *Simon*, Die Beschuldigtenrechte nach Art. 6 Abs. 3 EMRK).

***Soder*, Josef,** Das Bonner Grundgesetz und die Menschenrechtskonventionen der UN, VN 1968, 39 - 46.

***Soldan*, Wilhelm G. / *Heppe*, Henriette,** Geschichte der Hexenprozesse, Neubearbeitung der Ausgabe von 1880 durch S. Ries, Kettwig 1986 (zit.: *Soldan/ Heppe*, Geschichte der Hexenprozesse, Bd.).

***Sophokles*,** Antigone, in: Dramen, übers. und hrsg. von Wilhelm Willige, überarbeitet von Karl Bayer, 2. Auflage, München, Zürich 1985.

***Spaniol*, Margret,** Das Recht auf Verteidigerbeistand im Grundgesetz und in der Europäischen Menschenrechtskonvention, iur. diss., Freiburg/Breisgau 1987, Berlin 1990 (zit. *Spaniol*, Das Recht auf Verteidigerbeistand, S.).

***Spengel*, Leonard,** Rhetores Graeci, 1. Band, Leipzig 1853.

***Starke*, Timm,** Beschlagnahme von im Auftrag des Beschuldigten erstellten Sachverständigengutachten, in: Wolter, Jürgen (Hrsg.), Zur Theorie und Systematik des Strafprozeßrechts, Neuwied, Kriftel, Berlin 1995, S. 81 - 94 (zit.: *Starke*, Rudolphi-Symposium, S.).

Stein / Jonas, Zivilprozeßordnung, 2. Band, 2. Teilband (§§ 300 - 510 b ZPO), 20. Auflage, Tübingen 1989, 4. Band, 2. Teilband (§§ 348 – 510 b ZPO), 21. Auflage, Tübingen 1999 (zit.: Stein/Jonas/*Bearbeiter*, ZPO).

***Steiner*, Dirk,** Das Fairneßprinzip im Strafprozeß, iur. diss., München 1995, Frankfurt am Main, Berlin, Bern, New York, Paris, Wien 1995.

***Stern*, Klaus,** Das Staatsrecht der Bundesrepublik Deutschland, 1. Band (Grundbegriffe und Grundlagen des Staatsrechts, Strukturprinzipien der Verfassung), 2. Auflage, München 1984 (zit.: *Stern*, Staatsrecht, Bd. 1, S.).

***Stobbe*, Otto,** Geschichte der deutschen Rechtsquellen in zwei Bänden, 2. Band, Aalen 1965.

***Stöcker*, Hans A.,** Wirkungen der Urteile des Europäischen Gerichtshofs für Menschenrecht in der Bundesrepublik, NJW 1982, 1905 - 1909.

***Strachan-Davidson*, James Leigh,** Problems of the Roman Criminal Law, Littleton 1991.

***Strasser*, Wolfgang,** Europäische Kommission für Menschenrechte (EKMR), Straßburg, Zulässige Beschwerden / Rechtsprechungsbericht 1989 und 1990 (7. Teil), Strafverfahren, Anspruch auf ein unparteiisches Gericht, EuGRZ 1991, 567 – 573.

***Strasser*, Wolfgang,** Europäische Kommission für Menschenrechte (EKMR), Straßburg, Zulässige Beschwerden / Rechtsprechungsbericht 1989 und 1990 (13. Teil), Strafsachen, faires Verfahren und spezielle Verteidigungsrechte, EuGRZ 1992, 324 – 328.

***Strasser*, Wolfgang,** Europäische Kommission für Menschenrechte (EKMR), Straßburg, Zulässige Beschwerden / Rechtsprechungsbericht 1989 und 1990

(16. Teil), Rechte der Verteidigung bei Abwesenheitsverurteilung / Rechte des Patienten bei Unterbringung in psychiatrischer Klinik, EuGRZ 1992, 580 – 588.

***Stürner*, Rolf,** Strafrechtliche Selbstbelastung und verfahrensförmige Wahrheitsermittlung, NJW 1981, 1757 – 1763.

***Suetonius Tranquillus*, Caius,** Kaiserbiographien, De Vita Caesarum, übers. und hrsg. von Otto Wittstock, Berlin.

Systematischer Kommentar zur Strafprozeßordnung und zum Gerichtsverfassungsgesetz, Hans-Joachim Rudolphi, Wolfgang Frisch, Hans-Ullrich Paeffgen, Klaus Rogall, Ellen Schlüchter, Jürgen Wolter (Bearb.), Frankfurt am Main, Grundwerk 1986, 16. Lieferung Mai 1997 (zit.: SK-StPO/*Bearbeiter*).

***Tacitus*, Publius *Cornelius*,** Dialogue des orateurs, hrsg. von Henri Goelzer, übers. von Henri Bornecque, 6. Auflage, Paris 1985 (zit.: *Tacitus*, dialogus).

***Thukydides*,** La guerre du Péloponnèse, 1. Band, hrsg. von Jacqueline de Romilly, 5. Auflage, Paris 1981 (zit.: *Thukydides*, Geschichte des Peloponnesischen Krieges).

***Tomuschat*, Christian,** Deutsche Rechtsprechung in völkerrechtlichen Fragen, 1958 – 1965, Teil A: Allgemeines Friedensvölkerrecht), ZaöRV 28 (1968), 48 – 147.

***Tomuschat*, Christian,** Der Verfassungsstaat im Geflecht der internationalen Beziehungen, VVDStRL 36 (1978), 7 – 63.

***Trechsel*, Stefan,** Die Verteidigungsrechte in der Praxis zur Europäischen Menschenrechtskonvention, SZStR 96 (1979), S. 337 - 392.

***Treston*, Hubert Joseph,** Poine, A study in ancient Greek blood-vengeance, London, New York, Toronto u. a. 1923 (zit.: *Treston*, Poine).

***Tröndle*, Herbert / *Fischer*, Thomas,** Strafgesetzbuch und Nebengesetze, 49. Auflage, München 1999 (zit.: Tröndle/Fischer/*Bearbeiter*, StGB).

***Tschacksch*, Diethard,** Die strafprozessuale Editionspflicht, Gelsenkirchen 1988.

***Uerpmann*, Robert,** Die Europäischen Menschrechtskonvention und die deutsche Rechtsprechung - Ein Beitrag zum Thema Völkerrecht und Landesrecht, Berlin 1993 (zit.: *Uerpmann*, Die Europäische Menschenrechtkonvention und die deutsche Rechtsprechung).

***Ulsamer*, Gerhard,** Europäische Menschenrechtskonvention als innerstaatlich geltendes Recht der Bundesrepublik Deutschland, in: Jochen Abr. Frowein, Gerhard Ulsamer, Europäische Menschenrechtskonvention und nationaler Rechtsschutz, Heidelberg 1985, S. 35 – 45 (zit.: *Ulsamer*, in: Europäische Menschenrechtskonvention und nationaler Rechtsschutz).

***Ulsamer*, Gerhard,** Europäische Menschenrechtskonvention und deutsche Strafverfolgungspraxis, in: Walther Fürst, Roman Herzog, Dieter C. Umbach (Hrsg.), Festschrift für Wolfgang Zeidler, Berlin, New York 1987, 2. Band., S. 1799 - 1815 (zit.: *Ulsamer*, FS-Zeidler, Bd. 2).

***Ulsenheimer*, Klaus,** Arztstrafrecht in der Praxis, 2. Auflage, Heidelberg 1998.

***Vargha*, Julius,** Die Vertheidigung in Strafsachen, historisch und dogmatisch dargestellt, Wien 1879 (zit.: *Vargha*, Die Vertheidigung in Strafsachen).

***Ventzke*, Klaus-Ulrich,** Strafverfolgung als Konsequenz der Asylantragsbegründung?, StV 1990, 279 – 282.

***Vogel*, Klaus,** Die Verfassungsentscheidung des Grundgesetzes für eine internationale Zusammenarbeit, Ein Diskussionsbeitrag zu einer Frage der Staatstheorie sowie des geltenden deutschen Staatsrechts, Tübingen 1964 (zit.: *Vogel*, Die Verfassungsentscheidung des Grundgesetzes für eine internationale Zusammenarbeit).

***Vogler*, Theo,** Die Spruchpraxis der Europäischen Kommission und des Europäischen Gerichtshofs für Menschenrechte und ihre Bedeutung für das deutsche Straf- und Strafverfahrensrecht, ZStW 82 (1970), 743 – 781.

***Vogler*, Theo,** Straf- und strafverfahrensrechtliche Fragen in der Spruchpraxis der Europäischen Kommission und des Europäischen Gerichtshofs für Menschenrechte, ZStW 89 (1977), 761 – 795.

***Volk*, Klaus,** Durchsuchung und Beschlagnahme von Geschäftsunterlagen beim Steuerberater, DStR 1989, 338 – 344.

***Voßkuhle*, Andreas,** Rechtsschutz gegen den Richter – Zur Integration der Dritten Gewalt in das verfassungsrechtliche Kontrollsystem vor dem Hintergrund des Art. 19 Abs. 4 GG, iur. diss, München 1991/92, München 1993 (zit.: *Voßkuhle*, Rechtsschutz gegen den Richter).

***Waldowski*, Hans-Jürgen,** Durchsuchung und Beschlagnahme in der Anwaltskanzlei, AnwBl. 1975, 106 – 109.

***Waldowski*, Jürgen,** Verteidiger als Helfer des Staatsanwalts?, NStZ 1984, 448 – 450.

***Wasmuth*, Johannes,** Beschlagnahme von Patientenkarteien und Krankenscheinen im Strafverfahren wegen Abrechungsbetruges des Arztes, NJW 1989, 2297 - 2303.

***Weiler*, Edgar,** Strafprozessuale Verwertbarkeit von privatrechtlich entnommenen Blutproben, die in einem Krankenhaus beschlagnahmt werden, MDR 1994, 1163 – 1167.

Weiler, **Edgar,** Anmerkung zu OLG Zweibrücken, Urteil vom 14. Mai 1993 – 1 Ss 58/93, NStZ 1995, 98 – 99.

Weißler, **Adolf,** Geschichte der Rechtsanwaltschaft, Leipzig, 1905.

Welp, **Jürgen,** Die strafprozessuale Überwachung des Post- und Fernmeldeverkehrs, Heidelberg 1974.

Welp, **Jürgen,** „Vereinfachter" Geheimnisschutz im Strafverfahren?, JZ 1972, 423 – 428.

Welp, **Jürgen,** Die Geheimsphäre des Verteidigers in ihren strafprozessualen Funktionen, in: Karl Lackner, Heinz Leferenz, Eberhard Schmidt, Jürgen Welp, Ernst Amadeus Wolff (Hrsg.), Festschrift für Wilhelm Gallas zum 70. Geburtstag am 22. Juli 1973, Berlin, New York 1973, S. 391 – 425 (zit.: *Welp*, FS-Gallas).

Welp, **Jürgen,** Anmerkung zu BGH, Beschluß vom 13. August 1973, 1 BJs 6/71, StB 34/73, JZ 1974, 423 – 427.

Werle, **Gerhard,** Schutz von Vertrauensverhältnissen bei der strafprozessualen Fernmeldeüberwachung?, JZ 1991, 482 – 488.

Wessels, **Johannes /** ***Beulke*, Werner,** Strafrecht, Allgemeiner Teil, Die Straftat und ihr Aufbau, 29. Auflage, Heidelberg 1999 (zit.: Wessels/*Beulke*, AT).

Wessels, **Johannes /** ***Hettinger*, Michael,** Strafrecht, Besonderer Teil / 1, Straftaten gegen Persönlichkeits- und Gemeinschaftswerte, 22. Auflage, Heidelberg 1999 (zit.: *Wessels/Hettinger*, BT/1).

Wessels, **Johannes /** ***Hillenkamp*, Thomas,** Strafrecht, Besonderer Teil / 2, Straftaten gegen Vermögenswerte, 21. Auflage, Heidelberg 1999 (zit.: Wessels/*Hillenkamp*, BT/2).

Wildhaber, **Luzius,** Erfahrungen mit der Europäischen Menschenrechtskonvention, ZSR 98/II (1979), 229 - 379.

Wilms, **Heinrich,** Der Kosovo-Einsatz und das Völkerrecht, ZRP 1999, 227 – 230.

Wittinger, **Michaela,** Die drei regionalen Menschenrechtsysteme, Ein vergleichender Überblick über die EMRK, die Amerikanische Menschenrechtskonvention und die Afrikanische Charta der Menschenrechte und Rechte der Völker, Jura 1999, 405 – 411.

Wohlers, **Wolfgang,** Das berechtigte Interesse an der Feststellung der Rechtswidrigkeit eines erledigten strafprozessualen Zwangsmitteleinsatzes, GA 1992, 214 - 230.

***Wolff*, Hans J. / *Bachof*, Otto / *Stober*, Rolf,** Verwaltungsrecht I, Ein Studienbuch, 10. Auflage, München 1994 (zit.: Wolff/Bachof/*Stober*, Verwaltungsrecht I).

***Xenophon*,** Erinnerungen an Sokrates, hrsg. von Peter Jaerisch, 2. Auflage, München 1977 (zit.: *Xenophon*, Memorabilia).

***Zachariae*, Heinrich Albert,** Handbuch des deutschen Strafprocesses, Systematische Darstellung des auf den Quellen des gemeinen Rechts und der neuern deutschen Gesetzgebung beruhenden Criminal-Verfahrens in wissenschaftlicher Begründung und Verbindung, 1. Band, Göttingen 1861; 2. Band, Göttingen 1868 (zit.: *Zachariae*, Handbuch des deutschen Strafprocesses, Bd.).

***Zumpt*, A. W.,** Das Criminalrecht der Römischen Republik, 1. Band (Die Beamten und Volksgerichte), 2. Abt. (Seit der Gesetzgebung der Zwölf Tafeln), Berlin 1865.

Manfred Kupka

Die Drittstaatenregelung im Asylrecht

Eine Untersuchung zu Art. 16 a Abs. 2 GG unter besonderer Berücksichtigung der Entscheidung des Bundesverfassungsgerichts vom 14. Mai 1996

Frankfurt/M., Berlin, Bern, New York, Paris, Wien, 1999. 247 S., zahlr. Schaub.
Europäische Hochschulschriften: Reihe 2, Rechtswissenschaft. Bd. 2550
ISBN 3-631-33631-4 · br. DM 79.–*

Die Arbeit befaßt sich mit den Tatsachenfeststellungen, die der Gesetzgeber bezogen auf Schutz und Schutzbereitschaft eines Drittstaates getroffen hat. Die allgemeine Beurteilung der rechtlichen und politischen Lage reicht nach Art. 16 a Abs. 2 GG und § 26 a AsylVfG aus, um einen Flüchtling von der Inanspruchnahme eines Asylverfahrens auszuschließen. Dadurch ist das Spannungsfeld gleichsam vorgezeichnet. Der Autor untersucht Möglichkeiten und Pflichten zur Erstellung einer rationalen Prognose über die Sicherheit eines Drittstaates und stellt das Ergebnis dem Begriff „Konzept normativer Vergewisserung" des Bundesverfassungsgerichts gegenüber. Anschließend werden Fallgruppen entwickelt, bei denen eine individuelle Prüfung des Verfolgungsschicksals angezeigt ist.

Aus dem Inhalt: Die Sicherstellung der Anwendung der GFK und der EMRK · Grundlagen der Tatsachenfeststellung · Die Feststellung der politischen Verfolgung im Asylverfahren · Die Feststellung der Drittstaatensicherheit · Folgerungen für Art. 16 a Abs. 2 GG: Würdigung individuellen Vorbringens

FSC
www.fsc.org
MIX
Papier | Fördert gute Waldnutzung
FSC® C083411

Kolibri 360 GmbH
Ferdinand-Jühlke-Straße 7
99095 Erfurt, Deutschland
produktsicherheit@kolibri360.de

Druck:
CPI Druckdienstleistungen GmbH
im Auftrag der
Kolibri 360 GmbH
Ferdinand-Jühlke-Str. 7
99095 Erfurt